賄賂罪の理論

川端　博著

刑事法研究　第17巻

成　文　堂

はしがき

「刑事法研究第一七巻」は、「賄賂罪」に関して公刊し、または新たに書き下ろした論稿を収録する『賄賂罪の理論』である。これは、「贈与論」というモースの所説の観点から賄賂罪を捉え直して理論化したものである。すなわち、本書において、「贈与」を基礎にしてみとめられる「事実上の返礼義務」概念を基礎にして賄賂罪の理論的把握を試みた。賄賂の供与それ自体が「贈与」であり、公務員が職務に関してその贈与を受けることが「収賄」であることは疑いない。そこで、賄賂罪を「贈与論」の観点から捉え直してみることにしたのである。このような思考は、社会学者・文化人類学者のマルセル・モースがその著作『贈与論』において、「全体的検討の体系」が現代に通底する「全体的社会的事象」であることを主張したことに由来する。モース自身は賄賂罪についてまったく触れていないが、すでに彼の主張を踏まえて、西洋史学者や日本法史学者や法社会学者が賄賂罪について検討している著作も存在する。しかし、刑法学においては彼の『贈与論』は、ほとんど触れられていない。わたくしは、賄賂罪の本質を考察すべき領域である刑法学においても、モースの贈与論を真剣に検討する必要があるとおもう。彼の贈与論が社会学的考察方法を超えて他の学問領域に対して及ぼす影響について考察しなければならないのである。刑法学においてモースの所説があまり知られていない以上、本書において彼の主張を詳細に紹介することにした。

モースは、贈与から生ずる「お返しをする義務」(返礼義務)のほかに、「全体的給付の制度」の構成要素として「与える義務」と「受け取る義務」を挙げている。モースが主張するような贈与にともなう「義務」は「法律的」にはみとめられない。しかし、贈与を受けた者が返礼しなければならないという心理的な強制を受けることを「事実上の義務」として捉えることはできるとおもう。贈与を受けた者にとって、返礼しなければ気が済まないという心理に基づいて返礼が強制され、事実上、「義務」として感じられることになる。賄賂罪は、このような「事実上の義務」を前提にして把握されるべきであると考える。

わが国における賄賂罪の近代史は、立法による「処罰規定」の増設および「重罰化」と解釈による「処罰範囲」の拡大であったといえる。その詳細は、本書の各章において明らかにする。

刑法学における賄賂概念そのものの内包を明確にすることが必要であることはいうまでもないが、さらにその根底にある「実体」を把握してそれを刑法学に反映することも重要である。そこで、「伝統的な賄賂罪の中心概念」を明らかにするに当たって、その根底にあるものとして「贈与」をめぐる文化史的・社会学的・歴史学的な諸関係を包括する学問的成果を汲み取るべきであるとおもわれる。

ところで、わが国における解釈論の問題として、近時、①賄賂罪の保護法益の内実に関して「職務の公正」の意義、および、②「職務密接関連行為」概念の内容とその要否が再検討されるようになっている。このような新たな動向を踏まえて、本書において判例・学説の再検討をおこなった。

本書の刊行に当たっても成文堂の阿部成一社長には、多大な御配慮を賜ったので、厚く御礼を申し上げる次第である。さらに阿部社長からは、本研究の巻数について、わたくしの想定以上の刊行のお勧めを頂戴した。その御提案を有難くお受けし刊行に励みたいとおもう。編集段階から大変お世話になった編集部の飯村晃弘氏に対しても感謝の意を表する。

平成二八年（二〇一六年）六月二五日

川端　博

目　次

はしがき
初出一覧
第一章　賄賂罪の本質を把握するための新たな視座を求めて……一
第一款　モースの「贈与論」をめぐって……一
第二款　贈与論の賄賂罪研究への応用例……一三
第三款　わが国の賄賂罪規定の立法と解釈の視座……二六
第二章　汚職犯罪としての賄賂罪……三六
第一節　問題の所在……三六
第二節　賄賂罪と職権濫用罪の共通性……三七
第三節　賄賂罪と職権濫用罪の相違点……四〇
第三章　賄賂罪の犯罪類型の概要……六七
第一款　罪　質……六七
第二款　賄賂概念……六九

第三款　賄賂罪の基本的行為……七六
第四款　第三者への供賄……七八
第五款　あっせん収賄……七八
第六款　贈　賄……七九
第七款　没収・追徴……八〇

第四章　賄賂罪の保護法益……八五

第一節　序　言……八五
第二節　旧刑法における賄賂罪……八六
第三節　賄賂罪の保護法益に関する学説……九〇
第一款　職務行為の不可買収性が保護法益であるとする説（不可買収性説）……九〇
第二款　職務行為の公正性およびそれに対する社会の信頼が保護法益であるとする説（信頼保護説）……九二
第三款　職務行為の不可買収性と職務行為の公正性をあわせて考慮する説（併用説）……九三
第四款　公務員の清廉であるべき義務に違反することに賄賂罪の本質があるとする説（清廉義務説）……九五
第五款　職務行為の公正性が保護法益であるとする説（純粋性説）……九七
第四節　判例の立場……九九
第五節　諸説の検討……一〇一

第五章　賄賂罪の法律規定の変遷……一一一
第一節　序　言……一一一
第二節　賄賂罪規定の改正の沿革……一一三
第三節　収賄罪……一一六
第四節　贈賄罪……一二七
第五節　結　語……一三〇
第六章　賄賂と職務関連性……一三五
第一節　職務の意義……一三五
第一款　職務の意義の問題性……一三五
第二款　「職務」の語義……一三六
第二節　職務の根拠……一三七
第三節　判　例……一三九
第一款　大審院の判例……一三九
第二款　最高裁判所の判例……一九〇
第四節　職務の範囲……二二九
第一款　法令上の根拠……二二九

第二款　一般的職務権限と具体的職務権限……二三二
第五節　職務と密接な関連性のある行為――準職務行為……二三三
第七章　過去の職務行為と賄賂罪……二四二
序　節　問題の所在……二四二
第一節　学　説……二四三
第二節　判　例……二四六
第三節　保護法益論の観点からの検討……二五一
第八章　公務員の転職と賄賂罪の成否……二五八
第一節　問題の所在……二五八
第二節　学説・判例の状況……二六〇
第三節　検　討……二六一
第九章　行為客体としての賄賂……二六五
第一節　賄賂の意義……二六五
第一款　学　説……二六五
第二款　判　例……二七〇

第二節　土地の売買代金が時価相当額であるばあいの当該土地の売買による換金の利益と賄賂……二七三
第一款　問題の所在……二七三
第二款　本件の事実関係……二七四
第三款　第一審および原判決の判断……二七五
第四款　最高裁決定……二七七
第五款　検　討……二七八
第六款　結　論……二九三
第三節　個別判例研究……二九四

第一〇章　賄賂罪における没収・追徴……三〇〇
序　節　問題の所在……三〇〇
第一節　総則における没収・追徴……三〇一
第一款　没　収……三〇一
第二款　追　徴……三一五
第二節　賄賂罪における没収・追徴……三一九
第一款　没収・追徴の対象……三一九
第二款　数人が収賄したばあいの取扱い……三二五
第三款　賄賂を返還したばあいの取扱い……三三四

第四款　一九七条の五の規定と総則規定との関係……………………………三二七
第五款　個別判例研究……………………………………………………………………三二八
事項・外国人名索引

初出一覧

①「国会議員の職務権限の範囲と収賄罪の成否――大阪タクシー汚職事件――」『判例タイムズ』六七二号（昭63年・一九八八年）【第六章第三節第二款三1】

②「賄賂収受者である被告人が、その情を知る上司と賄賂を分配した疑いが強く、分配額が不明な場合における被告人からの追徴額」『判例評論』三五一号・『判例時報』一二六六号（昭63年・一九八八年）【第一〇章第二節第五款】

③「賄賂罪の保護法益についての覚書き」井上正仁・酒巻匡編『三井誠先生古稀祝賀論文集』（平24年・二〇一二年）【第四章・改題のうえ構成変更】

④「賄賂罪規定の変遷に関する若干の覚書き」岩瀬徹・中森喜彦・西田典之編『刑事法・医事法の新たな展開（上）・町野先生古稀記念』（平26年・二〇一四年）【第五章・改題のうえ構成変更】

⑤「土地の売買代金が時価相当額であるばあいの当該土地の売買による換金の利益と賄賂」『法曹時報』六六巻一二号（平26年・二〇一四年）【第九章・構成変更】

第一章　賄賂罪の本質を把握するための新たな視座を求めて

第一款　モースの「贈与論」をめぐって

賄賂の供与それ自体が「贈与」であることは疑う余地のない事実である。公務員が職務に関してその贈与を受けることが「収賄」であることも疑いない。そこで、賄賂罪を「贈与論」の観点から捉え直してみるとどうなるのであろうか。これが、本研究のそもそもの出発点である。なぜこのような疑問に取りつかれたのかというと、文化人類誌学の立場から、マルセル・モースがその著作『贈与論』において、「全体的検討の体系」が現代に通底する「全体的社会的事象」であると喝破していることを知り、彼の方法論を検討する必要があると感じられたからにほかならない。モース自身は賄賂罪についてまったく触れていないが、彼の主張をも踏まえて、すでに西洋史学者が古代ギリシャにおける賄賂罪について検討している著作も存在する。日本法史学者も、モースの所説を踏まえて役得などの研究を進めている。日本中世史の専門家である桜井英治教授は、「贈与について研究しようとする者がかならずそこに立ちもどる、いわば贈与研究の原点といえるのがフランスの社会学者マルセル・モースの『贈与論』である。一九二〇年代に発表されたこの論文が、その後の民俗学・文化人類学の発展や、構造主義をはじめとするポスト・モダンの潮流におよぼした多大な影響についてはいまさらくり返すまでもなかろう」とされたうえで[1]、役得と賄賂との関係について次のように述べておられる。すなわち、「『役得』というあまり聞こえのよくない言葉がある。いまも某役所の某ポストには代々の就任者に受け継がれている『役得』があるなどといった話をときどき聞くことがあるが、かりにそのようなものがあるとすれば、その起源はまちがいなく中世までさかのぼる。

中世の日本は、文書の発給や訴訟などさまざまな場面で礼銭＝非公式の手数料が求められた社会であった。賄賂社会といってしまえばたやすいが、公式の手数料というものが存在しなかった社会では、サービスにたいしては非公式の手数料である礼銭で報いるしかない。それは賄賂と紙一重、というよりそもそも区別しようのないものなのだ」と主張され、非公式な手数料としての礼銭の存在を指摘される。[2] そして、「江戸時代になると役料とよばれる役職手当がようやく成立してくるけれども、中世の実務官僚には、朝廷の伝奏や奉行（長講堂伝奏・弁官・神宮伝奏・神宮奉行もすべてこれに含まれる）、室町幕府の奉行人など、激務でありながら、その地位に付随する所領や手当をもともともたない役職も多く存在しており、それらの役職においては、このような非公式の礼銭収入が実質的に役職に付随する唯一の収入源となっていたのである。となれば、賄賂社会とは、むしろそのような社会の構造に起因する問題であり、役職手当や公的手数料の発想を根本的に欠いていた社会が必然的にたどらざるをえなかった道だともいえよう」とされる。[3] ここで「役職手当」や「公的手数料」という発想が欠如している社会は必然的に「賄賂社会」になるという「社会構造」論が展開されている。

このように「恒例化された贈与」が、もはや賄賂ではないことは次のように説明されている。すなわち、「本題である『例』の拘束力という問題に関していえば、これらの事例でもっとも注目されるのが、恒例化した贈与はもはや『賄賂』ではなく、当然の報酬になるという観念である。マネーロンダリングではないが、恒例化することによって『賄賂』はきれいなお金に生まれ変わる。ということは、もはやこそこそ受け取る必要はなく、堂々と受け取ってよいということであり、もし相手が出し渋れば催促してもよいということにもなる」とされるのである。[4] これは、現代の賄賂罪の考察にとって参考となる指摘であるとおもう。

法学の領域においては、民法学者には『贈与論』はよく知られており、有地亨博士は本書を翻訳紹介されている。⑸本書において、契約、所有や担保など民事法上の諸問題について詳細な叙述がなされているので、民法学者にとっては直接的な問題関心が喚起されたからであるとおもわれる。また、法社会学者は、習俗の観点からモースの所説を踏まえて賄賂罪について論及している。古代ギリシャ社会およびイスラーム社会における賄賂罪については、贈与論の応用例として第二款で見ることにする。

ところが、刑法学においては『贈与論』は、ほとんど触れられていないので、あまり知られていないといえる。本書において犯罪の基底に関連する叙述は、まったくないとはいえないが、直接的に考察の対象とはされていないのである。しかし、前述のとおり、賄賂の横行が古代ギリシャの民主政の崩壊をもたらしたのかどうか、という歴史学の観点からの問題の考察に当たって、賄賂罪の根本を検討する際に、モースの贈与論が参酌されているのである。そうすると、賄賂罪の本質を考察すべき領域である刑法学においても、モースの贈与論を真剣に検討する必要があるとおもう。その際、モース自身の学問方法論についても見ておかなければならないと考える。なぜならば、彼の贈与論が社会学的考察方法を超えて他の学問領域に対して及ぼす影響について検討しなければならなくなるからである。刑法学においてモースの所説があまり知られていない以上、まず彼の主張を詳しく見ていく必要がある。彼自身に多くを語らせることによってその詳細を紹介することにしよう。彼は、自己の研究について次のように述べる。すなわち、「本論文は、もっと広範な研究のある一断片をなしている。数年前からわたしの注意は二つのことに向けられてきた。二つとも未開社会と言われる社会、ならびにアルカイックな社会と呼ぶことができるような社会を構成しているさまざまなセクションや下位集団が相互に取り結ぶものである。一つは、それらのあいだでの契約にかかわる法的な体制である。もう一つは、それらのあいだでの経済的な給付のシステムである。ここにはじつに膨大な量の事象が存在しており、それらの事象はそれ自体がきわめて複雑である。あらゆることがここで混ざり合っている。わたくしたちの諸社会に時代的に先立つさまざま〔な〕社会——歴史時代（文献のない先史時代と狭義の歴史時代との過渡期で、文献資料に乏しい時代）の社会にさかのぼるまで——の文字どおりに社会的な生活、その社会生活をかたちづくるあらゆることが、ここで混ざり合っているのである。こうした『全体的な』社会的現象（この現象をこう呼ぶことを提唱したい）には、あらゆる種類の制度が、同時に、かつ一挙に、表出されている。それは、宗教的な制度であり、法的な制度であり、倫理的な制度である——この場合、それは同時に政治的な制度でもあり、家族関係にかかわる制度でもある。それはまた、経済的な制度である——この場合、それは生産と消費の何らかの特定の形態を前提としている。あるいはむしろ、給付と分配の特定の形態を前提としていると言うべきかもしれない。その上さらに、これらの事象は審美的現象にも行き着くし、これらの制度は社会形態学的現象としてあらわれもするのである。」と述べられるのである(6)。

モースが考察の対象としていたのは、社会を構成している諸種のセクションや下位集団が相互に取り結ぶものとしての「契約にかかわる法的な体制」および「経済的な給付のシステム」である。ここには「膨大な量の事象」が存在しており、この「全体的な社会的現象」は、「宗教的な制度」、「法的な制度」、「倫理的な制度」、「政治的な制度」や「経済的な制度」などが表出されており、さらに「審美的現象」や「社会形態的現象」として表われるものであるとされている。

右に見たような「全体的社会的事象」の基礎にあるものとして、モースは「贈与」を挙げる。その出発点について、彼は、「遅れた社会、もしくはアルカイックな社会においては、法規範と利得の追求にかかわるどのような規則があって、贈り物を受け取るとお返しをする義務が生じるのだろうか。贈与される物にはどのような力があって、受け手はそれに対してお返しをするよう仕向けられるのだろうか。これが、本論でとくに専心しようとする問題である」と述べている。(7) ここにおいて、「贈与」を受けるとお返しをする「義務」が生ずると、「贈与」される「物」にいかなる「力」があるかということに考察の重点があるとされているのである。

モースの思考の出発点とその妥当領域の拡がりについて、モーリス・ゴドリエが次のように指摘している。すなわち、ゴドリエは、「どんな言い回しで、どんな角度から、モースは贈与の問題を提起したのか。彼のアプローチを要約すれば、次のような定式になるだろう。

『あれほど多くの社会や時代で、こんなにも違う状況で、個人および／ないし集団は、与える義務、あるいは与えられた場合、受けとる義務だけではなく、受けとった時、与えられたものを返報する義務、同じモノ（あるいはその等価物）であれさらに多くのあるいはよりよい何かを返報する義務を感じるように、何がさせているのか。』

この疑問に答えるために、彼は『贈与論』に見られる全資料を収集し、そしてこの資料は、先の疑問の衝撃をうけて、活性化され全く新しい意味を帯びはじめたのだった。大部分の読者同様、私に一番印象的だったのは、きわめて多様な交換と給付のさなかに、区別されてはいるけれどもまた繋がっている三つの義務に具現された同じ力の存在を、モースが示して見せてくれたことである。この力はまた、人々やモノを駆りたてて、遅かれ早かれ人々のほうへとモノを連れ戻し、一切の贈与と反対贈与の出発点と到着点とを一致させる運動のなかにも具現されていた」と指摘しているのである。(8) ゴドリエは、モースが提示した「三つの義務」に具現された「力」が、一切の贈与と反対贈与の出発点と到達点とを一致させる運動の中にも具現されていたことを指摘している点で注目に値する。

贈与のメカニズムについて、モースは、「さまざまなテーマ――規範や観念――が、この型の法体系と経済組織には含まれている。これらの心的メカニズムのなかでもっとも重要なのは、言わずもがなであるが、受け取った贈り物に対してお返しをするように強いるメカニズムである」と指摘する。[9] そしてその特徴については、「これらの社会的事象は多様であり、また動態をなしているので、ここではこれらに関する諸特徴のなかから一つだけを考察することにしたいと思う。深層にあるけれども、それだけを単独で取り出すことのできる一特徴である。その特徴とは、これらの給付がいわば自発的であり、見た目には自由で見返りを求めない給付としてなされているにもかかわらず、それがじつは強制力にもとづき、利害関心にもとづいてなされているということである」と指摘している。[10] 贈与が外見上は「自発的」であるが、実際は「強制力」に基づいていると特徴づけられている点が重要であるとおもう。

モースは、贈与から生ずる「お返しをする義務」のほかに、「全体的給付の制度」の構成要素として「与える義務」と「受け取る義務」を挙げる。すなわち、「全体的給付の制度、およびポトラッチの制度を十全に理解するには、以上の要件に加えて、それと相補う別の二つの要件の説明を試みる必要がある。なぜならば、全体的給付を構成するのは、受け取った贈り物に対してお返しをする義務だけではないからである。それはまた、同じように重要な他の二つの義務を前提としている。すなわち、一つが贈り物をおこなう義務であり、もう一つが贈り物を受け取る義務である」であるとするのである。[11] ゴドリエは、モースがさらに第四の義務として「神々や神々を代表する人間へ贈与する義務」についても論及しているが、これについては一般的研究がなされていないとしてモースは詳論していないと指摘している。ゴドリエは、これを「第四の義務の忘却」と評したのである。[12] また、ジャン＝リュック・マリオンは、カトリシズムの観点から「無償の贈与」の存在を指摘している。[13]

このようにモースは、無造作に「義務」という語を使用するが、刑法学的観点から考察するに当たっては、厳密に使い分ける必要がある。「義務」は「権利」の対抗概念であるから、両者の関係から厳密に概念規定されるべきである。モースの贈与論の検討に当たっては、贈与と交換の対比において考えると分かりやすいとおもう。この点について、森山工博士の巧みな比喩を用いた次の指摘がある。[14] すなわち、「日本語では、『贈与交換』という表現が、あたかも一つのまとまった表現であるかのようにあつかわれることが多いが（したがって、『贈与交換』なる社会的事象がそれとして存立しているかのような錯覚を与えることが多いが）、もちろん『贈与』と『交換』とは別である。簡潔に言うなら、ある給付をめぐり、給付をした側が、その給付に対する対価（反対給付）を法的に、正当に、要求できるか否かが、『贈与』と『交換』とを原理的に分ける指標であろう（実際に反対給付を要求するかどうかは別問題である）。あれをあげたんだから、これをちょうだいと、正当に要求する権利をもつ場合が交換である（商品を渡した側は、その代金を要求する正当な権利をもつ。逆に代金を支払った側は、対応する商品を要求する正当な権利をもつ）。そのような反対給付への権利を正当に主張できない場合が贈与である（あなたの誕生日にあれをあげたんだから、わたしの誕生日にはこれをちょうだい、と要求すると、そもそもの誕生プレゼントの贈与としての意義が損なわれる）。もちろんこれは、反対給付を要求することへの正当な権利の問題であり、先に記したように、実際に反対給付を要求するか否かは別のことであるし、要求しないまでも、給付した側が反対給付への期待をいだくかどうかも別のことである」とされている。これはきわめて妥当な指摘である。この意味において、モースが主張するような贈与にともなう「義務」は「法律的」にはみとめられない。しかし、贈与を受けた者が返礼しなければならないという心理的な強制を受けることを「事実上の義務」として捉えることはできるとおもう。贈与を受けた者にとって、返礼しなければ気が済まないという心理に基づいて返礼が強制され、事実上、「義務」として感じられることになる。ここに「事実上の義務」の存在がみとめられるわけである。

ところで、ゴドリエは、贈与に二重の関係が存在することを指摘している。すなわち、「贈与は与える人と受け取る人との間に二重の関係を作りだすと思われる。つまり、贈与者はその所有物、さらには自力の本質を受贈者に分与するのだから、まず連帯の関係、ついで、贈り物を受けとり受容する人は、与えてくれた人に対して借りを作るのだから、優劣の関係がこれである。この負債によって、受贈者は、贈与者の債務者となり、ある程度まで、少なくとも与えられた物に《お返し》をしない間は、だから従属していることになる。こうして贈与は、贈与者と受贈者との間に社会的地位の差異と不平等を作りだし」ているとされるのである。[15] このような受贈者の従属的地位が、不正な行為に赴かせる「動因」となるのであり、賄賂罪の本質の把握にとって重要な意義を有することになる。すなわち、受贈者は、従属的地位から脱却するために、贈与に見合うだけの返礼として不正な行為、つまり、不公正な職務をおこなうことになるといえる。

贈与が有する二重の関係について、モースも別の論文において触れていた。すなわち、「贈り物を受け取るということ、さらには何であれ物を受け取る側にある縛りを課し、両者を結びつけるものである、というのがそれだ。物は一方の側に由来しており、その人が自分でつくったり手に入れたりしたもので、その人の物である。物がそういうものであることによって、その人はそれを受け取る人に対してある力能を得ることになる。給付を与えたのに、それへのお返しがあらかじめ規定された方式（法的方式であれ、あるいは儀礼的方式であれ）によってなされないならば、給付の与え手はもう一方に対して優位に立つことになるのだ。それは饗宴にあずかって飲み食いをした者であるかもしれない。あるいは、娘を嫁にもらったり、血盟の契りを結んだ者であるかもしれない。あるいは、与え手の一切の権能を呪術的にまとわされたその物を自分のところで使用して、その恩恵に浴した者であるかもしれない」と指摘していたのである。[16] これはゴドリエの指摘と類似しているが、「呪術」性をみとめている点において異なる。現代においては、右のような「呪術」性はみとめられない。したがって、本研究においても、呪術性についてはいっさい触れないことにする。

モースは、研究の「方法」として「的確の比較」を採用し、比較の対象を①「世界史的に有力な法体系」と②「資料があり、文献学的な作業もなされてい」る法体系を選択している。[17] ②について、「法体系のなかに社会それ自身の意識のあり方を把握することができる」ものを選択する理由は、「ここで問題となるのは語彙と観念だからである」ことに求められている。[18] ここで彼が「語彙」を重視していることに注意する必要がある。それが考察の出発点となるからにほかならない。わたくし自身も、種々の論点に関してこのような考察方法を採って来ている。モースは、別の論稿で「ギフト」という語に「贈り物」と「毒」という二つの意味があることの由来について興味深い指摘をしており、それは、賄賂罪の本質の考察にとって大いに参考になる。

彼は、まず、「さまざまなゲルマン語系の言語で、ギフト（gift）という一つの単語が『贈り物』という意味と『毒』という意味と、二つの意味を分岐してもつようになった。この二つの意味は非常に隔絶しているように見えるため、どのようにして一方の意味から他方の意味へと遷移が生じたのか、また、この二つの意味にはどのような共通の源泉があるのか、語源学者たちは理解に苦しんでいる。この語彙がそれぞれの言語においてどのような意味の変遷をたどったのかということ自体が、言語に応じてさまざまである。たとえば、現代ドイツ語に残っているのはほとんど毒という意味だけであるし、英語では贈り物と贈与という意味だけである」と指摘する。[19] そして、「こうした諸観念の連鎖はゲルマン系の諸法・諸言語ではことのほか明確である。だから、どうしてそこでギフトという語彙に二つの意味が組入れられるのかが容易に見てとれる。実際、古代ゲルマン人と古代スカンジナビア人にあって給付の典型は何かと言えば、それは飲み物の贈与、ビールの贈与だったのである。ドイツ語でこれぞ贈り物と言えるものとは、注がれるものにほかならない（ゲシェンク Geschenk、ゲーゲンゲシェンク Gegengeschenk）（前者は『贈物』、後者は『返礼の贈り物』の意で、ともに動詞 schenken に由来。これには『贈る、与える』の意のほかに『注ぐ、つぐ、酌をする』の意がある）。

これに関連するゲルマン系の法的テーマや神話上のテーマは実におびただしい数にのぼるけれども、改めてここでそのことに論及するにはおよばない。ただ、次のことは明らかだ。この種の作法においては、贈与はもっぱら飲み物をみんなで一緒に飲むとか、酒宴を奢るとか、お返しの酒宴を開くとかいったかたちでなされるわけだけれども、こうしたときほど、贈り物が善意にもとづくのか悪意にもとづくのかの見きわめがつかなくなる場合にほかならないということ、これである。贈り物が飲み物であるばあい、それは毒であることなどない。けれども、それが毒になりうる可能性はつねにある。いずれにしても、贈り物としての飲み物はつねに呪力をもつものである（英語のギフトという語にはこの意味合いが残っていた）。その呪力によって、その飲み物を分かち合った者たちは永遠に結び合されることになるとともに、そのうちの誰かが道義にもとることをしようものなら、その人はつねにその呪力が逆に跳ね返りうることになる。贈り物としてのギフトと、毒としてのギフトとを結びつける意味上の類縁関係は、したがって説明が容易であるし、自然な関係なのだ」と述べられている。[20] ゲルマンにおいて、給付の典型が「飲み物の贈与」・「ビールの贈与」であり、贈与は「酒宴を奢る」ことを意味し、その返礼は「お返しの酒宴」であったのであり、飲み物を分かち合った者達は「永遠の結合」を得たとされていたのは、じつに興味深い。その結合こそ飲み物が有する呪力にほかならない。そして、この結合は「喜び」をもたらすこともあれば「毒」となることもあるのである。これは、「贈与・贈り物」の両義性を明瞭に示すものといえる。

ここで「ギフト」の両義性についての叙述を長々と引用したのは、わが国における賄賂罪の保護法益に関して、判例・通説が早くから公務の公正に対する「国民の信頼」を重視してきたことの「普遍性」を比較文明史的観点から明示したかったからにほかならない。つまり、わが国においても、贈与が有する両義性を国民意識は暗黙裡にみとめてきたと考えられるのである。すなわち、国民は、公務員に対してなされる「贈与」が有する「胡散臭さ」と

「危険性」を敏感に嗅ぎ取って来たとおもわれる。ここにこそ、賄賂罪の本質の捉え直しに関する新たな視座の提供にモースの「贈与論」が寄与するものがあるとおもう。

贈与論が哲学の領域で新たな展開をもたらしていることを簡単に見ておくことにしよう。とくにハイデッガーの「存在」論について、哲学者の岩野卓司教授は、次のように指摘されている。すなわち、「もうひとつお話ししておきたいのは、ハイデッガーについてです。彼は戦後『ヒューマニズム書簡』（邦訳『「ヒューマニズム」について』）という書物を出版するのですが、そこで彼は『存在はある』と言います。トートロジックな表現ですね。でも、これが重要です。

『存在はある』は、ドイツ語では、Es gibt Sein. といいます。この表現を字義通りにとると、『それ（Es）は存在（Sein）を与える（gibt）』という意味になります。しかし、ドイツ語の固有の言い回しでは Es gibt は『ある』を意味しています。これは『存在がある』という表現です。英語だと There is being. フランス語では Il y a l'être. という表現がこれに対応しています。

でも、よく見てみると、英語やフランス語には『与える』に対応する言葉は見られません。ドイツ語においてだけ、『ある』と『与える』が結びついているのです。だから、『存在はある』という表現は、ドイツ語では『存在』と『贈与』の結びつきを示すことになります。

大著『存在と時間』で有名になったハイデッガーは、生涯にわたって存在について思索していましたが、ある時期から存在の問題とは実は贈与の問題だと考えはじめます。その根拠となるのが、ドイツ語特定の語法 Es gibt です。そこから彼は鋭敏な言語感覚を駆使して、語源的なつながりをたどりつつ、存在と贈与の関係を考えます。『運命』を意味する Geschick や、『歴史』を意味する Geschichte も贈与と深く関係をもった言葉であり、この言葉のつながりを通して贈与の問題系が作りあげられていったのです。

どうして贈与が重要なのかというと、それは言葉のレベルでドイツ語の『ある』の中に『贈与』があるからです。ヨーロッパのドイツ語、しかも存在を語る言葉の中に『贈与』があるから、贈与が重要なのだというのです。

これはよく考えてみなければならない問題です。『存在』は、ヨーロッパの言語の文法では非常に重要であり、哲学的にも『存在論』というかたちで古代ギリシア以来普遍的な真理を担うものです。この『存在』と『贈与』が関係することで、ドイツ語こそがこの普遍的な真理を担える一番模範的な言語なのだというのが、ハイデッガーの思考の核心なんですね。フランス語や英語では『贈与』の契機がないから、存在の真理に到達できないというわけです。どうも『おらが国さ』の発想ですね（笑）」と述べておられるのである。(21) ハイデッガーがドイツ語の表現を基礎に贈与と存在の関係を考察していることは、非常に興味深い。

ドイツ語においては、「存在する」を表現する言い回しとして「Es gibt etwas」を用いることを学部一年生のドイツ語の授業で教わったとき、非常に大きな違和感を覚えたことを思い出した。当時、存在は「be 動詞」で表現するものだと思い込んでいたので、これに馴染めなかったのである。いろいろな人に聞いたが、そういうものであるから、そのまま覚えればいいのだ、という回答が返ってくるばかりであった。「Es」が何を意味するのかについて考えたが、それは創造主（神）であり、創造主が「与えた」のであるから「存在」するのだ、という説明で満足せざるを得なかったのである。また、etwas は名詞であればよいので、文法的には Sein もあり得たが、まったく思いもよらなかった。ここでハイデッガーの「贈与」と「存在する」の関係についての所説に接し、そのような考えもあるのかと感じ入っている。このように、贈与論は、多くの領域に影響を及ぼし得る重要な思想であるといえる。しかし、本書においては、あくまでも賄賂罪に関連する限度で触れるにとどめたいとおもう。

第二款　贈与論の賄賂罪研究への応用例

一　古代ギリシャ社会と賄賂罪

これからモースの贈与論の影響を受けた賄賂罪の研究の成果を見ることにするが、これはモースの贈与論の「賄賂罪への応用例」としての意義を有する。まず、民主政の崩壊をもたらしたとされる買収の横行として特徴づけられてきた古代ギリシャ社会における賄賂罪について検討しよう。まず、表記に関して注記しておきたい。ギリシアという表記が学術文献上、用いられることが多いが、ここでは一般用語例としてのギリシャを使用する。また「民主制」という語も用いられるが、ここでは政治学的観点からの統治形態としての「民主政」という語を用いることとする。

古代ギリシャ社会の民主政と賄賂との関係に関する研究の動向について、歴史学者の橋場弦教授は、次のように指摘されている[22]。すなわち、「一九八〇年代以降、研究者たちが賄賂横行の事実確定よりも、むしろ賄賂にかかわる価値観ないしイデオロギーに焦点をあてるようになったことは、大きな意義をもつ。その背景には、M・モースやB・マリノフスキー以来の社会人類学における贈与論の進展と、その歴史学への波及という展開があった」とされる。そして、当該研究においても、「個々の贈収賄が事実として確かめられるかどうか、ということは問わない。また賄賂という概念の定義も、さしあたって……『ある種の贈与で、ある特定の社会的価値観から非難あるいは制裁を受けるもの』という、最低限度の相対的なものにとどめておきたい。問題は、われわれではなくギリシア人が、どのように賄賂を定義していたか、ということだからである」とされるのである[23]。ここにおいて、モースやマリノフスキー以来の「贈与論の進展」が歴史学に影響を及ぼしたことが指摘されており、贈与論が賄賂罪の研究にとって重要な意義を有することを指摘したものとして大いに注目される。

さらに橋場教授は、「デモクラシーの故郷である古代ギリシア民主政は、参政権の平等と民衆の政治参加という理想を、可能なかぎり追い求めた。だが、その古代民主政も、政治の暗黒面を避けて通ることはできなかった。それが賄賂である。二五〇〇年前の市民たちは、この問題とどのように向き合っていたのだろうか」という観点から賄賂罪について考察を進められたのである。[24] すなわち、「贈与と賄賂の問題をめぐって、古代ギリシア人がどのような価値規範を育て、それに対処していったか、その問題がポリス民主政というしくみとのかかわりのなかで、どのような意味をもっていたのかを探求してみたい。世界史上まれに見るほど直接民主政の理念を徹底させ、前五世紀から前四世紀にかけて一八〇年あまりにわたって続いたアテナイ民主政（前五〇八～前三二二年）が、ここでのおもな舞台となる。本書における探究をとおして、古代ギリシア市民とわれわれの価値観のどこが共通し、どこが相違するか、おのずと明らかになるだろう」と指摘されたのである。[25] その研究においては、古代ギリシャ民主政における賄賂罪が「ポリス民主政」との関連で考察され、古代ギリシャ市民とわれわれの価値観の共通点と相違点の解明が探求されている。そして、橋場教授は、ギリシャ市民の価値観を考察するに当たって偉大な政治家とされたペリクレスに触れつつ、「一般に古代ギリシア社会では、モノを贈られればなんらかの形で返礼すべきであるという価値観が、伝統的に強かった。ペリクレスといえども、そのような価値観と無縁ではいられない。周囲の親族友人、あるいはスパルタ王など他国のエリートと、贈与をなかだちしたきずなで結びつけられていたのである。賄賂が贈与の一種である以上、彼個人の意図がどうであれ、他の政治家たちと同様、ペリクレスが贈収賄を疑われても不思議はなかったのだ」と述べておられる。[26] 贈与に対して返礼をしなければならないという価値観が普及していた以上、偉大な政治家といえども、他の政治家と同様に収賄罪の疑惑をもたれざるを得なかったとされたのである。このような価値観との関連で、「前近代社会一般に見られるように、古代ギリシア社会では、何かを贈られれば同等のものをもって返礼すべしとする原則が支配的であった。この原則を、互酬性（レシプロシティ）の原理と呼ぶ。……ホメロスが描く社会にあっては、贈与こそ人と人のつながりを形づくる基本的な社会原理であった」とされる。[27] ここで「互酬性の原理」が強調されている。これは、モースが主張した贈与に伴う返礼義務の思考と同じ思考であるといえる。

ギリシャ史研究と互酬性との関係について、栗原麻子氏は、次のように述べておられる。すなわち、「互酬性について語ることは、ギリシア史研究者にとって目新しいことでも突飛なことでもない。とりわけK・ポランニが、古代ギリシア社会を、アルカイックな互酬的経済の傍らに市場の限定的な発達をみる複合的な社会として描いたことは、『市場経済』の有無をめぐる積年の論争に一石を投じることとなった。論争のいっぽうの極には、古代ギリシアの経済の『近代』性を強調する『近代主義者』が存在していた。その場合、互酬的経済は、ホメロス社会から古典期アテナイにむけて、次第に市場経済に取って代わられるべきものとして理解される。反対側の極には『プリミティヴィスト』がいた。なかでもM・I・フィンリーは、ポランニの影響下に『プリミティヴィスト』の見解を発展させ、古典期アテナイの経済を、生産のための投資をおこなわずもっぱら富を消費する『消費都市』と特徴づけた。古典期になっても経済は依然として社会の中に『埋めこまれて』いたと論じたのである」とされている。[28] ここにおいて、もっぱら「経済」的観点から互酬性について触れられているが、古代ギリシャ社会を複合的社会として把握することが前提となっている点に留意する必要があるとおもわれる。なぜならば、この点は、モースの所説が基礎となっているからにほかならない。

ところで、贈収賄罪に関して橋場教授は、次のように指摘されている。すなわち、「アテナイ市民は、贈収賄に対して法的処罰のためにさまざまな制度を発展させていた」のであり、「古典期には賄賂を告発する訴訟手続きが何種類も存在し、有罪の場合、死刑、公民権停止、高額罰金などの重い刑罰が用意されていた。アテナイでは、役人や政治家の責任を追及し、その不正行為を摘発するための公職者弾劾制度がおどろくほど発達しており、一般市民が公職者の犯罪を告発する機会は、制度的にいくえにも保証されていた。賄賂は、こうした公職者の不正行為の代表格として、きびしく弾劾されたのである。実際に政治家や将軍たちが賄賂の罪に問われて裁判にかけられる「ケース」が多かったとされているのである。[29] ここで、アテナイにおける贈収賄に対する法的対応として公職者弾劾制度が整備され、訴訟手続きに関して非常に厳しい面があったことが指摘されている。興味深いことに、一般市民が公職者の犯罪を告発する制度が保障されていたのであり、「公職者の不正行為の代表格」が賄賂罪であったのである。

さらに、賄賂行為に対する法的対応の整備という観点から「実体法」の構築が企てられたのであり、この点に関して、橋場教授は、次の指摘されている。すなわち、「はじめアテナイ人は、各種の賄賂行為に対して、個別に法律や訴訟手続きを制定することで対処していた。しかし、やがてそうした場あたり的な方法では、つぎつぎにあらわれる新手の賄賂行為を摘発することがしだいに困難になった。そこで、ついに前五世紀末、この一般贈収賄関連法を完成することによって、およそ論理的に考えうるあらゆる贈収賄行為を摘発しようとした、と推測できるのではないか。そのほうが、ギリシア人の贈与と賄賂に対する両価的な態度とその克服という、彼らの社会規範がたどった苦難の過程を、よりよく説明できるからである」とされている。[30] ここにおいては、贈与に対する親和的な態度と賄賂に対する厳しい態度という「両価的な態度」の克服が試みられていることが強調されていることになる。このようにして賄賂罪に関する法的整備がなされていったのであるが、贈収賄事件として重要視されたのは、将軍や政治家がポリスの外部から買収される「対外的贈収賄」であり、一般の役人による「対内的贈収賄」ではなかったとされる。それは、以下の事情による。すなわち、橋場教授によれば、「贈賄側として警戒の目を向けられたのは、たいていの場合、アテナイ市民から見た『よそ者』、つまり他者であった。これは、贈与というものが贈り手の人格の延長であった古代において、ポリス市民団の閉鎖性が強まれば強まるほど、他者からの贈り物が、エリートをのぞく大多数のアテナイ市民によって、うさん臭い、手を触れてはならぬものと意識されていったことの反映であろう。同時に、収賄者として糾弾されたのが、主として将軍と政治家であったことの意味も考えてみる必要がある。軍事の専門職である将軍は、一般の役人とちがって抽選ではなく選挙で選ばれるため、対外戦争で成功を収めたりすれば人々の声望を集めやすかった。また任期一年で一〇人同僚団制ではあったものの、将軍職にかぎって再任に制限はなかったから、他の役人に比べれば比較的強大な権限を行使できた。アテナイ市民としては、将軍に対する期待が大きかった反面、その権限に対する警戒心もまた根深かったのである」とされるのである。[31]とくに将軍は、①選挙によって選出される点、および、②任期は一年であるが、再任に制限がなかった点において、一般役人と異なっていたとされる。①は、対外的戦争で勝利を得た将軍が人気を獲得し、選挙による地位の強化をもたらしたのであった。②は、地位の継続性を確保するものである。このようにして、将軍と政治家は、永続的な地位と権限を有していたので、その権限行使に対しては、市民からの警戒も強かったのであった。このような将軍や政治家がポリス外の「他者」から買収されると、ポリスの崩壊をもたらす危険性はきわめて高いので、それは禁止されなければならなかったといえる。ここに将軍と政治家に対する賄賂罪の強度の当罰性がみとめられることになる。

これに対して、一般役人による対内的贈収賄事件が重視されなかった理由は、次のような事情に求められる。この点に関して、「現代的な官僚汚職の構図が、アテナイに見られないのはなぜであろうか」という疑問に対する「答えは、アテナイ民主政の体質自体に求められるであろう。つまりアテナイ民主政のシステムそのものが、こうした腐敗を予防するしくみになっていたということである」と橋場教授は、指摘される。[32]すなわち、「そもそもアテナイの役人とは、われわれの知る官僚とはまったくことなるアマチュア役人であって、その大多数は抽選で選任され、任期一年で原則として再任は許されなかった。しかも同種の役職には、たいてい一〇人一組の同僚団があてられた。一つの同僚団のなかにとくに序列はなく、また主席となる責任者が決められていたわけでもない。要するに、一人の役人に長期間強大な権限が集中することを意図的に避けるのが、アテナイ民主政の体質であった」のであり、「こうしたアテナイ民主政において、役人への贈賄工作がたいへん効率の悪いものであったことは、容易に想像される。たとえ役人の贈賄に成功したとしても、個々の役人の権限が細分化されて微弱である以上、その影響は取るに足らないものであったにちがいない」とされているのである。[33] したがって、一般役人による賄賂罪は、法律上も実際上も大きな意義を有し得なかったのである。アテナイにおけるアマチュア役人の制度は、抽選・任期一年で再任なし・集団による権限行使という制約に基づいて権限の分散を実現するという巧妙なシステムであったといえる。このことが一般役人に対する賄賂罪の当罰性を否定したのであった。ただし、唯一例外的に処罰された「対内的贈収賄」として「法廷買収罪」があり、陪審員に贈賄する「同胞市民」に対して厳しい「処罰感情」が向けられていたとされる。それは、「民主政のシステム」そのものに根ざして発生したとされている。[34]

このように見てくると、「賄賂の横行が民主政の堕落衰退の兆候であると考えたかつての古典学説は、賄賂を無条件に倫理的悪とする前提に立っていた。だがその前提は、贈与互酬にさほどなじみのない西欧近代的価値観による偏見であるといえないだろうか。贈与互酬は、つねにギリシア文化の重要な一部であった。大切なのは、ギリシア人の文化を彼らの文脈の範囲内で理解することである。アテナイ民主政を動かしていたのは、啓蒙主義以降の西欧近代に確立されたような政治理論ではなく、古代ギリシア人の心性を深いところでささえていた文化的・社会的な力学であった[35]」と解するのが妥当であると考えられる。古代ギリシャ人の「心性」を支えていた「贈与互酬」こそが文化的・社会的力学として作用して賄賂罪規制に重要な役割を演じていたといえる。この点が近代の賄賂罪規制の基盤と異なるのである。そして、アテナイ民主制と賄賂罪による規制について、「一方で贈収賄をきびしく摘発・処罰しながら、他方でこのように互酬性原理をシステムに組み込むことによって、アテナイ民主政は贈与文化をうまくコントロールしていたのである。近代の基準からみれば、アテナイ市民の賄賂に対する態度は、たしかにわれわれのそれよりはるかに寛容であった。しかしこれを、民主政の堕落や機能不全、ましてやいわゆる衆愚政にむすびつけるのは、近代の高みから古代を一方的に批判する誤りである[36]」と解すべきであろう。さらに、「むしろ注目すべきは、賄賂に対して両価的な態度をもっていたにもかかわらず、アテナイ人が賄賂の危険性についての意識を育て、非難の言説と処罰の制度を発展させたことである。アテナイ民主政は、賄賂に対してけっして無為無策だったのではない。それが公共性を虫食いのように食いあらすことを、アテナイ市民は見抜いていた。民主政が民主政でありつづけるためには、賄賂との格闘をやめるわけにはいかなかったのである。その格闘のなかで育てていった意識と社会規範こそ、民主政の発展史において古代ギリシア人が達成した一つの成果であったといえるだろう[37]」と評価すべきことになる。古代ギリシャ人が賄賂の危険性を意識しつつ民主政を維持するために賄賂と格闘を続けたという歴史的事実は、現代のわが国の賄賂罪規制にとって重要な示唆を与えるものであるとおもわれる。

ところで、賄賂罪規制に関する「立法主義」をめぐって、現在でも「ローマ法主義」と「ゲルマン法主義」の対立が問題とされている。その詳細については、後の章で論ずるが、ここではその立法主義の根底にある文化的・歴史的基礎について考えてみることにする。この点については、わが国の刑法学においてほとんど考察されていない。わたくしは、ローマ法主義の根底にあるのは、前に見た古代ギリシャにおける「民主政」を護持するための賄賂罪規制であるとおもう。すなわち、「互酬性の原理」を基礎にして民主政を維持するために、アテナイの政治を決定する権限を有する指導者に対する「買収」を禁止することに眼目があったのである。そのような思考が、民主政を採るローマに継承されたとおもわれる。ここに「不可買収性」を理念とする「ローマ法主義」が生まれたと解することができる。そうすると、民主政を護持すべき為政者は、すべからく買収によって民主政を破綻させてはならないので、不可買収的でなければならない。これは、個々の職務との関連性を要求する具体的要請ではなくて、およそ買収されるべきではないという抽象的理念的なものであるとおもわれる。それは、「職務の公正の侵害」との関連においては、いわば「抽象的危険犯」としての性格を有する。

これに対して、ゲルマン民族においては、民主政は採られていなかった。各豪族が覇権を争い、強大な豪族が領土を拡大していったと考えられる。そのばあい、互酬性の原理は、支配者層ではなくて軍隊における士卒または一般事務を担当する層において、賄賂罪規制の基礎になったと解されるのである。すなわち、強力な組織体を維持するためには、組織員の強い紐帯が必要となり、それらの者の「合同力」が有機的に発動することによって戦闘において勝利を得ることができるのである。組織維持のための諸々の仕事が、現在でいう行政事務であり、それを担当するのが役人(公務員)である。その役人に対して賄賂を贈って見返りに有利な扱いを受けると、贈賄できる財をもっている者だけが優遇措置を受けられることになる。そのような財をもっていない者は、不公平感をもつに至るであろう。その不公平感は、役人の「職務の公正」に対する不信感となる。「職務の公正」が保持されないばあいには、組織体の紐帯は内部から破綻することになるであろう。そこで、組織体を維持するために、賄賂罪規制の基礎として「職務の公正」が措定されたと解することができるとおもう。ここに立法主義としての「ゲルマン法主義」が論拠づけられる。

ゲルマン法主義は、個々の職務権限の行使に当たって賄賂の供与を受けて不正な権限行使がなされることによって、「職務の公正の侵害」を防止しようとするものである。その意味において賄賂罪は「侵害犯」としての性格を有することになる。

このように見てくると、ローマ法主義もゲルマン法主義も、根底においては実質的に「職務の公正」を保持するために賄賂罪規制をみとめているものであると解することができるとおもわれる。賄賂がもたらす危険の対象をどのように表現するかの差異があるにすぎないのである。ローマ法主義は、「民主政」を護持するためにその担い手である為政者の「不可買収性」を強調し、ゲルマン法主義は、組織体を護持するために個々の職務を行なう者の「権限行使の公正」を強調しているのである。

二　イスラーム社会と賄賂罪

法社会学の見地から加藤哲美教授は、モースの贈与論を踏まえて「互酬性」が「贈与関係」を律する重要な原理であることをみとめたうえで、イスラーム社会における賄賂罪について考察されている。加藤教授は、まず、「贈物の交換は、古くから多くの社会において、一般的に見られた慣行である。それは、儀礼的および経済的な意味を持つ交換の在り方として発達した。例えば、我が国の『中元と歳暮』は、もともと神々や先祖に感謝の気持ちを込めて供え物を捧げた儀礼が、次第に人と人とのお礼の交換として一般化し、定着したものである。すなわち、日本の贈答文化である。贈答という言葉から推測できるように、日本における贈与は、本来、互酬性（reciprocity）を伴うものである。贈与とは有償の行為だったのである。贈物を受け取った者は、それに対するお返しをするべく心理的強制を受けるのが通例である。いかなる社会においても、この互酬性を伴う贈与慣行が、人間関係、すなわち個人的ならびに共同体的諸関係の確立に貢献する重要な行為として存在し、社会関係を律するひとつの重要な原理として生きてきた。それが、社会の統合原理のひとつとして大きな意味を持っていた時代もある」と指摘される。[38] そして、「贈与行為の有償性は、多くの民族の古代法や原始法に共通の原則であったという。古代の中東においても、贈与慣行が人間の本性に深く根ざしつつ生きてきた。そして贈与は、贈与としてその社会の中で機能している限りは、承認され、称賛される慣行であった。贈与慣行は、古代中東の社会における習俗だったのである。しかしそれは、その本性上、賄賂に容易に転化し得るものであった」とされている。[39] 古代中東の社会において「習俗」であった贈与慣行が「賄賂」に容易に転化し得るものであったとする指摘は、刑法学の見地から大いに注目するに値するとおもわれる。

コーランおよびムハンマドの贈与観と賄賂観について、加藤教授は、「イスラーム社会においても、イスラーム以前の社会と同様に、贈与は、社会を組織するための重要な要素として伝統的な役割を担っていた。贈物の提供は、個人間の友情あるいは共同体間のよき関係の絆を締めなおす効果をもたらした」としたうえで、[40]「ムハンマドと彼の直接の後継者の時代には、賄賂に対する態度は毅然としたものであり、実務においても賄賂禁止は果たされていたように推測できる。しかし、後にさまざまな形で発展を遂げる諸制度の基本を定めたと言われるウマル一世の活躍の後、版図の拡大に伴って大きく膨張したイスラーム共同体の維持、運営に多くの困難を伴ったのであり、その一環の中に賄賂の問題も位置づけることができる」とされている。[41] ムハンマドとその直接の後継者の時代には賄賂に対して厳格になされていた対応も、その後は次第に変化を見せて行くことになる。

九世紀のイスラーム神秘主義（スーフィズム）の師アルハキーム・アッ＝ティルミズィーは、彼の著作『区分の書』の中で、贈与と賄賂の違いについて次のような趣旨を述べているとされる。すなわち、「贈与は、贈物の供与者とその受領者の、心と霊魂の相互の引き付け合いの完成を目指すものである。しかし、もしも受領者が権威ある地位にいれば、あるいは権威に関係していれば、その時にはその贈物は賄賂になるのである。政治的・司法的権威者は神の影である。政治も司法も、元来、神に属するものであり、権威者は神の啓示のままにその職務を果たさなければならない。とりわけ裁判については、それが本来、神の裁判であることが注意されるべきである。ところが、アッラーの神によって彼の被造物に与えられた神の裁判は、権威者に与えられる贈物によって、誰にも咎められることなしに買収されることがあり、それは明らかに不正であるし、俗世において罪であるばかりではなく、神の怒りを買うことになろう。このような贈与は、泉から水を、バケツによって汲み出すという行為にたとえられるような賄賂行為である。これは人為的なやり方である。正義はこのような仕方で裁判官によって引き出されてはならない。正義は、バケツによって汲み出された水のように人為的にではなく、流水のように自然に流れるべきものなのだ。したがって、結論として、権威を持つ者あるいはそういう者と縁故の或る誰かに供与された贈物は、賄賂である」とされたという。[42] ここではとくに「裁判官」に対する賄賂が問題視されている。マーリク派の九世紀の法学者イブン・ハビーブもまた、「当時の法学者たちは、中央政府役人、裁判官、地方役人、あるいは徴税官に贈物を供与することは、等しく非難されるべきことだと考えていた」と述べたとされている。[43] 裁判に関して賄賂が問題視されたことは、アテナイにおける陪審員に対する贈賄行為を処罰する法廷買収罪との対比で興味深いものがある。民主政維持のための賄賂罪に対して、イスラームにおいては、神の啓示のままになされるべき神の裁判が裁判官の買収によって歪められるのは許されるべきでないとされたので、賄賂罪は神の裁判を保持するためのものであったとされ得る。なお、イスラームにおいては、法学者は神のことばを伝える宗教者であることに留意する必要があり、その言説は絶大な権威を有しているのである。

十一世紀に至ると、裁判官だけでなく裁判所の役人に対する賄賂も違法と解されるようになったとされる。すなわち、加藤教授によれば、「裁判官のみならず、裁判所の役人にとっても、いかなる贈物の受領も不法と見做された。アス＝サラクシーによれば、十一世紀には、訴訟当事者の全員が、自分たちの事件を提起してもらえるようにと、裁判所の下級役人に何かを与える行為が慣習として許されていたという。アス＝サラクシーは、この行為に犯罪としての烙印を押している。なぜならば、正義は対価なしに配分されるべきであり、いかなることも正義が果たされるのを妨害してはならないからであ」り、「贈賄者の利益となるように裁判官に影響を及ぼすべく、裁判官の子供たち、彼の秘書たち、あるいは他の職員が買収される可能性もあった。これは当然のことながら、強く非難され禁止された」のである。[44] このように、裁判官からさらに裁判所の役人にまで賄賂の非難が拡大されていったことの歴史的意義は大きいといえる。

十二世紀においては、許される贈与と許されない贈与という観念がみとめられるようになったとされる。『法学の有益性と有害性に関する書』の著者カズウィーニーは、許される贈与と許されない贈与に関して、十二世紀当時、一般に考えられていた考えを叙述しているとされる。[45] 許されない贈与の観念は、賄賂罪処罰の範囲が拡大されたことを意味することになる。

十四世紀に至ると、政治的権威を有する人々への贈物がいかにして適法なものとされるかの議論が激しく展開したとされる。その頃、エジプトの役人たちおよび政治的指導者たちが贈物を受け取ったという事実があり、それに対して、三人の指導的な法学者は、預言者ムハンマドが述べた「役人たちへの贈与は不正である」という言葉に基づいて、彼らの贈物受領は禁じられているという意見を述べ、これに対して、スンナ派イスラームの法学派のひとつシャーフィイー派の偉大な裁判官イブン・ジャマーフが、異議を唱え彼らが贈物を受け取った行為は許されると主張したという。この点について、加藤教授は、次のように指摘される。すなわち、「ここで、役人たちならびに政治的指導者たちへの贈与が正当化されるのはお返しの故である。これは……お返しによって最初の贈与が精算されると考えられたからである。……裁判官への贈与は、お返しによって精算されるから問題はないのだという考えは、あくまでも、社会における古き良き習俗としての贈与慣行を彼らが尊重するが故のものだったと見るべきではなかろうか。そして、たとえこれが賄賂として現象化することがあったにしても、贈られた財産が個人の私的財産になるのではなく、国庫に、つまり、ムスリム共同体の使用に帰せられるということであれば、たとえそれが賄賂であったとしても、それは、賄賂の本来の意味をなし得なかったはずなのである」とされている。(46) ここで重視されるべきことは、贈与された財産が国庫、つまり、ムスリム共同体に帰属することによって賄賂性を失うという理解である。これは、現代の没収・追徴とはまったく異なる思考である。

ムハンマドの時代から十四世紀に至るまでの贈与（観）と賄賂（観）についての検討の結果、加藤教授は、次の結論に到達されている。すなわち、「基本的には、ムハンマド以来一貫して賄賂が厳しく禁じられてきたことが確かめられた。それは、イスラーム法（シャリーア）の規範でもあった。しかし、古き良き習俗としての贈与慣行を基礎にして、意識的にか否かは別にして、結果的に、識者たちによって賄賂への抜け道が用意されたことも事実である。例えば、①贈与慣行の一種として、或る人の敬虔さ、学識、高貴な家柄の故に贈物をすることが許されるということであり、②贈与慣行の要素である『お返し』が実行された場合には、最初の贈物は許されるということであり、③役職者がその官職に就く前から、贈与慣行の一環として贈物を受け取っていた場合、それの本来の形が持続される贈与は許されるということである。識者たちの主張は、本来、贈与慣行を守らんがためのものであったが、しかし、皮肉にもそれは同時に賄賂への抜け道を用意することにもなったのである。ただし、……それらの贈物は、その受領者たちの私的財産になるのではなく、国庫に引き渡されるべきとされることもあった。これに関しては、根本的には、このような財が私人に帰属すべきか、あるいは国庫に帰属すべきかは、すべてムスリム共同体（ウンマ umma）の判断に任せられるべき事柄であった」とされるのである。[47] イスラーム法の厳格な規範が存在するにもかかわらず、「古き良き習俗としての贈与慣行」を基礎にして「賄賂への抜け道」が作り出されたことには、賄賂の誘惑が有する普遍的な危険性を改めて示された思いを禁じ得ない。

第三款　わが国の賄賂罪規定の立法と解釈の視座

わが国における賄賂罪の近代史は、立法による「処罰規定」の増設および「重罰化」と解釈による「処罰範囲」の拡大であったといえるとおもう。旧刑法には処罰規定が存在しなかった「贈賄罪」が現行刑法の制定の際に新設された。制定当時の刑法には、収賄罪、加重収賄罪および贈賄罪の規定が存在していたにとどまっていた。ところが、昭和一六年の刑法の一部改正の際（同年法律六一号）、その各規定に修正が施されたうえ、あらたに受託収賄罪、事前収賄罪、第三者供賄罪および事後収賄罪が新設されたのである。さらに、戦後の昭和三三年の一部改正において、斡旋収賄罪および斡旋贈賄罪が設けられたので、大塚仁博士は、「斡旋贈収賄罪を含んだことによって、賄賂罪の性格はいちじるしく複雑なものになった」とされる。[48] その後、昭和五五年の改正（法律三〇号）により、加重収賄罪を除く他の収賄罪の刑が引き上げられ、斡旋贈賄罪の規定が削除された。そして、大塚博士は、「これらの改正を通じて、刑法典の規定上は、収賄行為の主体を公務員または仲裁人に限ることには変更がなく、賄賂の罪の範囲は、もっぱら、行為自体の形態の面において拡張されてきたが、特別法の領域では、さらに行為の主体の面においても、賄賂の罪を拡張する傾向がいちじるしい」とされている。[49] その後、平成一五年の刑法の一部改正（法律一三八号）によって、行為の主体から「仲裁人」が除外された。それは、仲裁法に仲裁人に対する罰則規定が置かれたためである。

このように、賄賂罪に関して立法および解釈論において処罰化の拡大が推進されて来ているが、賄賂罪の理論化に当たって留意されるべき視座はどうであるべきなのだろうか。この点につき、団藤重光博士は、「賄賂罪の中心概念は、公務員の職務に関する賄賂の授受等である。ところで、右に一言したように、あっせん贈収賄罪の関係では、こうした中心概念についてかなりの修正が要求されるが、あっせん贈収賄罪における稀薄化されたあたらしい賄賂概念を簡単に賄賂罪一般に推し及ぼすことは危険である。むしろ、伝統的な賄賂罪の中心概念をあきらかにした上で、これをもとにして、あっせん贈収賄罪における修正を論じるのが、あっせん贈収賄罪そのものの不当な拡張解釈を防ぐためにも、妥当であるとおもう」と指摘された(50)。たしかに、刑法学における賄賂概念そのものの内包を明確にすることの必要性は否定できないが、しかし、さらにその根底にある「実体」を把握してそれを刑法学に反映することの重要性も否定できない。そこで、われわれは、「伝統的な賄賂罪の中心概念」を明らかにするに当たってその根底にあるものとして「贈与」をめぐる文化史的・社会学的・歴史学的な諸関係を包括する学問的成果を汲み取るべきであるとおもわれる。それらは、前に見たように新たな展開をもたらし得る哲学の根本にも触れるものであるが、ここでは社会科学的領域に限定せざるを得ない。

このような理解は、日本の賄賂罪を「文化犯罪」の一種として把握する王雲海教授の立場に近いかの観を呈する。王教授は、アメリカ合衆国、日本および中国の賄賂罪を比較研究し、賄賂罪は、合衆国においては「市場の自由競争」から「経済犯罪」として、日本においては「公務員の人格模範性」から「文化犯罪」として、中国においては「一党支配の正統性」から「政治犯罪」としてそれぞれ把握されていると主張しておられる(51)。とくに現行中国法制と日本法制との対比が本研究においては重要なので、それを見ることにしよう。

王教授によれば、中国は「権力社会」であり、国家権力こそが中国社会の原点・中国社会の第一次的力であるので、権力の政治的都合で物事の是非が判断されることになる。なお、中国は「徳治主義」を建前とする「易姓革命」を伝統としており、暴力により帝制の簒奪がなされて来たので、歴史上、実質的には「権力社会」であったといえるとおもわれる。このような権力社会においては、「賄賂をいけないこととみなす最大な理由は権力の政治観であって、賄賂を犯罪として定めて刑罰を科すことの究極的目的は権力の正統性の維持にある」とされる。(52) つまり、「賄賂を犯罪とし、厳しい刑罰を科すことの動機・目的は、何よりも、共産党の一党支配の根拠である『大公無私』・『人民の利益の代弁者』というイメージを維持することにあり、『一党支配の正統性の維持』というのは、中国での賄賂罪の保護法益なのである」とされるのである。(53) 権力社会としての中国において、賄賂罪の保護法益が「一党支配の正統性の維持」であると解されているのは、興味深い。そして、「収賄罪に死刑までを科すことの本当の理由は、まさに、中国での賄賂罪が政治犯罪・体制犯罪とされて、その保護法益が常に党の一党支配の正統性の維持にあるとされていることから見つけることができるし、そこから最も説明することができる」とされている。(54) 収賄罪に対して死刑まで適用することの根拠が、賄賂罪を「政治犯罪」・「体制犯罪」として特徴づけることに求められることは、十分に理解できる。これは、賄賂罪を叛逆罪に類するものとして把握する立場に近いものである。すでにリースマンは、アメリカ合衆国における民主政の観点から収賄罪を叛逆罪の一形態であると主張していた。すなわち、彼は、「合衆国憲法第二条第四節は、大統領、副大統領およびすべての文官は『叛逆罪、収賄罪もしくはその他重大な犯罪』を犯したばあい、弾劾される、と規定している。民主制の政府を樹立しようと近代になってはじめて実験を試みた合衆国において、収賄罪が、人びとの選挙した指導者に託した信頼を根本から覆すものとして、かくもきびしい規定に服することになったのは、驚くに足りないのである。こうした、人びとが期待する構図のなかでいえば、収賄行為は、叛逆罪の一形態にほかならないのである。つまり、叛逆罪は戦時下の大罪であるのにたいして、収賄罪のほうは危機感が広くもたれるさいに、手きびしく訴追されることになる」と指摘したのであった。[55] しかし、われわれは、収賄罪を「権力犯罪」として把握すべきではない。賄賂罪が「法益侵害」犯罪であることを本書において明らかにすることにしたい。

収賄罪に対して死刑までを科することの現実的効果について王教授は、「賄賂への死刑適用が中国に本当にもたらしているのは、中国における賄賂罪などの腐敗対策の政治性と異常性を世界に見せ付けていること、および、賄賂などの腐敗行為で摘発された党員・公務員が事実上政治の生贄として法外化されていることだけである。そのいずれも法治国家の理念に合わないのである」と結論づけられている。[56] ここで「法治国家」の理念が提示されているが、これは重要な論点であるから、本書においても改めて検討する。

つぎに、日本における賄賂罪については以下のように述べられている。すなわち、王教授によれば、日本は「文化社会」であり、文化こそ日本社会の原点・日本社会の第一次的力であって、人々は文化的道徳観・価値観で物事の是非を判断するとされる。そして、「賄賂行為は、何よりもまず、公務員の倫理的人格者・道徳的模範者としての不適格・不具合として、そして、倫理的人格者・道徳的模範者としての公務員に対する人々の信頼への裏切りとしてみなされる」のであり、「公務員の文化意義上の人格性・模範性を追求することを通じて、公務員に対する人々の信頼を確保することが日本での賄賂罪の保護法益である」とされているのである。[57] わたくしは、日本が文化社会であることをみとめるが、しかし、このことと賄賂罪を「文化犯罪」として把握し、その保護法益を公務員の文化意義上の人格性・模範性に基づく「公務員に対する人々の信頼」と解することとは直結しないと考える。これは賄賂罪の保護法益の問題であり、本書において詳しく検討することにする。

王教授は、わが国における賄賂罪に関する右に述べた基本的立場から、さらに立法史、判例および学説についても論及しており[58]、賄賂罪の本質の把握に関して検討する際の貴重な視座を提供しておられる。これらについても本書において考察を進めて行きたい。

わが国における解釈論の問題として、近時、①賄賂罪の保護法益の内実に関して「職務の公正」の意義、および、②「職務密接関連行為」概念の内容とその要否が再検討されるようになっている。たとえば、山口厚教授は、まず①について、次のように主張されている。すなわち、「賄賂罪の規定は、職務行為と賄賂とが対価関係に立つことによって、『職務行為が賄賂の影響下に置かれ、不公正な裁量の行使が行なわれること』を防ぐことを目的とする。保護法益は、このように理解された『職務の公正』である。賄賂罪は、賄賂の授受という手段によって生じる、保護法益の侵害・危険惹起を処罰の対象とするものといえる。このような理解からは、請託の存在を要件とする受託収賄罪は、『職務行為が賄賂の影響下に置かれる危険』が高いから、収賄罪よりも重い犯罪とされ、不正な職務行為を要件とする加重収賄罪は、『職務行為が賄賂の影響下に置かれた結果として不正な行為まで行われたから』、（単純）収賄罪よりも重く処罰されることになる」とされているのである[59]。ここで提起されている「賄賂の影響下」という実質的概念の検討が新たな理論的展開をもたらすことになるとおもわれる。山口教授は、「賄賂の影響」をもたらすものが「利益性」であるとして、その観点から賄賂罪における「没収・追徴」の法的性質やその要件などについて詳細な検討を加えておられる[60]。「没収・追徴」の法的性質・要件などについて、従来、比較法的研究の対象は主としてドイツ法であったが、アメリカ法の観点からの検討も重要であり、その意味において佐伯仁志教授の論稿[61]が注目に値する。これらについては、第一〇章「賄賂罪における没収・追徴」において詳しく検討する。

つぎに②の点について、山口教授は、「学説においては、職務密接関連行為に対して賄賂が授受された場合、『職務に関し』賄賂の授受があったからとして、賄賂罪の成立を肯定する見解が有力である」が、「『職務に関し』との法文上の表現は賄賂と職務行為との対価関係を意味するのであり、職務密接関連行為も職務行為に含まれると解すべきであ」って、「判例も職務密接関連行為を『職務行為』として捉えている」として、最決昭五九・五・三〇刑集三八巻七号二六八二頁を援用されている。[62] ここにおいて、職務密接関連行為は「職務行為」に包含されているとして、従来の「職務密接関連行為」の観念の独自性は否定されていることになる。

また、塩見淳教授は、①について次のように主張されている。すなわち、「解釈論としては信頼保護説に基本的に拠らざるをえないと思われる。ただし、純粋性説による現行規定の実質的理解に限界があることは、翻って、信頼保護説による法益の把握が相当に形式的であることの証左ともいえる。『もし世人が行為を認識したとすれば職務行為の公正を疑うであろうか』と尋ねても、とりわけ職務行為が相当な場合、世人はなお疑うともはや疑わないともいえるなど、容易に答えられるものではない。むしろ、『職務』に対価が支払われれば、（社交儀礼の範疇に入る場合などを除いて）基本的に職務の公正に対する社会の信頼は害されると考えられているというべきであろう」とされたうえで、[63]「『職務』の範囲を画定する際に、社会の信頼が害されるかという規準は十分に機能しえないことを確認しておく必要がある」とされているのである。[64] ここにおいて、純粋性説と信頼保護説の限界が指摘され、「職務」の範囲を画定するに当たって、「社会の信頼が害されるかという規準」は十分に機能し得ないことが強調されている。この点について、改めて再検討することが要請されることになると考えられる。

②について塩見教授は、「職務密接関連性が着目される理由は、信頼保護説のもと、密接に関連する行為に対価が提供された場合でも、『職務そのものの公正が疑われるおそれがある』点に求められている。ここからは、密接関連性の肯否は『社会の信頼が害されるか否かの観点を抜きにしては、適切に答えることができない』ことになるが、

……そのような観点は十分な内実を伴わず、密接関連行為を『職務』の内側に位置づけても『自ずからの限定』にあまり期待できないからである。目指すべきは、密接関連行為を媒介とせずに適切に拡張された『新たな職務概念』を正面から構築することと解される」としたうえで、「当該行為は本来の職務と密接に関係するか――公務的性格を帯びるか、職務に事実上の影響力を有するか、相手方に相当な影響を与えるか等に分けて論じられることが多い――ではなく、その者自身の職務に属する行為と見てよいかとの視点に基づいて検討を進め」られている。[65] ここで、「職務密接関連行為」の概念が真正面から否定され、新たに「その者自身の職務に属する行為と見てよいかとの視点」が規準として提起されている。この規準についての検討がこれから展開されることになるであろうとおもう。

本書においては、このように発展可能性を秘めている①保護法益論についてその根底に遡って検討し、②職務密接関連行為の概念についてその形成過程を明らかにしながら検討して行くことにする。その他にも種々の観点から従来の論点について再検討を加えることによって賄賂罪の理論化を図りたいとおもう。

(1) 桜井英治『贈与の歴史学・儀礼と経済のあいだ』(平23年・二〇一一年) 三頁。
(2) 桜井・前掲注 (1) 六八頁。
(3) 桜井・前掲注 (1) 六八頁。
(4) 桜井・前掲注 (1) 六九頁。
(5) 有地亨訳『贈与論』(昭37年・一九六二年)。
(6) マルセル・モース『贈与論・他二篇』森山工訳 [岩波文庫] (平26年・二〇一四年) 五九―六〇頁。いくつか翻訳があるが、引用対象として、最新で入手が容易な本書を選んだ。
(7) モース・前掲注 (6) 六一頁。
(8) モーリス・ゴドリエ『贈与の謎』山内昶訳 (平12年・二〇〇〇年) 新装版 (平26年・二〇一四年) 一五―六頁。

(9) モース・前掲注(6)七七頁。
(10) モース・前掲注(6)六〇頁。
(11) モース・前掲注(6)一〇〇―一頁。
(12) ゴドリエ・前掲注(8)四三―六頁。
(13) 岩野卓司『贈与の哲学・ジャン＝リュック・マリオンの思想』(平26年・二〇一四年)三四頁。
(14) 森山工「訳者解説――マルセル・モースという『場所』」前掲注(6)四七七―八頁。
(15) ゴドリエ・前掲注(8)一七頁。
(16) モース「ギフト、ギフト」モース・前掲注(6)四三頁。
(17) モース・前掲注(6)六四頁。
(18) モース・前掲注(6)六四頁。
(19) モース・前掲注(16)三七頁。
(20) モース・前掲注(16)四四―五頁。
(21) 岩野・前掲注(13)九―一〇頁。
(22) 橋場弦『賄賂とアテナイ民主政・美徳から犯罪へ』(平20年・二〇〇八年)三〇頁。
(23) 橋場・前掲注(22)三〇頁。
(24) 橋場・前掲注(22)七頁。
(25) 橋場・前掲注(22)一三頁。
(26) 橋場・前掲注(22)一二頁。
(27) 橋場・前掲注(22)二三頁。
(28) 栗原麻子「古典期アテナイにおける互酬性秩序・課題と展望」『パブリック・ヒストリー』〔大阪大学文学部西洋史学研究室〕(平24年・二〇一二年)五頁。
(29) 橋場・前掲注(22)一九頁。
(30) 橋場・前掲注(22)一五九頁。
(31) 橋場・前掲注(22)一六七―八頁。
(32) 橋場・前掲注(22)一六五頁。

(33) 橋場・前掲注(22)一六五―六頁。
(34) 橋場・前掲注(22)一六九頁。
(35) 橋場・前掲注(22)一七八頁。
(36) 橋場・前掲注(22)一七六頁。
(37) 橋場・前掲注(22)一七九―八〇頁。
(38) 加藤哲美「贈与と賄賂――イスラーム社会における習俗と法――」『法律論叢』六七巻二・三号(平7年・一九九五年)三六〇頁。
(39) 加藤・前掲注(38)三六〇頁。
(40) 加藤・前掲注(38)三六二―三頁。
(41) 加藤・前掲注(38)三六七頁。
(42) 加藤・前掲注(38)三七〇―一頁。
(43) 加藤・前掲注(38)三七一頁。
(44) 加藤・前掲注(38)三七二頁。
(45) 加藤・前掲注(38)三七二頁。
(46) 加藤・前掲注(38)三七七―八頁。
(47) 加藤・前掲注(38)三八一―二頁。
(48) 大塚仁『刑法概説(各論)』第三版増補版(平17年・二〇〇五年)六二五頁。
(49) 大塚・前掲注(48)六二六頁。
(50) 団藤重光『刑法綱要各論』第三版(平2年・一九九〇年)一三一頁。
(51) 王雲海『賄賂はなぜ中国で死罪なのか』(平25年・二〇一三年)一二六―四二頁。
(52) 王・前掲注(51)一三四―五頁。
(53) 王・前掲注(51)一三六頁。
(54) 王・前掲注(51)一四〇頁。
(55) W・M・リースマン『贈収賄の構造』奥平康弘訳(昭58年・一九八三年)六頁。
(56) 王・前掲注(51)一四六頁。

(57) 王・前掲注（51）一二九―三一頁。
(58) 王・前掲注（51）一三一―四頁。
(59) 山口厚『刑法各論』第二版（平22年・二〇一〇年）六一二―三頁。
(60) 山口厚「わが国における没収・追徴制度の現状」町野朔・林幹人編『現代社会における没収・追徴』（平8年・一九九六年）二〇四―五頁。
(61) 佐伯仁志「アメリカ合衆国の没収制度」前掲注（60）二八六頁以下。
(62) 山口・前掲注（59）六一七頁。
(63) 塩見淳『刑法の道しるべ』（平27年・二〇一五年）二三一頁。
(64) 塩見・前掲注（63）二三一頁。
(65) 塩見・前掲注（63）二三四―五頁。

第二章　汚職犯罪としての賄賂罪

第一節　問題の所在

本書は、賄賂罪を理論的に解明する目的で書かれている。刑法典は、「汚職の罪」の章の中に職権濫用罪と賄賂罪を規定している。汚職とは、文字どおり「職」を「汚す」ことであるが、日常用語としては、「(『涜職』の代用語) 職権や地位を濫用して、賄賂を取るなどの不正な行為をすること」(『広辞苑』) として理解されている。これは公務員の「職務犯罪」である。公務員の職務犯罪は、刑法典上、看守者が被拘禁者を逃走させる罪 (一〇一条)、税関職員による阿片煙等輸入罪 (一三八条)、虚偽公文書作成罪 (一五六条) などが個別的に規定されているにとどまる。これに対して旧刑法は、「官吏瀆職の罪」の章の中に「官吏公益を害する罪」、「官吏人民に対する罪」および「官吏財産に対する罪」を職務犯罪としてまとめて規定していた (旧刑法二七三条以下)。このように、現行刑法は、賄賂罪を汚職の罪の一つとして職権濫用罪とまとめて規定しているのであるから、両罪の関係を理論的観点から検討しなければならない。

第二節　賄賂罪と職権濫用罪の共通性

賄賂罪と職権濫用罪は、犯罪類型としての共通性を有するがゆえに、同じ章の中に規定されている。その点について、まず第一に、大塚仁博士は、国家的法益に対する罪のうち両罪以外の「諸犯罪は、いずれも、国家機関以外の者が、国家の作用を、いわば外部的に侵害する場合であるのに対して、本罪は、次節の賄賂の罪とともに、国家機関を構成する公務員自身が、いわば内部から国家の作用を侵害するものである点に特色がある。刑法が、職権濫用の罪を、賄賂の罪とともに、『汚職の罪』として、一章にまとめて規定しているのも（二編二五章）、両罪に共通した性格に着眼したからである」と指摘されている。(1) すなわち、汚職の罪として両罪は、国家の内部からその崩壊をもたらしかねない犯罪としての共通性を有しているとされているのである。このような理解は、通説によって支持されている。

つぎに、両罪とも「公務員の職務犯罪」であるという共通性を有する。この点に関して、団藤重光博士は、次のように指摘されている。(2) すなわち、「公務員の職務犯罪は、公務員がその職務に関して犯すものである点に特殊性を有する」のであり、「マウラッハの指摘するように、公務員という身分それじたいではなくて、一定の職務との関係におけるその身分の濫用が、この種の犯罪の違法性の根拠となるのであり、かれはこれを単に人的（personal）な要素ではなく、『事がらに関係させられた・人的要素（sachbezogen-personales Element）』だとするのである」とされている。ここにおいて、一定の職務との関係における「身分の濫用」がその犯罪の「違法性」を基礎づけるものであることを提示している点に注意する必要がある。身分の濫用とは、公務員がその「身分」に基づいて適正に対応すべきであるにもかかわらず、その「身分」を悪用して不適正に行動することにほかならないとおもわれる。さらに、それが単なる「身分」ではなくて、「事がらに関係させられた・人的要素」であることによって「職務犯」性が根拠づけられている点にも注目すべきであると解される。すなわち、身分という「人的特性」だけが重視されるのではなくて、その身分が一定の事態ないし事実と関係を有していることにも重要な意義が存するのである。そして、「少なくともわが現行刑法上は職務犯罪は公務員の身分――あるいはこれに準じる地位――を前提とするものであり、あきらかに身分犯の一種でもある。そうして、真正身分犯と不真正身分犯に対応して、真正職務犯罪と不真正職務犯罪(eigentliche u. uneigentliche Amtsdelikte) の区別がある。前者は公務員がその職務に関して犯したことによってはじめて違法性が基礎づけられるものであり、後者はそれによってもともと違法な行為が違法性を強められるものである」とされるのである。「真正」身分犯と「不真正」身分犯に対応して「真正」職務犯罪と「不真正」職務犯罪を区別することは、職務犯罪の本質を理論的観点から把握するに当たってきわめて重要な意義を有する。これは、職務犯罪の「犯罪性」の存否と「可罰性の程度」の解明に有用であるからにはほかならない。

両罪は職務犯罪として本質的に共通しているにもかかわらず、その取扱いに違いがあったとされる。職権濫用罪と賄賂罪の取扱いについて、団藤博士は、次のように指摘されている。(3) すなわち、「この二種の犯罪は、ひとしく瀆職罪でありながら、旧憲法の時代には、事実上、いちじるしくちがった扱いを受けていたようにおもわれる。けだし、旧憲法の時代には、旧官吏服務紀律一条にあきらかにされていたように、官吏は『天皇陛下及天皇陛下の政府に対し忠順勤務を主』とするものであったので、職務の廉潔を害することは上に対する関係で許すことのできない行為であったのに対し、職務の濫用は下に対するもので比較的に大目にみられる傾向があった。これは運用の上でもそうであったし、立法の関係でもそうであった。この両種の職務犯罪は、方向を異にするものであった」が、新憲法になって、公務員が「全体の奉仕者であって、一部の奉仕者ではない」ものとされ（憲法一五条）、「公務員による拷問……は絶対にこれを禁ずる」ものとされたので、「いまや、この両種の罪のあいだに質的な差異はなくなったものということができる。新憲法の施行にともなって刑法が改正され、職権濫用罪の刑がともかく現行法のところまで引き上げられたのは、かような点から理解されるのである」とされたのである。現在では、このような理解は通説によって支持されている。たとえば、大塚博士は、「社会的非難」という観点から、「職権濫用の罪と賄賂の罪とは、公務員のいわゆる職務犯（Amtsdelikte）として共通しているが、旧憲法の下では、両罪の間には、顕著な取扱い上の相違がみられた。すなわち、官僚国家的色彩の強かった当時、公務員がその職務の清廉を汚瀆する行為を内容とする賄賂罪に対しては、強い非難が加えられたが、公務員自身の職権行使上の行きすぎを内容とする職権濫用の罪については、かなり寛大に取り扱われてきたのである。しかし、日本国憲法によって、『公務員は、全体の奉仕者であって、一部の奉仕者ではな』く（憲一五条三項）、かつ、『公務員による拷問……は、絶対にこれを禁ずる』ものとされた結果（憲三六条）、職権濫用の罪も、賄賂の罪と異ならない重い社会的非難に値するものとなった」と主張されている。[4] さらに大塚博士は、法定刑の改正に関して、「昭和二二年の刑法一部改正に際して、職権濫用の罪の法定刑がいちじるしく加重されたのは、このような観点においてであった。なお、法定刑中に禁錮が残されている点は、職務に熱心なあまりの犯行を考慮したものであろうが、右の趣旨からすると疑問である。しかし、草案の法定刑にも、禁錮は残されている」と指摘されている。[5] この点は、今後の法改正における課題として残されていることになる。

第三節　賄賂罪と職権濫用罪の相違点

両罪は、犯罪類型と保護法益を異にする。

一　犯罪類型と保護法益

職権濫用罪は、「犯罪類型」としては、公務員が、その職権を濫用して、またはその職務を執行するに当たって違法な行為をすることを内容とする犯罪である。刑法は、職権濫用の罪として、「公務員職権濫用罪」（一九三条）、「特別公務員職権濫用罪」（一九四条）、「特別公務員暴行陵虐罪」（一九五条）および「特別公務員職権濫用致死傷罪・特別公務員暴行陵虐致死傷罪」（一九六条）を規定している。

職権濫用罪の「保護法益」は、「公務の公正」あるいは「国家の威信」である。これに対して、個人の自由・権利であるとする説や第一次的には国家の司法・行政作用の適正な運用であり、第二次的には職権濫用の相手方となる個人の自由・権利としての個人的法益であるとする説も主張されている。公務員は、公務を遂行するために国民に対して法律上または事実上の負担・不利益を生じさせる特別の権限が与えられており、その権限を不法に行使すると、「公務の適正」を害し、「国家の威信」を損うことになる。ここで職権濫用罪の概要を見ておくことにしよう。(6)

公務員職権濫用罪は、公務員がその職権を濫用して、人に義務のないことをおこなわせ、または権利の行使を妨害する罪である。法定刑は、二年以下の懲役または禁錮である（一九三条）。本罪の主体は、公務員に限定されている。したがって、本罪は「真正身分犯」である。公務員の意義について、公務員であれば足りるとする見解、ある行為を強制できる権限を有する公務員であることを要するとする見解や、当該公務員の権限が濫用されたばあい、相手方に義務のないことをおこなわせ、または権利の行使を事実上、妨害するに足りる権限を有する者であれば足り、必ずしも強制力を伴う権限を有する公務員であることを要しないとする見解がある。最後の見解が通説である。このように、本罪の主体である「公務員」を一定の職権の有無によって限定するのではなくて、理論的にはむしろ公務員の「職務」の内容の問題として検討するのが妥当であると解される。この点は二において検討する。

構成要件的行為としての「職権を濫用する」とは、形式上、抽象的・一般的職務権限に属する事項について、職権の行使に仮託して、実質的・具体的には違法または不当な行為をおこなうことをいう。不作為もこれに含まれる。

濫用行為は、相手方が職権の行使であることを認識できるものに限るか、について、判例は、職権をもつ者が客観的に職権を濫用した以上、濫用行為に当たるから、被害者に職権の行使と認識させなくても本罪の行為に当たると解している(最決平元・三・一四刑集四三巻三号二八三頁)が、相手方が職権行使であることを認識できる外観を備えたもので、相手の意思に働きかけ、影響を与えるものに限ると解するのが妥当である。すなわち、一九三条は、強要罪を定める二二三条と同様に、「人に義務のないことを行わせ、又は権利の行使を妨害したときは」と定めており、その規定形式からすると、文理上、相手方の意思に働きかけ、これを抑圧して一定の作為・不作為を強要することが職権濫用行為の本質的要素として把握されるので、職権濫用行為は、相手方に職権の行使であることを認識させるに足りる外観を有し、かつ、相手方の意思に働きかけ、影響を与えるものに限られることになるわけである。

判例は、警察官がその職務として日本共産党に関する警備情報を得るため、同党幹部の自宅の電話を盗聴したという事案について、相手方の意思に働きかけることは濫用行為の不可欠の要素ではないとしつつ、「被疑者らは盗聴行為の全般を通じて終始何人に対しても警察官による行為でないことを装う行動をとっていた」ことを理由に、職権濫用行為に当らないと判示している(前掲最決平元・三・一四)。

「義務のないことを行わせる」とは、法律上、まったく義務がないのにその行為をおこなわせ、または、いちおう義務があるばあいに不当・違法に義務の態様を変更してその行為をおこなわせることをいう。たとえば、義務の履行期を早期に変更し、あるいはこれに一定の条件を付けておこなわせるようなばあいが、これに当たる。「権利の行使を妨害する」とは、法律上みとめられている権利の行使を妨げることをいう。

特別公務員職権濫用罪は、裁判、検察もしくは警察の職務をおこなう者、またはこれらの職務を補助する者が、その職権を濫用して、人を逮捕し、または監禁する罪である。法定刑は、六月以上一〇年以下の懲役または禁錮である（一九四条）。本罪の主体は、裁判・検察・警察の職務をおこなう者、または、これらの職務を補助する者である。これらの者を一般に「特別公務員」という。行為者が特別公務員であることによって逮捕監禁罪（二二〇条）の刑が加重されているから、本罪は「不真正身分犯」である。特別公務員は、その職務の性質上、逮捕・監禁の権限を有しており、職権を濫用して人権を侵害する危険があるため、本罪が設けられているのである。「裁判、検察もしくは警察の職務を行う者」とは、裁判官、検察官、司法警察職員をいう。「これらの者の職務を補助する者」とは、裁判所書記官、検察事務官、司法警察員、森林・鉄道その他特別の事項について警察の職務をおこなう者など、その職務が補助者の地位にある者をいう。

特別公務員暴行陵虐罪は、裁判、検察もしくは警察の職務をおこなう者、またはこれらの職務を補助する者が、その職務をおこなうに当たり、被告人、被疑者その他の者に対して暴行または陵虐の行為をする罪である。法定刑は、七年以下の懲役または禁錮である（一九五条一項）。法令により拘禁された者を看守し、または護送する者が、その拘禁された者に対して暴行または陵虐の行為をしたときも、一項と同じである（同条二項）。本罪の主体は、①裁判・検察・警察の職務をおこなう者もしくはこれらの職務を補助する者（一項）、または、②法令により拘禁された者

（被拘禁者）を看守し、または護送する者である（二項）。本罪は、不真正身分犯である。本罪の客体は、①被告人、被疑者その他の者（一項）、または、②被拘禁者（二項）である。「その他の者」とは、被疑者、証人、参考人など捜査・裁判上、取調べの対象になる者をいう。本罪の構成要件的行為は、職務をおこなうに当たり、被告人らに対して暴行・陵虐の行為をおこなうことである。「その職務を行うに当たり」とは、「職務をおこなう機会に」という意味である。「暴行」は、広義の暴行である。「陵虐の行為」とは、暴行以外の方法で精神上または肉体上の苦痛を与えるいっさいの虐待行為をいう。たとえば、相当な飲食物を与えないこと、必要な睡眠を取らせないこと、女子の被疑者に対し取調べに当たった巡査がわいせつまたは姦淫の行為をすることなどが陵虐に当たる。本罪においては、「被害者の承諾」は、違法性を阻却しない。なぜならば、本罪は、主として職務の適正を保護するものであるので、暴行・陵虐の相手方個人の承諾によって、その法益が放棄されることはあり得ないからにほかならない。

特別公務員職権濫用致死傷罪・特別公務員暴行陵虐致死傷罪は、特別公務員職権濫用罪（一九四条）または特別公務員暴行陵虐罪（一九五条）を犯し、よって人を死傷させる罪である。法定刑は、傷害の罪と比較して、重い刑により処断される（一九六条）。本罪は、特別公務員職権濫用罪（一九四条）または特別公務員暴行陵虐罪（一九五条）を犯し、よって人を死傷させる罪であり、「結果的加重犯」である。

賄賂罪は、公務員の職務に関してなされる不正な賄賂の授受を処罰するものである。賄賂罪は、「収賄罪」と「贈賄罪」とから成る。刑法は、収賄罪として、「単純収賄罪」（一九七条一項前段）、「受託収賄罪」（同項後段）、「事前収賄罪」（同条二項）、「第三者供賄罪」（一九七条の二）、「加重収賄罪」（一九七条の三第一項、二項）、「事後収賄罪」（同条三項）および「あっせん収賄罪」（一九七条の四）を規定し、贈賄の罪として、「贈賄罪」（一九八条）のみを規定している。

賄賂罪の保護法益は、第四章において見るように、職務の公正およびそれに対する社会の信頼である。すなわち、公務員の裁量を伴う職務行為については、国家の立法・司法・行政作用の適正な運用にとって職務の公正は不可欠であるから、第一次的に本罪の保護法益は、「職務行為の公正」である。次に、職務行為がいかに公正におこなわれたとしても、職務に関連して公務員が賄賂を受け取っていれば、公務に対する国民の信頼が失われ、ひいては公務の適正な運用が害され、あるいはその危険を生ずることになる。したがって、「職務の公正に対する社会の信頼」も保護法益となるのである。これに対して、保護法益を職務行為の不可買収性であると解する見解、職務の不可買収性および公正であると解する見解や公務員の清廉義務であると解する見解も主張されている。しかし、賄賂の罪も、究極においては国家の立法・司法・行政作用の適正な運用を保護法益とするものであるから、単なる清廉義務違反は、賄賂の罪の保護法益とはなり得ないし、また、公務は利益の対価とされてはならないとすることによって職務の公正を期待できるので、不可買収性にも相当の根拠はあるが、この見解によると、あっせん贈収賄罪のように必ずしも職務が利益の対価となっていない犯罪の説明が困難となる。保護法益については、第四章において詳細に検討する。

二　職務内容

賄賂罪と職権濫用罪は、それぞれ職務内容を異にする。賄賂罪における職務の内容自体に制限はない。制限が存在しない理由は、賄賂罪は、公務員がその職務に関して不正な利益を取得し、または公務員に取得させる行為を処罰の対象としているので、「職務内容」それ自体ではなくて「職務との関連性」が重要とされるからにほかならない。これに対して職権濫用罪においては、職務の濫用が処罰の対象となるので、その職務内容について一定の制限がみとめられるのである。職務濫用罪に関して香川達夫博士は、次のように指摘されている(7)。すなわち、本罪の「構成要件自体は『其職権ヲ濫用シ』とするにとどまり、『其職権』が強制力ある『職権』に限定されていない。さらに『濫用』とは、権限の逸脱であって……その逸脱が当然には強制力の随伴をも意味するものではない。したがって、本条所定の公務員を強制力ある公務員に限定する必要性もうすれ、またそうした観点から、本条の主体の範囲に制限を設けるのも適切であるとはいえない。もし制限をおくとするなら、公務員のもつ強制力の有無によってではなく、むしろ職権に関するか否かによって区別すべきである。職権に関連のない事項の強制であれは、たとえその主体が公務員であっても、本罪の成立はこれを予想しえないからである」とされているのである。ここにおいて「強制力」の有無は職権の内容と必然的な関係を有しないことが指摘されている。そしてそれは本罪の主体である「公務員」の範囲を限定する契機でないことも指摘されているのである。さらに「濫用」は「権限の逸脱」を意味するのであり、その逸脱が当然には強制力を随伴するものではないことも指摘されている。これらの指摘はすべて正当であるとおもう。このように見てくると、本罪における職権の内容として当然に強制力を包含すべきものとはいえないことになる。理論的観点からいえば、それは、「構成要件的行為」との対応において決せられるべきなのである。

この点については、さらに別の角度から次のような指摘がなされている。(8)すなわち、「賄賂罪が『職務に関し』と規定しているのに対し、本罪においては『職権を濫用し』と規定しており、このような相違があるのは、賄賂罪においては、不法な利益を収受することによる一般的な公務の廉潔性を汚す行為を処罰するものであるので、行為の捉え方も権力作用の発現という面からではなく、職責の観点から考察することが必要であるのに対し、本罪においては、法律上、事実上の負担・不利益を不当に課する行為を処罰するものであるから、そこに権力作用の発現としての強制的な要素が含まれることによると理解される」とされている。ここにおいては、両罪の「構成要件的行為の捉え方」の相違が職務内容の差異を生じさせることを的確に指摘されていることに注目すべきであるとおもう。

すなわち、構成要件的行為の特性として、賄賂罪が不法な利益の授受による「一般的な公務の廉潔性を汚す行為」を処罰するものであるのに対して、職権濫用罪は、「法律上、事実上の負担・不利益を不当に課する行為」を処罰するものであるから、「権力作用の発現」としての「強制的な要素」が包含されることになるとされている。

さらに、「職権」の内容に関して、「『職権』といえるためには、それが少なくとも一般的、抽象的には適法に行使できる性質の権限でなければならない。したがって、ある行為が特定の公務員が適法に行える性質のものでない限り、本罪にいう『職権』には当たらないこととなる……『一般的職務権限に属する事項』であることを要するとする権限は、このような点をも含むこととなる」とされる。[9] ここにおいて職権の「濫用行為」との関係から職権の内容を確定するという方法論が採られていることに注意する必要があるとおもう。この方法論は、主体を限定するという実践的目的から職権の内容を確定するのではなくて、あくまでも濫用「行為」の観点から職権の内容を確定しようとする点に重要な意義が存するのである。しかし、これは結果的に職権濫用の成立範囲を限定する機能を有していることに留意する必要があるとおもわれる。すなわち、特定の公務員が一般的・抽象的に適法に行使できる性質のものでないかぎり、本罪の職権に包含されないのであり、この観点から職権の濫用が限定されることになるわけである。

三　行為態様

職権濫用罪と賄賂罪は、それぞれ「構成要件的行為」の本質的要素を異にする。職権濫用罪の構成要件的行為は、公務員がその職務を濫用し、人に義務のないことをおこなわせ、またはおこなうべき権利を妨害することである。「職務を濫用し」とは、公務員がその一般的権限に属する事項につき、これを不法に行使することを意味する。形式的には職務の執行に名を借りて、実質的には正当な権限以外の行為をおこなうことを意味する。たとえば、戸数割の課税率設定に際し、町会の議決を利用して反対派に過重な割当てをおこなう行為がこれに当たる(大判大一一・一〇・二〇刑集一巻五六八頁)。一般的権限がないばあいには、その権限の濫用があり得ないから、本罪は成立しないことになる。

この点について、最高裁の判例は、「刑法一九三条にいう『職権の濫用』とは、公務員が、その一般的職務権限に属する事項につき、職権の行使に仮託して実質的、具体的に違法、不当な行為をすることを指称するが、右一般的職務権限は、必ずしも法律上の強制力を伴うものであることを要せず、それが濫用された場合、職権行使の相手方をして事実上義務なきことを行わせ又は行うべく義務を妨害するに足りる権限であれば、これに含まれるものと解すべきである」と判示している(最決昭五七・一・二八刑集三六巻一号一頁)。さらに、「刑法一九三条の公務員職権濫用罪における『職権』とは、公務員の一般的職務権限のすべてをいうのではなく、そのうち、職権行使の相手方に対し法理上、事実上の負担ないし不利益を生ぜしめることに足りうる特別の職務権限をいい(最高裁昭和五五年(あ)第四六一号同五七年一月二八日第二小法廷決定・刑集三六巻一号一頁参照)、同罪が成立するには、公務員の不法な行為が右の性質をもつ職務権限を濫用して行われたことを要するものというべきである。すなわち、公務員の不法な行為が職務としてなされたとしても、職権を濫用して行われていないときは同罪が成立する余地はなく、その反面、公務員の不法な行為が職務とかかわりなくなされたとしても、職権を濫用して行われたときには同罪が成立することがあるのである(前記昭和五七年一月二八日第二小法廷決定、最高裁昭和五八年(あ)第一三〇九号同年六〇年七月一六日第三小法廷決定・刑集三九巻五号二四五頁参照)」と判示している(最決平元・三・一四刑集四三巻三号二八三頁)。

職権濫用罪の構成要件的行為の本質は、公務員が「職権を濫用」して人に「義務のないことをおこなわせ、またはおこなうべき権利を妨害」することである。これに対して賄賂罪の構成要件的行為の本質は、「職務に関して」公務員が「賄賂を収受」し、または公務員に「賄賂を供与する」ことである。

四　犯罪類型間の関係

職権濫用罪と賄賂罪は、前に見たとおり、「構成要件的行為」の本質が異なるが、さらにそれぞれにおいて「異なる性質の行為」を包含しているため、犯罪類型間の関係に相違が生ずる。その相違が罪数関係に差異をもたらすことになる。とくに職権濫用罪においてそのような現象が生ずる。すなわち、職権濫用罪は、行為自体の違いに基づき、狭義の職権濫用罪と広義の職権濫用罪に分かれる。この点について香川博士が、次のように指摘されている(10)。すなわち、「(一九三条)と一九四条のみが、厳格な意味での職権濫用罪に属し、一九五条とは若干その性質を異にする。このことは、法自身の予想するところでもあり、前二者については、単純に『其職権ヲ濫用シ』とするのに対し、後者は『其職務ヲ行フニ当リ』として、必ずしも職権の濫用に制限していないからである。ただともに、これら諸法条の違反は、国家あるいは他方公共団体の作用の厳正の阻害を内容とするため、一括して処罰規定がおかれている」とされているのである。つまり、広義の職権濫用罪である特別公務員暴行・陵虐罪は、一定の公務員が職権を行使するに当たって、一定の者に対して暴行または凌辱もしくは加虐の行為をおこなう罪であり、その行為は権限内の行為とはいえないので、厳密な意味における職権の濫用とはいえないとされるのである。

罪数に関しては、次のように取り扱われる。まず、狭義の職権濫用罪が暴行・脅迫を用いて犯されたばあいは、本罪と暴行罪・脅迫罪の観念的競合となる(通説)。なぜならば、両者は保護法益を異にするからである。公務員職権濫用罪と特別公務員職権濫用罪とは一般法・特別法の関係にある。特別公務員暴行・陵虐罪と暴行罪とは特別法・一般法の関係にあり、暴行罪は前者に吸収される。陵虐行為は性的行為を包含し得るので、本罪における特別公務員が強制わいせつ行為または強姦行為をおこなったばあいの罪数が問題となる。この点について、通説は本罪と強制わいせつ罪または強姦罪とは観念的競合であると解しているが、大審院の判例は本罪のみの成立をみとめている。

罪数論それ自体については後で触れることにする。

本罪も一九四条と同様に不真正身分犯であると解すべきかどうか、が問題となる。一九四条のばあい、二二〇条との関連で特別法・一般法の関係が明瞭にみとめられるが、本罪のばあいには明白に一般法に相当する規定が存在しないので、不真正身分犯性が問われるのである。この点について、香川博士は次のように指摘されている。[11] すなわち、「ともかくも本条が身分犯である事実は否定しえないし、主体が特別公務員である点では一九四条に共通する。一九四条に対応する一般法である二二〇条のような規定が存しないのは事実としても、具体的な行為態様のいかんによっては、各別の法条にてらして、一般法の存在を予想することも不可能ではない。それに真正身分犯となすべき積極的根拠もない。たとえば暴行のばあい、身分のいかんにより他に暴行罪が存在しているからである。となれば、不真正身分犯と解する以外に方法はない。

ただそうなると、本条所定の主体が債務の執行としてではなく暴行・陵虐の行為をなしたばあい、通常の犯罪、すなわち具体的に判断された個々の構成要件により処断するほかなく、また身分のない者の加功については、その者に通常の刑を科するほかなくなつてくる。という意味は、逆にいつて職務の執行中であれば、あるいは本条の主体たる身分があれば、法条競合するとする認識によるかぎり、当然に本罪一罪だけの成立が可能となり、他罪たとえば別個に強制猥褻・姦淫等の罪の成立を認める理由もなくなつてくる。一九四条に関する論理と、まつたく同様な構成によるかぎりそうである。こう考えると、判例が従来本条にのみの適用を認めてきたことには、相当の理由があつてのことと解するほかない（大判大四・六・一刑録二一輯七一七頁）」とされるのである。なお、本判例は、「巡査カ勤務中犯罪嫌疑者ニ対シ陵虐苛虐ノ行為ヲ加ヘタルトキハ縦令其行為カ猥褻又ハ姦淫タルノ実質ヲ具フル場合ト雖モ刑法百九十五條ノ罪ヲ構成スル」のであり、「刑法百九十五條ニ所謂陵虐苛虐ノ行為ヲ指称スルモノニシテ原判決ノ判示事実ハ之ヲ要スルニ被告人ハ巡査トシテ勤務中妄ニ窃盗嫌疑者タル少女ノ陰部ヲ検シ手ヲ以テ其陰部ヲ弄シ又ハコレヲ姦淫シ若シクハ姦淫セントシタリト云フニ在リテ非公認ノ行為ノ実質カ猥褻及ビ姦淫ノ行為タルコト勿論ナリト雖モ同時ニ之ヲ陵虐苛虐ノ行為ナリト認ムルコトヲ妨ケサルハ論ヲ俟タ」ないと判示している（大判大四・六・一刑録二一輯七一七頁）。

香川博士の右の指摘には、①本罪が身分犯であること、②本罪を真正身分犯であると解すべき積極的根拠がないこと、③職務の執行としてではなく暴行・陵虐の行為がなされたばあいには、「通常の犯罪」として具体的に判断された個々の構成要件によって処断されること、および身分のない者が加功したばあいにはその者に通常の刑を科すべきこと、④職務の執行中であれば、本罪だけが成立し、たとえば強制わいせつ罪や強姦罪は成立しないことになるという論点が包含されている。これらについて逐一検討することにしよう。まず①であるが、犯罪の主体が一定の公務員に限定されているので、本罪が身分犯であることについては、異論の余地はないといえる。②については、真正身分犯の本質の観点から一考してみる必要があるとおもう。わたくしは、真正身分犯は「義務犯」であり、義務に違反する行為を構成要件要素とする犯罪であると解している。その観点からは、一定の義務の存在が真正身分犯の積極的根拠であるということになる。本条記載の公務員は暴行または陵虐行為をしない義務を有しているわけではない。したがって、その意味において本罪が真正身分犯ではないことは理論的に明確に説明できるわけである。そうすると、本罪が真正身分犯であると解すべき積極的根拠がないという消極的な理由づけをする必要はないといえるのである。

③の結論は、いずれも妥当である。それらは、構成要件の「実質的」な重なり合いを根拠にしてみとめられるものである。つまり、法文の文言からではなくて、行為の「実質」から見て構成要件の内容となっているものが「通常」の犯罪とされることになるのである。その意味において、本罪は、本条に規定されている公務員という「身分」

を有する者がおこなったことを理由にして刑が加重されている犯罪類型である。したがって、本罪は不真正身分犯であるといえることになる。

④は、罪数論の問題である。罪数論においては、犯罪の個数を決定する基準が重要な論点となる。わたくしは、構成要件説を基本としつつ、法益の観点を加味して決定すべきであると考えている。罪数論の結果は、量刑に直結する。ここで罪数論の概要を必要な限度で述べておくことにしよう[12]。

罪数論とは、犯罪の個数を決定し、数罪が成立するばあいの科刑を処理するための論議をいう。ある行為が、犯罪の成立要件である構成要件該当性、違法性および責任を具備すれば、犯罪が成立する。犯罪が成立するばあい、それらを一罪として処理すべきなのか、数罪として処理すべきなのか、また、数罪として処理すべきであるときには、行為者をどのような刑で処罰すべきか、が問題となる。このような問題を考察するのが罪数論である。

犯罪の個数は、①刑罰を適用する際、および、②刑事訴訟手続きを進める際に、重要な意味を有する。まず、①一人に数罪が成立するばあいを「犯罪の競合」といい、犯罪の競合においては、科刑を具体的にどうするか、が問題となる。犯罪の競合の形態に応じて科刑の方法が異なり、競合する犯罪間の密接な関係を理由にして科刑上一罪として取り扱われるものもある。②ある事実が本来的一罪または科刑上一罪とされると、それは、刑事訴訟法上、一個の事件として取り扱われ（刑訴九条）、公訴提起（起訴）の段階においては、公訴の効力の及ぶ範囲の基準、つまり、公訴不可分の原則の基礎となり（刑訴三三八条三号・三三九条一項五号）、審理の段階においては、訴因変更の許否の限界を画する基礎となる（刑訴三一二条一項）。そして、訴訟が終結した段階においては、一事不再理の効力の客観的範囲を画する基礎となる。

ある事実が一つの構成要件に一回該当するばあいが一罪であり、これを「本来的一罪」という。本来的一罪には

「単純一罪」と「包括一罪」とがある。ある事実が一個の構成要件に数回該当するばあい、または数個の構成要件のそれぞれに該当するばあいを「数罪」という。数罪は、科刑上一罪としての「観念的競合」および「牽連犯」（五四条）、「併合罪」（四五条以下）、「単純数罪」に分かれる。

本来的一罪とは、「犯罪成立上の一罪」をいい、構成要件に一回該当すると評価された事実をいう。本来的一罪は、「単純一罪」と「包括一罪」に分けて考えるのが妥当である。罪数の評価を経るまでもない一罪を包括一罪から区別して把握しないと、一罪はすべて包括一罪となりかねないので、単純一罪と包括一罪を分けて論じ、「法条競合」は単純一罪であり、包括一罪とは異なるから、「評価上の一罪」としては包括一罪だけが問題になると解すべきである。

単純一罪とは、一個の構成要件に一回該当することが明白であるばあいをいい、「認識上の一罪」とも称される。このばあいには、一行為一結果で罰条の重なり合いは存在しない。

一個の罰条のみが問題となるばあいは、行為、結果（被害法益）が一個であることを予定している構成要件を単純に実現したばあいをいい、もっとも一般的な形態である。たとえば、Aが殺意をもってBをピストルで一発のもとに射殺したようなばあいがこれに当たる。

つぎに、法条競合がある。法条競合とは、一つの犯罪事実につき数個の罰条が適用可能であるように見えるが、罰条の論理的関係から一つの罰条が適用されるばあいをいう。法条競合は、各罰条の論理的な関係によって一罪とすべきばあいであって犯罪の単複の問題ではないから、「単純一罪」にほかならない。法条競合には、「特別関係」、「補充関係」、「択一関係」および「吸収関係」がある。

特別関係とは、競合する二個以上の罰条が「一般法」と「特別法」の関係に立つばあいをいう。このばあいには、一個の行為が、一般法とともに特別法にも該当するように見えるが、「特別法は一般法を拒否する」という法理に従って、特別法に当たる罰条だけが適用される。たとえば、業務者が自己の占有する他人の物を横領したばあいは、業務上横領罪（二五三条）だけが適用され、単純横領罪（二五二条）は適用されない。特別関係は、「基本的犯罪類型」と「加重的または減軽的犯罪類型」との間に見られ、たとえば、殺人罪（一九九条）と同意殺人罪（二〇二条）、横領罪（二五二条）と業務上横領罪（二五三条）、窃盗罪（二五五条）と森林窃盗罪（森林一九七条・一九八条）などが、これに当たる。

補充関係とは、競合する二個以上の罰条が基本法と補充法の関係に立つばあいをいう。このばあい、一個の行為が、同時に基本法の構成要件と補充法の構成要件とに該当するように見えるが、「基本法は補充法を拒否する」という法理に従って、基本法が適用されないばあい限って補充法が適用される。たとえば、傷害罪（二〇四条）が適用されるばあいには、暴行罪（二〇八条）は適用されない。

択一関係とは、競合する二個以上の罰条が排他的関係に立つばあいをいう。このばあい、一個の行為に、同時に適用されるように見える数個の構成要件は、相互に「両立し得ない関係」に立つので、そのどれか一個だけが適用されて他のものの適用は排除される。たとえば、横領罪（二五二条）と背任罪（二四七条）については、横領罪が適用されると、背任罪は適用されない。

吸収関係とは、競合する二個以上の罰条において構成要件的評価上、一方が他方を包括（吸収）する関係に立つばあいをいう。このばあい、一個の行為に適用されるように見える数個の構成要件のうち、あるものが他のものに比べて完全性を備えているときには、「完全法は不完全法を拒否する」という法理に従って、より完全な罰条が適用される。たとえば、殺人が既遂に達したばあいは（一九九条）、その行為による傷害罪（二〇四条）・殺人未遂罪（二〇三条）は、これに吸収される。

包括一罪（包括的一罪）とは、外形上、構成要件に数回該当するように見えるが、一回の構成要件的評価に包括されるべき犯罪をいう。包括一罪の態様には、行為の外形上、同一構成要件に数回該当するように見えるばあいと行為の外形上、異なる構成要件に該当するように見えるばあいとがある。前者は、外形上、同一の構成要件に該当する事実を一回的に包括して評価し一罪とするものであるから、構成要件的評価における「同質的包括」といわれ、後者は、外形上、異なる構成要件に該当する事実を一回的に包括して評価し一罪とするものであるから、構成要件的評価における「異質的包括」といわれる。法条競合が罰条の外見だけの競合にすぎないのに対し、包括一罪は、現実に数個の単純一罪が存在し数個の罰条が適用され得るにもかかわらず、なお一個の罰条だけを適用して処断すべきばあいである。

包括一罪の語は、多義的である。「狭義の包括一罪」は、一個の構成要件に、同一の法益侵害に向けられた数個の行為態様が規定され、それらが相互に手段・目的または原因・結果の関係に立つとき（たとえば、刑法一九七条における賄賂の要求・約束・収受、二二〇条における逮捕についでおこなわれる監禁など）、または、それらの異なる態様の行為が事実上、不可分的に結合し、もしくは経済的に一体視される関係にあるとき（刑法二三六条における一項および二項、刑法二四六条における一項および二項）を意味する。これに対して「広義の包括一罪」は、前記のほか、科刑上一罪である牽連犯または連続犯に類似する関係にある犯罪群、すなわち吸収的包括一罪もしくは反覆的（継続的）包括一罪をも包含し、そのうち、継続犯を除いたものを意味する。

一人に数罪が成立するばあいを「犯罪の競合」という。「科刑上一罪」（科刑上の一罪・処断上の一罪）とは、犯罪の競合があるばあいに、刑罰を適用するに当たって一罪として取り扱われるものをいう。現行刑法における科刑上一罪には、観念的競合と牽連犯とがある（五四条）。ここでは牽連犯については省略する。

科刑上一罪の性格については、犯罪として一罪が成立する「本来的一罪」であるが罰条が競合すると解する説と数罪が成立して実在的に犯罪が競合するが刑罰の「適用上一罪」として扱われると解する通説・判例とが対立している。

科刑上一罪のばあい、構成要件的評価の観点からは数罪の成立をみとめるべきであり、数罪が実在し競合する犯罪として把握されるべきである。「犯罪の成立」に関しては数罪であるが、「刑罰の適用」に関しては一罪として扱われるので、科刑上一罪は、「犯罪」論としての罪数論と量刑論としての「刑罰」論の性格を併せもっていることになる。科刑上一罪は、訴訟法上も一罪として取り扱われるから、「公訴事実の単一性」がみとめられ、その一部についての「一事不再理の効力」なども他の部分に及ぶこととなる。

観念的競合（想像的競合、一所為数法）とは、「一個の行為が二個以上の罪名に触れ」るばあいをいう（五四条一項前段）。観念的競合は、一個の行為が数個の罰条に触れ数回の構成要件的評価を受けるばあいに、本体となっている行為が一個であることを重視して、本来的一罪に準じ、科刑上、一罪として扱われる。

なぜ本来的な数罪が、「一個の」行為によるばあいには一罪として取り扱われ、併合罪よりも軽く処断されるのか、についての根拠は、次の点に求められる。すなわち、一個の犯罪行為による方が、数個の犯罪行為によるよりも、「社会侵害性の程度」が低く、同様の意味において「非難の程度」も軽いという観点からは、観念的競合は併合罪に比べて、違法性および責任の両面において軽く評価されるので、軽い罪が科されるのである。

つぎに、罪数決定の標準・基準の問題を見ることにしよう。

罪数を定める標準について、①犯意標準説、②行為標準説、③法益標準説（結果標準説）、④構成要件標準説、⑤個別化説などが主張されている。①犯意標準説とは、行為者の犯罪意思の個数を標準にして罪数を決める見解をいい、②行為標準説とは、犯罪行為の数を標準にして罪数を決める見解をいい、③法益標準説とは、侵害された法益の個数、とくに発生した犯罪的結果の数を標準にして罪数を決める見解をいい、④構成要件標準説とは、構成要件的評価の回数を標準にして罪数を決める見解をいい、⑤個別化説とは、罪数の種類によって標準を異にすべきであるとする見解をいう。構成要件標準説が通説的見解であり、判例も、基本的にこれに従っていると解される。

ここで簡単に諸説の検討をしておく。①犯意標準説をとると、たとえば、一度に二人を殺す意思で同時に二人を殺害したばあいには一罪であるが、一人を殺した後に次の一人を殺そうと決意したばあいには二罪となり、犯罪意思が一個である以上、犯罪行為および法益侵害が複数であっても一罪とせざるを得なくなる点で、①説は妥当でない。②行為標準説によれば、たとえば、一回の発砲行為によって二人を殺害しても一罪となるが、これは、犯罪の本質的要素である法益侵害の点を無視するものであって、②説は妥当でない。③法益標準説は、犯罪の本質をなす法益侵害の個数によって罪数を決する点において基本的に妥当であるが、犯罪の成立において不可欠である行為および構成要件をまったく無視して罪数を決する点で妥当でない。そこで、①説・②説および③説を総合した④構成要件標準説が主張されるに至った。構成要件標準説によれば、個々の構成要件は、故意、行為および結果または法益侵害の要素を含めて定型化したものであるから、それぞれの要素を考慮して、構成要件的評価において、構成要件に一回該当する行為であれば一罪が成立し、構成要件に数回該当する行為であれば数罪が成立すると解されることになる。犯罪は構成要件該当性を基準として成立するものであるから、犯罪が何個成立したかを決めるばあいには、構成要件該当性を標準とするほかはなく、構成要件標準説が妥当である。したがって、構成要件を離れて罪数を決定する⑤個別化説も妥当でない。このようにして、わたくしは、構成要件標準説によって罪数を決めるのが妥当であると考えている。

観念的競合においては「行為の一個性」が問題となる。

「一個の行為」の意義に関して、学説は、①自然的観察によるとする説、②社会的見解によるとする説、③構成要件を基準とする説などに分かれている。最高裁の判例は、従前の判例を変更して、「一個の行為とは、法的評価をはなれ構成要件的観点を捨象した自然的観察のもとで、行為者の動態が社会的見解上一個のものとの評価をうける場合をいうと解すべきである」と判示して（最〔大〕判昭四九・五・二九刑集四号一一四頁）、①説および②説を併用した立場に立っている。すなわち、本判決は、被告人の酒酔い運転行為および歩行者を死亡させた行為に関して、「自動車を運転する行為は、その形態が、通常、時間的継続と場所的移動とを伴うものであるのに対し、その過程において人身事故を発生させる行為は、運転継続中における一時点一場所における事象であって、前記の自然的観察からするならば、両者は、酒に酔った状態で運転したことが事故を惹起した過失の内容をなすものかどうかにかかわりなく、社会的見解上別個のものと評価すべきであって、これを一個のものとみることはできない」として、酒酔い運転罪（道交一一七条の二第一号・六五条）と業務上過失致死罪との併合罪の成立をみとめたのである。

このように見解が分かれているが、①説および②説ならびに判例は、構成要件的観点を捨象して行為の個数を決めようとしている。しかし、この点には疑問がある。すなわち、観念的競合とされるのか、併合罪とされるのかは、行為に対する構成要件的評価を離れて考えるべきではなく、その構成要件的評価と「科刑」の均衡という観点から決せられるべきであるとおもう。

①説や②説のように、一個の行為を「社会的見解上」ないし「自然的観察において」一個であると解する自然的理解によると、たとえば、一個の石を投げて窓ガラスを破り、人を傷害したような単純な事例では、器物損壊罪と傷害罪が一個の行為によっておこなわれたとするのは容易である。しかし、たとえば、拳銃を不法に所持する者が、それを使用して強盗をおこなったばあいには、拳銃の不法所持罪と強盗罪とが一個の行為によっておこなわれたと

解してよいかは、必ずしも明確であるとはいえない。このようなばあい、自然的理解だけでは解決困難であり、どのような「構成要件」に該当する行為であるか、を問題とせざるを得ず、そこには自ずと「規範的判断」が必要となる。すなわち、「構成要件的行為」相互の「重なり合い」が問題となり、どのような重なり合いがあれば一個の行為とみとめられるか、が問題となるのである。

観念的競合の成立範囲について、一個の行為が数個の罪名に触れるばあいはつねに観念的競合をみとめるべきであるとする「無制限説」と数個の犯罪相互の間に通常の関連性があることを必要と解する「制限説」とが主張されている。法文上、「一個の行為が二個以上の罪名に触れ」と規定されているにとどまり、何らかの制限を加える根拠を見出すことはできないので、無制限説が妥当であると解される。

別々に犯罪を構成する行為が二個以上存在するばあい、その行為が重なり合うときは、その重なり合う部分は「一個の行為」であるから、観念的競合がみとめられる。どの範囲の重なり合いがあるときに一個の行為と評価され得るのか、について、学説は、数個の構成要件に該当する各自然的行為の主要部分が重なり合っていることを要すると解する「主要部分合致説」、各自然的行為が何らかの点で重なり合っていれば足りるとする「一部合致説」、実行の着手の段階で各自然的行為が一体化していることを要すると解する「着手一体説」および一方の行為をし他方の行為をしないということが不可能でありこれを分割して考えることができないことを要するとする「分割不能説」に分かれている。

構成要件的行為が主要部分において重なり合っていれば、それらは実質的に一個の行為と評価してもよいはずである。行為の評価において重複があるからこそ、観念的競合は一罪的処断がなされるのであり、この観点からは「主要部分合致説」がもっとも妥当である。

主要部分合致説によれば、前述の拳銃の不法所持罪と強盗罪の関係については、たとえば、以前からもっていた拳銃を用いて強盗をおこなったばあいには、拳銃の不法所持行為と強盗行為とはまったく別のものとしておこなわれており、主要部分において重なり合っているとはいえない。しかし、たとえば、行為者が強盗をおこなうために拳銃を買い入れ、それを用いて強盗をおこなったばあいには、主要部分において重なり合っており、一個の行為として観念的競合がみとめられることになる。

「一個の行為」は不作為についてもみとめられる。一個の作為義務違反の不作為によって数個の不作為犯の結果を生じさせたばあいについて、①各義務違反の不作為は社会的見解上一個の動態と評価すべきであるから、観念的競合になるとする見解、②一個の作為によって他の作為義務が果たし得るばあいでないかぎり一個の行為とはいえないから、原則として観念的競合にならないとする見解とが対立している。

主要部分合致説の見地からは、一つの不作為犯の構成要件的行為としての不作為と他の不作為犯の構成要件的行為としての不作為とがその「主要部分」において重なり合うことを必要とする。そこで、たとえば、交通事故における救護義務違反と報告義務違反のばあい、逃走して救護しなければ救護義務違反と報告義務違反を同時に犯したことになるが、このばあい主要部分の重なり合いはみとめられない。なぜならば、不救護と不報告という不作為は構成要件的に決定的に異なるからである。一個の作為によって他の作為義務を履行したと解されるばあいにはじめて、不作為は一個とみとめられるべきである。したがって、②説の立場が妥当である。

ところで、前述した見解のように解したばあいには、「刑の不均衡」が生ずるとされる。すなわち、「致死傷の結果を生じたばあい、一八一条と一九六条との比較において、刑の権衡にいちじるしい差異を生ずる。したがつて、むしろ観念的競合を認むべきだとする批判がなされる（団藤・綱各一一一頁）。だが、そうした批判を展開するためには、その前提となる既述の前提自体の破棄が不可欠の要件となる。単なる罪質のちがいだけで、観念的競合となしうるかは問題であろう。もっとも、刑の不均衡は事実である。だがそれも、昭和二二年の一部改正で、一九六条を放置した結果から生ずる当然の結果であって、そのことのために論理を修正する必要をみない。ことは、本条に関する基本的な認識との関連で決定されるべきだからである」とされるのである。[13] この主張においては、①致死傷の結果が生じたばあいには、刑の不均衡が生ずるのは事実であること、②刑の不均衡を解決するために観念的競合をみとめるとすれば、前述の前提を破棄する必要があり、さらに単なる罪質の相違だけを根拠とすることには疑問があること、③刑の不均衡は立法的に解決されるべきであったのであり、解釈論によって論理を修正する必要はないこと、が強調されている。そこで、それらの事項について検討することにしよう。

まず、①の点であるが、一八一条と一九六条との比較において刑の不均衡が生ずることは明白であるといえる。②においては、他罪との観念的競合はあり得ないとされる。まず、本罪が不真正身分犯であることをみとめるかぎり、「法条競合」と解せざるを得ず、他罪の成立を肯定することはできないとされるのである。その意味において、本罪の成立のみをみとめる法条競合説が妥当であるとされることになる。しかし、はたしてそうであろうか。不真正身分犯としての性格を肯定したとしても、なお「観念的競合」と解する余地はあると考えられる。なぜならば、構成要件的行為としての実質的重なり合いがみとめられるかぎり、観念的競合が肯定され得るからである。逆にいえば、実質的な重なり合いのない行為が本条に包含されているばあいには、観念的競合をみとめる必要性が生ずることになる。この点について、「罪数に関しては、陵虐の概念が性的な陵虐を含むために、他罪との関係において、特に、強姦・強制わいせつ罪との関係が問題となるが、陵虐行為には強制わいせつ等の行為が含まれ得るとしても、通常はこれに至らない程度のものであるし、また、本罪が個人の性的自由を保護する趣旨の規定でないことは明らかであるから、強姦、強制わいせつに至ったときは、本罪のほかにこれらの罪が成立し、観念的競合の関係に立つと解すべきであろう（大阪地判平五・三・二五判タ八三一号二四六頁）」との指摘がある。[14] これは、理論的・実務的観点から見てきわめて重要な主張であるとおもう。理論的観点からは、右に見たように観念的競合の成立を肯定している点で、重要な意義を有するのである。また実務的観点からは、ここにおいて、本罪に包含される行為として実務上、通常は強制わいせつなどの行為に至らないものであることが多いと主張されているものと解されるのである。さらに、前述の大審院の「判例を本罪が成立する場合に強制わいせつ、強姦の成立を否定したものとする見解が多いが、同判例は、被告人の行為が強制わいせつないし強姦に至った場合に、本罪の成立を否定し、被害者の告訴がないから処罰できないとする弁護人の主張に答えたもので、強制わいせつ・強姦の罪の成立を否定するものではないと考える[15]」とされている点が注目される。なぜならば、判例の事案との関係においては、このように解するのが妥当であるとおもわれるからにほかならない。そうすると、観念的競合の成立を否定する根拠として大審院のこの判例を援用することはできないことになる。

最後に③であるが、実定法規において刑の不均衡が生ずるばあい、解釈論上、理論的にその解決が可能であるときには、その正当性は否定され得ない。むしろそれは望ましい解決策となるのである。このように見てくると、本罪について他罪との観念的競合をみとめるのが妥当であるといえる。

収賄罪のばあいは、単純収賄罪・受託収賄罪・事後収賄罪または第三者供賄罪と加重収賄罪とは単なる加重類型の関係にあるのではなく、これらの罪を犯し、よって不正な行為をし、または相当な行為をしなかったことが加重の理由とされているのである。したがって、不真正身分犯としての性格はみとめられない。公務員が賄賂を要求または約束し、さらにこれを収受したときは、包括して一個の収賄罪が成立すると解するのが、通説・判例の立場で

ある（大判昭一〇・一〇・二三刑集一四巻一〇五二頁）。

収賄罪と贈賄罪の関係について、①両罪は一個の犯罪か否か、および②両罪は必要的共犯か否か、という問題がある。この点について、宮本英脩博士は、次のように主張された[16]。すなわち、「本罪の行為は収賄者に於ける収受、要求、約束又はこれに対する贈賄者における交付、提供、約束である。而してこれ等の行為は何れも相互に謂はゆる必要的共犯たる相手方の必要的共犯を予期して行はれる。詳言すれば、この関係に在つては贈賄者の側に於ける贈賄行為は収賄者の側に於ける収賄といふ結果の発生に加功するが為めに、それ故に、収賄行為の共犯となるのであつて、収賄罪の結果以外に別に贈賄罪の結果が発生するのではない。又刑法はそれが同一結果に対する加功者中に在つても、直接の身分者でない者の行為なるが故に、贈賄を以て特に減軽犯たる特別類型と為したものである。この点は贈収賄に於ける謂はゆる当事者以外の任意共犯者（例、教唆者、仲介者）の責任を論ずるに当つては極めて重要な意義を有する事柄であつて、此見解からいへば、贈賄者の共犯者が軽き贈賄罪の規定に依るべきことは当然であるのみならず、収賄罪の共犯者に在つても一定の身分がない以上は、亦刑法第六五条第二項に依つて軽き贈賄罪の規定に依らしめなければならない。蓋し贈賄に関する規定は収賄の結果の発生に加功した一切の犯人中に付いて、一定の身分者を除いた以外の一般者に対する責任の原則を示したものに外ならないからである。この点は学者の多く論じない所であるが、斯く見ることに依つて、賄賂罪に於ける任意共犯者の地位は初めて一般的に明瞭なることを得ると思ふ」とされたのである。この見解において特徴的な点は、収賄罪が基本的犯罪であり、贈賄罪は独立の犯罪類型ではなくて、収賄罪の共犯の特殊な減軽類型であると解されていることである。そして、両罪は必要的共犯であるか、または相手方の必要的共犯を予期しておこなわれるとされている。まず、①についていえば、贈賄行為は、「収賄という結果の発生」に加功するが故に「収賄行為の共犯」となるのであって、収賄罪の結果が発生するのではないと解されているのである。そして、収賄罪という同一結果に加功する共犯者の中で、身分を有しないで贈賄行為をおこなった者についてとくに刑罰を減軽したものであるとされているのである。つまり、賄賂罪は収賄罪の一個であって、贈賄罪は独立性を有せず、収賄罪への関与形態の一つにすぎないことになるわけである。②については、両罪は必要的共犯とされる。ただし、相手方の必要的共犯を予期してなされると条件づけられている。共犯としての取扱いについては、「斯やうな関係は、例へば他人の物の業務上の占有者たる身分者と然らざる者とが共同して横領罪を犯す場合に、非身分者は刑法第六五条第二項に依つて単純横領罪の責任を負ふに止まるのと同一である」のであり、[17]「而も若し斯かる見解を非なりとすれば、単純に収賄を教唆した者は重き収賄罪の責任を負ひ、財物を提供して収賄を教唆した者は、犯情が却つて重きにも拘らず、軽き贈賄罪の責任を負ふに止まるやうな不合理を来すであらう」とされている。[18]すなわち、贈賄罪は収賄罪の共犯を減軽した犯罪類型であると把握しないと、単純な収賄罪の教唆者が財物の供与という贈賄を伴う悪質な教唆者よりも重く処罰される不均衡が生ずるとされるのである。

さらに、贈賄罪における共犯については、「賄賂罪の共犯関係の中、収賄罪に於ける職務者と非身分者との関係に付いては初めにこれを述べた」のであり、「贈賄罪に於ける共犯者の責任は右に述べた所によつて定まる。即ち贈賄に在つては交付、提供、約束等の行為自体が犯罪なのであるから、教唆犯又は従犯以外の方法を以つて、これ等の行為に関与した者は皆正犯である。（例へば饗応の接待役は利害関係者でなくとも贈賄の正犯である）。賄賂の出捐者は事実上多くは贈賄の共同正犯又は教唆犯であらう。次に従犯は贈賄罪に対すると収賄罪に対するとを問はず、非身分者の刑即ち贈賄罪の刑に照らしてこれを減軽すべきである」とされているのである。[19]しかし、このような理解に対しては、牧野英一博士が次のように批判されている。[20]すなわち、「収賄と贈賄とは、身分に依り刑に軽重あるものと考えるべきや否やの問題がある。公務員でない者が教唆して収賄せしめた場合に対し、なお収賄の刑を以つて論ぜねばならぬかというのがそれである。蓋し、財物を提供することに因つて収賄を教唆するのは贈賄として軽く処罰せられるのに対し、右の場合が収賄罪の刑に依つて処分せられるのは権衡を得ないということが考えられ得るのである。それで、収賄と贈賄とを同質の罪であると解するならば、『収賄罪の共犯者も自己に一定の身分がない以上は、刑法第六十五条第二項に依り軽き贈賄罪の規定に依る』べきであるという議論がある（宮本教授第五二一頁）。蓋し、収賄と贈賄とは同種の犯罪に属するものであるけれども、従来、特に贈賄を罰せざるものとし、また、これを罰するものとすることになつてもこれを軽きに止めるものとしている趣旨に就いて考えるときは、収賄に対する加功と贈賄に対するそれとは区別して論ずべきものであろう。それで、贈賄罪の規定は、賄賂罪について、刑法第六十五条第二項にいわゆる通常の刑を定めたものということを得ないのである。これに対し、論者は、単純横領と業務横領との関係を指摘し、収賄贈賄の関係はそれとおなじ性質のものであるというのである。判例は、収賄罪の共犯で公務員でない者に対しも収賄罪の成立を認めている（大正三年六月二十四日判決）」と指摘されたのであった。

①について右に見たような見解が主張されたことがあったが、現在では、両罪は別個独立の犯罪であると解するのが通説となっている。その理由は、大塚仁博士が指摘されるように[21]、「収賄の罪も、公務員または仲裁人の職務行為の不可買収性、またはその執行の公正を保護しようとするものである点において共通性を有するが、前者が、公務員・仲裁人の義務違反行為を内容とする犯罪であるのに対して、後者は、そのような行為を惹起させる犯罪であり、かつ、主体も、おおむね非公務員・非仲裁人である点からすれば、利用者は、別個の犯罪にほかならないからである」。そうすると、「収賄罪が公務員の職務違反を本質とするのに対し、贈賄罪は非公務員が公務員をその職務違反へ誘惑する犯罪であつて、両者はその性質を異にする。したがつて両者は密接な関係を有するが、別個の犯罪

と解すべきである」ことになるのである。[22]

②については、同じく次のようにいえる。すなわち、「賄賂収受罪と賄賂供与罪、および賄賂約束罪は、それぞれ、相互的に収賄者の行為と贈賄者の行為とを予想するものであるから、必要的共犯（対向犯）であるが（大判明四三・七・五刑録一六輯一三八二頁、大判昭三・一〇・二九刑集七巻七〇九頁）、賄賂申込罪と賄賂要求罪とは、どちらも、申込者・要求者の一方的行為によって成立し、それに対応する相手方の行為を必要とするものではないから、必要的共犯とみることはできない」のである。[23] したがって、「収賄罪と贈賄罪は、基本的には必要的共犯であるが、常に必要的共犯であるとはいえない」ことになる。[24] 贈賄罪の法定刑が収賄罪よりも軽くなっている理由を、賄賂を差し出す側として贈賄罪が「責任減少身分犯」として構成されていることに求める見解[25]や贈賄者が弱者の立場にあるため「責任が類型的に軽いこと」に求める見解[26]が有力に主張されている。

(1) 大塚仁『刑法概説（各論）』第三版増補版（平17年・二〇〇五年）六一九頁。
(2) 団藤重光『刑法綱要各論』第三版（平2年・一九九〇年）一一七頁。
(3) 団藤・前掲注（2）一一八―一二〇頁。
(4) 大塚・前掲注（1）六一九―二〇頁。同旨、大谷實『刑法講義各論』新版第四版補訂版（平27年・二〇一五年）六二五頁、山中敬一『刑法各論』第三版（平27年・二〇一五年）八二五頁など。
(5) 大塚・前掲注（1）六二〇頁。
(6) 詳細については、拙著『刑法各論講義』第二版（平22年・二〇一〇年）七二三頁以下参照。
(7) 香川達夫「第二五章　瀆職の罪」団藤重光編『注釈刑法(4)各則(2)』（昭40年・一九六五年）三七一―二頁。
(8) 古田佑紀・渡辺咲子・五十嵐さおり「§一九三～§一九八前注」大塚仁・河上和雄・佐藤文哉・古田佑紀編『大コンメンタール刑法第一〇巻』第二版（平18年・二〇〇六年）三三二頁。

(9) 古田・渡辺・五十嵐・前掲注（8）三三頁。
(10) 香川・前掲注（7）三七〇頁。
(11) 香川・前掲注（7）三九三頁。
(12) 詳細については、拙著『刑法総論講義』第三版（平25年・二〇一三年）六三五頁以下参照。
(13) 香川・前掲注（7）三九三頁。香川達夫『刑法講義〔各論〕』第三版（平8年・一九九六年）一三〇頁。
(14) 古田・渡辺・五十嵐・前掲注（8）一二一頁。
(15) 古田・渡辺・五十嵐・前掲注（8）一二一頁。
(16) 宮本英脩『刑法大綱』（昭10年・一九三五年）五二〇―一頁。
(17) 宮本・前掲注（16）五二一頁。
(18) 宮本・前掲注（16）五二二頁。
(19) 宮本・前掲注（16）五二四―五頁。
(20) 牧野英一『刑法各論』第十版（昭44年・一九六九年）三三四―五頁。
(21) 大塚・前掲注（1）六二八頁。
(22) 内藤謙「第二五章　瀆職の罪前注〔賄賂罪〕」団藤編・前掲注（7）三九八頁。
(23) 大塚・前掲注（1）六二八頁。同旨、大谷・前掲注（4）六五〇―一頁、山中・前掲注（4）八五八頁など。
(24) 内藤・前掲注（22）三九八頁。
(25) 山口厚『刑法各論』第二版（平22年・二〇一〇頁）六二八頁。
(26) 高橋則夫『刑法各論』第二版（平26年・二〇一四年）六九七頁。

第三章　賄賂罪の犯罪類型の概要

第一款　罪　質

一　「汚職の罪」としての賄賂罪

公務員の「職務犯罪」として「汚職の罪」があり、それは職権濫用罪と賄賂罪（贈収賄罪）とから成る。両罪の関係については、第二章において検討した。汚職の罪は、統治作用に関与する公務員がその地位を利用ないし悪用して不正をなすことによって、公務の信用を害する犯罪である。

二　賄賂罪の保護法益

賄賂罪の保護法益に関しては見解の対立があり、学説は次の四つに分かれる。すなわち、①職務行為の不可買収性が保護法益であるとする説（木村・二八八頁、平野・二九四頁、斉藤〔金〕・二一一頁、井上＝江藤・三二四頁、香川・一三二頁、内田・六七八頁など）、②職務行為の公正性およびそれに対する社会の信頼が保護法益であるとする説（宮本・五一九頁、西原・四一六頁、大谷・五七九頁、宮澤「賄賂の意義」下村＝八木編『刑法各論〔法学演習講座〕』一六〇頁など。職務の廉潔性を保護法益とする植松・六八頁もこれに含めてよいであろう）、③職務行為の不可買収性と職務行為の公正性をあわせて考慮する説（団藤・一二九頁、福田・四六頁、大塚・六〇六頁、藤木・五三頁、中・二九七頁、吉川・四〇三頁、内藤・注釈刑法(4)三九八頁、前田・五四一頁など。通説）、④公務員の清廉であるべき義務に違反することに賄賂罪の本質があるとする説（小野・四八頁）が主張されているのである。判例は、「法が収賄罪を処罰する所以は、公務員の職務執行の公正を保持せんとするに止らず、職務の公正に対する社会の信頼をも確保せんとするに在」りと判示し、②の立場をとっている（大判昭六・八・六刑集一〇巻四一二頁。同旨、大判昭一一・五・一四刑集一五巻六二六頁）。保護法益については、第四章において検討する。

現行法は、正当な職務行為に関しても賄賂罪の成立をみとめており（単純収賄罪・受託収賄罪・事前収賄罪・第三者供賄罪）、職務行為の公正が害されたばあいを加重的構成要件とし（加重収賄罪）、さらに職務行為の公正が害されることをとくに構成要件要素とする類型（事後収賄罪・あっせん収賄罪）をみとめている。このように現行法は、①を基本とし②と③の見地を加味していると解するのが妥当である。すなわち、職務行為の不可買収性・公正性とそれに対する社会の信頼が保護法益なのである。

右の立場から賄賂罪の罪質について敷衍すると、次のようになる。賄賂罪（贈収賄罪）は、公務員の職務に関してなされる利益の不正な授受を処罰するものである。贈賄罪と収賄罪とは広義の「必要的共犯」であり、必要的共犯とは、構成要件上、当然に二人以上の者の意思の連絡に基づく行為を必要とする犯罪類型をいう。贈賄罪と収賄罪は、構成要件上、二人以上の行為者の相互に対向する行為（賄賂を「贈る」行為とそれを「収受する」行為）が必要とされる犯罪であるから、対向犯である（拙著・総論四九〇頁）。

賄賂罪は、「公務の不可買収性」を維持し「公務の公正保持」をはかるために規定されている。公務の不可買収性を収賄罪の処罰根拠とする立法主義は、ローマ法に由来し、賄賂の取得それ自体を処罰するものであって、公務員によって不正な職務行為がなされることを要件としない。これに対して、公務の公正保持を処罰根拠とする立法主義は、ゲルマン法に由来し、賄賂の取得だけでなく不正な職務行為がなされることをも要件とする。わが刑法は、単純収賄罪につきローマ法主義を、加重収賄罪につきゲルマン法主義をとっている。

賄賂罪は、公務員がその「職務」に関して不正な利益を取得することを禁止するものであるが、その「職務」の範囲については、当該公務員の「抽象的（一般的）職務権限」に属するものであれば足りるとする点で、学説・判例は一致している。つまり、公務員の具体的職務権限に属しない事項であっても、抽象的職務権限の範囲内にあるかぎり、それに関して利益の供与を受けることは、公務の不可買収性・公務の公正を害するものとされているのである。

第二款　賄賂概念

一　「職務」の意義

賄賂罪が成立するためには、公務員の「職務に関し」て賄賂の授受などがおこなわれる必要がある。

ここにいう「職務」は、「公務員がその地位に伴い公務として取り扱うべき一切の執務」（最判昭二八・一〇・二七刑集七巻一〇号一九七一頁）であるとされる。「職務」行為といえるためには、法令上、その行為が当該公務員の抽象的ないし一般的職務権限に属するものであれば足り、必ずしも当該公務員が具体的権限を有している必要はない。すなわち、判例によれば、職務は、当該公務員の一般的な職務権限に属するものであれば足り、本人が具体的に担当している事務であることを要しないとされるのである（最判昭三七・五・二九刑集一六巻五号五二八頁）。

衆議院議員に対し、同院大蔵委員会で審査中の法律案について、同院における審議・表決に際し意思を表明し、または同委員会委員を含む他の議員に説得・勧誘することを請託して金員の供与がなされたばあい、同議員が同委員会委員でなくても、その職務に関するものとして賄賂罪が成立する（最決昭六三・四・一一刑集四二巻四号四一九頁）。内閣総理大臣は、憲法、内閣法上の地位および権限に照らし、閣議にかけて決定した方針が存在しないばあいでも、内閣の明示の意思に反しないかぎり、行政各部に対し指示を与える権限を有するから、内閣総理大臣が運輸大臣に対し、民間航空会社に特定機種の航空機の選定購入を勧奨するように働きかけることは、運輸大臣に対する指示として、賄賂罪の職務行為に

当たる（最大判平七・二・二二刑集四九巻二号一頁）。

二　職務と密接な関係のある行為

賄賂が本来の職務行為それ自体に対して対価関係を有しているばあいには、なんら問題はない。問題となるのは、「職務と密接な関係のある行為」を含ませるべきか否か、である。判例は、早くから「職務自体なることを要せず、其の職務に関渉するものなるを以て足る。即ち、賄賂の対価たる給付が公務員又は仲裁人の職務執行たる行為に属せざるも、其の職務執行と密接の関係を有するに於ては、職務に関して収賄若くは賄賂の行為ありと謂《い》ふを妨げず」として、これをみとめてきた（大判大二・一二・九刑録一九輯一三九三頁。これは最高裁によって踏襲されている、最判昭二五・二・二八刑集四巻二号二六八頁ほか多数）。判例は、通説によって支持されている。その理由は、「かようなばあいにも、職務そのものの公正が疑われるおそれがある」（団藤・一三二頁）ことに求められている。たとえば、大学設置審議会およびその私学専門委員会の委員が、教員予定者の適否をあらかじめ判定し、または同委員会の中間的審査結果を正式通知前に知らせた行為は、同審議会および委員会の委員としての職務と密接な関係のある行為として職務行為に当たり（最決昭五九・五・三〇刑集三八巻七号二六八二頁）、現職の市議会議員によって構成される市議会内会派に所属する議員が、市議会議長選挙における投票につきその所属議員を拘束する趣旨で、投票すべき候補者を選出する行為は、市議会議員の職務に密接な関係のある行為として職務行為に当たる（最決昭六〇・六・一一刑集三九巻五号二一九頁）。

判例の「趣旨が、法令に規定されたものと密接に関連するものもなお職務行為でありうる、というのであれば妥当であるが、職務行為と密接に関連するものも『準』職務行為として、賄賂の対象になるというのであれば妥当でない」との指摘もある（平野・二九八頁）。賄賂と職務関連性については、第六章において検討する。

三　転職による職務権限の変更と賄賂罪の成否

公務員が他の職務に転じた後、転職前の職務に関して賄賂の授受がなされたばあい、賄賂罪は成立し得るのであろうか。これは、転職による「一般的職務権限」の変更を考慮に入れるべきか否かの問題にほかならない。この点に関して、学説は消極説(団藤・一三五頁、植松・七〇頁、福田・四八-九頁、大塚・六一〇頁、香川・一三八頁、藤木・六〇頁、六七頁、大谷・五八二-三頁、内田・六八六頁、七〇四頁、曽根・三〇二頁など)と積極説(小野・五七頁、木村・二九四頁、平野・二九六頁、柏木・一四七頁、中山・五五二頁、西原・四一七頁、岡野・三〇〇頁、井上＝江藤・三二九頁、内藤・注釈刑法⑷四〇五頁、宮澤「賄賂の意義」下村＝八木編『刑法各論〔法学演習講座〕』一六四頁、斉藤〔信〕「賄賂と職務関係」刑法の争点一八三頁、中森・三三六頁、平川・五〇一-二頁、前田・五四四-五頁など)に分かれるが、わたくしは積極説を支持している。その理由は、次のとおりである。

抽象的職務権限を同じくする過去の職務に関して賄賂を収受したばあいに収賄罪の成立がみとめられるのは、過去の担当職務が買収されたから、あるいは「将来に向かって」職務の公正が害されるからであって、その理は、一般的職務権限を異にする職場に転職した後の収賄についてもそのまま当てはまる。つまり、転職により一般的、抽象的職務権限を異にする職務に従事するに至ったばあい、賄賂を収受する者が公務員である以上、過去にその者が現に担当していた職務に関して賄賂が供与されたかぎり、その「職務の公正」に対する一般の信頼は害されることになる。

賄賂罪の成立要件である「その職務に関し」というのは、「現在担当している職務に関し」という意味にしか解し得ないわけではなく、「その」とは他人の職務行為ではなく他ならぬ「自己の職務」であれば足りると解することも可能であるとされるので、このように解すれば、転職後に収賄罪の成立をみとめることも、収賄罪を「職務犯罪」として把握するものであって、けっして「身分刑法」への逆戻りを意味するものではない。積極説は、過去の職務との関連性を要求することによって、すでになされた職務行為に対する一般の信頼の侵害を収賄罪の重要な要素の一つと解するものである。

いやしくも公務員の身分を現に有する者の行為とすでに公務員の身分を失った者の行為とでは、社会に与える印象が異なるが、公務員の身分を有するかぎりにおいては、抽象的権限の範囲の内外ということは、社会に与える印象という点ではさほどの違いはないので、収賄罪の成立を肯定しても、不当ではない。これに対しては、社会に与える印象という国家的法益とは直接関係のないものを基準とするものであって妥当でないとの批判が予想される。しかし、公務に対する一般の信頼が損なわれると、公務は円滑におこなわれなくなる。つねに不信感をもたれることになって公務の適正は宙に浮いてしまうことになりかねない。つまり、公務の不可買収性・公務の公正は、公務が買収されていないこと、公務が不公正になされてはいないことを一般に示すことによって、保持されているといえるのである。かりに厳密に公務の不可買収性、公務の公正を要求するのであれば、賄賂と対価関係にある「職務」は具体的権限のある職務行為であることを要求すべきであろう。なぜならば、具体的権限の行使があってはじめて、当該職務行為が買収され、したがって、公務の公正が害されたことになるはずであるからにほかならない。抽象的職務権限の範囲内で収賄罪の成立をみとめるかぎり、そこにいう公務の不可買収性、公務の公正は社会の受ける印象を重要な要素として考慮に入れていることになるのである。

転職後に過去の職務に関して利益の供与を受けても、抽象的職務権限を異にするかぎり収賄罪は成立しないとすると、退職後に事後収賄罪の成立がみとめられるのと比べ、著しく均衡を失することになる。退職後は、公務員としての地位を喪失しているため、過去の職務と比較されるべき職務権限は存在しないので、抽象的職務権限の範囲内か否かはまったく問題とならず、事後収賄罪の成否が問題とされることになる。ところが、転職のばあいには、公務員としての身分を有し職務権限を有しているがゆえに、過去の職務との間に抽象的職務権限の同一性があるのかないのか、が問題となり、その同一性が欠けているときには、収賄罪は成立しないことになる。しかし、過去の職務に関して賄賂の供与を受けたという点では、退職のばあいと転職のばあいとはまったく同じであるにもかかわらず、退職のばあいだけが処罰されるのは、やはり処罰の不均衡といわなければならない。右の不均衡を避ける方法が、二つ考えられる。一つは、抽象的職務権限の範囲をゆるやかに解することによって収賄罪の成立範囲を拡大することである。しかし、これは、「職務犯罪」としての収賄罪の性格を曖昧にし、その成立範囲を不明確にするものであって、妥当でない。もう一つは、転職のばあいにも事後収賄罪の成立をみとめることである。たしかに、転職のばあいにも事後収賄罪の成立を肯定できるのであれば、処罰の不均衡はないことになるが、しかし、転職のばあいに事後収賄罪の成立をみとめるのは、「公務員であった者」という明文規定を無視することになる。過去の職務との関係では公務員であった者と解することも可能であると主張されるが、それは文理上は無理である。なぜならば、公務員であった者とは、かつて公務員であったが今は公務員ではない者としか解され得ず、職務権限に相違が生じたばあいまで包含するものではないからである。公務員の転職と賄賂罪の成否については、第八章において検討する。

　大審院の判例は、転職により職務権限の同一性が失われてしまったばあいには贈収賄罪は成立しないと解していた（大判大四・七・一〇刑録二一輯一〇二一頁）。ところが、最高裁の判例は、収賄罪に関して「いやしくも収受の当時において公務員である以上は収賄罪はそこに成立し、賄賂に関する職務を現に担任することは収賄罪の要件ではない」と判示し（最決昭二八・四・二五刑集七巻四号八八一頁）、贈賄罪に関して「贈賄罪は公務員に対してその職務に関し賄賂を供与することによつて成立し、公務員が他の職務に転じた後、前の職務に関して賄賂を供与する場合であつても、いやしくも供与の当時において公務員である以上は贈賄罪はそこに成立し、公務員が賄賂に関する職務を現に担任することは贈賄罪の要件でないと解するを相当とする」と判示している（最判昭二八・五・一刑集七巻五号九一七頁）。これらは、積極説をとることを明示した判例といえるが、その事案は、抽象的職務権限の同一性は失われていないとも解され得るものであるとされてきた。しかし、その後、転職により明らかに抽象的権限を異にするに至った事案において、最高裁は、「贈賄罪は、公務員に対し、その職務に関し賄賂を供与することによつて成立するものであり、公務員が一般的職務権限を異にする他の職務に転じた後に前の職務に関して賄賂を供与した場合であつても、右供与の当時受供与者が公務員である以上、贈賄罪が成立するものと解すべきである」と判示して、積極説の立場に立つことを明言するに至っている（最決昭五八・三・二五刑集三七巻二号一七〇頁）。

四　職務関係行為と対価関係

賄賂は職務に関する行為の対価としての不法の利益を意味するから、賄賂罪が成立するためには、賄賂と職務に関する行為との間に対価関係が存在しなければならない。

1　賄賂となり得るのは、「有形なると無形なるとを問はず、苟も人の需用若くは其欲望を充たすに足るべき一切の利益」である（大判明四三・一二・一九刑録一六輯二二三九頁）。それは、必ずしも金銭・物品その他の財産的利益に限られない。したがって、金融の利益（大判大七・一一・二七刑録二四輯一四三八頁、大判大一四・四・九刑集四巻二一九頁）、債務の弁済（大判大一四・五・七刑集四巻二六六頁）などはもとより、芸妓の演芸（大判明四三・一二・一九刑録一六輯二二三九頁）、異性間の情交（大判大四・七・九刑録二一輯九九〇頁、最判昭三六・一・一三刑集一五巻一号一一三頁）、公私の職務その他有利な地位の供与（大判大四・六・一刑録二一輯七〇三頁）なども賄賂となり得る。また、公務員が、保証人となっている自己の親族の金銭債務の立替弁済させること（最決昭四一・四・一八刑集二〇巻四号二二八頁）や株式の新規上場に先立つ公開に際し、上場時には価格が確実に公開価格を上回ると見込まれ、一般人には公開価格で取得することがきわめて困難な株式を公開価格で取得できる利益は、賄賂罪の客体となる（最決昭六三・七・一八刑集四二巻六号八六一頁）。

通説も判例と同旨である。まったく金銭に見積ることのできないものが賄賂となり得るかは疑問であるとする異説がないわけではない。しかし、賄賂罪の立法趣旨から見て、異説のように解する合理的根拠はないと解される。

したがって、判例・通説の立場が妥当である。行為客体としての賄賂については、第九章において検討する。

2　中元・歳暮・餞別などの一般的社交的儀礼としての贈答は賄賂罪とされるべきであろうか。これは、これらの贈答品が「職務行為と関連を有する」「不法な利益」に当たるか、という問題である。判例の主流は、「若し公務員の職務に関係なかりせば、中元歳暮に於ける社交上の慣習儀礼と認めらるべき程度の贈物と雖、苟も公務員の職務に関し授受せらるる以上は、賄賂罪の成立すること勿論にして、其の額の多少、公務員の社会上の地位若は時期の如何を理由として、公務員の私的生活に関する社交上の儀礼に依る贈答たるに止まるものと認めざるべからざる理由あることなし」と解している（大判昭四・一二・四刑集八巻六〇九頁）。これは、職務に関する贈物と社交的儀礼としての贈物は両立し得ない関係にあるとするものである。両者の区別は、「職務行為に対する対価」と見られ得るか否か、によることになる。これと同旨の学説も主張されている（小野・五六頁、植松・七一一二頁、江家・七〇頁、平川・五〇四頁など）。

しかし、判例の中には、「公務員が其の職務に関し他人より生活上の欲望を満足せしむるに足る利益を受くるも、其の利益にして社交的儀礼の範囲を出でざる部類のものなるときは、之を目して賄賂なりと云ふべから」ず、とするものも存在する（大判昭五・七・二九刑集九巻五九八頁など）。これらの判例は、具体的事案について賄賂罪の成立をみとめたものであって、判例の主流を占めるものではないとされている。ともあれ、この立場は、職務行為に対する対価関係を有する贈答であっても、社交的儀礼に属するばあいは賄賂罪を構成しないと解するものである。いいかえると、職務に関する贈物と社交的儀礼としての贈物との両立関係をみとめることになる。この立場によれば、職務行為に対する報酬であっても、社交儀礼に属するものであれば「不法の利益」には当たらないとされるのである。学説上も、これと同旨の見解が有力である（宮本・五二〇頁、団藤・一三九頁、平野・二九九頁、藤木・五七頁以下、西原・四一七頁、内田・六八〇頁、大谷・五八四頁、中森・三三八頁など）。賄賂罪の成立が否定される理由は、「道義的な問題としてはともかく、刑法上の問題としては、社会一般の社交儀礼として通常と判断される程度の価額、頻度であれば、職務の公正に対する社会の信用はまだ害されていない」（西原・四一七頁）ことに求められる。わたくしは、この立場を支持するものである。

社交的儀礼としてなされた贈与が職務行為に対する対価関係を有すると断定するには疑いがあるとする最高裁の判例がある（最判昭五〇・四・二四判時七七四号一一九頁）。すなわち、国立大学付属中学校教諭が学級担任となった生徒の父母から小切手の供与を受けたという事案について、最高裁は「かねてから子女の教員に対しては季節の贈答や学年初めの挨拶を慣行としたものであつて、これらの贈答に関しては、儀礼的挨拶の限度を超えて、教育指導につき他の生徒に対する以上の特段の配慮、便益を期待する意図があつたとの疑惑を抱かせる特段の事情も認められないのであるから、本件小切手の供与についても、被告人が新しく学級担任の地位についたことから父兄からの慣行的社交儀礼として行われたものではないかとも考えられる余地が十分存するのであつて、右供与をもつて直ちに被告人が学級担任の教諭として行うべき教育指導の職務行為そのものに関する対価的給付であると断ずるには……なお合理的な疑いが存する」として、原判決を破棄し原裁判所に差し戻したのである。これは、あくまでも前出の判例の主流の立場に立ったうえで、社交的儀礼としての贈与がばあいによっては職務行為との対価関係が否定され得ることをみとめたものであるといえる。

第三款　賄賂罪の基本的行為

賄賂罪の構成要件的行為は、賄賂の収受・要求・約束である。「収受」とは、賄賂を受け取ることをいう。金品のような有形的な財物については現実にその占有を取得すること、芸妓の演芸のような無形の利益については、現実に鑑賞することによって既遂となる（大判明四二・一二・一七刑録一五輯一八四三頁）。「要求」とは、みずから進んで賄賂の供与を請求することである。賄賂を要求するという一方的行為で足り、相手方がそれに応じなくてもよく（大判昭九・一一・二六刑集一三巻一六〇八頁）、その要求行為をおこなったことによってただちに既遂となる。「約束」とは、贈賄者と収賄者との間に、賄賂の授受について、意思が合致することをいう。

受託収賄罪（一九七条第一項後段）は、請託を受けたことによる単純収賄罪の加重類型である。「請託」とは、公務員に対して、その職務に関し、一定の行為をおこなうことを依頼することをいう（最判昭三〇・三・一七刑集九巻三号四七七頁）。それは、不正の職務行為の依頼であると、正当な職務行為の依頼であるとを問わない（最判昭二七・七・二二刑集六巻七号九二七頁）。このばあいに刑が加重される理由は、請託があることによって、職務との対価関係がいっそう明瞭になり、職務の公正さが疑われるおそれも大きくなることに求められている。請託を「受ける」とは、依頼を承諾することを意味する（最判昭二九・八・二〇刑集八巻八号一二五六頁）。判例によれば、市長が、任期満了前に、現在において市長としての一般的職務権限に属する市庁舎の建設工事の入札などに関し、再選されたばあいに担当すべき具体的職務の執行につき請託を受けて賄賂を収受したときは、受託収賄罪が成立する（最決昭六一・六・二七刑集四〇巻四号三六九頁）。

「請託を受ける」という要件は、事前収賄罪（一九七条第二項）・第三者供賄罪（一九七条の二）・事後収賄罪（一九七条の三第三項）・あっせん収賄罪（一九七条の四）においても要求されている。なお、事前収賄罪の主体は、「公務員となろうとする者」である。行為者が、公務員または仲裁人となったばあいにのみ処罰されることになるので、公務員となることは、客観的処罰条件である（通説）。

恐喝による収賄について、判例は、公務員が職務執行の意思をもたずに、名を職務執行にかりて、人を恐喝して財物を交付させたばあい、被害者に公務員の職務に対し財物を交付する意思があっても、公務員に職務執行の対価として財物の交付を受ける意思はなく、贈賄者による賄賂の提供は任意によるものでないので、収賄罪は成立せずに恐喝罪が成立し、警察官が、その意思がないのに、検挙をおこなう旨申し向け、犯人を畏怖させて金員を提供させる行為は、恐喝罪だけを構成すると解している（大判昭二・一二・八刑集六巻五一二頁）。

第四款　第三者への供賄

第三者供賄罪（一九七条の二）は、公務員が自ら賄賂を受け取るのではなくて、これを第三者に受け取らせるか、または、受け取らせることを要求もしくは約束する犯罪である。「第三者」とは、公務員である行為者以外の者をいい、自然人であると法人であると法人格のない団体であるとを問わない（前掲最判昭二九・八・二〇、最判昭三一・七・三刑集一〇巻七号九六五頁参照）。「供与させる」とは、第三者に賄賂を受け取らせることをいい、第三者が受け取らないかぎり、供与の要求または約束にとどまる。「供与を要求する」とは、相手方に対し、第三者への賄賂の供与を求める意思表示をなすことであり、「供与を約束する」とは、第三者に供与させることにつき、相手方と合意することをいう。

判例によれば、本罪が成立するためには、公務員が職務に関する事項につき依頼を受けて承諾し、第三者に供与した利益が職務行為の代償であることを要するが、その第三者には地方公共団体その他の法人を含むから、警察署長が、町および隔離病舎組合に寄附金をするので寛大に取り扱ってほしいとの依頼を受けて承諾し、町などに寄附金名義で金員を供与させ、被疑事件を検察庁に送致しなかったばあい、本罪が成立するとされる（最判昭二九・八・二〇刑集八巻八号一二五六頁）。

第五款　あっせん収賄

あっせん収賄罪（一九七条の四）は、他の収賄罪が公務員自身の職務に関して賄賂を収受することなどを処罰対象としているのに対して、公務員がその地位を利用して、他の公務員の職務に関してあっせんをおこない、それについて賄賂を収受することなどを内容としている点に特徴がある。

あっせん収賄罪の構成要件的行為は、請託を受けて、他の公務員をしてその職務上不正な行為をさせ、または相当の行為をさせないようにあっせんすること、またはしたことの報酬として、賄賂を収受・要求・約束することである。本罪における「請託」は、公務員に対して他の公務員にその職務上不正な行為をさせ、または相当の行為をさせないようにあっせんすることの依頼を意味する（大塚・六二〇頁）。「あっせん」とは、交渉成立のために仲介して便宜をはかることをいう。それは、贈賄者のためばかりでなく、第三者のための便宜であってもよい。「あっせんをすること、またはしたこと」と規定されているので、あっせん行為は、すでになされたものでも、将来なされるものでもよい。将来のあっせん行為に関するばあいには、実際にあっせんがおこなわれなくても、本罪は成立する。なお、本罪が成立するには、公務員が積極的に地位を利用してあっせんすることを必要としないが、少なくとも公務員の立場であっせんすることを必要とし、単なる私人としての行為では足りない（最決昭四三・一〇・一五刑集二二巻一〇号九〇一頁）。

第六款　贈　賄

贈賄罪（一九八条）は、収賄罪が公務員による職務違反を本質的内容としているのに対して、非公務員による公務の適正の阻害を内容としている。本罪と収賄罪とは必要的共犯（対向犯）の関係にある（川端・総論四八九-九〇頁参照）。

贈賄罪の構成要件的行為は、一九七条ないし一九七条の四（単純収賄罪・受託収賄罪・事前収賄罪・第三者供賄罪・加重収賄罪・事後収賄罪・あっせん収賄罪）に規定する賄賂の供与・申込み・約束である。「供与」とは、相手に収受させること（受け取らせること）であり、相手が受け取らないかぎり、「申込み」にとどまる。供与罪と収受罪とは、必要的共犯である（大塚・六二二頁など）。「申込み」とは、収受を促すことである。単純な口頭の申出だけで足り、必ずしも現実に収受することのできる状態におく必要はない（大判大七・三・一四刑録二四輯二〇六頁）。「約束」とは、贈収賄者間で賄賂の授受について意思が合致することをいう。

事前収賄罪・第三者供賄罪・事後収賄罪・あっせん収賄罪に対応する贈賄罪にあっては、請託をし、かつ、相手方がこれを承諾したことが必要とされる。

罪数に関しては、賄賂を申し込み、または約束し、そしてこれを供与するばあいは、包括して一個の贈賄罪が成立する（大塚・六二二頁）。一個の行為をもって数人の公務員に贈賄したばあいは、本罪の観念的競合となる（大判大五・六・二一刑録二二輯一一四六頁）。

第七款　没収・追徴

刑法は、犯人または情を知った第三者が収受した賄賂は、没収し、その全部または一部を没収することができないときは、その価額を追徴する旨を規定している（一九七条の五）。これは、収賄による不正な利益を犯人に保持させないようにするために設けられた規定である。総則においては、裁量的没収・裁量的追徴が原則であるが（一九条・一九条の二）、本条は、収賄罪に関してはとくに必要的没収・必要的追徴とする特別規定である。本罪における没収・追徴については、第一〇章において検討する。

没収・追徴の対象となるのは、犯人または情を知った第三者が現実に収受した賄賂に限定され、犯人には共犯者も含まれる（大判明四四・二・一三刑録一七輯七五頁参照）。提供したけれども収受されなかった賄賂は、本条では没収・追徴できないが（大判昭六・一一・二二刑集一〇巻五二三頁）、一九条による犯罪組成物としての没収は可能である（最判昭二四・一二・六刑集三巻一二号一八八四頁）。

数人が共同して収受した賄賂についての没収・追徴は、共犯者各自の分配額によってなされる（大連判大一一・四・二二刑集一巻二九六頁、大判昭九・七・一六刑集一三巻九七二頁）。賄賂と賄賂でない謝礼とが不可分一体をなしているばあいには、その全部が没収される（大判昭三・五・二四刑集七巻三八九頁）。

追徴は、「没収することができない」ばあいにおこなわれる。たとえば、酒食の饗応や芸妓の演芸のように、賄賂の性質上、没収が不可能であるばあいが、これに当たる。判例によれば、収賄した金銭を預金したばあいは、没収できないとして追徴すべきであり（最判昭三二・一二・二〇刑集一一巻一四号三三三一頁）、ゴルフクラブ会員権は、債権的法律関係であって、性質上没収できず、また入会保証金預託証書は、ゴルフクラブ会員権を表章する有価証券ではなく没収できないから、収受時の時価を追徴すべきであるとされる（最決昭五五・一二・二二刑集三四巻七号七四七頁）。

追徴額の算定基準については、学説・判例が分かれている。賄賂の授受のあった当時の価額によるとするのが、通説・判例（最判昭四三・九・二五刑集二二巻九号八七一頁）である。追徴の裁判の当時の価額によるとする説（大塚・六二四頁など）、没収不能となった現実の取引価額によるとする説（小野・四一四頁、植松・六七頁など）も有力に主張されている。

収賄者が収受した賄賂を贈賄者に返還したときは、判例は、かつて収賄者から追徴すべきものとしていたが（大判明四五・五・六刑録一八輯五七〇頁、大判大三・一〇・一五刑録二〇輯一八六一頁）、その後、贈賄者から没収をすべきであるとするに至った（大判大一一・四・二二刑集一巻二九六頁）。

参考文献

〔体系書・教科書・注釈書など〕（五十音順）
青柳文雄『刑法通論各論』（昭三八年・一九六三年）
浅田和茂＝斉藤豊治＝佐久間修＝松宮孝明＝山中敬一『刑法各論』（平七年・一九九五年）〔浅田ほか〕
生田勝義＝上田寛＝名和鉄郎＝内田博文『刑法各論講義』（昭六二年・一九八七年）
井上正治＝江藤孝『新訂刑法学〔各則〕』新訂版（平六年・一九九四年）
板倉宏『刑法』新版（平八年・一九九六年）
植松正『再訂刑法概論各論』（昭五〇年・一九七五年）
内田文昭『刑法各論』第三版（平八年・一九九六年）
大塚仁『刑法概説（各論）』改訂増補版（平四年・一九九二

年）、『刑法各論上巻』改訂版（昭五九年・一九八四年）、『刑法各論下巻』（昭四三年・一九六八年）

大塚仁＝河上和雄＝佐藤文哉編『大コンメンタール刑法』第四巻～第一〇巻（昭六三年・一九八八年～平三年・一九九一年）〔執筆者名・大コンメン〕

大場茂馬『刑法各論上巻』一一版（大一一年・一九二二年）『刑法各論下巻』八版（大一二年・一九二三年）

大谷實『刑法講義各論』第四版補訂版（平七年・一九九五年）

岡野光雄『刑法要説各論』二版（平元年・一九八九年）

小野清一郎『新訂刑法講義各論』三版（昭二五年・一九五〇年）

小野清一郎＝中野次雄＝植松正＝伊達秋雄『刑法（ポケット註釈全書）』第三版増補（昭六三年・一九八八年）〔小野ほか〕

香川達夫『刑法講義〔各論〕』第三版（平八年・一九九六年）

柏木千秋『刑法各論』再版（昭四〇年・一九六五年）

吉川経夫『刑法各論』（昭五七年・一九八二年）

木村亀二『刑法各論』復刊（昭三二年・一九五七年）

草野豹一郎『刑法要論』（昭三一年・一九五六年）

熊倉武『日本刑法各論』上巻・下巻（昭四五年・一九七〇年）

江家義男『刑法各論』増補版（昭三八年・一九六三年）

斉藤金作『刑法各論』全訂版（昭四四年・一九六九年）

斉藤誠二『刑法講義各論Ⅰ』新訂版（昭五四年・一九七九年）

斉藤信宰『刑法講義各論』（平二年・一九九〇年）

佐伯千仭『刑法各論』訂正版（昭五六年・一九八一年）

佐久間修『刑法講義〔各論〕』（平二年・一九九〇年）

沢登俊雄『刑法概論』（昭五一年・一九七六年）

下村康正『刑法各論』（昭三六年・一九六一年）

曽根威彦『刑法各論』新版（平七年・一九九五年）

高窪貞人＝佐藤芳男＝宮野彬＝石川才顯＝川端博『刑法各論』全訂版（平八年・一九九六年）

瀧川春雄＝竹内正『刑法各論講義』（昭四〇年・一九六五年）

瀧川幸辰『刑法各論』（昭二六年・一九五一年）

団藤重光『刑法綱要各論』第三版（平二年・一九九〇年）

団藤重光編『注釈刑法』(3)～(6)（昭四〇年・一九六五年～昭四一年・一九六六年）、補巻(1)(2)（昭四九年・一九七四年、昭五一年・一九七六年）〔執筆者名・注釈刑法〕

中義勝『刑法各論』（昭五〇年・一九七五年）

中森喜彦『刑法各論』第二版（平八年・一九九六年）

中山研一『刑法各論』（昭五九年・一九八四年）、『概説刑法Ⅱ』補正版（平八年・一九九六年）〔概説Ⅱ〕

西原春夫『犯罪各論』第二版（昭五八年・一九八三年）
日高義博『刑法各論ノート』（昭六二年・一九八七年）
平川宗信『刑法各論』（平七年・一九九五年）
平野龍一『刑法概説』（昭五二年・一九七七年）
平場安治＝井上正治＝中山研一＝大野平吉編『新版刑法概説2各論』（昭五七年・一九八二年）
福田平『全訂刑法各論』第三版（平八年・一九九六年）
福田平＝大塚仁編『刑法各論講義』（昭四三年・一九六八年）、『講義刑法各論』（昭五六年・一九八一年）
福田平＝大塚仁＝宮澤浩一＝小暮得雄＝大谷實編『刑法』(3)～(5)（有斐閣双書）（昭五二年・一九七七年）
藤木英雄『刑法講義各論』（昭五一年・一九七六年）『刑法各論』（大学双書・昭四七年・一九七二年）
前田雅英『刑法各論講義』第二版（平七年・一九九五年）
牧野英一『刑法各論上巻』（昭二五年・一九五〇年）、『刑法各論下巻』（昭二六年・一九五一年）
町野朔『犯罪各論の現在』（平八年・一九九六年）
宮内裕『新訂刑法各論講義』（昭三五年・一九六〇年）
宮本英脩『刑法大綱』（昭一〇年・一九三五年）
泉二新熊『日本刑法論各論』増訂四二版（昭六年・一九三一年）

〔その他〕

阿部純二＝板倉宏＝内田文昭＝香川達夫＝川端博＝曽根威彦編『刑法基本講座』5巻、6巻（平五年・一九九三年）〔執筆者名・基本講座〕
石原一彦＝佐々木史朗＝西原春夫＝松尾浩也編『現代刑罰法体系』一～四巻、七巻（昭五七年・一九八二年～昭五九年・一九八四年）〔執筆者名・刑罰法体系〕
植松正＝川端博＝曽根威彦＝日高義博『現代刑法論争Ⅱ』（昭六〇年・一九八五年）〔執筆者名・現代論争Ⅱ〕
臼井滋夫＝木村栄作＝鈴木義男『刑法判例研究Ⅲ』（昭五〇年・一九七五年）
臼井滋夫＝前田宏＝木村栄作＝鈴木義男『刑法判例研究Ⅱ』（昭四三年・一九六八年）
刑事判例研究会『刑事判例評釈集』一～三四巻、三六・三七巻、三八・三九巻（昭一六年・一九四一年～昭六二年・一九八七年）
最高裁判所調査官室『最高裁判所判例解説刑事篇』昭二九年度～（昭三〇年・一九五五年～）
芝原邦爾編『刑法の基本判例（別冊法学教室）』（昭六三年・一九八八年）〔執筆者名・基本判例〕
芝原邦爾＝堀内捷三＝町野朔＝西田典之編『刑法理論の現代的展開（各論）』（平八年・一九九六年）〔執筆者名・

現代的展開（各論）〕

ジュリスト臨時増刊『重要判例解説』昭四三年度～平七年度（昭四四年・一九六九年～平八年・一九九六年）中山研一＝西原春夫＝藤木英雄＝宮澤浩一編『現代刑法講座』第四巻、第五巻（昭五七年・一九八二年）〔執筆者名・現代刑法講座〕

西原春夫＝宮澤浩一＝阿部純二＝板倉宏＝大谷實＝芝原邦爾編『判例刑法研究』第五巻～第七巻（昭五五年・一九八〇年～昭五六年・一九八一年）〔執筆者名・判例刑法研究〕

日本刑法学会編『刑事法講座』第四巻、第七巻（昭二七年・一九五二年～昭二八年・一九五三年）〔執筆者名・刑事法講座〕

日本刑法学会編『刑法講座』第五巻、第六巻（昭三九年・一九六四年）〔執筆者名・刑法講座〕

平野龍一＝松尾浩也＝芝原邦爾編『刑法判例百選各論』第三版（平四年・一九九二年）

藤木英雄＝板倉宏編『刑法の争点』新版（昭六二年・一九八七年）〔執筆者名・争点〕

阿部純二＝川端博編『刑法2各論（基本問題セミナー）』（平四年・一九九二年）〔執筆者名・基本セミ〕

川端博　『刑法総論講義』（平七年・一九九五年）〔総論〕、『文書偽造罪の理論』（昭六一年・一九八六年）、『事例式演習教室刑法』（昭六二年・一九八七年）、『刑法判例演習教室』（平七年・一九九五年）

第四章　賄賂罪の保護法益

第一節　序　言

賄賂の罪は、収賄の罪と贈賄の罪から成る。刑法は、第二章において見たとおり、収賄の罪として、単純収賄罪（一九七条一項前段）、受託収賄罪（同項後段）、事前収賄罪（同条二項）、第三者供賄罪（一九七条の二）、加重収賄罪（一九七条の三第一項、二項）、事後収賄罪（同条三項）、あっせん収賄罪（一九七条の四）を規定し、贈賄の罪としては、贈賄罪（一九八条）だけを規定している。

現行法は、「正当な職務行為」に関しても賄賂罪の成立をみとめており（単純収賄罪・受託収賄罪・事前収賄罪・第三者供賄罪）、「職務行為の公正が害されたばあい」を加重的犯罪類型とし（加重収賄罪）、さらに「職務行為の公正が害されること」をとくに構成要件要素とする犯罪類型（事後収賄罪・あっせん収賄罪）をみとめている。

ところで、賄賂の罪の立法形式には、ローマ法主義とゲルマン法主義があるとされている。ローマ法主義は、ローマ法に由来し、「職務行為の不可買収性」を原理とする立法形式である。これは、職務行為を利益の対価としてはならないとの考え方に基づき、賄賂罪の成立にとって職務行為が不正におこなわれたことを要件としないとする立法主義である。これに対して、ゲルマン法主義とは、ゲルマン法に由来し、「職務の不可侵性」を原理とする立法形式をいう。すなわち、賄賂罪の成立にとって職務が不正におこなわれたことを要件とする立法主義である。立法主義の対立は、「賄賂罪の保護法益」の理解に影響を及ぼす。

　わが刑法は、ローマ法主義を基本としつつ、ゲルマン法主義を補充的に採用していると解されている。すなわち、賄賂罪は、「公務の不可買収性」を維持し「公務の公正保持」を図るために規定されているのである。公務の不可買収性を収賄罪の処罰根拠とする立法主義は、ローマ法に由来し、賄賂の取得それ自体を処罰するものであって、公務員によって不正な職務行為がなされることを要件としない。これに対して、公務の公正保持を処罰根拠とする立法主義は、ゲルマン法に由来し、賄賂の取得だけでなく不正な職務行為がなされることをも要件とする。このように見てくると、わが刑法は、単純収賄罪につきローマ法主義を、加重収賄罪につきゲルマン法主義をとっているといえることになる。このことから、通説は、わが刑法は単純収賄罪を基本類型とし、枉法収賄罪を加重類型としていると解するわけである(1)。

　立法主義ではなくて現行法の解釈論として、賄賂罪の保護法益について再考する必要があると考えられる。そこで、賄賂罪の本質を新たな視点から捉え直すための手掛かりを求めて、そのための覚書きを記しておきたいとおもう。「贈与論」の観点から賄賂罪の本質を捉え直すべきことについては、第一章において検討した。

第二節　旧刑法における賄賂罪

　現行刑法における賄賂罪の本質を把握するためには、旧刑法との関係を見ておく必要があるといえる。両法との間に連続性があるとすれば、それは現行法の解釈に決定的な影響を与えるはずである。

　旧刑法は、第九章において「官吏瀆職ノ罪」として第一節「官吏公益ヲ害スル罪」、第二節「官吏人民ニ対スル罪」

および第三節「官吏財産ニ対スル罪」を規定していた。まず、「官吏公益ヲ害スル罪」は、「官吏其職務ヲ行ハスシテ一般ノ公益ヲ損害スルコトヲ云フ」[2]、または、「官吏カ已レノ職務ヲナサズシテ却テ世ノ公ケナル益ヲ害スモノヲ罰スルヲ云フナリ」[3]とされる。次に、「官吏人民ニ対スル罪」は、「官吏職務ヲ以テ人民ノ権利ヲ妨害シ及ヒ其身体ノ自由ヲ束縛シ又ハ人民ノ賄賂ヲ貪ル等ノ罪ヲ云フ」[4]、または、「人民ノ為ス可キ権利ナキニ威権ヲ振ヒテ無理ニ之ヲ為サシメテ人民ノ権利ニ超過セシメントシ又ハ人民カ為ス可キ十分ノ権利ヲ威権ヲ振ヒテ無理ニ其ノ権利ヲ枉ゲサスル如キコトアルトキハ夫レコソ圧制ノ官吏トモ云フベク暴虐ノ官吏トモ云フ可ケレ之レ実ニ人民ノ不幸ニシテ官吏ノ擅行ナリ之レ等ヲ罰スル孰レノ点ヨリ見ルモ論ヲ俟タザルモノニテ之レヲ罰セラルルモ宜ベナリ」[5]とされる。そして、「官吏財産ニ対スル罪」は、「官吏其委任セラレタル職務ニ関シ財産ヲ私スル罪ヲ云フ」[6]、または、「官吏ガ其ノ職務ヲナスニ付キテ職務上ノ貨幣米穀ヤ又ハ其ノ外ノモノヲ私シタル罪ナリ」[7]とされる。

賄賂罪は、第一節「官吏公益ヲ害スル罪」の中に規定されている。すなわち、二八四条一項は、「官吏人ノ嘱託ヲ受ケ賄賂ヲ収受シ又ハ之ヲ聴許シタル者ハ一月以上一年以下ノ重禁錮ニ処シ四円以上四十円以下ノ罰金ヲ付加ス」と規定し、同二項は、「因テ不正ノ処分ヲ為シタル時ハ一等ヲ加フ」と規定している。

本条の趣旨について、村田保は、次のように説明していた。すなわち、「本条ハ裁判官検事警察官吏等ニ非サル一般ノ官吏ニシテ其職務ニ関シ人ヨリ不正ノ嘱託ヲ受ケ為メニ金額物件ノ賄賂ヲ収納シ又ハ之ヲ贈与スルコトヲ聴許シタル者ハ未タ不正ノ処分ヲ為サスト雖モ一体官吏ノ私ヲ行フハ賄賂ノ悪弊ヨリ甚シキハナシ故ニ一月以上一年以下ノ重禁錮四円以上四十円以下ノ罰金ニ処ス

若シ賄賂ノ為メニ不正ノ処分ヲ為シタル時ハ已ニ職務ヲ瀆シ私情ヲ遂クレハ其情重シ前項ノ刑ニ一等ヲ加ヘ一月七日以上一年三月以下ノ重禁錮五円以上五十円以下ノ罰金ニ処ス可シ仍ホ其賄賂ハ没収ス可キ者トス」[8]と述べていた。

なお、旧刑法は、贈賄を処罰する規定を置いていない。その理由は、次のように解されられている。すなわち、「本条以下其賄賂ヲ行ヒタル者ハ其財物ヲ損失スルニ止ツテ別ニ罪ナシ是レ畢竟人民ヨリ賄賂ヲ以テ請求スルモ官吏ニ於テ決シテ之ヲ受ク可カラサル者トス故ニ之ヲ受クレハ特ニ官吏ヲ罰スルノミニシテ足レリ(9)」とされているのである。

二八五条一項は、「裁判官民事ノ裁判ニ関シテ賄賂ヲ収受シ又ハ之ヲ聴許シタル者ハ二月以上二年以下ノ重禁錮ニ処シ五円以上五十円以下ノ罰金ヲ付加ス」と規定し、同二項は「因テ不正ノ裁判ヲ為シタル時ハ一等ヲ加フ」と規定している。本条の趣旨について村田保は、次のように説明している。すなわち、「本条ハ裁判官民事訴訟ノ裁判ニ関シ原告人又ハ被告人ヨリ嘱託ヲ受ケ賄賂ヲ収納シ又ハ之ヲ贈与スルコトヲ聴許シタル者ハ之カ為不当ノ裁判ヲ為サスト雖モ裁判官ニシテ賄賂ヲ受クルノ意アル時ハ其裁判公平ヲ持ツコト能ハス且一般ノ信用ヲ失フ可シ仍テ二月以上二年以下ノ重禁錮五円以上五十円以下ノ罰金ニ処ス仍ホ其官職ヲ失フ可シ若シ賄賂ノ為メニ不正ノ裁判ヲ為シタル時ハ必ス一方ニ対シ損害ヲ被ラシムルコトアラン其情重シ仍テ一等ヲ加ヘ二月十五日以上二年六月以下ノ重禁錮六円二十五銭以上六十二円五十銭以下ノ罰金ニ処ス可シ(10)」と述べられているのである。ここにおいて注目すべきことは、裁判官が賄賂を受ける意思が存在するばあいには、裁判官が「公平を持つこと」ができず、かつ、「一般の信用」を失うことが指摘されていることである。つまり、これは、収賄罪の保護法益として、「職務行為の公平性」とそれに対する「社会の信頼」をみとめることを意味する。すでに旧刑法時代に、学説上も信頼保護説が主張されていたことに留意する必要があるとおもう。

二八六条は、次のように規定している。すなわち、「裁判官検事警察官吏刑事ノ裁判ニ関シテ賄賂ヲ収受シ又ハ之ヲ聴許シタル者ハ二月以上二年以下ノ重禁錮ニ処シ五円以上五十円以下ノ罰金ヲ付加ス（一項）

因テ被告人ヲ曲庇シタル者ハ三月以上三年以下ノ重禁錮ニ処シ十円以上百円以下ノ罰金ヲ付加ス（二項）其被告人ヲ陥害シタル者ハ二年以上五年以下ノ重禁錮ニ処シ二十円以上二百円以下ノ罰金ヲ付加ス若シ枉断シタル所ノ刑此刑ヨリ重キ時ハ第二百二十一条ノ例ニ照シテ反座ス（三項）」と。

本条一項の趣旨について、村田保は、「本条ハ裁判官検事警察官吏刑事ノ裁判ニ関シテ人ヨリ嘱託ヲ受ケ賄賂ヲ収受シ又ハ之ヲ贈与スルコトヲ聴許シタル者ハ其害人ノ罪ヲ出入スルニアレハ民事ノ裁判ニ関スルヨリ情状夐カニ重シ仮令法ヲ枉ケスト雖モ二月以上二年以下ノ重禁錮五円以上五十円以下ノ罰金ニ処ス(11)」と述べている。刑事裁判においては、裁判官、検事、警察官吏の収賄は、民事裁判のばあいに比べて情状がはるかに重いと指摘されているが、それにもかかわらず法定刑に差異がないことに触れていないのはいかにも奇妙である。

二項については、「若シ賄賂ノ為メニ被告人ヲ曲庇シテ其罪ヲ出シタル者ハ乃チ利欲ノ為メニ法律ヲ枉クレハ其情状更ニ重シ三月以上三年以下ノ重禁錮十円以上百円以下ノ罰金ニ処ス(12)」と述べている。ここにおいては、利欲のために法律を枉げるのは、さらに情状が重いとされている。そのことによって法定刑が重くなっていることの理由が合理的に説明され得る。枉法の原因としての「利欲」が重視されている点に注目すべきであるとおもわれる。

三項については、「若シ賄賂ノ為メニ被告人ヲ陥害シテ全罪ニ入レ或ハ軽キ罪ヲ重キ罪ニ入レタル者ハ乃チ利欲ノ為メニ人ヲ陥害スレハ官吏ノ汚職ニ於テ之ヨリ甚シキハナク其情ニ於テモ之ヨリ悪ムヘキハナシ仍テ二年以上五年以下ノ重禁錮二十円以上二百円以下ノ罰金ニ処ス若シ陥害ニ因テ被告人ノ現ニ処断セラレタル刑茲ニ記載スル所ノ刑ヨリ重キ時ハ第二百二十二条ノ偽証ノ例ニ照ラシテ処断ス(13)」と述べている。利欲のために人を陥害することは、官吏の瀆職行為としてこれより甚だしいものはなく、その情においてこれより憎むべきものはないので、刑が加重されていると説明されているわけである。

第三節　賄賂罪の保護法益に関する学説

賄賂罪の保護法益に関して見解の対立があり、学説は次の五つに分かれる。

第一款　職務行為の不可買収性が保護法益であるとする説（不可買収性説）

不可買収性説について、木村亀二博士は、次のように述べられた。すなわち、「賄賂罪の法益は本質的には国家の権威であるが、其の直接の保護の客体については、公務員の職務の純粋性若は公務員の義務の不可侵性なりとする説と公務員の職務行為の不可買収性（Unkäuflichkeit, Unentgeltlichkeit）なりとする説とがあるが、我が刑法は公務員又は仲裁人が義務違反の行為に出でざる場合に於いても賄賂罪の成立を認めるが故に、後説を以つて妥当とする。勿論、公務員又は仲裁人の職務行為の不可買収性を保護することに因つて其の職務の純粋性が保護せられることは謂ふまでもない。公務員又は仲裁人が義務に違反して不正の行為を為し又は相当の行為を為さざる場合には刑が加重せられる（刑一九七条一項但書）[14]」とされたのである。これは、「公務員の義務の不可侵性」との対比において、現行法がこれを必要条件としていないことを根拠にして、「職務行為の不可買収性」をみとめるものである。そして、この見地から法文が単純収賄罪を基本類型とし職務の不正を要件とする加重収賄罪をその加重類型として把握している。

平野龍一博士は、別の角度から次のように説明された。すなわち、「国家の作用すなわち公務は、公平に行なわれなければならない。公務には、裁量によって行なわれるものが多いが、その裁量は、ある人だけの利益のために行なわれてはならない。もし、ある人だけの利益のために裁量が行なわれると、それ以外の人々は、その利益を受けないという意味で、被害を受ける。このような不公平な裁量を行なう危険は、公務員がその対価として利益を受けとったときにとくに大きいであろう。そこで、公務が利益の対価として行なわれることを禁止しようというのが、賄賂罪である。賄賂罪の保護法益は、公務の不可買収性にあるといわれるが、それは、このような意味である。なお、公務それ自体が不正なものであるときは、刑が加重され、あるいは処罰範囲を拡張する理由になっている。しかしこれは二次的なものであって、賄賂罪処罰の基本的な理由は、右に述べた不可買収性にある[15]」とされたのである。そこにおいては、「公平」たるべき公務が「利益の対価」としておこなわれたばあいには、「不公平な裁量を行なう危険」が生ずるので、これを禁止する必要があるとされるわけである。そして、公務の不正が刑の加重事由ないし処罰拡張事由とされていることは「二次的なもの」であるとされる。

さらに「職務の公正の保護」と「不可買収性」との関係について、香川達夫博士は、職務の公正の保護も「公務の不可買収性の反射的効果として保証しうると考えれば、格別その点を強調する必要もない。加えて、それのみを直接的な保護法益と解すると、賄賂罪の不当な拡張をもたらす危険もあって適切でない[16]」とされる。そこにおいては、職務の公正は、独立の保護法益性を有せず、不可買収性の単なる「反射的効果」にすぎず、保護法益性をみとめると賄賂罪の「不当な拡張」をもたらすとされているのである。

最近では松宮孝明教授がこの説を展開されている。すなわち、「一九七条一項一文の（単純）収賄罪では、不正な職務行為の存在やその可能性は不要であり、適法な職務に関して賄賂を収受しても、賄賂の罪が成立する。また、退職後に賄賂を受け取る事後収賄罪（一九七条の三第三項）等では、過去の職務に対する賄賂は職務の公正さに影響を与えない。その意味では、『職務の公正』それ自体は、賄賂の罪に共通する保護法益ではなく、せいぜい、加重収賄罪（一九七条の三第一項、同条第二項）やあっせん収賄罪（一九七条の四）等の保護法益にすぎない（その意味で『純粋性説』は貫徹しえない)。むしろ、一九七条一項一文の最も単純な形態の収賄罪を賄賂罪の基本とするのなら、その保護法益は、公務員の主権者に対する忠実義務を根拠とする『公務の不可買収性』と解すべきであろう(もっとも、あっせん収賄罪は別である。この罪では、賄賂はあっせんの対価だからである)。『職務行為の公正に対する信頼』は、これを言い換えたものにすぎないように思われる(17)」とされているのである。そこにおいて、不可買収性の根拠が「公務員の主権者に対する忠実義務」に求められていることが注目される。

第二款　職務行為の公正性およびそれに対する社会の信頼が保護法益であるとする説(信頼保護説)

岡田庄作博士は、公務の執行の性質とその客体との関係という観点から、この説の論拠を次のように述べられた。すなわち、「賄賂罪トハ公務員又ハ仲裁人ト一般人トノ間ニ公務員ノ職務ニ関シ不正ノ利益ヲ授受スル罪ヲ言フ。公務ノ執行ハ一ノ営業ニ非ス。物ノ売買ト同視スヘキモノニ非ス。故ニ公務員ハ公務ノ執行ニヨリ擅ニ財物其他ノ利益ヲ収受スヘカラス。公務ノ執行ニ対シ法令ノ規定以外ニ其対価ヲ求ムヘカラス。法令ノ規定以外ニ是カ対価ヲ求メテ其私利ヲ図ル事アリトセハ職務上ノ義務違反ナリ。是ニ依リ不正ノ行為ヲ為シ又ハ正当ノ行為ヲ為ササル事アリトセハ其ハ明ニ国家ノ権力行使ニ侵害ヲ加フルモノナリ。仮リニ正当ノ行為ヲ為シ又ハ不正ノ行為ヲ為サストスルモ公務執行ノ客体タル一般人ハ少ナクトモ公務執行カ不正ニ行ハルルニアラサルヤノ疑惧ヲ抱クニ至ルヘシ(18)」とされたのである。

瀆職の罪の法典における「位置」の観点から、「私人に対する関係」を基礎にして賄賂罪の性格づけについて、泉二新熊博士は、次のように述べられた。すなわち、「瀆職ノ罪ハ如何ナル性質ヲ有スルモノナルカ旧刑法ハ之ヲ公益ニ関スル罪ノ一種トシテ分類シ前改正草案及ヒ法典ハ之ヲ単章トシ公共的性質ヲ有スル諸種ノ犯罪ト主トシテ私益ニ対スル罪ナリト認メラルル諸種ノ犯罪トノ中間ニ之ヲ配置シタリ而シテ前改正草案カ『公権ニ対スル罪』ノ中ニ之ヲ分類セサリシハ其性質カ独リ国権ニ対スル関係ヲ有スルニ止ラスシテ尚ホ私人ニ対スル関係ノ存スルコトヲ認メタルニ因ル可キカ蓋職権濫用罪ノ如キハ之ヲ一面ヨリ観察スレハ官職ノ濫用ハ国権ノ信用ヲ害スルカ故ニ即チ国権ニ対スル罪ナリト認ム可ク之ヲ私人ニ対スル関係ヨリ観レハ即チ身体ニ対スル罪タルノ性質ヲ有スルコト明カナリ収賄行為モ亦同様ニシテ一面ニ於テ職務上ノ義務違反タルト同時ニ他ノ一面ニ於テハ之カ為メニ国家ノ威厳ト信用トヲ毀損シ私人ヲシテ不安ノ念ヲ抱カシムルモノナリ[19]」とされた。

「あっせん収賄罪の法益との統一的理解」の観点から、内藤謙教授は、次のように説明される。すなわち、他の公務員の不正な職務について斡旋することに対する報酬として賄賂の授受がなされることを処罰の対象とするあっせん収賄罪は、当の公務員の職務に関するものではないという点で、従来の賄賂罪とは異質のものを含んでおり、これを賄賂罪の一種として統一的に理解することは、賄賂罪の法益を職務行為の不可買収性に求める見解によっては困難であるとされる。なぜならば、「斡旋贈収賄罪においては、当の公務員もしくは他の公務員の職務行為が買収の対象となるわけではないからである」。そして、「斡旋行為の主体が公務員である点および他の公務員の不正の職務についての斡旋が問題となる点からみて、斡旋贈収賄罪の保護法益も、公務員の職務の公正とそれに対する社会の信頼であると理解し、それによって一般の賄賂罪との統一を求めるのが妥当であろう[20]」とされるのである。

第三款　職務行為の不可買収性と職務行為の公正性をあわせて考慮する説（併用説）

この説の主張者の団藤重光博士は、次のように述べられた。すなわち、「賄賂罪については二つの立法主義がある。

一つはローマ法に由来するとされるもので、職務の正不正を問わずこれに対する報酬を罰する。けだし、職務の不可買収性（Unentgeltlichkeit, Unkäuflichkeit der Amtshandhung）の思想を基本とする考え方である。他の一つはゲルマン法に由来するとされるもので、不正な職務に対する報酬を罰する。これは職務行為の純粋性（Reinheit der Amtshandlung）ないし職務の不可侵性（Unverletzlichkeit der Amtspflicht）の思想を出発点とするものである。わが刑法は、多くの立法例とおなじく、概していえば、職務の正不正を問わず賄賂罪の成立をみとめ、その不正なばあいを加重的構成要件としている。その意味で、前者を基本としながら後者を加味しているものといってよいであろう。賄賂罪の処罰は職務行為の公正に対する社会一般の信頼を維持するためであるから、このような立場が是認されるべきである[21]」とされる。そこにおいては、立法主義との関係で職務の不可買収性を「基本」とし職務の不可侵性を「加味」するものであるとされるのである。職務行為の公正に対する「社会一般の信頼」は、賄賂罪の保護法益ではなくて、その維持が賄賂罪の処罰根拠とされている点に注意する必要があるとおもう。

さらに、賄賂の供与の時期について、「不可買収性を基本とする見解によれば、賄賂の供与があれば足りると考えられているようである（Maurach. S. 620 f.）。これがローマ法主義とゲルマン法主義の対立に呼応するものとすれば、わが刑法は、この点では後者によっているわけである[22]」とされている。そこにおいては、両主義の対立に呼応するものとすれば、という条件付きで主張されているのであるが、これは重要な視点であるから、あらためて検討されるべきであると解される。

藤木英雄博士は、「国民の信託」という観点から、次のように主張された。すなわち、「賄賂の横行は、政治・行政を腐敗させ、国民の国政に対する信頼を傷つけ、国家の内部崩壊さえもたらすものである。とくに、現行憲法の下においては、公務員は、国民の信託をうけて、全体の奉仕者として不偏不党で国政の担当にあたる重い責任を負う。金銭によって国政をゆがめることは、国民の信託にそむくもので、厳しく問責されなければならない。これが賄賂罪を罰する根本理由である。

立法の方針としては、不正な職務に対する報酬の授受を中心に考えているいわゆるゲルマン法主義と、職務の正不正を問わず不正な報酬の授受を罰するいわゆるローマ法主義とがあるが、わが刑法は、前述の趣旨から、ローマ法主義を基本とし、なお不正な職務が行なわれた場合を加重類型とする」[23]と述べられている。そこにおいては、金銭による国政をゆがめることが国民の信託にそむくものであることが強調されている。

さらに、藤木博士は、「公務の公正さに対する一般国民の信用」との関連について、「公務員の収賄（およびこれに対する贈賄）が処罰されるのは、公務員の収賄が、公務の公正さに対する一般国民の信用をそこない、国家存立の基礎をさえあやうくするという点が重視されるためである。したがって、現実に、公務員が買収されて不正を働いたということがなくても、犯罪は成立する。公務員の公正についての信用の維持が重視されるのは、いうまでもなく、公務は、国民全体の意思に基づく法令の執行であり、公務員は、国民全体の奉仕者としてその信託にこたえて公正忠実に職務を行なうべきところ、地位を利用して一部の者の利益に奉仕し、かつその分け前にあずかって私腹をこやすがごときは、この国民一般の信託に反する行為だと考えられるからである」[24]と指摘された。

第四款　公務員の清廉であるべき義務に違反することに賄賂罪の本質があるとする説（清廉義務説）

小野清一郎博士は、次のように述べられた。すなわち、「汚職の罪は、公務員が其の職権を濫用し、又は其の清廉であるべき義務に背くことを罰するものである。これを大別して二とする。一は、職権濫用罪であり、他は賄賂罪である。公務員は、公務員たる地位に伴ふ義務に反することによつて懲戒法上の制裁を受けるのであるが、それは使用主としての国家に対する責任である。刑法は、公務員が其の義務に反する或る行為に対して、更に一般法秩序を維持する立場から刑罰の制裁を科するのである。其の処罰の基礎的理由は国家作用の厳正を保護するにある」[25]。そこにおいては、「清廉であるべき義務」にそむく点が強調されている。すなわち、「使用主としての国家に対する責任」が重視されるのである。この見解によれば、公務員という地位がその「義務」・「責任」の源泉となるのであるから、主体が公務員に限定されるのは「本質的」であるとされることになる。そこで「瀆職の罪の主体は、其の本質上公務員たる地位に在る者である。謂はゆる身分犯の一種である。収賄罪については公務員の外仲裁人も亦其の主体となること、後に述べる通りである。収賄罪の『必要的共犯』たる贈賄の行為に付ては、旧刑法には其の処罰規定がなかつたので、従つて刑法総則上の共犯としても之を処罰すべからざるものであつたと考へる。現刑法は贈賄罪につき別にその規定を設けている」[26]とされるのである。

右のような理解に対しては、「経済犯罪」としての側面からの捉え直しが提唱されている。すなわち、藤木博士は、「賄賂罪は、むかしからある犯罪で、これまで述べてきた他の経済犯のように、必ずしも資本主義経済の発達にともなって生まれてきた犯罪というわけではない。だが、国や地方公共団体の事務が拡大し、権力作用ばかりでなく、各種の経済生活の場面にみずから国営企業をいとなみ、あるいは各種の企業の保護・助成などの役割を果たすなど、いわば国が業者にとって大口の市場としての性格が強めるとともに『経済犯罪』としての贈収賄が増大することになる」[27]と指摘されたのである。さらに藤木博士は、「賄賂は、職務上の地位を利用した不正な報酬であり、いわゆる『役得』である。このような役得の現象は、今日、公務員にかぎられた現象ではない。その者の職務上の意思決定いかんに重大な利害関係を有するものが、自己に有利な意思決定を得るために賄賂を送ることは、経済界においては、競争の手段としてひろく行なわれてり、また経済的利益に関係なくとも、たとえば私立大学の教授や理事者個人が受領する裏口入学謝礼金のごときは、典型的な賄賂にちがいない。しかし、賄賂の授受が犯罪として刑罰により禁止されるのは、刑法では、公務員に関するものにかぎられており、私企業の役職員の贈収賄は、特別法により処罰されるものがあるほか、処罰の対象とはされていない[28]」とされたのである。これは賄賂罪の本質の捉え方に関して、新たな視点として重要な意義を有するといえる。

第五款　職務行為の公正性が保護法益であるとする説（純粋性説）

この説の主張者の林幹人教授は、保護法益に関して、「利益の授受に決定され根拠づけられて職務の公正が害されること、ないし、その危険性に賄賂罪の不法内容はある。これは、職務の純粋性を保護法益と解する説であるので、純粋性説といわれる。本書も基本的にこのような見解を正当と考える[29]」と述べられる。そして、職務の公正とそれに対する国民の信頼と解する説（信頼保護説）に対しては、次のような批判を主張される。すなわち、「職務の公正を害してもそれに対する国民の信頼を害していない場合、たとえば、公務員が職務に関して国民に知られないように隠れて利益を収受したような場合、国民の信頼は利益の収受そのものによってではなく、それが国民に知られることによって害されるのである以上、処罰しえないこととなってしまうのではないか、という疑問がある。

他方、職務の公正を害する危険がまったくない場合、たとえば、利益を受けても、それによって職務を左右する意思が公務員にまったくない場合、あるいは、職務にまったく裁量を加える余地がない場合、さらに、すでになされた過去の職務行為（しかも、その時点で利益を期待して職務を左右する意思がまったくなかったとする）に対して授受がなされ、かつ、将来とも（退職間近であるために）職務に影響を及ぼすおそれがまったくない場合にはなかった以上（あったのであれば処罰してよい)、それについて国民に疑いが生じ、信頼が害されたとしても、それはその具体的な場合には、結局根拠のないものであったということになる。賄賂罪は、単に公務員の廉潔性を保護するものではないし、また、利益を収受することそれ自体は不法ではありえないのであるから、国民の信頼を保護法益とすることには疑問がある[30]」とされている。

「真の保護法益の理解を呈示するのは、純粋性説のみであり、その意味で、この見解が妥当である[31]」とされる山口厚教授は、保護法益の把握は、次の①および②の命題を説明し得るものでなければならないとされる。その命題とは、「①それ自体としては適法な職務行為に対して賄賂の収受がなされても収賄罪・贈賄罪は成立すること、②職務行為後になされる賄賂の収受も可罰的と解されていること[32]」である。その観点から、①それ自体としては適法な職務行為に対する賄賂の収受についても賄賂罪が成立するのは、そのことによって「職務行為が賄賂の影響下に置かれる危険」が生じ、「職務遂行における裁量が不当に行使される危険」が生じるからであるとされる[33]。職務の公正は、このように職務遂行における裁量の適切な行使をも含む意味に理解されるべきであり、収賄罪は、このような意味における「職務の公正」に対する危険犯と解されているのである。

つぎに、「②職務行為(とくに、それ自体としては適法な職務行為)後の賄賂の収受」のばあいにおいては、職務行為前にみとめられる「想定された賄賂による職務行為への影響」、すなわち、「賄賂を期待して、職務執行における裁量が不適切に行使されること」が処罰の根拠であるとされる。事後的に賄賂の授受がなされることによってそのような「影響」が事後的に確証されることになるとされている[34]。

そして、結論として、「賄賂罪の想定は、職務行為と賄賂とが対価関係に立つことによって、『職務行為が賄賂の影響下に置かれ、不公正な裁量の行使が行なわれること』を防ぐことを目的とする。保護法益は、このように理解された『職務の公正』である。賄賂罪は、賄賂の授受という手段によって生じる、保護法益の侵害・危険惹起を処罰の対象とするもの」であるとされる[35]。

第四節　判例の立場

判例は、大審院時代から、「法カ収賄罪ヲ処罰スル所以ハ公務員ノ職務執行ノ公正ヲ保持セントスルニ止ラス職務ノ公正ニ対スル社会ノ信頼ヲモ確保セントスルニ在リ[36]」と判示し、信頼保護説の立場に立っている。

まず、昭和六年八月六日判例は、公立中学校の職務権限に関して、「公立中学校教諭ノ職務ハ主トシテ生徒ノ教育其レ自体ニ在ルコト明ナレトモ生徒ノ教育ニ関連スル事務ニシテ学校長カ其ノ権限ニ基キ教諭ニ管掌セシムル事務モ亦其ノ職務ニ属スルモノトス而シテ中学校生徒ヲシテ一定ノ時期ニ所要ノ教科書ヲ整ヘシムヘキ適当ノ処置ヲ講スルコトハ生徒ノ教育ニ関スル事務ナルヤ論ヲ俟タサル所ニシテ原判決ニ所謂教科書販売店ノ指定及其ノ販売スヘキ教科書ノ割当ハ叙上ノ事務ニ外ナラサルコト」明らかなりと判示したうえで、「所謂指定割当ヲ仮ニ学校教職員ノ職務権限ナリトスレハ其ノ実質タルヤ一定ノ教科書ヲ一定ノ代価ヲ以テ一定ノ数量丈ケ一定ノ期日内ニ生徒ニ購入所持セシムルコトカ其ノ取扱事項ノ全部ナルカ故ニ此ノ職務全部ヲ正当ニ執行シ其ノ全職務ノ目的ヲ完全ニ遂行スル以上ハ其ノ結果甲乙書店間ノ割当利益ノ多寡ノ如キハ右公務員ノ職務遂行其自体ニ何等ノ関係ヲ有セサルモノナルヤ明白ナルヲ以テ此ノ点ハ本項ノ如キ危険性ノ有無ニ伴フ被害法益ノ存否ニ関スル問題ニ付何等ノ関係ヲ有セサルモノナリト謂ハサルヲ得ス」との被告人側の主張に対して、次のような判断を示したのである。すなわち、収賄罪の保護法益に関して「法カ収賄罪ヲ処罰スル所以ハ公務員ノ職務執行ノ公正ヲ保持セントスルニ止ラス職務ノ公正ニ対スル社会ノ信頼ヲモ確保セントスルニ在レハ被告人X及Yカ原判示ノ如ク其ノ職務ニ関シ他ノ被告人等ヨリ賄賂ヲ収受シタルニ於テハ縦令之カ為ニ各生徒カ正当ノ代価ヲ以テ一定ノ日時迄ニ所要ノ教科書ヲ整フルヲ得ルコトニ付何等ノ障害ヲ与ヘサリシトスルモ中学校教務主任ノ職務上ノ公正ニ対シ社会ノ信頼ヲ傷フコト多大ニシテ所論ノ如ク何等ノ被害法益ナキモノト謂フヘカラス此ノ点ニ関スル所論ハ其ノ当ヲ得ス」と判示したのである。

次いで、大審院の昭和十一年五月一四日判決は、これを受けて次のように判示している。すなわち、「原判決ノ認メタル事実ハ之ヲ要スルニ『被告人Xハ広島地方専売局秋穂出張所勤務ノ専売局技手兼書記トシテ所管西岐波及長浜取扱所ニ於テ葉煙草耕作者ヨリ其ノ収納スル葉煙草ノ品質ヲ鑑定スル職務ニ従事シタルモノナルトコロ煙草耕作者ヨリ其ノ収納スル葉煙草ニ付収納前ニ在リテハ被告人ニ対スル右職務上ノ鑑定ニ付有利ナル取扱アリタキ旨ノ請託ノ趣旨ニテ又収納後ニ在リテハ右職務上ノ鑑定ニ付特別ノ取扱アリタルコトニ対スル報酬ノ趣旨ニテ為サレタル判示各供与ノ金銭並財産又ハ饗応ヲ何レモ其ノ趣旨ヲ知悉シ乍ラ犯意継続シテ収受シタルモノナリ』ト云フニ在ルヲ以テ右収納鑑定ニ際シテハ所論ノ如ク縦令事実上鑑定等級ニ手心ヲ為スヘキ余地ナク全ク不能ノコトニ属スルモノトスルモ刑法第百九十七條第一項前段ノ罪ノ成立ヲ阻却スヘキモノニ非ス蓋同罪ノ成立スルニハ賄賂ノ収受カ其ノ職務ニ関スルコトヲ以テ足リ同項前段ノ如ク因テ不正ノ処分ヲ為スコトヲ要件トセサルノミナラス賄賂罪ハ公務ノ公正ヲ保護スルコトヲ目的トスル規定ナレハ公務員カ職務ニ関シ収賄スルトキハ世人ヲシテ法律秩序ニ付疑惑ヲ起サシメ以テ公務ノ公正ヲ害スルニ至ル虞アレハナリ」[37]とされた。

最高裁の判例も、信頼保護説の立場を明らかにしている。刑法一九七条が憲法一四条に違反するとの上告趣意に対して、次のように判示したのである。すなわち、「すべて公務員は全体の奉仕者であつて一部の奉仕者でないことは憲法一五条二項の規定するところであり、公務員の職務とせられる公務の執行は、一部の利益のためにではなく全体の利益のためになさるべきものである。従つて、公務の威信と公正を保持すべき必要のあることは多言を要せず、いやしくも公務の執行に対し国民の信頼を失うがごときことがあつてはならない。それ故、若し公務員の職務に関して、金銭その他の利益による賄賂を伴うようなことがあれば、その職務の威信と公正は害せられ、職務の執行に対する信頼の失われるに至ることは明瞭である。

所論刑法一九七条は、上述のような公務員の職務の性質に鑑み、その職務の威信の公正を害すると認められる収賄の非行を犯罪として処罰することを定めたものであつて、同条において、公務員が、その他の者と区別して取り扱われているからといつて、右はもとより合理的な根拠に基づくものであり、公務員に対し、不当に不利益な取扱をするものということはできない。されば、同条が憲法一四条に違反するとの論旨は理由がない[38]」と判示している。

さらに、最高裁は、ロッキード事件（丸紅ルート）判決において、次のように信頼保護説の立場をより明確に判示している。すなわち、「賄賂罪は、公務員の職務の公正とこれに対する社会一般の信頼を保護法益とするものであるから、賄賂と対価関係に立つ行為は、法令上公務員の一般的職務権限に属する行為であれば足り、公務員が具体的事情の下においてその行為を適法に行うことができたかどうかは、問うところではない。けだし、公務員が右のような行為の対価として金品を収受することは、それ自体、職務の公正に対する社会一般の信頼を害するからである[39]」と判示されているのである。

第五節　諸説の検討

前述の諸説を検討することにしよう[40]。

職務行為の不可買収性が保護法益であるとする不可買収性説によれば、職務行為の正・不正にかかわらず、職務行為に関して賄賂を収受すること自体が、公務を対価することを意味するので、それを処罰することによって賄賂の収受を防圧することになる。それゆえ、単純収賄罪が賄賂罪の基本型とされるのである。たしかに、公務が「収益」の対象となることを禁止することによって公務の遂行の「公平」性が保護され得るといえる。すなわち、公務が金銭その他の利益の「対価」となることをみとめると、その利益を供与した者だけが公務の遂行に当たって有利に扱われるという「対価」を得る蓋然性が高まると解される。なぜならば、収受者において人間の情として利益を供与した者に対して有利な取扱いをしようとする心理的現象が生じ得るからである。これは、逆にいえば、利益を供与しない者を不利に扱うことを意味するのであり、利益を供与した者と供与しなかった者とを「不公平」に扱うことになるわけである。このような「不公平」を生じさせないために、「職務行為」に関して対価として賄賂を収受すること自体を一般的に禁止すべきであるとさることになる。その意味において、この説が「職務犯罪のうちの賄賂罪の特殊性をあきらかにする意味をもつていることは否定できない(41)」のである。

また、市民間における「公平」性とは異なり、「主権者たる国民」に対する公務員の「忠実義務」を根拠にして公務の不可買収性を基礎づけることも新たな視点からの論拠付けとして重要な意義を有し得るであろう。

しかし、この説については、次のような疑問がある。すなわち、保護法益を職務の不可買収性であると解することによって、職務行為が適法であるばあいにも収賄罪が成立し得ることを説明できるとされるが、それは「形式的な説明」にとどまっている。そして不可買収性の内実が保護法益の内容として問われているのであり、その内実は、「信頼保護説」か「純粋性説」に類似の理解に帰着することになるとされている(42)。

つぎに、この説は、公務それ自体が不正なものであるときに「刑が加重」され、または処罰が拡張されることは、

「二次的」なものであるにすぎないとするが、これは二次的問題ではなくて「本質的」な問題である。なぜならば、「例外的に」刑が加重されたり、処罰が拡張されることの理論的根拠は、賄賂罪の本質の理解にとって根本的な問題であるからにほかならない。すなわち、解釈論上、「例外」は本質と相容れないものであるから、より明確で強力な論拠が必要であるとされることになる。

また、公務の公正の保護は公務の不可買収性の「反射的効果」として保証すれば足りるともされるが、しかし、この観点からでは十分な説明とはなり得ないといえる。なぜならば、一般的な不可買収性は個別的な公務の公正を正当に評価し得ないからである。さらに公務の公正の保護は、不当な処罰の拡張をもたらすことにはならないのである。

主権者に対する公務員の忠実義務を根拠にして「不可買収性」を基礎づけるにしても、論者自身がみとめているように、あっせん収賄罪の把握については、その例外とせざるを得ない点になお疑問が残る。

賄賂罪の保護法益を公務員の清廉義務に求める見解に対しては、「職務行為との関連性を把握しない点で、賄賂罪の可罰性を不当に拡大する危険を含んでいる(43)」との批判がある。この見解は、賄賂罪を「職務行為」と切断することによって、本罪を「身分」犯罪として把握している。このように本来、「職務」犯罪である賄賂罪を「身分」犯罪と解する結果、この見解は可罰性の不当な拡大をもたらすことになる。したがって、この批判は妥当であるといえる。

職務行為の公正だけが法益であるとする純粋性説の主たる論拠は、「公正」の保護によって「信頼」も反射的に保護されること、他の国家的法益に対する罪と区別し賄賂罪でだけ「信頼」を独立の法益とする必要はないこと、「信頼」はきわめて抽象的であり、漠然とし過ぎており、処罰範囲を不明確にすること、の三つであるとされる(44)。たしかに、この見解は、職務上の不正行為を要件としていない賄賂罪（単純収賄罪・受託収賄罪・事前収賄罪・第三者供賄罪）を公務の公正に対する「危険犯」と解し、あるいは職務が賄賂によって左右されないことを「職務の公正」と解することによって問題の解決を図るべきであると主張している。(45) そのように解すること自体は論理的には不可能ではないといえる。しかし、問題はその妥当性である。

まず、賄賂罪を「危険犯」として把握する点について検討しよう。

単純収賄罪を公正に対する抽象的危険犯と解するならば、その「抽象的危険」の有無というきわめて抽象的で通常の判断能力を有する一般人にも判断しにくい基準によらざるを得ず、処罰範囲が不明確となる恐れが生ずるであろうとの批判がある。現に論者の間でさえ、正当職務行為後の賄賂収受などのばあいに右の危険をみとめ得るかにつき見解が一致していないとされる。また、公正のみを保護法益と解し単純収賄罪は抽象的危険犯であるとするならば、なぜ公正を現に害したばあいでさえも、それだけでは可罰的とせず、賄賂収受などを要件とする必要性・合理性があるのかについての説明に窮せざるを得ないであろうとされる。さらに、たんに公正に対する抽象的危険を生じさせたことが問題であるにすぎないとすれば、それに対する制裁は、賄賂収受などを伴わないばあいと同様、一般に単なる懲戒処分で充分なはずであると批判されるのである。(46) さらに別の角度から中森喜彦教授は、「害される利益は、職務の公正に対する危険よりさらに抽象的であり、通常の危険犯の観念を超えている(47)」と批判されているのである。これらの批判は、いずれも妥当であるとおもわれる。

つぎに、純粋性説の「実質的な根拠」は、職務行為の公正に対する「社会の信頼」を保護法益と解すると処罰範囲の拡大をもたらすので、それを否認して処罰の縮小を図ることにあると考えられる。そこで、この点について検討することにする。

この点について、斎藤信治教授は、公正に対する「社会の信頼は、民主的国家秩序の精神的支柱として、それ自体、充分、保護に値する。この『信頼』が害されるならば、買収や不正の横行につながるうえ、国民の失望・不安、行政不信・政治不信等を招来し、人々の国・自治体への各種協力等の意思を萎えさせ、全体主義勢力の台頭や行動を促すなど、民主的国家秩序にとって不都合な事態を生ずることが容易に考えられる」(48)とされる。また、「正当な職務行為に対する賄賂を後に至って収受する場合でも『信頼』は害されるが、この場合、『公正』侵害の危険ありとして罰するのは無理であって、公正保護による反射的保護は不可能であ」り、「正当な職務行為の請託を受けても公正侵害の危険がとくに高まるとの理解も困難であり、ここでも反射的保護の考え方は妥当し難い」(49)とされるのである。ここで「民主的国家秩序」において「社会の信頼」が重要な意義を有することが指摘されている点は注目に値する。そして、その信頼が侵害されたばあいに生ずる不都合な事態についての指摘も重要であるといえる。

それでは、そのような「社会の信頼」は、不明確であるから処罰の拡大をもたらすとする批判に対しては、どのように考えるべきであろうか。この点については、右の「信頼」は、「賄賂など取らず、公正に仕事する」というような信頼であるから、具体的かつ明確なものであるとされる。「信頼保護説では処罰範囲が不明確になるとの主張も根拠がない。すなわち、本説の下でも、公務員は、給与・賞与等以外の特別の利益を他の筋から収受等しようかという場合に限って、収賄罪に問われる危険はないかを考えれば足り、かつ、その場合も、自己の職務行為と関係あるから、その公正を疑われることになるか、を考えることにより、処罰されるか否か、極めて簡単に見当をつけられるのであり、贈る側についても事情は同様であるし、正当な権利行使の阻害される恐れも格別存しないであろう」(50)とされるのである。この反論は妥当であるとおもう。

むしろ逆に、純粋性説は、次のように批判されているのである。すなわち、職務行為の公正だけを保護法益と解する純粋性説によれば、職務行為の公正が害されたばあいを処罰する加重収賄罪が収賄罪の基本類型であると把握することになる。そして、単純収賄罪は、その危険犯として把握せざるを得なくなる。そこで、侵害犯として把握するために、信頼保護説は、職務行為の公正に対する社会一般の信頼を加えることによって、単純収賄罪においても、社会の信頼を侵害していることを強調したのである。しかし、純粋性説は、社会の信頼という抽象的で漠然とした不明確なものを法益とすることを否定し、職務の公正を疑わせるような利益の収受だけでは不法ではあり得ないとするのである。この純粋性説は、個別の職務行為の公正を保護法益と捉える点で、一面的であると批判されている(51)。

ところで、公務の遂行の公正が賄賂罪の保護法益であると解したばあい、公務の遂行の公正それ自体が侵害されたときにのみ当該犯罪が成立することになる。そうすると、現実に不公正な職務行為がなされたことが犯罪の成立要件とされるので、利益の授受はその「対価」としてなされたことが要求されることになる。その観点からは、単純収賄罪は、本来、当罰性が欠如するという結論に到達するはずである。しかし、これは、現行法の解釈論としては妥当でない。その当罰性を解釈論的に基礎づける必要がある。この点については、公務の遂行の公正に対する一般の信頼がその役割を演ずる。すなわち、公務が公正に遂行されていることに対して「一般の信頼」が寄せられているばあいには、公務の遂行も円滑になされ得るはずである。そのことがさらに爾後の公務遂行に好影響を及ぼすことになると考えられる。逆に、その信頼が侵害されたばあいには、適正な公務遂行に対しても疑惑をもたれる事態が生じ得る。そうすると、適正な公務の遂行であっても、それに対して利益の授受がなされたばあいには、職務の公正に対する疑惑が生じ、社会の信頼が害されることになる。したがって、ここに単純収賄についても賄賂罪として処罰されるべき実質的理由がみとめられることになる。つまり、信頼保護説の見地からも単純収賄罪の当罰性は基礎づけられ得るのである。

さらに、「一般の信頼」は公務の「不可買収性」をも基礎づけることに注意する必要があるとおもう。前述のとおり、公務の公正に対する一般の信頼が保護の対象とされたばあいには、利益を授受してそれを侵害しないようにすることによって、公務が「買収」され得ないこと、公務は買収されるべきでないこと（不可買収性）の認識が一般に定着していくはずである。そのことがさらに公務の不可買収性の強化をもたらすと考えられる。

このように見てくると、公務の公正が賄賂罪の「第一次的な保護法益」であり、公務の公正に対する一般の信頼は「第二次的な保護法益」であると解するのが妥当である。両者は、対等の関係にあるのではなくて、あくまでも第一次的および第二次的な関係にあることに注意しなければならない。

以上の検討の結果、次のように解すべきことが明らかになったとおもわれる。すなわち、賄賂の罪の保護法益は、職務の公正およびそれに対する社会の信頼である。すなわち、公務員の裁量を伴う職務行為については、国家の立法・司法・行政作用の適正な運用にとって職務の公正は不可欠であるから、本罪の「第一次的な保護法益」は、職務行為の公正である。次に、職務行為がいかに公正におこなわれたとしても、職務に関連して公務員が賄賂を受け取っていれば、公務に対する国民の信頼が失われ、ひいては公務の適正な運用が害され、あるいはその危険が生ずることになる。したがって、職務の公正に対する社会の信頼が、「第二次的な保護法益」であると解すべきなのである。

（1）　このような一般的な理解に対しては、次のような異論がある。すなわち、収賄罪がいかなる法益をいかなる形で保護しようとするものか、という問題は、「収賄罪の諸規定の内在的考察」から出発すべきであり、立法主義という「外在的な法原理」に当てはめることによっては解決されないとされるのである、北川通世「収賄罪の一考察（一）」『刑法雑誌』二七巻二号（一九八六年）二七八頁。

(2)　村田保『刑法註釋』巻五（明13年・一八八〇年）五三頁。引用に当たっては、旧字体・略字体などは原則として新字体に改めた。以下、著書・判例などの引用についても、同じ。

(3)　戸田十畝『大日本刑法註釈大成』上（明15年・一八八二年）九三頁。

(4)　村田・前掲注（2）五六頁。

(5)　戸田・前掲注（3）九二頁。

(6)　村田・前掲注（2）六九頁。

(7)　戸田・前掲注（3）九六―七頁。

(8)　村田・前掲注（2）六四―五頁。

(9)　村田・前掲注（2）六五頁。

(10)　村田・前掲注（2）六六―七頁。

(11)　村田・前掲注（2）六七頁。

(12)　村田・前掲注（2）六七頁。

(13)　村田・前掲注（2）六七―八頁。

(14)　木村亀二『刑法各論』（昭32年・一九五七年復刊）二八八頁。

(15)　平野龍一『刑法概説』（昭52年・一九七七年）二九四―五頁。

(16)　香川達夫『刑法講義〔各論〕』第三版（平8年・一九九六年）一三二頁。

(17)　松宮孝明『刑法各論講義』第二版（平20年・二〇〇八年）四六五頁。

(18)　岡田庄作『刑法原論各論』第一一版（大11年・一九二二年）一六二―三頁。この立場が現在の通説となっており、これに属するものとして、大谷實『刑法講義各論』新版第三版（平21年・二〇〇九年）六〇七頁、前田雅英『刑法各論講義』第四版（平19年・二〇〇七年）五六四―五頁、西田典之『刑法各論』第五版（平22年・二〇一〇年）四七四頁、佐久間修『刑法各論』（平18年・二〇〇六年）四〇九頁、高橋則夫『刑法各論』（平23年・二〇一一年）六五五頁などがある。

(19)　泉二新熊『日本刑法論下巻』増訂版（大13年・一九二四年）四六一頁。

(20)　内藤謙「第二五章　瀆職の罪」団藤重光編『注釈刑法(4)各則(2)』（昭40年・一九六五年）三九八頁。

(21) 団藤重光『刑法綱要各論』第三版（平2年・一九九〇年）一二八頁。この立場に属するものとして、大塚仁『刑法概説（各論）』第三版増補版（平17年・二〇〇五年）六二六―七頁、福田平『刑法各論』全訂第三版（平8年・一九九六年）四六頁などがある。
(22) 団藤・前掲注（21）一二九頁。
(23) 藤木英雄『刑法講義各論』（昭51年・一九七六年）五三頁。
(24) 藤木英雄『刑法各論』［大学双書］（昭47年・一九七二年）三九五頁。
(25) 小野清一郎『刑法講義各論』新訂版（昭24年・一九四九年）四八頁。
(26) 小野・前掲注（25）四九頁。
(27) 藤木・前掲注（24）三九四頁。
(28) 藤木・前掲注（24）三九四―五頁。
(29) 林幹人『刑法各論』第二版（平19年・二〇〇七年）四四二頁。この立場は、近時有力となっており、これに属するものとして、北野・前掲注（1）、神山敏雄「賄賂罪」小暮得雄・内田文昭・阿部純二・板倉宏・大谷実編『刑法講義各論』（昭63年・一九八八年）五六二頁、曽根威彦『刑法各論』第四版（平20年・二〇〇八年）三〇六頁などがある。
(30) 林・前掲注（29）四四〇―一頁。
(31) 山口厚『刑法各論』第二版（平22年・二〇一〇年）六一二頁。
(32) 山口・前掲注（31）六一一頁。
(33) 山口・前掲注（31）六一二頁。
(34) 山口・前掲注（31）六一二頁。
(35) 山口・前掲注（31）六一二頁。
(36) 大判昭六・八・六刑集一〇巻四二二頁。
(37) 大判昭一一・五・一四刑集一五巻六二六頁。
(38) 最［大］判昭三四・一二・九刑集一三巻一二号三一八六頁。
(39) 最［大］判平七・二・二二刑集四九巻二号一頁。
(40) 従前のドイツの学説の検討については、北野・前掲注（1）二八三頁以下、同「収賄罪の一考察（二・完）」『刑法雑誌』二八巻三号（昭63年・一九八八年）三七八頁以下、斎藤信治「賄賂罪の保護法益（三・完）」『法学新報』九六巻五号（平2年・一九九〇年）二頁以下参照。

(41) 内藤・前掲注(20)三九八頁。
(42) 山口・前掲注(31)六一一頁。
(43) 内藤・前掲注(20)三九八頁。
(44) 斎藤信治「賄賂罪の問題点―含、没収・追徴」阿部純二・板倉宏・内田文昭・香川達夫・川端博・曽根威彦編『刑法基本講座第六巻各論の諸問題』(平5年・一九九三年)三七四頁。
(45) 曽根・前掲注(29)三〇六頁。
(46) 斎藤・前掲注(44)三七五―六頁。
(47) 中森喜彦『刑法各論』第三版(平23年・二〇一一年)二七四頁。
(48) 斎藤・前掲注(44)三七四頁。
(49) 斎藤・前掲注(44)三七四―五頁。
(50) 斎藤・前掲注(44)三七五頁。
(51) 山中敬一『刑法各論』第二版(平21年・二〇〇九年)七七一頁。

第五章　賄賂罪の法律規定の変遷

第一節　序　言

賄賂罪に関しては、種々の問題がある。美濃部達吉博士は、行政法学の立場から次のように指摘された。すなわち、「公務員賄賂罪に関する法律的研究は、一面には刑法の範囲に属すると共に、一面には事公務員の職務に関する行為に属するものであるが為めに、其の点に於いて官吏法・公吏法・官制・地方自治制・議院法等の問題とも相関連し、行政法と密接の関係を有する。公務員賄賂罪の適用に関して、法律上に正確を期する為めには、刑法と共に行政法の研究をも必要とするもので、行政法に付いての正しい知識が無ければ、正当な結論を得ることを期し難い。而も公務員賄賂罪に関する刑法の規定は、甚だ簡単であつて、僅に公務員其の職務に関し賄賂を収受し云々と曰つて居るに止まるのであるから、これに関して疑問を生ずる余地は頗る多い」とされたのである。(1) たしかに、賄賂罪が公務員に関する行政法と密接に関連を有することは明白であり、それを正確に把握するためには行政法の理解を必要とすることも明らかであるといえる。また、刑法における賄賂罪の規定がきわめて簡単であったこともそのとおりである。そして、美濃部博士は、前述の観点から、大審院の判例について、「不幸にして、従来の大審院刑事部の判決は、本来の刑事法に関する限度に於いては、多く間然とする所は無いとしても、事行政法に関連する問題に付いては、其の当否を疑ふべきものが甚だ多く、公務員賄賂罪の構成要件に付き大審院判例の取つて居る見解に付いても、種々の点に関し、果して当を得て居るものと謂ひ得べきや否やの疑はしいものが尠くない」と評されたのであった。[2] たしかに、大審院の刑事判例には、行政法の立場からは疑問が残されているかもしれない。その意味において、行政法の観点を加味して賄賂罪を考察する必要があることはいうまでもない。しかし、行政法の知見を有しないわたくしにとっては、そのような観点からの考察は関心事でないのであって、むしろなお刑法学固有の見地から再検討を必要とする問題点があり、それについて考察することに興味がある。そこで、本章において、賄賂罪の本質との関連において、[3] 収賄罪および贈賄罪の規定に関する問題について若干の検討を加えて行くことにしたいとおもう。

第二節　賄賂罪規定の改正の沿革

現行刑法において賄賂罪は、当初一九七条および一九八条が規定されていたにすぎなかった。一九七条は、次のように規定していた。すなわち、「公務員又ハ仲裁人其職務ニ関シ賄賂ヲ収受シ又ハ之ヲ要求若クハ約束シタルトキハ三年以下ノ懲役ニ処ス因テ不正ノ行為ヲ為シ又ハ相当ノ行為ヲ為ササルトキハ一年以上十年以下ノ懲役ニ処ス

前項ノ場合ニ於テ収受シタル賄賂ハ之ヲ没収ス若シ其全部又ハ一部ヲ没収スルコト能ハサルトキハ其価額ヲ追徴ス」とされていたのである。そして、一九八条は、次のように規定していた。すなわち、「公務員又ハ仲裁人ニ賄賂ヲ交付、提供又ハ約束シタル者ハ三年以下ノ懲役又ハ三百円以下ノ罰金ニ処ス

前項ノ罪ヲ犯シタル者自首シタルトキハ其ノ刑ヲ減軽又ハ免除スルコトヲ得」とされていたのである。一九七条一項前段は単純収賄罪を、同後段は加重収賄罪をそれぞれ規定し、同条二項は賄賂の没収・追徴について規定して

いる。そして一九八条は贈賄罪を規定し、同二項は贈賄者が自首したばあいに裁量的に刑の減軽または免除できる旨を規定している。これらの条文の中にわが刑法の賄賂罪処罰の体系が簡略に示されていたわけである。

昭和一六年法六一号「刑法中改正法律」（昭和一六年三月二〇日施行）によって賄賂罪の処罰に重要な変更がほどこされた。すなわち、一九七条および一九八条が改正され、あらたに一九七条の二から四までが追加されたのである。

同法は、まず「第四条第三号中『第百九十七条ノ罪』ヲ『第百九十七条乃至第百九十七条ノ三ノ罪』に改ム」としたうえで、一九七条以下を次のように改正したのである。一九七条は、「公務員又ハ仲裁人其職務ニ関シ賄賂ヲ収受シ又ハ之ヲ要求若クハ約束シタルトキハ三年以下ノ懲役ニ処ス請託ヲ受ケタル場合ニ於テハ五年以下ノ懲役ニ処ス

公務員又ハ仲裁人タラントスル者其担当スヘキ職務ニ関シ請託ヲ受ケテ賄賂ヲ収受シ又ハ之ヲ要求若クハ約束シタルトキハ公務員又ハ仲裁人ト為リタル場合ニ於テ三年以下ノ懲役ニ処ス」とされている。

一九七条の二は、「公務員又ハ仲裁人其職務ニ関シ請託ヲ受ケテ第三者ニ賄賂ヲ供与セシメ又ハ其供与ヲ要求若クハ約束シタルトキハ三年以下ノ懲役ニ処ス」とされている。

一九七条の三は、「公務員又ハ仲裁人前二条ノ罪ヲ犯シ因テ不正ノ行為ヲ為シ又ハ相当ノ行為ヲ為ササルトキハ一年以上ノ有期懲役ニ処ス

公務員又ハ仲裁人其職務上不正ノ行為ヲ為シ又ハ相当ノ行為ヲ為ササリシコトニ関シ賄賂ヲ収受、要求若クハ約束シ又ハ第三者ニ之ヲ供与セシメ其供与ヲ要求若クハ約束シタルトキ亦同シ

公務員又ハ仲裁人タリシ者其在職中請託ヲ受ケテ職務上不正ノ行為ヲ為シ又ハ相当ノ行為ヲ為ササリシコトニ関シ賄賂ヲ収受シ又ハ之ヲ要求若クハ約束シタルトキハ三年以下ノ懲役ニ処ス」とされている。

一九七条の四は、「犯人又ハ情ヲ知リタル第三者ノ収受シタル賄賂ハ之ヲ没収ス其全部又ハ一部ヲ没収スルコト

能ハサルトキハ其価額ヲ追徴ス」と規定されている。

そして、一九八条は、「第百九十七条乃至第百九十七条ノ三ニ規定スル賄賂ヲ供与シ又ハ其申込若クハ約束ヲ為シタル者ハ三年以下ノ懲役又ハ五千円以下ノ罰金ニ処ス」と規定されたのである。

この改正によって、受託収賄罪（一九七条一項後段）・事前収賄罪（一九七条二項）・第三者供賄罪（一九七条の二）・事後収賄罪（一九七条の三第三項）の規定が新設されたことになる。

この改正は、「当時の経済統制の強化に対応して、公務員の職務の公正をよりつよく保護しようとする趣旨からなされたのであり、その内容は、大体において、改正刑法仮案の一部をとりいれたものであった」とされている。(4) 一九七条については、構成要件の内容および法定刑は、刑法改正仮案とまったく同じである。ただ、構成要件の表現振りが異なっているにすぎない。すなわち、刑法改正仮案の表現が「其ノ職務ニ関シ賄賂ヲ収受シ、要求シ又ハ約束シタルトキハ」となっていたが、改正法では、「其ノ職務ニ関シ賄賂ヲ収受シ又ハ之ヲ要求若クハ約束シタルトキハ」と変更されている。これは、内容的な変更をともなうものではなくて、あくまでも修辞上の改正であると解してよいとおもわれる。仮案一九八条も、同様に「其ノ職務ニ関シ不正ノ請託ヲ受ケテ第三者ニ賄賂ヲ供与セシメ又ハ其ノ供与ヲ要求シ若ハ約束シタルトキハ」という表現が、一九七条の二において、「其ノ職務ニ関シ請託ヲ受ケテ第三者ニ賄賂ヲ供与セシメ又ハ其供与ヲ要求若クハ約束シタルトキハ」と改正されている。

仮案一九九条は、改正法において構成要件の内容に変更が加えられている。すなわち、刑法改正仮案一九九条一項の規定は、「前二条ノ罪ヲ犯シ因テ不正ノ行為ヲ為シタルトキハ」となっていたが、一九七条ノ三第一項は、「前二条ノ罪ヲ犯シ因テ不正ノ行為ヲ為シ又ハ相当ノ行為ヲ為ササルトキハ」と改正されている。ここにおいては「相当の行為を為さざる」ときが追加されているのである。刑法改正仮案一九九条二項は、「公務員又ハ仲裁人其ノ職務上不正ノ行為ヲ為シタルコトニ関シ賄賂ヲ収受シ、要求シ若ハ約束シ又ハ第三者ニ之ヲ供与セシメ、其ノ供与ヲ要求シ若ハ約束シタルトキ亦前項ニ同シ」と規定していたが、一九七条ノ三第二項は、「公務員又ハ仲裁人其職務上不正ノ行為ヲ為シ又ハ相当ノ行為ヲ為ササリシコトニ関シ賄賂ヲ収受、要求若クハ約束シ又ハ第三者ニ之ヲ供与セシメ其ノ供与ヲ要求若クハ約束シタルトキ亦同シ」と改正している。本項においては、修辞上の修正のほかに、「相当の行為を為さざりしこと」に関するという構成要件の内容が付加されているのである。

刑法改正仮案一九九条三項の「其ノ在職中請託ヲ受ケテ職務上不正ノ行為ヲ為シタルコトニ関シ賄賂ヲ収受シ、要求シ又ハ約束シタルトキハ」という文言が、一九七条ノ三第三項においては、「其在職中請託ヲ受ケテ職務上不正ノ行為ヲ為シ又ハ相当ノ行為ヲ為ササリシコトニ関シ賄賂ヲ収受シ又ハ之ヲ要求若クハ約束シタルトキハ」に改められている。本項においても、修辞上の修正のほかに「相当の行為を為さざりしこと」という構成要件の内容が付加されている。

刑法改正仮案二〇二条は、没収および追徴について規定しているが、改正法一九七条ノ四がこれに若干の修辞上の修正をほどこしたうえそのまま継承している。贈賄罪に関する仮案二〇〇条も、同様に若干の修辞上の修正をほどこしたうえで、改正法一九八条に継承されている。

つぎに、内容について見ることにする。この点について改正の要点は、「①従来は現職の公務員または仲裁人の行為について収賄罪の成立をみとめていたのに対して、公務員または仲裁人になろうとする者（一九七Ⅱ）および公務員または仲裁人であった者（一九七の三Ⅲ）の行為についても収賄罪をみとめたこと、②第三者に対して賄賂を供与させる行為をも処罰の対象としたこと（一九七の二）、③請託を受けたことを刑の加重事由（一九七Ⅰ後段）または犯罪の成立要件（一九七Ⅱ・一九七の二・一九七の三Ⅲ）とする規定を設けたこと、④加重収賄罪についての法定刑をひきあげたこと（一九七の三ⅠⅡ等）、⑤収賄罪の成立範囲の拡大に対応して贈賄罪の成立範囲をも広くし、また、従来の贈賄罪の規定における自首減免の特則を削除したこと（一九八）などである」と指摘されている。[5] このような内容の変更については、次款以降において検討することにする。

第三節　収賄罪

まず、前述の①の点について検討する。これは、事前収賄罪および事後収賄罪を可罰化するものである。一九七条一項は主体を「公務員又は仲裁人」に限定しており、これは現に公務員または仲裁人である者を意味するものと解されていた。たとえば、大場茂馬博士は、「収賄罪ハ国家ノ立法又ハ行政ノ事務ヲ実行ス可キ国家ノ直接又ハ間接ノ機関タル公務員ニ限リ之ヲ犯スコトヲ得ス。公務員ノ志願者若クハ候補者ノ如キハ公務員ニ非サルヲ以テ本罪ノ主体タルヲ得サルモノト」する旨明言されていた。[6] また大審院の判例も同様に解していたのである。しかし、学説上は、収賄罪を条件付き犯罪と解することによって事前収賄罪の可罰性を肯定する見解も主張されていたことに注意する必要がある。この点は、まず収賄罪の「成立時期」との関連で、解釈論上、問題とされたのであった。この点について、大場博士は、「一般収賄罪ニ在リテハ賄賂ノ収受、要求若クハ約束ノ行為アリタル時ニ於テ犯罪構成ノ条件ヲ具備スルヤ否ヤヲ取調ヘ其条件ノ一ヲ欠クトキハ賄賂罪ハ構成セサルモノト為サヽルヲ得ス。左レハ一般収賄罪ニ対シテハ賄賂ノ収受、要求若クハ約束ノ当時行為者カ公務員ニ非サルトキハ此罪ハ之ヲ構成セサルモノト解スルノ外ナシ」とされた。[7] すなわち、「犯罪構成ノ条件」、つまり「構成要件」の存否は、構成要件的行為の時点を基準にして判断されるべきであることを主張したことになる。そのうえで、「収賄者カ収受、要求若クハ約束ノ行為ニ着手シタル当時ハ公務員ニ非サルモ其行為完成ノ当時ニ於テ公務員タルノ資格ヲ有スルニ至リタルトキハ行為アリタル時ニ於テ犯罪構成ノ条件ヲ具備スルモノト認ム可キモノナレハ其罪ヲ構成スルモノト解ス可キナリ」とされたのである。[8] ここでは、構成要件的行為に「着手シタル当時」には公務員でなかったが、「其行為完成ノ当時」に公務員の資格を有していれば、構成要件要素を具備していたことになるので、収賄罪が成立すると解したわけである。これは、「行為の完成時」を問題にすることによって解決する精妙な解釈といえる。そして加重収賄罪については、「職責違反ノ行為ヲ以テ犯罪完成シタリト為ス可キコト上述シタル如ケレハ職責違反ノ行為アリタル時ニ於テ犯罪構成ノ要件ヲ具備スルヤ否ヤヲ取調ヘ以テ犯罪ノ成否ヲ決ス可キモノトス。左レハ賄賂ノ収受、要求若クハ約束ノ当時仮令公務員ノ資格ナシト雖モ職責違反ノ行為アリタル時即チ犯罪成立ノ当時ニ於テ公務員タル資格ヲ具備スルトキハ此罪ヲ構成スルコト殆ト疑ヲ容ル可キ余地ナシ」とされた。[9] 加重収賄罪のばあいは、「職責違反ノ行為」の時に犯罪が成立するので、その時に公務員の資格を有すれば足りることになるわけである。そして、「上述ノ場合ニ於テ収賄罪ニ着手ノ当時公務員ニ非サルモ収賄罪完成ノ当時ニ公務員ノ資格ヲ有スルトキハ有罪ノ論決ヲ為スコトヲ得ルハ犯罪成立ノ時ニ於テ犯罪構成ノ要件ヲ具備スルカ為メニシテ条件カ到来シルカ為メニ非ス。左レハ本問ニ関シテハ収賄罪ハ其一般収賄罪ノ場合ナルト重キ収賄罪ノ場合ナルトヲ問ハス条件付犯罪ニ非ずスト論決スルヲ以テ相当トス」とされたのであった。[10] 前述のばあいに収賄罪が成立するのは、「条件の到来」つまり「条件の成就」を理由とするのではなくて、「犯罪構成ノ要件ヲ具備」するからであるとされたのである。

そして、条件付犯罪説に対しては、次のような批判を加えられたのである。すなわち、「公務員ノ志願者若クハ候補者ノ収賄ハ其公務員タルニ至ラハ之ヲ罰ス可シトノ説ハ法益保護ノ必要ヨリ言フトキハ之ニ賛意ヲ表ス可キモノナキニ非スト雖モ理論上刑法ハ罰ス可キ必要アル行為ヲ以テ悉ク犯罪ナリト為シタルモノニ非スシテ其犯罪ナリトスルヲ得ルハ特ニ犯罪ナリトシテ法律ノ規定シタルモノニ限ル可キコト勿論ナレハ論者ノ所説ハ我刑法ノ解釈トシテハ採ルニ足ラス。若シ夫レ反対ノ解釈ヲ採ランカ贈賄罪ニ対シテ亦同一ノ解釈ヲ採ラサルヲ得ス。果シテ然ラハ愈々明文（刑、一九八条）ニ反スル結果ヲ生セン。尤モ処罰ノ必要ヨリ言ヘハ論者ノ如ク条件到来シタル場合ニ限リ之ヲ罰スルノ必要アルモノニ非スシテ志願者若クハ候補者ノ収賄行為ハ悉ク罰ス可キ必要アルモノトス。又収賄後公務員ト為リタル者ニシテ刑罰ヲ免ルヽハ之ニ依リテ職責違反ノ行為ヲ為サヽル場合ニ限ル可キモノニシテ職責違反ノ行為アリタル場合ニ於テ重キ収賄罪トシテ処罰シ得可キコト前段説明シタル如ケレハ論者ノ所謂収賄罪ニ関スル条件付犯罪論ハ論者所論ノ如キ重要ナル価値アルモノニ非ス」とされたのである。[11] 条件付犯罪説は、「法益保護ノ必要」の見地からはみとめられる余地はあるが、「刑法ノ解釈」としては採り得ないものであるとされている。ここでは罪刑法定主義の原則が堅持されているわけである。その説の見地からは明文規定のない贈賄行為も処罰されるべきことになるが、それは不当であるとされる。さらに、大場説のように解すれば、収賄罪としての処罰が可能であるから、条件付犯罪説論者の「所論ノ如キ重要ナル価値」はないとされているのである。

つぎに、②の点について見ることにしよう。一九七条の二は、「直接本人に贈賄しないで、その関係の第三者に贈賄する行為を罰する規定を新設した」ことを意味する。[12] 新設の理由は、「収賄行為の一つの態様として、公務員が自ら賄賂を収受しないで、第三者に対して賄賂を提供させ、あるいは要求、約束させることがあり、それによって公務の公正さとそれに対する社会の信頼を損う場合があり、従来の一九七条のみによっては、これを処罰し得ないため、本条が新設されたわけである」とされる。[13] すなわち、「もともと、公務員自ら賄賂を収受することによる危険を避けるために、自己とは外形上無関係な第三者（個人・団体を問わない）に贈賄者から賄賂を提供させ、その後にその利益を事実上享受する脱法的な手段を断つことを狙いとしている。この場合、当該利益を公務員が享受することまでを構成要件とすれば、事実上単純収賄の構成要件と異なることがなく（本条があっても、第三者と通謀していれば、単純収賄罪の共同共犯となる）、その点の立証が困難である点を何ら考慮しないことになるため、本条は、無条件で、第三者に賄賂を供与せしめ、供与を要求若しくは約束することを禁じたわけである。ただ、請託を要件とすることによって、あまりに処罰範囲が拡大することを防いでいる」わけである。[14]

③は、「請託を受けたこと」を事前収賄罪・第三者贈賄罪・事後収賄罪の「構成要件要素」とし、加重収賄罪の「刑の加重事由」としていることを意味する。受託を構成要件要素としたことは、前述のとおり、処罰範囲の拡大を防ぐためである。これが加重事由とされたのは、公務の公正さに重大な疑念を懐かせるからにほかならない。しかし、この要件は、沿革的に特例の意義を有しているので、詳しく見ておくことにしよう。

収賄罪の成立のために「請託」を必要とするか否かについて、旧刑法の前に施行されていた新律綱領も改訂律例も嘱託を必要としていなかった。すなわち、新律綱領の受贓律において、「官吏受財」の規定は、「凡官吏。枉—法不—枉—法ノ事ニ因テ。財ヲ受ル者ハ。贓ニ計ヘ。之ヲ科ス」とされていたのである。また、改訂律例の「受贓律」「官吏受財条例」（二四二条）は、「凡官吏。枉法贓ヲ受ル者。等内人ハ。二百五十円以上。等外人ハ。三百円以上絞ニ処シ。及ヒ不枉法贓。等内人ハ。三百円以上絞ニ処スル律ヲ改メ。並ニ懲役終身」。「事後受財条例」（二四三条）は、「凡官吏。事後。財ヲ受ル者ハ。本条ニ依リ罪ヲ科スト雖モ。其銭ヲ出シ。及ヒ過〔トリツギ〕スルノ人ハ。並ニ杖七十ニ処スル律ヲ改メ。半贓ニ依テ論シ。一等ヲ減シテ。並ニ。罪。懲役七十日ニ止ル」とし、「以財請求条例」（二四四条）は、「凡枉法ノ事ニ非スト雖モ。財ヲ以テ。官吏ノ受理ヲ請求スル者ハ。与フル所ノ財ヲ計ヘ。坐—贓ニ依テ論シ。一等ヲ減ス」と規定していたのである。[15] これらの規定においては、「賄賂」に相当する「贓」または「財」を受け取ることが重視され、嘱託を受けたか否かは問題とされていなかった。むしろ「枉法」つまり、法を曲げたか否かが、重視されていたといえる。しかし、これらの規定が、旧刑法に影響を与えなかった事情については、今後、究明したいと考えている。ここではこれ以上は触れないこととする。

旧刑法二八四条は、収賄罪の構成要件として、「官吏ノ嘱託ヲ受ケ賄賂ヲ収受シ又ハ之ヲ聴許シタル者ハ」と規定していた。これは、嘱託を受けることを構成要件要素とするものである。ところが、二八五条は、「裁判官民事ノ裁判ニ関シテ賄賂ヲ収受シ又ハ之ヲ聴許シタル者ハ」と規定し、二八七条は、「裁判官検事警察官吏刑事裁判ニ関シテ賄賂ヲ収受シ又ハ之ヲ聴許シタル者ハ」と規定しており、これらについては嘱託を受けることを明文では要求していなかったのである。このような旧刑法の規定に関して、戸田十畝は次のように述べていた。すなわち、まず二八四条に関して、「官吏ガ人ヨリ正シカラザル頼ミヲ受ケテ夫レガタメ貨幣又ハ品物ノ賄賂ヲ受ケ又ハ貨幣物品ヲ送ラルヽコトヲ許シタルトキハ官吏ノ職分ヲ汚スノ甚ダシキモノナレバタトヘ其ノ不正ノコトヲ為サヾル前ト雖モ刑ニ処ス若シ既ニ不正ノ処分ヲナシタルナラバ之レニ一等ノ刑ヲ加フルナリ」と述べていたのである。[16]これは、官吏が「正シカラザル頼ミ」つまり、不正な嘱託を受けてそのために賄賂を収受または約束したばあいには、「官吏ノ職分ヲ汚ス」ことが甚だしいので、「不正ノコト」を為さなくても、それだけで犯罪を構成すると解するものである。そして「不正ノ処分」を為したことを刑の加重事由として把握したのである。そして二八五条については、「裁判官ガ民事ノ公事ニ付テ賄賂ヲ受ケ又ハ賄賂ヲ受クルコトヲ許シタルモノハタトヘ不正ノ裁判ヲナサヾル前タリトモ罪アリ又タ賄賂ヲ受ケ之レヲ許シテ不正ノ裁判ヲナシタルカラハ刑ニ一等ヲ加フルナリ／（改行）前条ハ罪軽クシテ本条ノ罪ノ重キ所以ハ民事訴訟ノ人民ノ権利義務ニ関スル大切ノモノナルユヘ裁判ノ不正ナルトキハ権利者却テ義務者トナリ義務者却テ権利者トナルノ恐レアレバナリ」とされ、[17]二八六条については、「第二百八十四条ハ一般官吏ノ賄賂ヲ受クルモノヲ罰スルモノニシテ本条ハ裁判官検事警察官吏ナドガ賄賂ヲ受ケ又ハ賄賂ヲ受クルコトヲ許シタルモノヲ処分スルモノナレハ之レ民事ト刑事トノ違ヒコソアレ均クモ人権ニ関スルモノナレバ前条ト同一ノ刑ニ処スルコトトセリ」と述べており、[18] ここにおいては「嘱託」の存在は「要件」とされていない。その理由については全然触れられていないが、おそらく条文に規定されていないから当然のことと解されたものとおもわれる。一般官吏の収賄罪よりも刑が重くなっている理由として、二八五条については「人民ノ権利義務ニ関スル大切ノモノ」であること、二八六条については、「人権ニ関スルモノ」であることが理由とされており、注目される。

ところが、村田保は、まず二八四条について、「本条ハ裁判官検事警察官吏等ニ非サル一般ノ官吏ニシテ其職務ニ関シ人ヨリ不正ノ嘱託ヲ受ケ為メニ金額物件ノ賄賂ヲ収納シ又ハ之ヲ贈与スルコトヲ聴許シタル者ハ未タ不正ノ処分ヲ為サスト雖モ一体官吏ノ私ヲ行フハ賄賂ノ悪弊ヨリ甚シキハナシ」と説明した。[19] ここにおいては、一般官吏がその職務に関して他人から「不正ノ嘱託」を受けて賄賂の収受・約束をすることは、不正の処分をしなくても、それだけで「賄賂ノ悪弊」が甚だしいと解されている。そして、二八五条については、「本条ハ裁判官民事訴訟ノ裁判ニ関シ原告人又ハ被告人ヨリ嘱託ヲ受ケ賄賂ヲ収納シ又ハ之ヲ贈与スルコトヲ聴許シタル者ハ之カ為メ不当ノ裁判ヲ為サスト雖モ裁判官ニシテ賄賂ヲ受クルノ意アル時ハ其裁判公平ヲ持ツコト能ハス且一般ノ信用ヲ失フ可シ」とし、[20] 二八六条については、「本条ハ裁判官検事警察官吏刑事ノ裁判ニ関シテ人ヨリ嘱託ヲ受ケ賄賂ヲ収受シ又ハ之ヲ贈与スルコトヲ聴許シタル者ハ其害人ノ罪ヲ出入スルニアレハ民事ノ裁判ニ関スルヨリ情状夐カニ重シ」「若シ賄賂ノ為メニ不正ノ裁判ヲ為シタル時ハ必ス一方ニ対シ損害ヲ被ラシムルコトアラン其情重シ」とし、[21] 明文上要求されていないにも拘らず、嘱託を受けたことを要件としていたのである。

村田保の右の叙述は、きわめて簡単であり、解釈論的根拠づけに関して明解さに欠ける憾みがある。この点について、宮城浩藏が詳細に叙述しているので、それを詳しく見ておくことにしよう。

宮城は、二八四条の解説の冒頭で、「本条以下は官吏の賄賂罪を規定す。夫れ賄賂を受けて事を為すは実に鄙劣陋習の行為にして君子の為すを屑とせざる所、而して官吏を受くるに至りては道徳に背戻するは勿論社会に対して言ふ可からざるの弊害危険を醸成すべし。蓋し官吏は政府よりして応分の俸給を受け常に優渥なる待遇を受くる者なれば、別に賄賂を受けて不義の富を獲得せんとするは非常の悪事たり。而して賄賂を贈遺するは其目的直きを曲げ他を害し、又は不正の行為を遂行せんとするに在るが故に官吏之を受納して以て贈賄者の目的を達せしめたるときは、公益為めに侵害せられ陋風社会に浸潤するに至る。是れ官吏の収賄は世界万国之を罪として認めざる者未だ曽て之れ有らざる所以なり」と述べた。[22] まず、一般論として、賄賂を受けて事をなすのは、「鄙劣陋習の行為」であり、君子がなすべきものではないが、とくに官吏がそれをなしたばあいには、道徳に反するばかりでなく、社会に対して重大な「弊害危険を成」するとされる。その理由は、官吏は政府から「応分の俸給を受け常に優渥なる待遇」を受けているのに、別に賄賂を受けて「不義の富」を獲得するのは「非常な悪事」であることに求められている。さらに贈賄者の目的を達成させたときには、「公益」が侵害され、「陋習」が社会に「浸潤」するに至るとされている。このことこそが「世界万国」で収賄を罪としてみとめないものが存在しない理由であるとされており、これは注目に値するとおもわれる。そして、「本条は一般の官吏に付き賄賂罪を規定し裁判官、検事、警察官吏に対する賄賂罪は次条以下に規定す。然れども犯罪構成の条件に至りては共に同一なりとす」と指摘している。[23] ここにおいて、旧刑法に規定されている各収賄罪に共通する「成立要件」が理論的に明確に提示されているのであり、これは大いに注目されるべきである。その成立要件の内容を改めて検討する必要があるとおもわれる。

宮城は、収賄罪の成立要件について、以下のように述べていたのである。すなわち、「賄賂罪を構成するには左の三条件を具備するを要す。

第一、官吏たるを要す。第二、官吏其職務上に関し嘱託を受けたるを要す。第三、賄賂を収受し又は聴許したるを要す」と述べて、賄賂罪の成立要件を明示した[24]。

「官吏其職務上に関して嘱託を受けたるを要す」という第二の要件について、「此条件は本条之明言せず。然れども本条第二項の『因テ不正ノ処分ヲ為シタル』云々より推すときは官吏が職務上或事を為すに当り其事に関して嘱託を受けたる場合に非ざれば賄賂罪を成さざることを知る可し。故に官吏其職務外の事に関して嘱託を受くることあるも賄賂罪を成さざるなり」と述べている[25]。ここにおいては、まず職務に関することの重要性が指摘されている点に意義があり、嘱託を受けたことについての論拠づけは二項の文言の文理解釈によって示されていると解される。すなわち、「因テ」「不正ノ処分」をなしたというのは、不正な「嘱託」があったからこそ「不正な処分」がなされるものであることを意味すると把握されたと考えられるのである。

さらに、その論拠づけは、「賄賂を収受し又は聴許したるを要す」という第三の要件との関連でも叙述されている。すなわち、「賄賂罪を成すには賄賂を収受し又は聴許したることを要す。『賄賂』とは悪事を嘱託するが為めに贈る物件にして財産上の利益と為り得るものを謂ふ。『収受』とは現に賄賂を受領するをいひ、『聴許』とは賄賂を受くることを承認約諾するを謂ふ。賄賂罪を成すには賄賂其物を現実に受領することを要せず。之を受領することを承認し約諾するも亦罪を成すなり」とされているのである[26]。ここにおいては、「賄賂」の概念要素として、「悪事を嘱託するために贈る物件」であることを挙げることによって「嘱託」が有する意義を示していることになる。つまり、賄賂は、悪事を「嘱託」するための手段として贈られたものであるから、「嘱託」は賄賂概念の不可欠の要素であると解されているのである。

旧刑法における収賄罪に関する諸規定の「いずれも、法文のうえに『嘱託』という概念を用いていなかった。しかし、このように法文のうえに『嘱託』の概念が用いられていないばあにも、旧刑法が施行されていた時代には、判例・学説ともに、収賄罪の成立には『請託』を受けることが必要であると解していたようである」とされている。(27) 大審院の判例は、「検事ノ裁判ニ関スル収賄罪ハ一般官吏ノ収賄罪ト同ク職務ニ関シ請託ヲ受ケ其報酬トシテ或ル利益ヲ収受シ又ハ之ヲ聴許スルニ因リテ成立」としたうえで、「而シテ其ノ請託者カ事項ヲ特定シテ嘱託スルト之ヲ特定スルコトナク検事カ職務ノ範囲ニ於テ為シ得ヘキ事項ノ何レカヲ其見込ニ依リ随時取計ヲ為スコトヲ嘱託スルトニ区別ナク均シク本罪ノ要件タル請託アルモノトス」と判示していたのである。(28)

前述のとおり、現行刑法は、昭和一六年の改正により、「請託を受けたこと」に特別の意味を付与するに至った。それまでは、収賄罪においては、賄賂の収受は職務行為に関するものであれば足り、請託を受けたことは必要でないとされてきた。この点に関して美濃部博士は、「職務に関する賄賂たる為めには、必ずしも具体的に一定の内容の行為不行為を指定して、職務に関して或る事を為し又は為さざることを請託せられた場合であることを要しない。具体的な請託は無くとも、公務員の職務に関し、其の職務行為に利害関係を有する者から、其の一般的な職務取扱に対する謝礼として、若くは将来に向つて自分に便宜な取扱をしてもらふ目的を以つて、金銭其の他の利益を供与すれば、公務員賄賂罪を構成する。大審院の判例も一般に此の趣意を承認して居」ると述べている。(29) しかし、このように解する理由は示されていない。

判例も、学説と同様に解していた。すなわち、大審院は、すでに「収賄罪ハ公務員又ハ仲裁人其職務ニ関シ賄賂ヲ収受スルコトニ因リテ成立シ必シモ収賄者カ其職務上不正ノ行為ヲ為シ又ハ相当ノ行為ヲ為サヽルヘク請託ヲ受クルコトヲ要セサルナリ」と判示していたのである。(30) 本判決は、「原院判決ノ事実認定ニヨレハ『被告ハ岐阜監獄看守ヲ奉職シ物品預置係勤務中当時同監獄ニ拘禁セル或者ニ対スル差入物ノ便宜ヲ図ルヘキ様ノ請託ヲ受ケタルモノト云フヲ得』トアルモ……職務上不正ノ行為ヲ為スヘク若クハ相当ノ行為ヲ為ササルヘク請託ヲ受ケタルモノト云フヲ得ス原判決ハ此点ニ対シテ何等ノ明示ヲ為サス漫然差入物ノ便宜ヲ図ルヘキ様云云ノ事実ニ対シ刑法第百九十七条ヲ適用処断セシハ理由不備ニアラスンハ法条ノ適用ヲ誤リタル不法アルモノナリ」という上告趣意に応えたものである。しかし、本判決は、右のように判示しただけで、理由を述べていない。その後、大審院は、「凡ソ収賄罪ハ利益ト職務行為トノ間ニ給付ト反対給付トノ関係アルヲ以テ足ルモノニシテ公務員カ職務ニ対シ関係者ノ請託ヲ容レタルコトヲ要スルモノニ非ス本件ニ付原審ノ判示スル事実ニ依レハ被告ハ帝室林野管理局ノ技手トシテ為シタル御料林貸下出願ニ係ル御料地ニ関シ測量料金査定等ノ職務執行ニ対スル謝礼トシテ右御料地ノ貸下出願関係者ヨリ合計金百五十円ヲ収受シタルモノナレハ被告ノ職務執行ト金銭ノ収受トノ間ニ給付ト反対給付ノ関係アルコト原判文上明ナルヲ以テ原審カ之ヲ収賄罪ニ擬律シタルハ相当ニシテ本論旨ハ其理由ナシ」と判示した。[31]本判決は、「汚職罪ノ成立要件トシテハ公務員カ其職務ニ関シ関係者ノ請託ヲ諾シ職務執行ニ際シ不正ノ行為ヲ為シ以テ金銭其他ノ物ヲ受ケ請託者ヲシテ満足セシムルニアリ然ルニ本件ハ被告カ正当ニ職務ヲ執行シ毫モ関係人ノ請託ニ基キ不正ノ行為アリト認ムルニ由ナ」しとする上告趣意に対して応えたものである。本判決も、右のように結論を述べるのみで論拠については何も触れていないのである。

さらに、次のような判例がある。すなわち、「収賄罪ハ公務員又ハ仲裁人其ノ職務ニ関シ賄賂ヲ収受スルニ因リ成立シ必シモ収賄者カ贈賄者ヨリ請託ヲ受クルコトヲ要セサルハ当院判例ノ存スル所ナリ而シテ所論服務紀律ノ規定ハ刑法収賄罪ノ例外ヲ成スモノニ非サルヲ以テ判示ノ如ク被告等カ苟モ其職務ニ関シテ金円ノ贈与ヲ受ケタル以上縦シ之ヲ受ケタルコトカ其職務ノ執行後偶然ニ出テタリトスルモ収賄罪ノ責ヲ免ルルヲ得サルモノトス」と判示している。[32]本判決は、「刑法第百九十七条所謂『職務ニ関シ』トハ請託ノ其ノ間ニ存スルコトヲ云フナリ従テ職務ニ関スル事項ト雖全ク請託関係ナキ場合ハ勿論請託ノ当時金品ヲ収受セス又之ヲ要求セス若ハ約束ヲ為サスシテ後日ニ至リ偶然金品ヲ収受スルコトアルモ本罪ヲ構成セサルモノト信ス」と主張する上告趣意に応えたものである。本判決も、やはり結論を述べるにとどまっている。

その後、「官吏カ本属長官ノ許可ヲ得ルニ非サレハ其ノ職務ニ関シ慰労又ハ謝儀又ハ何等ノ名義ヲ以テスルモ直接ト間接トヲ問ハス総テ他人ノ贈遺ヲ受クルコトヲ得サルハ官吏服務紀律ノ明規スル所ナルノミナラス刑法上収賄罪ノ成立スルニハ公務員又ハ仲裁人カ其ノ職務ニ関シ金銭其ノ他ノ利益ヲ収受シタルコトヲ以テ足リ請託ノ有無ノ如キハ問フ所ニ非サルヲ以テ被告人カ身苟クモ大阪逓信局書記トシテ経理課又ハ用品課ノ事務ヲ執掌中其ノ職務ニ関シX商店外数名より金銭商品券等ヲ収受シタルコト原判決認定ノ如クナル以上原判決カ被告人ニ涜職的犯意アリタルモノトシテ右行為ヲ刑法第百九十七条第一項ニ問擬シタルハ至当ニシテ毫モ所論ノ如キ擬律錯誤ノ違法アルモノト云フヘカラス」と判示されるに至っている。(33) 本判決は、「収賄罪カ汚職トシテ所罰ノ対象タル所以ハ当事者カ金銭其ノ他利益ノ授受約束等ニヨリ其ノ意思ヲ左右サルルコトカ公務的生活上危険性アルニヨル故ニ均シク職務ニ関スル利益ノ授受約束等ト雖之ニヨリ当事者ノ意思ヲ左右スル虞ナキ場合ハ之ヲ以テ汚職的行為トシテ所罰ノ対象トナスコトナシ」という上告趣意に応えたものである。本件上告趣意においては、利益の授受約束などによって公務員の「意思」を左右する虞があることを必要とする旨が主張されているのであり、これに対して「請託」の有無は問題とならないとしたものである。

④は、加重収賄罪の法定刑を引き上げたものである。すなわち、「従来は、事後に不正の行為を為し又は相当の行為を為さなかった収賄罪の刑のみを加重していたが、今度は、事前に同種の行為不行為があり、これに関して後に収賄した場合も同様にその刑を加重した」ものであるとされている。(34)

⑤は、贈賄罪の成立範囲を拡大し、法定刑の罰金を引き上げるとともに、自首による裁量的刑の減免規定を削除するものである。贈賄罪は、もともと公務員または仲裁人に対して「賄賂」を交付、提供または約束する罪であったが、改正法によって収賄罪の新たな類型が加えられたので、それに対応して「賄賂」の供与、申込または約束の範囲が拡大されたわけである。また、法定刑もそれとの対応において当罰性がより高くなり加重されたのである。さらに、当罰性の高まりにより、「刑の免除」規定が削除されたものと解される。自首による「刑の減軽」に関しては、一般規定である四二条が適用されるのであり、変化はないことになる。

第四節　贈賄罪

贈賄罪は、旧刑法には規定されておらず、現行刑法に至って規定されたものである。旧刑法当時、贈賄行為を処罰する規定がないことを理由にその行為を不可罰とする見解が多数説であったといえる。たとえば、村田保は、「本条以下其賄賂ヲ行ヒタル者ハ其財物ヲ損失スルニ止ツテ別ニ罪ナシ是レ畢竟人民ヨリ賄賂ヲ以テ請求スルモ官吏ニ於テ決シテ之ヲ受ク可カラサル者トス故ニ之ヲ受クレハ特ニ官吏ヲ罰スルノミニシテ足レリ」と述べていたのである[35]。これは、「人民」から賄賂の供与の申込みがあったとしても、「官吏」はこれを受けるべきではないから、官吏のみを処罰すれば足り、贈賄者たる人民を処罰する必要はないと解するものである。

これに対して、贈賄者について収賄罪の教唆犯として処罰すべきとする見解も主張されていたことに注意する必要がある。宮城浩藏は、この点について次のように主張した。すなわち、「賄賂罪に関し研究すべき数多の問題」のうちの第三問「賄賂を贈り官吏をして枉法の処分を為さしめたる通常人の処分如何」について、「曰く、官吏を教唆して賄賂を収受し又は聴許せしめたる者並びに其予備の所為を幇助したる者は官吏の身分を有せずと雖も賄賂罪の共犯と為ると雖も、贈賄者に関しては賄賂罪の共犯として罰するの明文なし。故に之を罰することを得ず。然れども贈賄者の官吏をして枉法の処分を為したる時は之を罰するの明文あり。即ち贈賄者官吏の共犯として換言すれば賄賂罪の教唆者として総則第百五条を適用せらるるものとす。曽て屢々論じたるが如く教唆とは贈与、威権其他の手段を以て人をして重罪、軽罪を犯さしめたるを謂ひ、而して之を被教唆者と共に罰するには贈与其他の手段が被教唆者の精神に対して罪を犯すの決定を為さしむる勢力を有することを要す。今本問の場合は賄賂を贈り、官吏をして不正の処分を為すの決定を為さしめたるなり。反言すれば、官吏が賄賂の勢力の為に其精神を枉屈し以て不正の処分を為したる場合なり。故に贈賄者は賄賂罪の教唆者なりといふ豈復た不可ならんや」としたのである。[36]

宮城は、各則に贈賄者を処罰する明文規定がないばあいには、総則の規定を適用して共犯たる教唆犯の成立を肯定すべきことを主張したのであった。その理由として、「贈賄者を問ふの正条なしと雖も、之を以て刑法中に贈賄者を問ふの正条なしと速了するを得ず。凡て立法者の法を制するや一事実毎に之を明言するの必要ありとすれば、其煩雑に堪へざるのみならず却て徒為に属する者なり。故に各本条に明言せざる者は総則を適用することを得せしむ。是れ予が総則を適用して贈賄者を罰すと曰ひし所以なり」と述べている。[37] これは、必要的共犯としての対向関係にある者の一方を不可罰としているばあいに総則規定を適用できるか、という問題として現在でも生きている問題であるといえる。宮城は、各則において個別的に処罰を規定するのは「煩雑」に堪えないことを理由にして総則規定を適用することによって共犯としての処罰を肯定したのであるが、これは立法者意思説の立場からは是認できない見解である。

さらに、宮城は、自説に対する批判に次のように反論している。まず、官吏が積極的に働きかけて贈賄させたばあいに、贈賄者を収賄罪の教唆犯の成立を肯定するのは不当であるとの批判に対して、「例へば余甲者に宿怨あり。乙者夙に之を知り余に説きて曰く、僕今子の為めに子の悪む所の甲者を殺すを難からず、子請ふ僕に万金を与へよと。余因て其請に応じ万金を与へたるが為めに乙者終に甲者を殺害せりとせん。是れ其発議は乙者に出づると雖も、之をして殺人の決心を強固ならしめたるは余の与へたる万金に在ることを明白にして、余が乙者の行為の教唆者たることは誰が復た疑を容れんや」としたのである。(38) 次に、官吏が恐喝手段を用いて金銭を収受したばあい、収賄罪の教唆犯をみとめるのは不当であるとの批判に対しては、「官吏は恐喝の手段を以て金銭を収受しむるにより賄賂罪を成さざるは固より言を待たず。其金銭を騙取したる場合には詐欺取財を以て之を論ぜざる可からず。既に然りとすれば贈遣者は賄賂罪の教唆者を以て之を論ずることを得ざるや明白なりとす」と反論したのである。(39)

　このように、旧刑法当時においても、贈賄行為の当罰性をみとめて共犯として処罰することによって当罰要求を満たそうとする見解が主張されていたこと自体は、学説史上、重要な意義を有する。現行法が贈賄罪を規定したことにより、可罰性の問題は解決を見たことになる。現行法の政府提出案理由書によると、「第百九十九条ハ新ニ設ケタル規定ナリ現行法ハ賄賂ヲ贈与、提供又ハ約束シタル者ヲ処罰スル規定ナキ為メ公務員又ハ仲裁人ノ収賄ヲ防遏スルコト極メテ困難ナリ是ヲ以テ改正案ハ本条ニ於テ更ニ此等賄賂ヲ贈与、提供又ハ約束シタル者ヲモ処罰スル規定ヲ設ケ以テ努メテ収賄ノ弊ヲ矯正センコトヲ計レリ、第二項ハ自首者ニ減軽若ハ免除ノ特典ヲ与ヘ以テ贈賄収受ノ弊害ヲ減殺セント期シタルナリ」とされている。(40) これは、贈賄行為を処罰する規定がないので、収賄行為を防圧できないから、贈賄罪を規定することによって「収賄の弊」を「矯正」しようとするものである。そして、自首者に対して刑の減軽・免除の「特典」を与えて贈賄収受の弊害を「減殺」する目的で二項を設けようとしたとされている。

第五節　結　語

賄賂罪規定に関して実定法上大きな変化があり、それが賄賂罪の本質の捉え方との関連においていかなる意義を有するかについて、気になることがあった。賄賂罪を理論化するに当たって、その点について賄賂罪規定の変遷をたどってみることによってその問題を解決したいと考えて、本章において若干の検討を加えたのである。今後、この問題ついてさらに考察を深めて行きたいとおもう。

（1）　美濃部達吉『公務員賄賂罪の研究』（昭14年・一九三九年）一―二頁。引用に当たって旧漢字を新漢字に、算用数字を漢数字にそれぞれ改めた。以下において文献・判例の引用についても同じである。美濃部博士は、前記の疑問点について、さらに「比較的重要な一二の点を挙げるだけでも、刑法に所謂公務員とは何れだけの範囲に及ぶものであるか、其の職務に関してとは如何なる意義であるか、賄賂を収受した当時に現に担任して居る職務に関するものなることを要するや、収受当時に現に公務員たることを要するや、賄賂とは何を謂ふか、公務員賄賂罪と賄賂投票罪との関係は如何等多くの疑問を生じ、而して此等の疑問を解決するには、正確な行政法の知識を要するものが多い」と指摘されている。

（2）　美濃部・前掲注（1）二頁。

（3）　賄賂罪の本質について検討したことがある、拙稿「賄賂罪の保護法益についての覚書き」『三井誠先生古稀祝賀論文集』（平24年・二〇一二年）二四七頁以下（本書第四章）。

（4）　内藤謙「第二五章　瀆職の罪」団藤重光編『注釈刑法⑷各則⑵』（昭40年・一九六五年）三九六頁。昭和一六年の改正の立法事実等について、「改正の任に当った立法者」とされる（安平政吉「賄賂罪についての再吟味」『刑法雑誌』五巻三号〔昭29年・一九五四年〕一四二頁）大竹市武七郎氏が次のように詳細に述べておられる。すなわち、「最近に於ける犯罪の情勢等に鑑みれば、全部改正の成案を得るを待たず、此の際特に改正を行ふ必要のある部分があつたので、今回その部分のみに付き改正を行ふこととなつたのである。而して今回の改正の重点は国内治安の確保〔アキ〕公益尊重といふことに重点が置かれて居り、その改正の重要なる一点として、贈収賄罪の規定の改正が行はれたのである。公務員の廉潔を保ち、公務の適正を期することは何時如何なる時代に於ても必要なる事柄である。ことに現在のやうに、経済生活その他あらゆる方面に亘り統制が強化せられ、官公署の許可又は認可がなければ殆ど何事も為し得ないと言つても敢て過言ではない時代に於ては、一層その必要を痛感するのである。もしこの時にあたり、公務員の廉潔が保たれないならば、経済の統制その他公務の適正は期し得られないのみならず、国民の思想上に及ぼす影響も亦甚だ憂慮すべきものがあるのである。そこで今回一部改正を行ふにあたり、贈収賄罪の規定の整備強化といふことを改正の眼目の一として取りあげたのである。而してこの点の改正は、大体に於て、前述の改正刑法仮案を基礎としたものである」と、大竹武七郎「贈収賄罪の規定の改正」『法学志林』四三巻五号（昭16年・一九四一年）三八六―七頁。さらに同『改正刑法要義』（同上年）一四頁。

昭和一六年の法改正に至る経緯は次のとおりである、大竹・前掲論文三八五―六頁。さらに、前掲書一―四頁参照。大正一〇年政府から「臨時法制審議会」に対して刑法改正の要否を諮問し、同審議会は大正一五年に刑法はこれを改正するの要ありとし改正の綱領四〇項目とともに答申した。政府はこれを司法省に移牒し、司法省は「刑法改正起草委員会」を設置して草案を起草させた。同委員会は、昭和二年三月に「刑法改正予備草案」を起草した。そこで同年六月、「刑法竝監獄法改正調査委員会」を設置して同委員会はその内部に「刑法起草委員会」を設けて予備草案を仮原案として審議を開始し、爾来起草委員会または総会を開いて審議の結果、昭和六年九月に総則編、昭和一五年三月に各則編の各審議を一応終了し、未定稿のまま、昭和一五年四月に「改正刑法仮案」を公表した。公表後も委員会は総則編の審議を継続していたが、昭和一五年一〇月政府において、各官庁に設けられている各種の委員会、調査会等の一大整理を行った際、この委員会もまた一時廃止となり、司法省に対し答申をしなかつた。「この全部改正の事業が如何なる形に於て再開せられるかは、今後の内外の情勢とも関連し、差しあたり予想し難い状況にあつたのである」。そこで、必要性のある限度において改正することとなったのであった。

改正刑法仮案の成立過程の詳細については、林弘正『改正刑法仮案成立過程の研究』（平15年・二〇〇三年）参照。

（5）内藤・前掲注（4）三九六頁。
（6）大場茂馬『刑法各論（下）』改訂七版（大7年・一九一八年）六七七頁。
（7）大場・前掲注（6）六九八頁。
（8）大場・前掲注（6）六九九頁。
（9）大場・前掲注（6）六九九頁。

(10) 大場・前掲注(6)六九九頁。
(11) 大場・前掲注(6)七〇〇頁。
(12) 三堀博『賄賂罪汎論』(昭32年・一九五七年)四三頁。
(13) 河上和雄＝小川新二「第二五章　瀆職の罪」大塚仁＝河上和雄＝佐藤文哉＝古田佑紀編『大コンメンタール刑法第二版』第一〇巻(平18年・二〇〇六年)一六三頁。
(14) 河上＝小川・前掲注(13)一六四頁。
(15) 倉富勇三郎＝平沼騏一郎＝花井卓蔵監修・高橋治俊＝小谷二郎共編『刑法沿革綜覧』(大12年・一九二三年)〔復刻版・松尾浩也増補解題・日本立法資料全集別巻二(平2年・一九九〇年)〕二二二頁以下(引用は復刻版による)。なお、新律綱領は唐律を継受してきたものであり、唐律は秦漢律に由来すると解されている。この点について、東洋法制史学者によって、「中国社会においては、賄賂罪は秦漢律から規定をもち、唐律、さらには現行法に流れてきた。古代法から引き継がれてきた法律であり、かつ他の条文、他の地域の法律と比較して、むしろ厳罰が量定されているにもかかわらず、賄賂罪は常に問題とされ、また今日にあっても中国は官僚の賄賂が後を絶たない社会と認識されている。〔改行〕今日の日本の涜職・賄賂にかんする現行法条文の法律用語は、漢から受け継がれてきた用語を用いているだけでなく、「請託」「職務権限」等、いわゆる賄賂罪の構成要件も厳密にいえば相違点があるものの、基本的には受け継いでいる」と指摘されているのである、冨谷至「儀礼と刑罰のはざま—賄賂罪の変遷—」『東洋史研究』六六巻二号(平19年・二〇〇七年)一九四頁。そして、賄賂罪に関する唐律の規定については、「唐律では、財物の奪取もしくは犯罪を構成する財物の授受を贓罪とし、六種類の類型(六贓)——窃盗、強盗、受財枉法、受財不枉法、受所監臨財物、坐贓——が規定されている。この六種を記す条文は、複数の編目にわたっており、不正利得に伴う犯罪という系では括られるとしても、犯罪としての様態、性格、由来はそれぞれ異なる。窃盗と受財枉法(賄賂)がなぜともに贓罪として同じ範疇にはいるのかを考えただけで、それは明らかであろう」とされている(一九五頁)。

新律綱領および改訂律例の施行期間と両法典に関する著書・注釈書の存否について、日本法制史学者によって「新律綱領と改訂律例は、明治十五年一月一日、いわゆる旧刑法の施行されるまで、わが国の刑事裁判の準拠とされた現行刑法典であった。その施行期間をみれば、新律綱領が約十一カ年間、改訂律例が約八年六カ月間に及んでいる。〔改行〕このように、両法典の施行期間は、かなりの長期間にわたったので、その間に出版された註釈書はすくなくない。もちろん、西洋の刑法学がまだ十分に移入、消化されていない当時のこととて、近代的な学問体系にまで整備された著書は出現せず、いずれも字句の註釈書の域を出ない。しかし、その程度のものでも、一般的な需要には、一応答えたであろうし、また、裁判官に対しても相当な便宜をあたえたものと思われる」

と指摘されている、手塚豊『明治刑法史の研究（上）』手塚豊著作集第四巻（昭59年・一九八四年）一八二頁。
(16) 戸田十畝『大日本刑法註釋大成』巻上（明45年・一九一二年）九五頁。
(17) 戸田・前掲注（16）九五頁。
(18) 戸田・前掲注（16）九五―六頁。
(19) 村田保『刑法註釋』巻五（明13年・一八八〇年）六四―五頁。
(20) 村田・前掲注（19）六六頁。
(21) 村田・前掲注（19）六六頁。当時の多くの学説が収賄罪の構成要件要素として「囑託」を要求していたのは、唐律の影響を受けたからであるとおもわれる。唐律賄賂罪に関する一三五条から一四〇条までの規定は、それぞれ次のような内容をもつとされている。すなわち、「(1)担当官に違法な裁定を請託し、それが受諾された場合。『有所請求者』（一三五条）〔改行〕(2)第三者から金銭等をもらって、違法な裁定を請託した場合。『受人財而為請求者』（一三六条）〔改行〕(3)有ることにかんして、賄賂によって請託をなし、違法行為を行ったとき。『有事以財行求得枉者』（一三七条）〔改行〕(4)監臨主司が収賄によつて違法行為を行った場合。『監臨主司受財而枉法者』（一三八条）〔改行〕(5)有ることにかんして、最初は金銭を授受しなかったが、事後において金銭を授受した場合。『諸有事先不許財、事過之後而受財者』（一三九条）〔改行〕(6)監臨之官が所轄内から金銭等を授受した場合。『監臨之官、受所監臨財物』（一四〇条）
(1)(2)は、律文だけからすると『請託』のみが構成要件になっているが、『唐律疏議』には、『主司に従って曲法の事を求める』『主司、許さず、および請求する者、皆な坐せいず』とあることから、違法な裁定を請託し、官吏がそれを受諾した段階で罪が成立する。また、(2)は、他人から金銭をもらって、監臨の官（担当官吏、裁量権のある官吏）に請託をおこなう場合の罪をいう」とされる、冨谷・前掲注（15）一九六―七条。
(22) 宮城浩藏『刑法正義』下巻（明26年・一八九三年）〔翻刻版（明治大学創立百周年記念学術叢書第四巻〔昭59年・一九八四年〕）六一三頁（引用は翻刻版による。以下、同じ）。
(23) 宮城・前掲注（22）六一四頁。
(24) 宮城・前掲注（22）六一四頁。
(25) 宮城・前掲注（22）六一四頁。
(26) 宮城・前掲注（22）六一五頁。
(27) 内藤謙『賄賂罪の概念』総合判例研究叢書刑法(14)（昭35年・一九六〇年）六六頁。ここでは諸学説の詳細については立ち入らないことにする。

(28) 大判明四〇・五・一三刑録一三輯三九二頁。
(29) 美濃部・前掲注（1）五五―六頁。
(30) 大判明四四・五・一九刑録一七輯八七九頁。
(31) 大判大三・四・一六刑録二〇輯五八一頁。
(32) 大判大一二・五・二六刑集二巻四五二頁。
(33) 大判昭七・二・二〇刑集一一巻九四頁。
(34) 三堀・前掲注（12）四三頁。
(35) 村田・前掲注（19）六五頁。たしかに、古代中国においては、贈賄行為の当罰性はみとめられていなかったといえるであろう。すなわち、「いったい、古代中国にあっては、ある目的をもって財物を他人に供与する、もしくは、ある行為（作為、不作為をとわず）に対する見返りとして、財物を授受することが、非難される事柄だったのかといえば、そうではない。むしろ受容し称賛されていたといってよいかもしれない。それは、他ならぬ礼的行為、儒教的儀礼の実践であったのだ。同じ意味で『受礼』『受遺』『礼遺』という語があり、それは『礼をうける』『礼をおくる』といった意味で、『束脩を行う自り以上は、吾れ未だ嘗て誨うること無くばあらず』（『論語』述而）で有名な弟子などの下の者が先生といった教えを請う上位のものに贈る礼物は、もとよりこの範疇に属す」とされるのである、冨谷・前掲注（15）二一八頁。しかし、前に見たとおり、唐律においては贈賄罪が規定されていたのであるが、それが旧刑法に継受されていない点には興味深いものがあるとおもう。
(36) 宮城・前掲注（22）六一七―八頁。
(37) 宮城・前掲注（22）六一八―九頁。
(38) 宮城・前掲注（22）六一九―二〇頁。
(39) 宮城・前掲注（22）六二〇頁。
(40) 倉富＝平沼＝花井・前掲注（15）二一九七頁。

第六章　賄賂と職務関連性

第一節　職務の意義

第一款　職務の意義の問題性

賄賂罪は、法文上、公務員がその「職務に関して」賄賂を授受することを構成要件的行為の内容としている。いいかえると、賄賂は、職務に関する報酬であることを必要とすることになる。「職務に関し」（一九七条一項）とは、学説・判例上、「職務に関連して」という意味であり、職務行為自体に対するばあいのほか、「職務と密接な関係を有する行為」（準職務行為・事実上、所管する職務行為）に対するばあいをも含むと解されている。このように広く解する理論的根拠を明らかにする必要がある。それを明らかにするに当たって判例の検討が重要な意義を有する。

そして、「職務の範囲」は、保護法益である「職務の公正とそれに対する社会一般の信頼」を保護する見地から定められるべきであるから、公務員が法律上、有する権限の範囲とは必ずしも一致しない。ここにおいては、職務の「範囲」は、「法律上の権限」とは異なり、「社会一般の信頼を保護する見地」から決せられるべきであるとされているが、これは、賄賂罪の「保護法益」の見地から「目的論的に」解釈されるべきであることを意味するものである。いいかえると、形式的に「職務」の語義からその範囲（外延）が決められるものではないことが主張されていることになる。たしかに、構成要件の目的論的解釈の必要性は一般的にみとめられ得る。しかし、まず「語義」の範囲が定まってから、その範囲の「拡張」または「縮小」が目的論に決せられなければならないのである。

それゆえ、まず「職務」の語義を明らかにしていく必要がある。次款においてそれを見ることにしよう。

第二款　「職務」の語義

そもそも公務員の「職務」とは、公務員がその地位に伴い公務として取り扱うべきいっさいの執務をいうとされている。「職務」の本来の語義は、一般に使用されている『広辞苑』によれば、「①仕事として担当する任務。つとめ、やくめ、「～を遂行する」。②職務のうちの個々の部分作業。③経営内で仕事が同一の職務群。職位と同義にも使われる」とされている。①は、仕事として「為すべき」役割を意味する。ここで使われる「べし」は「当為」と「可能」を含意する。すなわち、それは、担当者として遂行しなければならないばあいと担当者として遂行することが許されているためそれを遂行する権限を有するばあいを意味するのである。ここにおいて「職務」には「任務」と「権限」が同時に含意されていることになるわけである。②は、個々人に割り当てられた仕事を意味する。個々人が「分担」することにより、当該個人に①の意味における「任務」と「権限」が帰属することになる。ここにおいて「職務」には「具体的権限」が含意されていると解し得るのである。③は、分割された個々の職務を全体として総括した仕事を意味する。それゆえに、「職位」と同義として使用されるばあいがあるわけである。「職位」とは、『広辞苑』によれば、①「官職と官位」および「経営単位の最小単位としての個人に割り当てられる仕事。課業。職務」を意味する。①は「地位」を意味し、②に、経営上の視点から「個人」に分担させる仕事を意味することになる。
大きな国語辞典において「職務」は、①「担当している任務」、②「各人が受けもっている仕事」、③「つとめ」

および④「役目」と説明されている（尚学図書編『国語大辞典』）。ここでは、個々人が担当する「任務」および「仕事」、ならびに果たすべき「つとめ」および「役目」として説明されており、個々人の「分担」が強調されている。しかし、これも職務が個々人に割り当てられた「任務」と「権限」を意味することを否定するものではないと解される。このようにして、職務の語義として当該仕事の担当者の「任務」と「権限」が含意されていることになる。

第二節　職務の根拠

職務は法令に根拠を有するものでなければならない。従来、職務の「範囲」に関して法令の問題が議論されてきたが、まず職務の「根拠」が議論されるべきであるとおもう。この点は当然視されてきたため、あえて論議の対象とはされていない。しかし、賄賂罪が「身分犯罪」ではなくて「職務犯罪」であることを明示するためには、その犯罪性が、公務員という「身分」に由来するのではなくてあくまでも公務員の「職務」に関する犯罪であることを明らかにしておく必要があるのである。その観点からは、職務が法令に根拠を有することは、重要な意義を有する。すなわち、そのことは「法治国思想」を意味することになるのである。公務員は、法令に基づいてみとめられる「職務」を公正に遂行することが期待される。たんに事実上公務員がおこなう行為それ自体は、職務行為とはいえないので、それが処罰の対象とされると、公務員という身分に付随するにすぎない行為を処罰することとなって、「身分犯罪」としての性質を有するものとなる。いいかえると、公務員という「身分」を有する行為者を処罰する「行為者刑法」を意味することとなってしまうのである。「身分犯罪」と「身分犯」とは異なる観念であることに注意しなければならない。身分犯は、一定の「身分」を有する者の「行為」が犯罪として処罰される犯罪類型である。これに対して身分犯罪は、身分だけを根拠にして処罰される犯罪類型である。身分犯罪をみとめることは犯罪の対象を「身分」・「行為者」から「行為」に転換させてきた近代刑法の原理に反する。犯罪の対象を「行為」に限定することにより「自由主義」の原理が実現される。その自由主義を確保するために「法治国思想」が提唱されたことに留意する必要がある。法律によって国家権力の恣意的行使の制約を肯定するのが「法治国思想」にほかならない。

田中二郎博士によれば、法治国家思想は、もともとは「政治的原理の表現又は政治的要求の標語」として唱えられたものであり、近代国家におけるこの主張には、次の二つの面があるとされている。[1]すなわち、一面において、近世初期に、国家の目的を国民の幸福の実現におき、このために個人の生活のあらゆる領域にわたって国家の介入を無制限にみとめる「専制的警察国家（Polizeistaat）」を現出し、強力な国家権力によって国民を支配したのに対し、「自然法的な自由主義の思想を背景として、国家の職能を、内容的に、国民の自由・平等を確保し、社会秩序と法秩序を維持することに限定すべきである」という「政治的原理の表現または政治的要求の標語」として、法治国家の観念が用いられたとされるのである。これは、「国家権力の及ぶ範囲または国家権力の内容を実質的に制限しようとする要求」であるとされている。ここにおいて、国家権力の及ぶ範囲または国家権力の内容を「実質的に制限する」根拠として「自然法的な自由主義の思想」があげられていることに注意すべきであるとおもう。なぜならば、実質原理としての「自然法思想」と「自由主義思想」の結び付きの指摘は重要であるからである。わたくしは、前述のとおり、法治国思想は自由を保障することを目的とする思想であると考えている。法治国思想を基礎づけるものとして「自然法思想」が位置づけられていることのもつ意義はきわめて大きいとおもう。それは、今後、この問題を考察する際に重要な指針としての役割を果たすに違いないと解される。また「社会秩序と法秩序」維持が実質原理に包含されることにも注意すべきである。これは、ややもすると「自由」に対抗する概念として把握されがちであるが、ここでは目的として対等であるとされている点で注目に値するとおもう。

他面において、国家の職能を内容的に限定するに止まらず、むしろ「方法的に、国家権力の行使は、常に法に基づき法に従ってされるべきである」という意味において、法治国家の観念を立て、近代国家は、この意味での法治国家でなければならぬことが主張されたとされている。これは、「国家権力の行使の方法を形式的に制限しようとする主張」であるとされる。ここにおいて、「国家権力の行使の方法を形式的に制限」するものとしての法治国家思想が指摘されている。これは「形式原理」としての権力行使の制限の思想である。

前にわたくしは、法治国思想は法律によって「国家権力の恣意的行使の制約」を肯定するものであると述べたが、それがここにいう「形式原理」にほかならない。これによれば、形式的に法律に基づいていないかぎり、権力行使は許されないことになる。外形上「法治」が要求されるのである。この形式原理は、別の角度から見れば、法律による「権限付与」と法律による「権限制限」を同時に意味するものであるといえるとおもう。後に見る「法律行政主義」はその発現にほかならない。

第三節　判　例

第一款　大審院の判例

一　総説

大審院の裁判例の中に職務行為に関するものが数多くある。その「判例の基本的態度」は、「賄賂と関連する『職務』の存在をみとめるためには、原則として法令の規定によって職務権限の範囲にぞくする行為であることが必要であるとしている。そして、法令の規定によって職務権限の範囲にぞくするということが困難なばあいにも、あるいは法令の規定をきわめて広く解釈することにより、あるいは上司の命令を強調することにより、『職務』の存在をみとめようとする」と指摘されている。[2]すなわち、職務といえるためには、原則として「法令の規定」によって「職務権限の範囲」に属する必要があるが、例外的に法令の規定の拡大「解釈」または「上司の命令を強調」することによって職務の存在を肯定してきたとされるのである。

そして、「賄賂罪における『職務』を肯定するためには、賄賂と関連する行為がかならずしも職務権限にぞくする行為である必要はなく、職務権限にぞくしない行為であっても、いやしくも職務権限の範囲に関係する行為であればよいという理論構成も可能である」にもかかわらず、判例は、このような「理論構成を正面からはとらない。法令の規定によって職務権限の範囲にぞくするとされる行為を広く解釈して、それを『職務』とみようとする。そして、それでもなお『職務』の範囲が不当に狭くなることをさけようとして、『職務と密接な関係のある行為』の概念を用いるのである」とされている。[3]さらに判例は、「法令のうえで、一般的に権限をもっているばあいには、内部的事務的分配によってある事務を現実に担当していなくとも、その職務権限を失うものではないとして、そのような事務に関しても賄賂罪の成立をみとめている」とされるが、[4]正面から「一般的権限」の概念を用いてそれを根拠づけようとしたものは存在しなかった。わずかに次の判例が判示の必要の要否の問題に関連して「一般的権限」の文言を使用して内部的事務の分掌との関係に判示しているにとどまる。[5]すなわち、大審院は「原判示事実ニ拠レハ被告人A、Bハ刑事巡査トシテ被告人Cハ巡査部長被告人Dハ巡査被告人Eハ警部補トシテ其職務上貸座敷業者又ハ芸娼妓等ノ営業又ハ稼業ニ関シテ刑事上又ハ行政上ノ取締若クハ警察権ノ行使ヲ為スヘキ一般的権限ヲ有セル者ナルコトヲ認ムルニ難カラス而シテ其内部的事務ノ分掌ノ如キハ必スシモ一般的権限ヲ制限スルニ足ラサレハ特ニ之ヲ判示スルノ要ナシ」と判示したのである。

「一般的職務権限の考え方」のねらいは、「ある公務員が抽象的には特定の事項に関して職務権限を有している場合、具体的・現実的にその事項を担当している必要はないとすること」にあるが、「判例は、次第にこれを拡大している。これまで、判例に現れた事案をみると、地方の比較的規模の小さい官公庁の場合には、同一課内の場合のみならず、公務員の所属する課が当該事務を所管していない場合であっても、その事務が一般的職務権限に属するとされている」のであり、「中央官庁段階については、なお、課を越えた単位、たとえば、同一の局に属するとか、更に広くは、同一の省に属するというような場合にまで、一般的職務権限の考え方は、拡大されていない」とされている。[(6)]「中央官庁のように規模が極めて大きくなり、ある程度、職種が分化し、ある公務員が当該事務に従事する可能性が希薄な場合には、実際上疑問が生ずることは事実であるが、このような場合であっても、理論的には一般的職務権限自体は認められるものの、職務に『関し』と認定することが事実上困難であるにすぎないと考えることが適当であるように思われる。少なくとも、同一部局内であるとするときは、従来の判例の大勢からみて、一般的職務権限の範囲に属するとされるものと考えられる」とされている。[(7)]

二　上司の指揮・命令に基づく「職務」性

職務観念に関して興味深い大審院の判例がある。それは大審院の昭和一一年三月三〇日の判決（刑集一五巻三五四頁）であり、その判示事項は、①鉄道局運輸事務所庶務掛たる書記の収賄罪、②刑法第一九七条に所謂職務、③鉄道局運輸事務所運転掛たる書記の職務、④二箇の事実に対する共通証拠である。職務の意義について一般的に定義しているのは、判示事項②であるから、それから見ることにする。本判決は、この点について次のように判示している。すなわち、「刑法第百九十七條ニ所謂職務トハ公務員カ其ノ地位ニ伴ヒ公務トシテ取扱フヘキ一切ノ執務ヲ指斥スルモノニシテ独立ノ決裁権限アルコトヲ要セス上司ノ指揮監督ノ下ニ其ノ命ヲ承ケ事務ヲ取扱フモノモ亦職務タルヲ失ハス原判示ニ依レハ第一被告人Ｘハ明治四十一年十一月帝国鉄道庁ニ雇員トシテ奉職シ累進シテ大正九年十月鉄道省鉄道局書記ニ任セラレ昭和四年四月一日以降昭和九年六月二十八日休職ヲ命セラルル迄ノ間岡山運輸事務所庶務掛勤務ヲ命セラレ居タルモノニシテ右庶務掛勤務トシテ同掛ノ事務中人事事務ヲ担当シ管内ニ於ケル傭人及雇員（給料月額五十円以下）ノ採用管内職員ノ判任官任用ニ付上司ニ対スル内申管内職員（高等官駅長主任桟橋長船長事務長機関長運転士機関士ヲ除ク）ノ勤務指定等同運輸事務所長ノ権限ニ属スル人事事項ニ付上司ノ指揮ヲ承ケ事務ニ従事スルノ職責ヲ有シ居タルモノナルトコロ（一）乃至（十七）ノ如ク職務ニ関シテ賄賂ヲ収受シ第二被告人Ｙハ大正八年十月鉄道院ニ雇員トシテ奉職シ累進シテ昭和四年十二月十六日鉄道局書記ニ任セラレ同日以降昭和九年六月二十八日休職ヲ命セラルル迄ノ間岡山運輸事務所庶務掛勤務ヲ命セラレ居タルモノニシテ右庶務掛勤務トシテ同掛ノ事務中人事事務ノ担当ヲ命セラレ判示第一冒頭掲記被告人Ｘト同一ノ職務ヲ有シ居タルモノナルトコロ（一）乃至（十二）ノ如ク職務ニ関シ賄賂ヲ収受シ又ハ被告人Ｘニ対シ其ノ職務ニ関シ賄賂ヲ交付（六）シ若ハ賄賂ノ交付ヲ幇助（十二）シタルモノナリト云フニ在ルヲ以テ被告人Ｘ・Ｙニハ独立シテ決裁ノ権限ナキモ所謂職務タルヲ失ハサルヲ以テ右判示ノ如ク金品ノ贈与ヲ受クルニ於テハ収賄罪ニ当ルコト洵ニ明ナリ」とされているのである。本判決が、職務を一般的に定義してそれに基いて職務の範囲を画そうとしたものでないことは、本件の処理に当たって第二の判示事項として扱っていることからも明らかであるといえる。とはいえ、本判決が、職務とは公務員がその「地位に伴ひ公務として取扱ふべき一切の執務」を指称し「独立の決済権限あることを要せず」と判示したことの意義は大きいとおもう。なぜならば、公務員の地位に伴って公務として取り扱うべき一切の執務という形で職務を広く定義することによって、職務犯罪としての収賄罪を特徴づけるとともに、独立の決済権限を不要とすることによって、職務観念の拡大化をもたらしたからである。

本判決は、判示事項①として次のように判示している。すなわち、「鉄道省鉄道局書記トシテ岡山運輸事務所庶務掛ニ勤務ヲ命セラレタル者ハ同掛ノ事務中人事事務ヲ担当シ管内ニ於ケル傭人及ヒ雇員（給料月額五十円以下）ノ採用管内職員ノ判任官任用ニ付上司ニ対スル内申管内職員（高等官駅長主任桟橋長船長事務長機関長運転士機関士ヲ除ク）ノ勤務ノ指定等同運輸事務長ノ権限ニ属スル人事事項ニ付上司ノ指揮ヲ承ケ事務ニ従事スルモノナルコト原判決ノ引用セル鉄道官制鉄道局事務所長工場長及出張所長委任事項事務所出張所及工場事務分掌規定ニ依リ明ナレハ右庶務掛タル書記カ傭人雇員ノ採用書記ノ任用及職員ノ勤務指定ニ関シ金品ノ交付ヲ受クルニ於テハ収賄罪ヲ構成スヘク仮令岡山運輸事務所長ノ定メタル事務分担割ニ於テ庶務掛ヲシテ他ノ事務ヲ分担セシムヘキ定アリトスルモ分担割ハ畢竟執務上ノ統制ニ基キ内部ニ於ケル執務ノ標準ヲ示スニ止マリ運輸事務所長ノ命ニ依リ随時他ノ執職ニ従事スルハ毫モ妨ケナキト同時ニ事実上被告人X・Yノ如ク庶務掛トシテ人事事務ニ関与シ居リタルコト其ノ引用証拠ニ依リ認メ得ヘキ場合ニ於テハ叙上庶務掛書記ノ職責ニ消長ヲ来タスモノニ非ス」とされているのである。ここにおいては、次の二点が留意されるべきであるとおもう。

まず第一に、鉄道省鉄道局書記として岡山運輸事務所庶務掛に勤務している者が、同掛の事務中人事事務を担当し、「運輸事務所長の権限」に属する人事事項について「上司の指揮」を受け事務に従事するものであることは明らかであり、傭人雇員の採用・書記の任用および職員の勤務指定に関し金品の交付を受けると収賄罪が成立するとしている点である。これは、上司の権限に属する事項については、その「上司の指揮」を受けているかぎりにおいて、職務の範囲内にあることをみとめるものであるといえる。

第二に、仮に運輸事務所長が定めた「事務分担割」において庶務掛に他の事務を分担させることとしたとしても、それは内部的な「執務の標準」を示したにとどまり、庶務掛書記の職務の職責に消長を来たすものではないと判示している点である。ここにおいては、事務分担割よりも「上司」としての運輸事務所長の「指揮」に基づく執務が優先することになる。すなわち、上司の「権限」に基づく「指揮」が重要なのである。

本判決は、判示事項③として次のように判示している。すなわち、「被告人ハ駅長助役ニ対シ直接指揮監督ノ権限ナキモ運輸事務所長ノ命ヲ承ケ指揮監督ノ事務ニ従事スルノ職責ヲ有スルモノト謂ハサルヘカラス而シテ収賄罪ハ収賄者ノ職務ニ関シ財物ヲ交付スルニ依リ成立スルヲ以テ判文上必スシモ贈賄者ノ職務ヲ明ニスルヲ要スルモノニ非ス」とされているのである。これは、鉄道局書記として岡山運輸事務所運転掛勤務を命じられた被告人Cについて、上司たる事務所長の権限に属する事項に関してその命を受けて指揮監督の下にあるかぎりにおいて、職務関連性がみとめられることを前提にして、判文上贈賄者の職務を明らかにする必要はないとするものである。それは、直接的には訴訟法上の側面に関する判示であるが、その前提として「上司の命令」を受けたことが職務性を基礎づけることを明示したものであるといえる。また、贈賄罪は身分犯としての職務犯罪ではないから、贈賄者の職務の明示は不要であることを注意的に明らかにしたことになる。

判示事項④は、もっぱら訴訟法上の論点に関するものであり、本判決は次のように判示している。すなわち、「案スルニ甲乙二個ノ事実ハ全ク別個ノ関係ニアリ何等交渉スル所ナキ場合ニ甲事実ニ対スル証拠ヲ以テ乙事実認定ノ資料ニ供スルニ非スシテ甲乙ノ事実互ニ交渉スル所アル場合ニ其ノ交渉スル限度ニ於テ甲事実ニ対スル証拠ヲ乙事実認定ノ証拠ニ供スルコトヲ得ルモノトス」とされているのである。これは、収賄罪の成立に関する甲事実を謝礼として金員が授受された乙事実の証明のために証拠として使用しても、「互に交渉する所」があるから違法ではないとするものである。賄賂罪においては相互に関係する事実が存在するので、証拠の共通性を基礎にして関連事実の認定の合理性を肯定するのは妥当であるといえる。

職務に関する大審院の判例がいくつかあるので、次に時系列でこれらを簡単に見ておくことにしよう。

1　大判大一三・一・二九（刑集三巻三一頁）

本判決は、巡査が上官の命令を受けて小作人間の争議の解決に当事者を当たらせた事案である。本判決は次のように判示している。すなわち、「凡ソ行政警察ノ趣意タル人民ノ凶害ヲ予防シ安寧ヲ保全スルニ在リテ巡査ノ職務ノ目的トナスヘキ事項及巡査ハ公事出入等ニ一切関係スヘカラサルモノナルコトハ論旨所掲ノ如ク行政警察規則ノ明定スル所ナリト雖巡査ハ一般ノ警察事務ニ関スル補助機関ナレハ苟モ安寧秩序ヲ紊シ又ハ犯罪ヲ為ス虞アル場合ニ巡査カ其ノ上司ノ命ニ依リ予メ之ヲ防止スヘキ策ヲ講シ以テ治安ヲ維持スルハ其ノ職務ノ範囲ニ属スルモノト謂ハサルヘカラス然リ而シテ警察官カ地主及小作人間ノ争議ニ干渉シ之カ調停解決ヲ為スカ如キハ素ヨリ其ノ固有ノ職務ニ非スト雖若シ此ノ種ノ争議ノ発生スルニ際リ之ヲ放任セン乎争論益益熾烈ニ赴キ勢ノ激スルトコロ遂ニ治安警察法第十七条第二項其ノ他ノ違反者ヲ醸成シ又ハ安寧秩序ヲ紊スニ至ル虞アリト認ムル場合ニ於テ其ノ状況ヲ視察シ機宜ニ応シ別ニ強制力ヲ用イルコトナク其ノ間ニ介在シテ之カ調停ヲ試ミ当事者ヲシテ任意ニ其ノ争議ヲ解決セシメ以テ犯罪ヲ未然ニ防止シ安寧秩序ヲ保ツカ如キハ治安維持ノ目的ニ適合スル所以ニシテ警察官ノ職権事項ニ属スルモノト解スルヲ相当ナリト認ム原判示ニ依レハ被告ハ愛知県巡査トシテ同県熱田警察署ニ勤務中同署長太田某ノ命ヲ受ケ同署管内ナル名古屋市南区ノ一部ニ於ケル地主小作人間ノ掟米ニ関スル争議ノ視察並ニ治安維持ノ為其ノ調停解決ニ尽力シタルモノニシテ即チ被告カ右地主及小作人間ノ掟米ニ関スル争議ノ調停解決ニ従事シタルハ愛知県巡査トシテ其ノ上官タル熱田警察署長ノ命ニ依リ治安維持ノ目的ニ出タルモノナルコトヲ看取スルヲ得ヘシ且判示太田某ニ対スル予審調書ノ記載ニ依レハ同人ハ愛知県警視トシテ熱田警察署長勤務中其ノ所轄管内ニ発生セル小作争議ニ関シ治安警察法第十七条ニ照シ予防警察上ヨリ未然ニ其ノ争議ヲ防カンカ為被告ニ対シ之カ視察並其ノ解決方ヲ命シタルモノナルコトヲ推知スルニ足ルヲ以テ之ヲ判示他ノ証拠ニ対照スレハ判示事実ヲ認ムルコトヲ得ヘク従テ被告ハ愛知県巡査トシテ其ノ職務ニ関シ判示金員ヲ収受シタルモノニ外ナラサレハ原判決カ判示事実ニ対シ刑法第百九十七条第一項前段ヲ適用処断シタルハ正当ニシテ論旨理由ナシ」とされているのである。

本判決は、巡査の職務権限に関して、一般論として巡査は「一般の警察事務に関する補助機関」であるから、安寧秩序を乱し、または犯罪を為す虞があるばあいには、「上司の命」により予めこれを防止すべき策を講じて治安を維持することはその「職務に属する」と判示している。これは、上司の命令に基づいてかなり広く巡査の職務権限をみとめるものである。すなわち、巡査が「一般の警察事務」に関する「補助機関」であることを根拠にして巡査の職務権限の拡大を図っているのである。その基礎となる「一般の警察事務」の内容とされているのが、「治安の維持」というきわめて抽象的な観念であることに留意する必要があるとおもう。小作人間の争議に「干渉し之が調停解決を為す」ことは、もとよりその「固有の職務」ではないとされている。しかしながら、争議の発生を放任すると、争論が熾烈となり遂には治安維持法などの「違反者を醸成し又は安寧秩序を紊すに至る虞ありと認むる場合に於て」は、争議の「状況を視察し機宜に応じ別に強制力を用いることなく」その間に介在して争議の調停を試み当事者に「任意に其の争議を解決せしめ以て犯罪を未然に防止し安寧秩序を保つ」ことは、「治安維持の目的に適合する所以にして警察官の職権事項に属する」と解されているのである。本判決が、小作人争議に干渉し調停・解決をすることは「警察官」の「固有の職務」ではないとしながらも、「強制力」を伴わないことを強調して、争議の調停をし当事者に「任意に」その争議を解決させることは、犯罪を未然に防止し安寧秩序を保つこととなって「治安維持の目的に適合する」と解している点に注意する必要がある。このように、本判決において「治安維持の目的」が警察官の職権権限の拡大化の根拠とされていることが注目されるのである。なぜならば、治安維持の目的というのは、きわめて抽象的・広汎な観念であるので、拡大が非常に強化されるおそれが大きいからである。

2　大判大昭五・七・二九（刑集九巻五九八頁）

本判決は、①県地方課事務担当規則および事務分担表による職務分担と職務権限の関係と②社交的儀礼と賄賂罪の関係について判示している。まず①から見ることにする。

被告人Xは、兵庫県事務官として同県他方課に勤務し市町村その他公共団体の行政監督に関する事務を処理していたが、大正十五年十一月兵庫県武庫部本山村村長Aからその管理に係る同村部落有の山林について兵庫県に対して特売処分の許可を申請しその申請が同県地方課において取り扱われた際、被告人Yからその取扱い上の便宜を与えられたい旨の請託を受けてその職務に関し饗応または金員の贈与を受けた。本判決は、Xの罪責について次のように判示した。すなわち、右地方課は、地方官制および兵庫県庶務規程の規定により市町村その他公共団体の行政の監督に関する事務を分掌するものであるから「前記特売処分許可申請ハ其ノ分掌事務ニ属スルコト明ラカナルト同時ニ同課ニ於テ取扱ヒタル当該申請ニ付テハ被告人Xハ知事ノ命ヲ承ケ同課ニ勤務スル事務官トシテ之ヲ処理シ得ヘキ職務権限ヲ有スルモノナリト云ハサルヘカラス尤モ記録ニ依レハ同課ノ処理事務ハ地方課事務担当規則及事務分担表ニ依リ第一区乃至第六区及庶務係ニ分タレ而シテ右各区ハ郡別的ニ其ノ区域カ特定セラルル結果前記特売処分許可申請ハ第一区ノ担当ニ属スルト共ニ同区ノ担当者ハB事務官ニシテ被告人Aニ非ス同被告人ハ第四区ノ担当者ニシテ兼テ庶務係長タリシコト明ナリト雖右事務担当規則及事務分担表ハ唯便宜ニ従ヒ同課ノ内部ニ於ケル事務分配ノ標準ヲ定メタルモノニ過キサレハ之ニ依リ被告人Xカ叙上地方官官制及兵庫県庶務規程ニ基キ有スル庶務権限ハ左右セラルルコトナキモノト解スルヲ相当トシ従テ又同被告人カ現実自ラ本件特売処分許可申請ノ事務ヲ担当セサルモ之カ為該申請ニ対スル同被告人ノ職務権限ヲ否定スヘキニ非スト云フヘシ果シテ然ラハ被告人Xノ前掲判示ノ行為ハ公務員其ノ職務ニ関シ賄賂ヲ収受シタルモノニ外ナラサレハ之ト同趣旨ニ出テタル原判決ハ所論ノ違法ナク論旨ハ理由ナシ」と判示したのである。ここにおいては、第一に法令上、特売処分許可申請が「地方課」の分掌事務に属することは明らかであり、第二に同課が取り扱った当該申請について「知事の命」を受けて「同課勤務の事務官」としてこれを処理する「職務権限」を被告人Aが有していることを明言している点に注目する必要があるとおもう。すなわち、法令上、地方課に属する職務権限を「上司」である「知事の命」を受けたことによって、被告人Aに当該職務権限がみとめられているのである。本判決は、行為者本人に直接的な職務権限がないばあいであっても、上司の命を受けたときには職務権限の存在が肯定されることをみとめていることになるわけである。

つぎに、②について見ることにしよう。この点について、明治四四年内務省令第一六号市町村吏員服務紀律第四条第二項の「『市町村吏員ハ指揮監督者ノ許可ヲ受クルニ非サレハ其ノ職務ニ関シ直接ト間接トヲ問ハス自己若ハ其ノ他ノ者ノ為ニ贈与其ノ他ノ利益ヲ受クルコトヲ得ス』トノ規定ハ其ノ受クル利益カ社会通念ニ照シ一般ノ社交的儀礼トシテ目セラルル範囲ニ属スル部類ノモノナリトモ其ノ利益ニシテ職務ニ関スル限リ指揮監督者ノ許可ヲ条件トシテ之ヲ受クルコトヲ許容シタルモノナリト解スルヲ相当トス蓋シ公務員カ其ノ職務ニ関シ他人ヨリ生活上ノ欲望ヲ満足セシムルニ足ル利益ヲ受クルモ其ノ利益ニシテ社交的儀礼ノ範囲ヲ出テサル部類ノモノナルトキハ之ヲ目シテ賄賂ナリト云フヘカラサルモ服務紀律ノ関係ヨリスレハ之カ授受ヲ忽諸ニ付スヘカラサルモノアルカ故ニ前記服務紀律ハ仮令斯ル儀礼的利益ニシテ賄賂ト云ヒ得サルモノナリトモ之ヲ受クルニ当リテハ指揮監督者ノ許可ヲ要スルモノトシタルニ外ナラサルヘケレハナリ従テ受クル利益カ社交的儀礼ノ範囲ニ属セサルモノナルトキハ即チ賄賂ナレハ指揮監督者ト雖之カ授受ヲ許可シ得サル筋合ニシテ若シ誤テ之ヲ許可シタリトセムモ何等ノ効力ナキモノト云ハサルヘカラス而シテ本件ニ於テ被告人Yカ原判示第一（八）ノ如ク判示村ノ助役トシテ其ノ職務上取扱ヒタル特売処分許可申請ニ関シ報酬ノ趣旨ノ下ニ岡本部落代表委員Y等ヨリ金三千円ノ贈与ヲ受ケタルハ一般ノ社交的儀礼ニ属スルモノト目スヘカラサルコト勿論ニシテ前記服務紀律ノ規定ノ適用ヲ受クルニ由ナキモノナレハ仮令其ノ贈与ヲ受クルニ付指揮監督者タル村長ノ許可ヲ得タリトスルモ何等ノ効力ナク結局其ノ所為賄賂罪ヲ構成スヘキコト判示ノ如クナリト云ハサルヲ得ス」と判示されている。これは、社交的儀礼と賄賂罪の成否に関して重要な判断を示したリーディング・ケースとされているものである。本判決においてつぎの論点が示されている。すなわち、「社交的儀礼の範囲」を出ない利益は、「賄賂」ではないが、「服務規律の関係」から「指揮監督者の許可」を条件にしてその利益の授受を法令でみとめたものであるとされているのである。本判決が社会通念上、「一般の社交儀礼」と目される利益は「賄賂」に当たらないと明言したことの意義はきわめて大きいといえる。しかし、指揮監督者の許可を条件としていることは、なお疑問の存するところである。それというのも、社交儀礼であること自体が賄賂性を否定するのではなくて、上司の許可があることによって賄賂性が否定されるとされているからである。「上司の許可」を重視しているのは、従来の判例が職務性を基礎づけるものとして「上司の命」を挙げていることの裏返しであるといえるとおもう。

3　大判昭六・八・六（刑集一〇巻四一二頁）

本判決は、①公立中学校の教科書販売店の指定および教科書の割当てが中学校教諭の職務に属するか否か、②公立中学校教諭が右の職務に関して賄賂を収受したが、各生徒が正当な代価で教科書を支障なく購入できたばあいには「被害法益」はないといえるか否か、について判示している。
①の点について、本判決は、「公立中学校教諭ノ職務ハ主トシテ生徒ノ教育其レ自体ニ在ルコト明ナレトモ生徒ノ教育ニ関連スル事務ニシテ学校長カ其ノ権限ニ基キ教諭ニ管掌セシムル事務モ亦其ノ職務ニ属スルモノトス而シテ中学校生徒ヲシテ一定ノ時期ニ所要ノ教科書ヲ整ヘシムヘキ適当ノ処置ヲ講スルコトハ生徒ノ教育ニ関スル事務ナルヤ論ヲ俟タサル所ニシテ原判決ニ所謂教科書販売店ノ指定及其ノ販売スヘキ教科書ノ割当ハ叙上ノ事務ニ外ナラサルコト原判文上之ヲ推知スルニ難カラサルヲ以テ該事務カ教諭タル被告人X及Yノ職務ニ属スルヤ否ハ学校長カ其ノ権限ニ依リ同被告人等ニ管掌セシメタルヤ否ニ依リ決セラルヘキ事実上ノ問題ニシテ所論ノ如ク単純ナル法令ノ解釈ノミニ依リテ決セラルヘキモノニ非ス然レハ原判決カ所論ノ各証人尋問書中ノ記載ニ依リ該事務ハ同被告人等ノ職務ニ属スルモノト認定シタルハ固ヨリ相当ニシテ所論ノ如キ違法アルモノニ非ス論旨理由ナシ」と判示しているのである。公立中学校教諭の職務に関して本判決は、まず「主として生徒の教育其れ自体」にあることは明らかであるとする。この点についてはまったく異論のないところであろう。それは教諭の職務の中核部分であり、いわば本来の職務である。しかし、教科書販売店の指定や教科書の割当ては、「教育行為」そのものではなくて教育に関係する「行政行為」にほかならず、「教育行政機関」としての学校長の権限に属するものである。そこで本判決は、学校長がその「権限」に基づいて「教諭に管掌させた事務」は教諭の職務に属すると解することによって、教諭の職務の範囲の拡大をみとめたのである。つまり、本判決も、公務員としての教諭の本来の職務を限定的に解しながらも、「上司」としての学校長の「命を受けた」ことを理由にして職務の範囲を拡張するという従来の立場を維持したことになる。しかも本判決は、教諭の職務に属するか否かは、「単純なる法令の解釈」のみによって決せられるものではなくて、学校長がその権限に基づいて当該教諭に管掌させたか否かという「事実上の問題」であるとしてい

るのである。たしかに、学校長が当該教諭にある事務を管掌させたかどうかは、「事実問題」であり、事実認定上の問題であるといえる。しかし、その「事実」が存在したばあいに、その事実に基づいて当該事務が教諭の「職務」として把握してよいかどうかは、「法の解釈」の問題であり、「法律問題」である。これが「事実」問題として把握されているのは、法文の形式的解釈ではなくて刑法の「実質解釈」がなされているからにほかならない。この問題の解決は「単純なる法令の解釈」のみで決せられないと本判決が述べているのは、このことを意味すると解すべきであるとおもう。その結果、本判決は、「上司」である学校長の「命令」を根拠にして教諭の職務の範囲を拡張したのであると評価されることになる。

②につき本判決は、中学校の教諭が教科書販売店の指定および教科書の割当てに関して賄賂を収受したばあい、生徒らが正当な代価で教科書を何らの障害もなしに購入することができたときでも収賄罪が成立するとした。すなわち、本判決は、「法カ収賄罪ヲ処罰スル所以ハ公務員ノ職務執行ノ公正ヲ保持セントスルニ止ラス職務ノ公正ニ対スル社会ノ信頼ヲ確保セントスルニ在レハ被告人X及Yカ原判示ノ如ク其ノ職務ニ関シ他ノ被告人等ヨリ賄賂ヲ収受シタルニ於テハ縦令之カ為ニ各生徒カ正当ノ代価ヲ以テ一定ノ日時迄ニ所要ノ教科書ヲ整フルヲ得ルコトニ付何等ノ障害ヲ与ヘサリシトスルモ中学校教務主任ノ職務上ノ公正ニ対シ社会ノ信頼ヲ傷フコト多大ニシテ所論ノ如ク何等ノ被害法益ナキモノト謂フヘカラス此ノ点ニ関スル所論ハ甚其ノ当ヲ得ス」と判示しているのである。このように本判決が、収賄罪の処罰根拠論ないし保護法益論を真正面から取り上げて一定の立場を明言したうえで、賄賂を収受して職務の遂行に関して不公正な結果が発生しないばあいであっても、「職務上の公正に対し社会の信頼を傷ふこと」が多大であるから、「被害法益」なしとはいえないとした点は、判例上、きわめて大きな意義を有する。すなわち、本判決は、賄賂罪の「保護法益」を職務の公正およびそれに対する社会の信頼であることを明示した重

要判例であり、通説によって支持されているのである。

4　**大判昭八・五・二六**（刑集一二巻六九五頁）

本判決は、①宮城県内務部土木課勤務の土木技師Xが土木工事請負人の詮衡に参与することは職務に含まれるか、②土木課勤務の道路技師Yが道路技師として道路工事に関して指名入札の詮衡に参与することは職務に含まれるか、について判示している。

本判決は、①の問題について、「按スルニ道路其ノ他ノ土木工事ノ請負人ヲ詮衡スルニ当リテハ信用資産技能経験等ヲ調査シ適当ナル者ヲ選定スルヲ要シ之ヲ妄リニスルトキハ事業ノ目的ヲ達成スルニ難シ而シテ信用資産ノ調査ハ他ニ人アルヘシト雖技能ニ関スル鑑識ハ調査スル者ノ技術ニ待ツノ要アリ然ラハ請負人ノ技能ニ関シ調査鑑識スルコトモ亦技術ニ関スル事務ノ範囲ニ属スルモノト謂フヘク県ノ土木工事ニ関シテモ亦右ト異ナルトコロアルヘキニ非ス所論地方土木職員制第二条ニハ土木技師及土木技手ハ土木ニ関スル技術ニ従事スト規定シアリ被告人ハ宮城県内務部土木課勤務ノ土木技師ナレハ右法令ニ依リ其ノ職務トシテ土木工事請負人ノ詮衡ニ参与スルコトアルヘキハ明瞭ナリ然レハ原判決ニ所論ノ如キ違法ナク論旨其ノ理由ナシ」と判示している。ここにおいては、土木工事の請負人を詮衡するに当たっては、「信用資産技能経験等」を調査して適当な者を選定しなければ「事業の目的」を達成できないのであり、「技能に関する鑑識」は、調査者の「技術」に依存するので「技術に関する事務の範囲」に属するということが指摘されている。そして、「地方土木職制」には土木技師および土木技手は土木に関する技術に従事する旨の規定があり、被告人Xは、土木技師であるので「法令」によりその「職務」として土木工事請負の詮衡に参与することができるとされている。これは、法令の解釈として、「土木に関する技術」という文言を「技能に関する鑑識」にまで拡張するものである。つまり、土木工事の請負人を選定するためには、調査者の「技術」を必要とするからその鑑識も「技術に関する事務」の範囲に属するというレトックが用いられているのである。そのうえで、「法令」によって土木技師の「職務」として土木工事請負人の詮衡に参与することがみとめられているとされている。このようにして本判決は、「法令」に基づいて職務の範囲が定められていることを明示した判例として特徴づけられることになる。しかし、その法令による職務の範囲は、実質解釈によって拡張されていることに注意する必要があるといえる。

②の問題について本判決は、次のように判示している。すなわち、「原判決ノ認定ニ依レハ被告人ハ宮城県内務部土木課勤務ノ道路技師ナリ而シテ道路管理職員制（大正九年勅令第二四五号）第二条ニハ道路技師ハ道路ニ関スル技術ニ従事ストノ規定アレハ被告人X……ニ対スル前掲説明ノ趣旨ニ依リ被告人ハ法令上所論ノ如キ職務権限ヲ有スルモノナルコト明確ナリ然リ而シテ原判決ハ前記職員制ヲ挙示セスト雖斯ル法令ハ特ニ判決ニ挙示スルノ要ナク又原判決カ所論証拠ヲ挙示シタレハトテ之カ為何等違法ヲ齎スコトナク記録ニ徴スルニ原判決ハ所論ノ如キ事実誤認ノ疑アルモノニ非ス論旨ハ其ノ理由ナシ」と判示されているのである。道路技師についても本判決は、①のばあいと同じように「道路管理職員制」における「道路に関する技術」の文言を道路工事の「指名入札の詮衡に参与」することにまで拡張して「法令」に基づく「職務」としてみとめているのである。本判決が右の「法令」をとくに判決に挙示する必要はないと判示しているのは、次の理由に基づく。すなわち、上告趣意において弁護人が、「職務」は「法令又ハ内規等」によって定まるべきであって「当該官吏ノ認否」によって判定されるべきではないにもかかわらず、原判決が「法令内規等」を毫も顧みていないのは甚だ違法であると主張したことに対する回答として前記のように判示しているのである。これは、実質的に当該法令に基づいて判断している以上、その法令を判決文に表記するまでもないとする趣旨と解される。しかし、「法令」に基づいて「職務」としてみとめられるとするからには、その法令を判決

文に明記するのが妥当であるといえるであろう。

5　大判昭九・九・一四（刑集一三巻一四〇五頁）

本判決は、町会議員で水道委員会委員である被告人Ｘの「職務」について判示している。本件においてＸは、①上水道用鉄管として鋼鉄管の採用尽力方の懇請を受けた者に対して謝礼の要求・収受、②鋼管の納入・工事の請負方を勧誘して謝金を要求・収受、③納入した鋼鉄管の肉厚に関する紛議解決方の斡旋の謝金の要求・収受をそれぞれおこなった。これらについて収賄罪の成否が争われたが、その基礎にある論点として「水道委員会の委員」の職務権限の内容が提起されたのである。

本判決は、「判示中間町ノ水道委員会ナルモノハ町村制第六十九条ニ基キ町長ノ推薦ニ依リ町会ニ於テ選定サレタル被告人等九名ノ水道委員ヲ以テ組織サレタル町長ノ諮問機関ニシテ該水道委員ハ町長ノ指揮監督ノ下ニ町ノ事務ヲ調査シ又ハ処弁スヘキ職責ヲ有スルモノナルコト町村制第八十二条ノ規定ニ照シ明ニシテ判示第一ノ冒頭ニ於ケル中間町水道委員ノ職務権限ニ関スル判旨亦之ニ外ナラサルモノトス然リ而シテ斯ノ如キ職責ヲ有スル公務員カ判示第一ノ一乃至三ノ如ク或ハ上水道用鉄管トシテ鋼鉄管ノ採用尽力方ヲ懇請セラルルヤ謝金名義ヲ以テ利得センコトヲ企テ之ニ対スル謝金ヲ要求シ約束シ又ハ収受スルカ如キ或ハ該鋼管付属品ノ埋設工事ヲ斡旋シテ利得センコトヲ企テ之カ納入又ハ工事ノ請負方ヲ勧誘シテ謝金ヲ要求シ収受スルカ如キ或ハ上水道用トシテ町ニ納入シタル鋼鉄管ノ肉厚ニ関シ契約当事者間ニ紛争ヲ生シタル際該紛議解決方ノ斡旋ヲ為シ鋼鉄管ノ納入者ニ対シ之カ謝金ヲ要求シ収受スルカ如キハ孰レモ叙上水道委員会ヲ構成スル水道委員ノ職務ニ関シ収賄ヲ為シタルモノニ外ナラスシテ被告人Ａノ判示行為カ収賄罪ヲ構成スヘキヤ疑ヲ容レスサレハ原判決ニハ所論ノ如キ違法アルモノニ非ス論旨理由ナシ」と判示している。本判決も、職務権限を「町村制」八二条の「規定」に照らしてその内容を明らかにしている点に特徴がある。そして、水道委員は「町長の指揮監督の下に町の事務を調査し又は之を処弁すべき職責」を有するとされているのである。ここでは「立法機関」に属する町会議員である水道委員は、「行政機関」としての町長の指揮監督の下にあることによって、町の事務を調査またはこれを処弁するという「行政事務」をおこなう職務権限がみとめられることになるとされている。そうすると水道委員は、①上水道用鉄管として鋼鉄管を採用するか否かの決定、②鋼管の納入・工事の請負の決定、③納入された鋼鉄の肉厚に関する紛議の解決方の斡旋の職務権限を有するので、水道委員である被告人Aがその職務に関連して金員を要求・収受する行為が賄賂要求罪・収賄罪を構成することは当然である。その限りにおいて、本判決の結論は妥当であるといえる。しかし、ここにおいても、行政機関である町長の「指揮監督」下にあることを根拠にして、立法機関の構成員である議員について行政事務の職務権限をみとめる論法が用いられていることに注意する必要があるといわなければならない。

6　大判昭九・一二・二四（刑集一三巻一八二三頁）

本判決は、町会議員で工事委員である被告人Xの「職務」について判示している。本件においてXは、町が施行した工事の請負をした原審相被告人Yから右工事について便宜の取計いを受けた謝礼として金員の交付を受け、収賄罪の成立をみとめられ有罪判決を受けた。Xの弁護人は、上告趣意において「工事委員ノ職務トスル処ハ町営土木工事ノ計画ニ参画シ意見ヲ陳述シテ町長ヲ補佐スルニ在リ而シテ町長ノ命令アル場合ニ於テハ工事現場ニ臨ミ若シ工事ニシテ不正アルトキハ監督者タル町長若ハ県ヨリ派遣ノ監督者ニ対シ之カ報告ヲ為シテ処分ヲ俟ツニ止マルモノナリ被告人Aカ仮令工事監督ノ名称ノ下ニ出張スルコトアリトスルモ監督又ハ処分行為ハ第一次ニ町長之ヲ為スヘク従テ工事委員ハ決シテ工事ヲ監督シ又ハ工事ニ関スル処分行為ヲ為ス職務権限アリテ臨ムモノニ非ス」と主張した。つまり、工事委員は、町営の土木工事の計画に参加して意見を陳述するだけの権限を有するだけであって工事を監督しまたは工事に関する処分行為をおこなう権限を有しないと主張したのであった。弁護人の主張に対して本判決は、次のように判示している。すなわち、「凡ソ公務員カ其ノ職務ニ関シ賄賂ヲ受クル以上ハ其ノ職務カ監督上又ハ処分上ノ独立権能ニ基クモノナルト将タ又上司ノ職務行為ヲ補佐スルニ過キサル従属的ノ地位ニ基クモノナルトヲ問ハス収賄罪ヲ構成スルモノト解スルヲ至当ナリトス原判示認定ニ依レハ被告人ハ青森県東津軽郡油川町町会議員ニ当選シ同町工事委員トナリ同町ノ施行スル工事ニ付町長ヲ補佐スヘキ職務権限ヲ有シ同町ニ於テ施行セル館耕作道新設工事野木和林道工事並ニ県道舗装工事等ノ現場監督ヲ為シ居リタルモノナルトコロ右工事ノ請負ヲ為シタル原審相被告人ヨリ該工事ニ付便宜ノ取計ヲ受ケンカ為贈与スルコトノ情ヲ知リナカラ数回ニ合計金七十円ノ交付ヲ受ケタルモノニシテ被告人ハ右工事委員トシテ町長ヲ補佐シ該工事ノ現場監督ヲ為スヘキ職務ニ関シ収賄シタルコト明白ナリトス従テ原判決ニ所論ノ如キ違法存在スルコトナク論旨理由ナシ」と判示したのである。本判決は、まず一般論として収賄罪が成立するためには、公務員の「職務」が監督上または処分上の「独立権能」に基づくものであると上司の職務行為を補佐するにすぎない「従属的の地位」に基づくものであるとを問わないとする。これは、職務の基礎が自己の有する独立権能か従属的地位かは問題としないとすることによって、「上司の職務行為の補佐」も部下である公務員の職務に属すると解するものである。一見すると、ここにおいて従来の判例の視点を転換して新たな立場を打ち出したように解され得るかもしれない。しかし、これは従来の立場を踏襲するものである。なぜならば、「上司の補佐的行為」は「上司の命」に基づいておこなう行為であるからにほかならない。いいかえると、それは、上司の職務に付随する事務であり、上司の命を基礎とする事務である。

右のことを前提に本判決は、被告人Xは、工事委員として町が施行する工事について町長を補佐すべき職務権限を有するので、Yから工事につき便宜を計ってもらった謝礼として金員を収受することは収賄罪に当たると解しているのである。前記の前提をみとめる以上、この結論は妥当であると考えられる。

7　大判昭一一・二・七（刑集一五巻三一三頁）

本判決は、①宮城県「土木課長」の職務権限の範囲と②同県「技手補」が「公務員」に当たるか、およびその点に関する判決文の表記方法について判示している。

まず、①の事案は、次のとおりである。すなわち、宮城県土木課長であるXは、河川港湾道路その他土木に関する事務および技術方面の全般に関する事務を統括処理していたが、逓信省所管事務たる「飛行場建設工事」に関する監督入札人の詮衡指名請負契約の締結に対する謝礼として請負人Aから金員の交付を受けた。本判決は、次のように判示してXについて収賄罪の成立をみとめている。すなわち、「被告人カ原判示ノ如ク仙台飛行場建設工事ニ付テ監督入札ノ詮衡指名並請負契約ノ締結等諸般ノ事務ヲ鞅掌シタルハ宮城県知事カ逓信大臣ノ委嘱ヲ受ケテ該工事ヲ施行完成スルコトトナリタル関係上当時同県内務部土木課長タリシ被告人ニ命令シタルニ因ルモノナルコト判文上明白ニシテ畢竟土木課長トシテノ職務範囲ニ属スル事務ト認ムヘキコト勿論ナルカ故ニ被告人カ右ノ職務行為ニ対スル謝礼ノ趣意ナルコトノ情ヲ知リ乍ラ請負人Aヨリ金五千円ノ交付ヲ受ケタルコト原判決認定ノ如クナル以上汚職罪ノ成立ヲ来スヘキハ言ヲ俟タサル所ナリト云フヘク此ノ場合ニ被告人カ逓信省所属ノ公務員ニアラサリシコトハ犯罪ノ成立ヲ阻却スヘキ事項トナラス従テ原審カ叙上ノ如キ事実ヲ確定シテ之ヲ刑法第百九十七条ニ問擬シタルハ固ヨリ相当ニシテ所論ノ如キ理由不備ノ違法アリト認メ難キヲ以テ論旨ハ理由ナシ」と判示したのである。これは、弁護人が上告趣意において、「宮城県土木課長ハ内務省所管ノ土木事務ニ関シ其ノ職務ヲ行フモノニシテ逓信省所管ノ事務タル飛行場建設工事ニ関シテハ其ノ所管外ノ職務事項ニ属スルカ故ニ宮城県知事ハ逓信大臣ノ委嘱ヲ受ケタリトスルモ其ノ工事ノ監督其ノ他ノ諸般事務ヲ鞅掌スルハ上告人カ宮城県土木課長トシテ其ノ本然ノ職務ヲ遂行スルニアラス従ツテ宮城県知事ノ命ニヨリ該工事施行ニ際シ直接工事入札ノ詮衡指名並請負契約締結等ノ衡ニ当ルハ逓信省ノ所管事務ナルカ故ニ上告人カ逓信省所属ノ公務員ナルコトノ証明ナキ限リ右逓信省所管ノ工事ニ関シ謝礼ヲ受ケタリトスルモ刑法第百九十七条第一項ヲ以テ処罰スヘキニアラサルナリ」と主張したことに対して判断を示したものである。

弁護人の主張の重点は、第一に、宮城県土木課長の職務は内務省所管の土木事務に限られること、第二に、宮城県知事が逓信大臣の委嘱を受け土木課長に飛行場建設工事の監督その他の事務を命じたばあいであっても、それが土木課長の職務に当たらないことである。第一点は、土木課長の本来の職務内容としてまったく異論のないところであるといえる。問題は、第二点である。所管を異にする省庁間における職務の委嘱がなされたばあい、その委嘱に基づく事務の性質がどうなるか、である。この点について弁護人は、何ら変化を生じないと主張したわけである。しかし、本判決は、変化が生ずることをみとめている。すなわち、所管大臣から一定の事務の委嘱を受けた県職員は、その事務について職務権限を有することになるとされたのである。これは、これまでの判例の趣旨を踏襲するものといえる。すなわち、上司から「命令」を受けた者はその限度で「職務権限」を有するとするのが、従前の判例の立場であり、このことは権限を有する者から「委嘱」を受けたばあいも当てはまることになるわけである。

つぎに、②について見ることにしよう。このばあい、宮城県「技手補」である被告人Yが「公務員」に当たることについて法令上の根拠を判決文に明示すべきか否かが争点となった。その論点の前提として「技手補」が「公務員」に当たることを判示している。すなわち、本判決は、「大正九年四月二十四日公布施行セラレタル宮城県告示第三〇五号土木工区処務規程第二条ニハ土木工区ニ左ノ職員ヲ置ク主任技師又ハ技手一名（中略）土木技師補又ハ土木書記補若干名（後略）トアリ同四条ニハ区員ハ主任ノ指揮ヲ承ケ事務ニ従事ストアリ同第十一条ニハ主任ハ区員ノ事務分掌ヲ定メ之ヲ報告スヘシ分掌ヲ変更シタルトキハ亦同シトアリ同第十三条ニハ主任以下区員ハ別ニ定ムル様式ニ依リ一箇月毎ニ勤務報告ヲ為スヘシトアリ由是観之宮城県技手補ハ上記処務規程ニ基キ任設セラレタル職員ニシテ主任ノ指揮ヲ受ケ其ノ定メタル事務ヲ分掌スルモノニ外ナラサルカ故ニ刑法ニ所謂公務員ナルコト毫モ疑ナク従テ原判決カ被告人Yノ犯罪事実トシテ宮城県土木技手補タル被告人カ其ノ職務行為ニ対スル報酬ノ意味ニ於テ請負人Xヨリ二回ニ合計金千二百円ノ交付ヲ受ケタリトノ事実ヲ説示シタル以上被告人カ公務員トシテ賄賂ヲ収受セル事実ヲ認定シタル趣旨ナルコト自ラ明白ナルノミナラス凡ソ収賄罪ノ事実ヲ判示スルニ付テハ其ノ犯罪ノ主体カ公務員ナルコトヲ知リ得ヘキ程度ニ具体的ノ説明ヲ為スコトヲ要スルモ其ノ公務員ナルコトノ資格ニ関スル法令上ノ根拠ハ常ニ必スシモ判文ニ明示セラルヘカラサルモノニアラサルカ故ニ原判決ノ説示ハ収賄罪ノ判示トシテ何等欠クル所ナク所論ノ如キ理由不備ノ違法アリト謂フヲ得サルヲ以テ論旨ハ全然理由ナキモノトス」と判示したのである。土木技手補は、宮城県告示土木工区処務規定によって設置された職員であり、主任の指揮を受けてその定めた事務を分掌するものであるから、刑法にいう公務員であると解されている。そして、判決文においてその職務行為に対する報酬として金員の交付を受けたとの事実を説示している以上、それは被告人が公務員として賄賂を収受したという事実を認定したものである。さらに「収賄罪の事実」を判示するためにはその犯罪主体が公務員であることを「知り得べき程度に具体的に説明」すべきであるが、公務員であることの「資格に関する法令上の根拠を常に必ずしも判文に明示」しなければならないものではないとされている。本判決においては、公務員であること、およびその職務権限を有することの根拠として、「法令」および「上司の指揮」を挙げており、これは従来の判例の立場を踏襲するものである。また、判決文において根拠法令を必ずしもつねに明示する必要はないとしているのも、従来の判例と同じである。ただし、犯罪の主体が公務員であることを知り得る程度に「具体的」な説明を必要としている点は、判例上注目されるところである。やはり判文上、具体的な説明は重要であり、最低限その程度の説示が要求されるのは当然といえるであろう。

8　大判昭一八・一二・一五（刑集二二巻二八九頁）

本判決は、刑務所の「作業技手」の職務に関して判示している。事案は次のとおりである。被告人Xは、青森刑務所の作業技手として同刑務所における「印刷作業の教導」に当たるかたわら歴代「所長の特命」により「同刑務所所要の印刷用紙の購入等に関する業務」を担当していたが、用紙の購入に対する謝礼として買入先の紙商人から金員の交付を受けた。原審はXについて収賄罪の成立をみとめた。被告人側からの上告に対して本判決は、次のように判示したのである。すなわち、「原判示ニヨレハ被告人ハ判示日時青森刑務所ノ作業技手トシテ同刑務所ニ於ケル印刷作業ノ教導ニ当ル傍歴代所長ノ特命ニヨリ同刑務所所要ノ印刷用紙ノ購入等ニ関スル事務ヲ担当中判示趣旨ノ下ニ金員ノ供与ヲ受ケタルモノニシテ右特命ノ事実其ノ他原判示事実原判決挙示ノ証拠ニ依リ優ニ之ヲ証明シ得ヘク記録ヲ査スルモ原判決ノ事実ニ重大ナル誤認アルコトヲ疑フニ足ルヘキ顕著ナル事由アルコトナシ而シテ監獄官制第五条ニ依レハ監獄ノ長ハ司法大臣ノ指導監督ヲ承ケ監獄ノ事務ヲ掌理シ部下ノ職員ヲ指導監督スルモノニシテ刑務所所要ノ印刷用紙ヲ購入スルコトハ刑務所ノ事務ニ属スルコト勿論ナレハ原判示ノ如ク被告人ノ判示用紙ノ購入カ歴代刑務所長ノ特命ニヨル以上右用紙購入ノ事務ハ被告人ノ職務ト解スルヲ相当トス且判示収賄罪ハ請託関係ヲ構成要件トセサルモノナレハ所論請託関係カ取引ノ事前ニ存セサリシトスルモ判示認定ニ影響ナキヤ勿論ニシテ原判決カ判示事実ニ対シ判示事実法条ヲ適用シテ有罪ノ処断ヲ為シタルハ正当ナリトス要スルニ原判決ニハ所論ノ如キ違法アルコトナシ論旨孰レモ理由ナシ」とされたのである。なお、本判決は、併合罪関係にある二審事件と三審事件とにつき各別に裁判をしたときにはその判決に対しそれぞれ上訴できるので、控訴裁判所は上告裁判所の判決を待つことなく裁判をなし得るものとするという判断を示している。しかし、ここではこの点についでは触れずに、もっぱら収賄罪に関する事項についてのみ見ることにする。収賄罪の成否に関する弁護人の上告趣意の中核は、司法省訓令作業技師及作業技手職務規定により作業技手の職務内容が規定されており、それ以外は越権行為にすぎないところ、職務内容は「上官の指揮を受け作業の教導及原動機の取扱の事務」に限られるとする点にある。それを前提にして「収賄罪ハ公務員ソノ職務ニ関シ賄賂ヲ収受シタルニ依リ成立シ従ツテソノ職務ノ有無ハ本罪成立ノ要件ナリ……収賄罪ノ要件タル職務ニ関スル証拠ヲ欠クモノニシテ原判決ハ証拠ニ基カスシテ不法ニ事実ヲ認定シタル違法アルモノ」と主張したのである。

右の上告趣意を受けて本判決は、前記のように判示して原判決に違法はないとしたのである。まず作業技手の職務について、監獄官制の規定によれば、「監獄の長」は司法大臣の指揮監督を受けて「監獄の事務」を掌握し「部下の職員」を指揮監督するものであり、刑務所所要の印刷用紙を購入することは「刑務所の事務」に属するものであるから、「刑務所長の特命」による以上、用紙購入の事務はAの「職務」に当たると解している。これは、法令に基づく権限を有する「上司」の「命令」・「特命」による事務が部下の職務に含まれると解するものであって、従来の判例の思考の一顕現であるといえる。一定の権限が法令に規定されているかぎり、その権限を有する者の「命令」が「職務」性を基礎づけることになる。この点に関して本判決も、従来の判例の立場を踏襲するものといえる。

9　総括

右に見てきた大審院の判例の事案は、大別すると、①行為者が国家公務員であるばあいと②行為者が地方公務員であるばあいとに分かれる。①においては、行為者は鉄道省の「事務官」と刑務所の「作業技師補」である。②においては、行為者は、「警察官」、「事務官」、「技師」、「教諭」または「町会議員」である。それぞれの固有の「職務」

内容との関係において事案を見てみると、次のような特徴があるといえる。まず、職務内容が非常に広汎であるから固有の職務に包含できるばあいとして「警察官」が挙げられる。それゆえ、刑事上または行政上の取締り権限を基礎に貸座敷業者・芸娼妓などの営業・稼業に関して「職務」性がみとめられている。にもかかわらず、巡査が小作争議に関与するに当たっては、上司の命令が条件とされていることに注意する必要がある。そのような条件が付される理由は、巡査が一般の警察事務の補助機関にすぎないことに求められている。「上司の命令」に特別の意味を付与することによって当該公務員の職務が法令上の根拠を有することを示す必要があると考えられたのであろう。この思考が大審院判例の潮流を形成したと評価できるとおもわれる。

つぎに、事務官のばあい、担当部署が明らかでありその職務内容も法令で明定されていることが多いといえる。したがって、その固有の職務の範囲を超える事務については、とくに権限を有する上司の命令ないし委任が要求されることになる。それゆえ、庶務掛の事務官は、上司の命令があれば人事事務についても職務権限がみとめられるわけである。地方公務員である県の土木課長が、内務省所管の飛行場建設工事についての事務に関して金員の供与を受けたばあい、職務性がみとめられて収賄罪が成立するとされた。土木課長は、県が施行する建設工事それ自体については、一般的に職務権限を有するといえる。しかし、国が所管する施設については、一般的な職務権限を有しないことは明らかである。そこで、国の所管大臣が県知事に建設工事を委嘱したことによって当該事業は県の事業になり、県知事の命令に基づいて土木課長は当該工事に関して職務権限を取得すると解されることになるわけである。

山林の特売処分許可申請に関する事務が、法令上、県の地方課に属する事務であることは明らかである。しかし、地方課に勤務する事務官は、当然にその事務に関する職務権限をみとめられるのではなくて、県知事の命令を受けることによってその職務権限を取得することになるとされている。

さらに、「技師」のばあい、その固有の職務が専門技術的な事項に限られることは明白である。したがって、職務の範囲は比較的明確であり、技術的事項と直接的な関係を有しない事務については職務性はみとめられ難いことになる。刑務所の作業技術補が刑務所所要の印刷用紙の購入に関与することは、技術的性質をまったく有しない。また、県の土木技師や道路技師については、土木工事請負人や指名入札の詮衡に関する事務は専門技術的性質を有しないのである。そうであるからこそ、技師については、固有の職務権限を有する上司の命令の存在がより強く要請されることになる。そこで、これらのばあいには上司の命令に基づいて職務性がみとめられることが強調されるわけである。

つぎに、公立中学校の教諭のばあい、その固有の職務は教育事項に限定される。したがって、教育それ自体に関係しない行政的事務は、教諭としての職務の範囲外とされることになる。そのような事務は、行政職にある校長や教頭ないし副校長の職務権限に属するのである。それゆえ、上司であるこれらの者の命令を受けることによって教諭は、本来の職務以外の事務について職務性を取得するものとされることになる。したがって、教科書販売店の指定や教科書の割当ても、教諭の職務として扱われるのである。

最後に、町会議員のばあい、地方議会の議員は当該地方公共団体の立法機関を構成するから、本来、その固有の職務は「立法事項」に限られるべきはずである。しかし、議員は政治家としての機能を有している。「政治的事項」は多方面にわたるので、議員の職務権限の限界づけは困難であることが多いといえる。そこで、個々の事案に即して純粋に政治的事項に当たるのか否かを明らかにする必要がある。そのうえで、一定の事務に関して職務権限の有無を判断しなければならないことになる。このことは、地方議会議員だけでなく、国会議員についても当てはまるといえる。判例において職務性の有無が問題となった事案は、町の施行する工事の請負いに関するものである。工事に関する事務は、行政機関の権限に属するものであって、それ自体としては立法または政治に関係するものではない。したがって、その限りにおいて、それは議員の職務とはいえないのである。しかし、町会議員も、水道委員会委員または工事委員会委員として、行政機関の長である町長を「補佐」すべき権限を有することによって、工事に関与する職務権限を有するに至るとされている。

このようにして、判例においては、一般的職務権限を有する「上司の命令」の存在がその命令を受ける者の職務性の根拠とされてきたのである。

三　「職務執行と密接な関係のある行為」に基づく処理

二において見た判例とは別に、「職務執行と密接な関係のある行為」の観念をみとめて賄賂罪の成立を肯定する一群の判例が存在する。それらを時系列で簡単に見ることにしよう。

1　大判大二・一二・九（刑録一九輯一三九三頁）

本判決は、次のように判示している。すなわち、「刑法第一九七条ノ収賄罪及ヒ同第一九八条ノ贈賄罪ハ孰レモ公務員又ハ仲裁人ノ職務ニ関シテ賄賂ノ収受若クハ交付アルコトヲ要スルハ勿論ナリト雖トモ収賄若クハ贈賄ノ原因タル行為カ公務員又ハ仲裁人ノ職務自体ナルコトヲ要セス其ノ職務ニ関渉スルモノナルヲ以テ足ル即チ賄賂ノ対価タル給付カ公務員又ハ仲裁人ノ職務執行タル行為ニ属セサルモ其職務執行ト密接ノ関係ヲ有スル場合ニ於テハ職務ニ関シテ収賄若クハ贈賄ノ行為アリト謂フヲ妨ケス原判決ノ認定シタル事実ニ依レハ被告等ハ島根県会議員Ａニ対シ斐伊川沖堤県費支弁ト為スコトヲ相当トスル旨ノ意見書ヲ県会ニ提案シ之ヲ可決セシムルニ付斡旋ヲ為スコトヲ請託シ該意見書可決ノ後右報酬トシテ金円ヲXニ交付シタリト云フニ在リテ右意見書ヲ成立セシムルニ付他ノ県会議員ヲ勧誘シテ之ニ賛同セシムル行為ハ県会議員トシテ意見書ヲ提案シ若クハ之カ成立ニ付自己ノ意見ヲ発表スル如キ職務行為ニ非サルハ勿論ナルモ其職務ニ関スル行為ニ非スト謂フヘカラス蓋シ府県制第四五条ニ依レハ府県会ハ府県ノ公益上必要ナル事項ニ付意見書ヲ府県知事又ハ内務大臣ニ提出スルコトヲ得ヘキヲ以テ府県会議員カ右意見書提出ノ件ヲ発案スルハ其職務ノ執行ニ外ナラス従テ右発案若クハ可決ニ付要スル定数ノ賛成議員ヲ勧誘賛同セシムルハ是亦職務ノ執行ニ関スル行為ナルコト疑ナケレハナリ」と判示している。

本判決は、賄賂罪が成立するためには、公務員または仲裁人の「職務執行」行為それ自体だけでなくその「職務執行ト密接ノ関係ヲ有スル場合ニ於テハ」職務に関して給付の授受があれば足りると明確に判示している点に特徴があるといえる。本判決によれば、府県知事または内大臣に提出する意見書の発案・可決は、府県会議員の「職務の執行」にほかならないが、その案件の可決に必要な定数を得るために賛成議員を勧誘賛同させる行為は、職務の執行に密接な行為とされる。ここにおいては、収賄または贈賄の原因となる行為は、公務員などの「職務自体」であることを要せず、その「職務ニ関渉」するものであれば足りるとしたうえで、職務執行行為に属しなくてもその「職務そのもの」に含まれるか否かという視点ではなく、その職務執行と密接な関係を有するか否かという視点が賄賂性の有無の判断基準とされることになったわけである。

2　大判昭七・一〇・二七（刑集一二巻一四九七頁）

本判決は、村会議員が、その職務執行行為と密接なる関係を有する村会議員協議会における協議事項に関係して金員の交付を受けたばあいに賄賂収賄罪が成立するとして、以下のように判示している。本件の事案関係は、次のとおりである。すなわち、上板橋村村立尋常高等小学校および同第二小学校は、いずれも狭隘となったので、その対策として校舎の増改築または新設をするためには、村長から東京府知事にその旨上申し、府知事は、そのようなばあいには予算問題を伴う関係上、これを村会に諮問し村会がこれを可とする答申をすれば、これを許可し村長が上申した対案を実行する運びとなる。しかし、村会がこれを不可とする答申をしたばあいには府知事の許可を得ることができなくなり村長が上申した対案を実現できないので、従来、多くの地方自治団体が慣例とするように、上板橋村においても村長は、府知事に上申するに先立って他日知事から村会に諮問された際に上申案を可決されることを期するため、あらかじめ村会議員を招集して「協議会」を開いて案を協議し意見を徴し、議員多数の意見に従って上申案を作るのを例としていた。右協議会における成案は、事実上ほとんどすべて他日村会の可決を見て実行されるに至る関係上、上板橋村長Xも、当該小学校校舎の対案を得るため、右慣例に従って村会議員全員の協議会を招集し前記各小学校毎に分教場を新設する案などを協議に付したところ、右協議会は、右の案を可決し、それぞれの敷地を選定する決議をおこなった。その結果、各方面の地元村会議員等において各二箇所宛の候補地を選定したうえ、さらに右協議会の協議に付し、前記第二小学校地元村会議員Xは、他の数名の議員と協議してX所有の土地を敷地候補とすることとした。その所有地がかねてより地元有志の多数により推薦されていたので、来るべき協議会においても当然該地所に確定するものと期待していたが、招集された協議会においては意見が分かれ、後日さらに協議会を開いて決定することとなった。そこでXは、自己所有地を敷地とするためには同村議会議員の多数に請託してその賛成を得る必要があるとして、そのためにまず当時同村会議員でその有力者である被告人に賛成方を請託すると同時に他議員に対する同様請託方を依頼するにしかずと考えて、被告人に対し来る協議会において前記自己所有地を分教場敷地とすることに賛成していただきたい旨請託し、同時に他の議員に対する同様請託方を依頼し、その報酬および運動費として金員を交付した。被告人は右請託および依頼を諒承し右金員を収受した。弁護人は、上告趣意書において「小学校敷地ノ指定ハ小学校令ノ定ムル所ニヨリ当該市町村ノ意見ヲ聴キ地方長官之ヲ定ムルモノナリ而シテ本件事案ハ未タ東京府知事ヨリ上板橋村ノ意見ヲ聴ク以前ニ関スルモノニシテ即チ上板橋村長ニ於テ東京府知事ニ対シ学校敷地指定ノ予定希望地ヲ上申スル為メ之カ予定地ノ更ニ予定地ヲ同村長ニ於テ発見シ自己ノ内意ヲ決定スル目的ノ下ニ村会議員ノ意見ヲ徴シタル程度ニ在リタルモノニシテ本来村会議員ノ職務権限ニ関セサル事項ナルコト一件記録ニヨリ明カナリサレハ仮リニ被告人ノ為シタル金銭貸借カ本件ニ関連スルモノナリトスルモ全ク被告人ノ職務権限ニ関セサル事項ニ付為サレタルモノナリ即チ村長カ東京府知事ニ対シ内申スルタメノ意見決定ニ関スル資料トシテ便宜上村会議員ノ意見ヲ問ヒタルニ止リ本件ノ場合ニ於テ被告人等ノ立場ハ村会議員タル資格ニ非スシテ一ツノ地方有力者トシテ之ヲ見ル可キコト妥当ナリト云フ可キナリ然ルニ原審判決カ刑法第百九十七条ヲ適用シタルハ違法ナリ」と主張したのであった。

右の上告趣意を受けて本判決は、次のように判示したのである。すなわち、「右請託並依頼ハ直接村会ニ関シ為サレタルモノニ非サルモ判示協議会ニ於テ村会議員タル被告人カ意見ヲ開陳シ或ハ案ヲ議スル行為ハ右協議会カ前記ノ如キ性質並意義ヲ有スルモノナル以上村会議員ノ職務執行行為ニ関渉シ之ト密接ナル関係ヲ有スルモノト認ムヘキモノナルカ故ニ被告人カ右協議会ニ関シXノ請託並依頼ヲ承諾シ之カ報酬トシテ金員ノ交付ヲ受ケタルハ村会議員ノ職務ニ関シ賄賂ヲ収受シタルモノト謂ハサルヘカラス従テ被告人ノ該行為ハ刑法第百九十七条第一項前段ニ該当スルカ故ニ原判決ハ法令ノ適用ヲ誤リタル違法アルコトナク又爾余ノ論旨ハ原判決ノ判示事実ニ副ハサルモノトス論旨理由ナシ」と判示している。本件の請託および依頼は、直接、村会に関してなされていないので、村会議員の職務それ自体に関してなされたものではない。しかし、村会議員が「私的機関」である「協議会」において意見を開陳し、または案を議する行為は、協議会の「性質」および「意義」から村会議員の職務行為に「関渉」しこれと「密接なる関係」を有するとされている。協議会の性質と意義とは、次のことを意味する。すなわち、協議会は村会議員全員で構成され、そこで協議され決められた成案は、他日開催される村会において事実上、ほとんどすべて可決されていたのである。そうすると、協議会は、形式的には村会とはまったく別個の私的機関にすぎないが、実質的には村会と同一の機能を有する機関といえることになる。したがって、村会議員に対して協議会の議案に関して嘱託のうえ金員を交付する行為は、村会議員の職務執行に密接な関係を有する行為に関して交付する贈賄行為として解することが可能となる。この意味において、本判決は、従前の判例と同じ系列に属し、結論的に妥当であるといえるとおもう。

3　大判昭八・一〇・一〇（刑集一二巻一八〇一頁）

本判決は、賄賂の意義に関して、公務員または仲裁人の職務執行の行為に対するものはもちろん、その職務執行と密接の関係を有する行為に対する給付をも包含する旨を判示している。その事案は、次のとおりである。すなわち、岐阜市会議員在職中の被告人X、YおよびZらは、当時の岐阜市役所収入役Aの任期が満了するので同市長Bにおいてさらに A を収入役として岐阜市会に推薦する意思を有しAも三度選任されることを希望していたところ、市会議員中これに反対する者が多数いたので、反対の議員を勧誘買収し市会議員の全員一致でXの選任に賛同させるよう運動しAから報酬として金員を貰おうと共謀した。そこで、X、YおよびZらは、Aを料亭に招致し、運動費用並びに該運動に関する被告人等の料理店等における飲食代金などを包含する趣旨の下に金五百円を供与されたい旨を申し向けて職務に関し賄賂を要求した。第一審および原審は、X、YおよびZらについて賄賂要求罪の成立をみとめた。

上告趣意は、一般論として、「賄賂罪ニ所謂『職務ニ関シ』トハモトヨリ具体的ニ職務行為自体ナルコトヲ要セサルモ苟クモ公務員ノ一般的権限内ノ行為ナルコトヲ必要トス公務員ノ一般的権限ノ範囲外ノ行為ハモハヤ主観的ニモ客観的ニモ公務員タル資格ヲ脱シタル私ノ行為ニシテカカル行為ニ対シ報酬ヲ収受要求スルモ未タ以テ賄賂罪ヲ適用スヘカラサルコト論ヲ俟タス凡ソ賄賂罪ハ其ノ趣旨清廉ナルヘキ公務員カ其ノ地位ヲ冒涜スル行為ヲ処罰シ以テ職務ノ公正ヲ保持セントスルニアルカ故ニ公務員ノ資格ヲ離レタル私ノ行為ニ付報酬ヲ収受要求スルモ未タ清廉ナルヘキ公務員ノ地位ヲ汚スモノト云フコトヲ得サレハナリ」と述べたうえで、本件について次のように主張している。すなわち、「被告人等ハＡノ収入役ニ選ニ反対ノ他ノ議員ヲ説得シ之ヲ勧誘シテ右Ａノ選任ニ賛成セシムヘキ了解ヲ求ムルニ付其ノ費用ノ承認ヲ求メタルニ過キサルモノニシテ右Ａノ為他ノ議員ヲ説得勧誘スル行為ニモアラス単ニ議員ノ職務ニ関係アルニスキサル私ノ行為ト云フヘクカカル行為ニ対シ仮リニ報酬ヲ要求シタリトスルモ之レ公務員タル資格ヲ離レタル私生活上ノ行為ニ付報酬ヲ要求シタルモノニスキス清廉ナルヘキ公務員ノ職責ハ之ニヨツテ毫モ害セラルルコトナカルヘシ然ルニ之ヲ職務ニ関スル行為ナリトシテ被告人等ニ賄賂罪ヲ適用処断シタル原判決ハ擬律錯誤ノ違法アリ」と主張されたのである。ここにおいては、賄賂罪は「職務行為自体」および「一般的権限内の行為」に関して成立するのであり、「一般的権限の範囲外の行為」は私的な行為にすぎないので、これについては賄賂罪は成立し得ないとされる。そして、本件においては、市会議員が他の市会議員を説得勧誘する行為は、議員の一般的権限外の行為であり、したがって、単なる私的行為にすぎないので、これに関しては賄賂罪が成立するはずはないとされたのであった。

右の上告趣意を受けて本判決は、次のように判示したのである。すなわち、「賄賂罪ニ於テ賄賂ノ対価タル給付ハ公務員又ハ仲裁人ノ行為ニ属スルモノハ勿論其ノ職務執行ト密接ノ関係ヲ有スル行為ニ属スル場合ヲモ包含スルモノトス市収入役ハ市制第七十九条第二項第七十五条第二項ニ依リ市長ノ推薦ニ依リ市会之ヲ定メ市長職ニ在ラサルトキハ市会ニ於テ之ヲ選挙スヘキモノナレハ市会議員ハ市長ノ推薦シタル収入役候補者ニ付其ノ可否ヲ決スヘキ議事ニ関シ議決ニ加ハルハ其ノ職務ノ執行ニ外ナラサルト同時ニ其ノ可決ニ付要スル定数ノ議員ヲ勧誘シ之ニ賛同セシムルコトニ運動尽力スルカ如キハ其ノ職務ノ執行ト密接ノ関係ヲ有スルモノニシテ市会議員ノ職務ニ関スル行為ナリト称スルコトヲ得ヘシ原判決ノ認定シタル事実ニ依レハ被告人両名ハ岐阜市会議員在職中岐阜市収入役Aノ任期満了シ同市長Bニ於テ右Xヲ同市収入役トシテ岐阜市会ニ推薦セムトスル意向ヲ有シXモ之レカ選任ヲ希望シ居リタルモ同市会議員中之ニ反対スル情勢アルコトヲ察知シ外一名ト共謀シAニ対シ反対議員ヲ説得シ全会一致Aヲ収入役トシテ其ノ選任ヲ決議スルニ至ルヘキニヨリ其ノ運動費費用ノ必要ナル旨ヲ告ケ暗ニ運動費用並ニ該運動ニ関スル被告人等ノ料理店等ニ於ケル飲食代金ヲ包含スル趣旨ノ下ニ金五百円ノ供与ヲ求ムル旨ヲ表示シ賄賂ヲ要求シタルモノナレハ被告人等ノ行為ハ前段説示ノ理由ニ依リ公務員其ノ職務ニ関シ賄賂ヲ要求シタルモノニ該当シ賄賂要求罪ヲ構成スルモノトス論旨ハ理由ナシ」と判示している。

本判決は、右の「一般的職務権限」の範囲内か否かという基準を用いずに、「職務執行と密接な関係を有する行為」に包含されるか否かという基準を用いることを明言している。そして、議員が一定の議事に関して、その可決に必要な定数の議員を勧誘しこれに賛同させるために運動・尽力する行為は、「職務の執行と密接な関係を有するもの」であると解している。したがって、本件において賄賂罪が成立することになる。これは、従来の判例の見地からは妥当とされるべきであるといえる。本判決は、賄賂要求罪の成立をみとめている点で特異なケースであるが、従来、収賄罪についてみとめられてきた密接行為の法理を賄賂要求罪について是認する一事例を提供するものと評価され得るとおもう。

4　大判昭九・八・六（刑集一三巻一〇六六頁）

本判決は、町会議員が特定の町長候補者を当選させるため他の議員を訪問しその目的を達しようとする運動をすることはその職務執行と密接な関係のある事項であり、これに関して不法の利益を供与するばあいには贈賄罪が成立することをみとめている。その事案は、次のとおりである。すなわち、被告人Xは、旧東京府荏原郡馬込町町長Aの任期満了後の後任町長となる希望を有していたので、同町町会議員で右町長を選挙すべき職務を有するYに対して町会において町長に当選させるべく尽力することの謝礼として金百円を手交し、同じくZに対して前記町会において同人が自己の町長に選出されることを妨害しないことの謝礼として金五十円を、Uに対して金百円をそれぞれ手交し以て前記職務に関して賄賂を交付した。第一審および原審は、Xについて贈賄罪の成立をみとめた。

Xの弁護人は、上告趣意において、「町会議員ハ町長ヲ選挙スルノ職務権限ヲ有スルヲ以テ被告人Xは町会議員タルYニ自己ヲ町長ニ選挙スヘキコトヲ依頼シ又ハ自己ヲ選挙シタル謝礼トシテ判示金員ヲ交付シタリトセハ贈賄罪ヲ構成スヘキハ勿論ナリト雖モ被告人XハYカ町会議員タル職務外ニ被告人Xヲ町長ニ推薦スヘク尽力奔走シタル車賃其ノ他ノ実費ヲ弁償スル意味ニ於テ判示金員ヲ交付シタリトセハ同罪ヲ構成スヘキモノニアラス従テ此ノ点ハ本件犯罪ノ成否ニ関スル重要ノ事項ナリトス」と主張した。ここにおいては、町会議員には町長を選挙する職務権限があるが、他人を町長に選出するように尽力奔走することは町会議員の職務権限に包含されないことが主張されているのである。

右の上告趣意を受けて本判決は、次のように判示している。すなわち、「町会議員カ町長ヲ選挙スルハ其ノ職務ニ属シ又特定ノ町長候補者ヲ当選セシムル為他ノ議員等ヲ訪問シ其ノ目的ヲ達セントスル運動ヲ為スハ職務執行ト密接ノ関係ヲ有スルモノニシテ畢竟職務ニ関スル事項ナルカ故ニ斯カル運動ヲ為シタルコトニ関シテ不法ノ利益ヲ供与スルトキハ贈賄罪ヲ構成スルコト本院判例ノ趣旨ノ存スルトコロナレハ原判決カ所論証拠ニ依リ判示贈賄事実ヲ認定シタルハ不法ニ非ス論旨理由ナシ」とされているのである。本判決は、町会議員が町長を選挙することは町会議員の職務に属するとしたうえで、議員が特定の町長候補者を当選させるために他の議員を訪問しその目的を達成しようと運動することは、「職務執行と密接の関係を有するもの」であることをみとめ、このような考え方は従来の大審院の判例の趣旨であると明言している。まさしく本判決が述べているように、町会議員が町長選挙のために他の議員に働き掛けることは、町会議員の職務執行行為に密接な関係を有する行為であり、これに関して金員を供与すれば、従来の判例の見地からは贈賄罪が成立することになるのである。本判決は、職務執行行為と密接な関係をみとめて贈賄罪の成立を肯定した事例を追加する重要判例といえる。

5　大判昭九・一一・二六（刑集一三巻一六〇八頁）

本判決は、賄賂罪の多岐にわたる論点について判示している。判示事項は、①賄賂要求罪の成立と被要求者の非応諾意思、②町村長の助役推薦前における助役候補者の非公式予選方法の適法性、③助役決定の準備のためにする行為と町村会議のためにする行為と町村会議員の職務、④裁判公開の原則と裁判書の記載方法および⑤将来の職務に関する賄賂要求罪の成否である。④は、もっぱら訴訟法に関わる論点であるから、ここでは省略することにする。

被告人Xは、愛媛県周桑群田野村の助役として勤務していたが、任期満了後も同村長の推薦により同村村会において助役に重任することに決議されて引き続きその職に在りたいと希望していたところ、当時同村書記Aを後任助役にしようとする一派の者があったため、同村村会の有力議員Yに対して助役改選の際は尽力されたい旨懇請し、さらに同村有力議員Zに対しその後援方を依頼して、それぞれの承諾を得た。Xは、YおよびZと共に、またはその何れかと共に、複数の村会議員らに対して、助役改選の際は村会においてXを助役に重任させるべく尽力されたい旨の懇請をなし、その尽力に対する報酬として酒食を饗応し、または金員を供与した。またYは、ZらとXの後任助役になろうとする意思のあった同村役場書記Aに対し、同人を後任助役として援助することを条件とし村会においてその尽力をなす報酬と金三百円を要求しようと謀議のうえ、他の議員をA方に行かせAに対して村会において同人を後任助役に決定するように尽力することに対する報酬として金三百円を交付させたい旨申し込ませて、それぞれ村会議員としての職務に関して賄賂を要求した。

①の点について弁護人は、「Aハ多年憲兵隊ニ在リテ自ラ検察事務ニ当リ到底本件ノ如キ汚職行為ヲ敢テスル者ニアラ」ざるゆえ、Aに対する「賄賂要求ハ当初ヨリ殆ント不能ニ属ス」として賄賂要求罪は成立せず、また本件においては自首がみとめられるべきであると主張したのである。右の上告趣意に対して本判決は、次のように判示している。すなわち、「公務員カ其ノ職務ニ関シ賄賂ヲ要求スルトキハ其ノ要求行為自体ニ於テ汚職ノ事実ヲ存スルモノナレハ被要求者カ之ニ応スル意思ナキ為要求者カ其ノ目的ヲ達スル能ハサル場合ニ於テモ賄賂要求罪ノ成立ヲ認ムルニ妨ナキモノトス従テ賄賂要求ノ目的ヲ達スル能ハサリシ旨ノ主張ハ同罪ノ成立ヲ阻却スヘキ原由タル事実上ノ主張ニ該当スルモノニアラス又所論告発書ノ記載カ被告人ノ賄賂要求罪ノ自首ト認ムヘキモノナリトスルモ自首ニ因ル刑ノ減軽ハ裁判所ノ自由裁量ニ任セラレタル所ナルヲ以テ自首ノ主張ハ法律ニ所謂刑ノ加重減免ノ原由タル事実上ノ主張ト謂フヲ得ス従テ論旨孰レモ理由ナシ」と判示されているのである。ここにおいて、賄賂要求罪は、賄賂を要求すること自体に汚職の性格がみとめられるのであるから、被要求者のその要求に応ずる意思の有無にかかわらず成立するとされている。要求行為が構成要件的行為であるので、これは妥当な理解であるといえる。また自首は裁量的な刑の減軽事由であるから、その認否についての主張は事実上の主張にすぎないことになる。

②および③について、弁護人は、「助役ノ決定ニ付村会議員ノ職務トシテハ村長ノ推薦ニ依リ村会之ヲ定ムヘキモ

ノニシテ村会カ推薦決定スヘキモノニアラサルコトハ町村制第六十三条第六項ノ明定スル所ニシテ非公式ニ助役トナスヘキ者ヲ選挙決定スルカ如キハ法令ニ依ル村会議員ノ行為ニアラス」、したがって、被告人が「村会議員ノ職務ニ関シ賄賂ヲ収受シタリトシテ収賄罪ニ問擬シタルハ擬律錯誤ノ違法アルモノニシテ破棄ヲ免レサルモノト信ス」と主張した。これに対して、本判決は、まず②について、「町村制第六十三条第六項に依レハ助役ハ町村長ノ推薦ニ依リ町村会之ヲ定ムルモノナレハ町村長及町村会議員ハ其ノ町村ノ助役ヲ決定スル職務権限ヲ有スルコト明白ナリトス而シテ町村長カ助役ノ推薦ヲ為スニ当リ任意ニ予メ町村会議員ヲ非公式ニ招集シ助役候補者中ヨリ助役ト為スヘキ者ヲ投票又ハ多数決ニシテ議決セシムルカ如キハ町村長及町村会議員カ助役決定ノ職務ヲ円滑ニ遂行スル準備手段トシテ適当ナル措置ナリト謂フヘク他ヨリ之レヲ強制セサル限リ毫モ違法ニアラス」と判示したのである。ここにおいては、町村長が非公式に町村会議員を招集して予め助役となるべき者を投票または多数決によって議決することは、「助役決定の職務を円滑に遂行する準備手段」として「適当なる措置」であるから、強制することがないかぎり、適法であるとされている。右の措置は、強制に及ばない以上、何等違法性は存在しないことになる。この結論は、妥当である。

つぎに、③について本決定は、「而シテ右ノ決議ハ固ヨリ法理上ノ効力ヲ有セサルモ町村会議員カ町村会ニ於テ助役決定ノ職務ヲ実行スル準備行為トシテ該職務自体ト密接ニシテ離ルヘカラサル関係ニ在ルモノナレハ等シク職務ニ関スル行為ナリト解スヘキモノナリトス加之原判決ハ被告人……カ判示村会議員トシテ正式ノ村会ニ於テ尽力ヲナスヘキ報酬トシテ原判決認定……ノ如ク饗応ヲ又ハ金員ヲ要求シタル事実ヲ認定シタルモノニシテ所論判示慣例ノ存スルコトハ右犯罪事実の経過事情ヲ叙述シタルモノニ外ナラサルカ故ニ原審カ判示被告ノ行為ニ付刑法第百九十七条第一項ヲ適用シタルハ正当ニシテ擬律錯誤ノ違法アルコトナシ従テ仮ニ同被告人カ所論ノ如ク右助役推薦前ノ投票又ハ決議ハ其ノ職務ノ範囲外ノ行為ナリトノ意思ヲ有シ居リタリトスルモ之カ為ニ右各犯行ノ成立ニ影響ヲ及ホスヘキモノニアラス論旨孰レモ理由ナシ」と判示している。非公式の会議である以上、そこにおける議決が法的効力を有しないことは当然である。しかし、それを議決するのは、町村議会の正式手続きの「準備行為」であるから、議員の「職務自体と密接にして離るべからざる関係に在るもの」と解するのは妥当であるといえる。この判文において、「職務執行行為」ではなくて「職務自体」と密接な関係を有すると表現されている点は、大いに注目されるべきであるとおもう。なぜならば、公務員の本来の「職務そのもの」との内容的密接関連性を検討する視点がそこに包含されているからである。

⑤について弁護人は、「町村助役ハ町村長ノ推薦ニ依リ町村会之ヲ定ムヘキコトハ町村制ノ明定スル所ニシテ助役ハ村会議員ノ選挙スヘキモノニ非サルヲ以テ被告人……カＡニ対シ村会ニ於テ同人ヲ後任助役ニ決定スル様尽力スル旨申入レタリトスルモ未タ村長ヨリ同人ヲ助役トシテ推薦シ居ラサル以上被告人……等ノ申込ハ其ノ村会議員ノ職務ニ関スル事項以外ニ於テ一個人トシテノ尽力ヲ約シ之カ報酬ヲ要求シタルコトトナリ賄賂罪ヲ構成スヘキモノニアラス」と主張した。これに対して、本判決は、「賄賂要求罪ハ公務員カ其ノ地位ニ於テ将来執行スヘキ職務行為ニ関シテ賄賂ヲ要求スル場合ニモ成立スルモノニシテ職務行為ノ内容タル事実カ賄賂要求ノ当時ニ現存スルコトハ同罪ノ成立要件ニ属セサルカ故ニ原審カ所論判示事実ヲ認定シ之ニ対シ刑法第百九十七条第一項ノ賄賂要求罪ニ問擬シタルハ正当ニシテ擬律錯誤又ハ事由不備ノ違法アルモノト為スヲ得ス論旨ハ理由ナキニ帰ス」と判示している。賄賂要求罪においては、「将来執行すべき職務行為」に関して賄賂を要求すれば足り、行為当時に職務行為の内容事実が存在することは成立要件ではないとされている。本罪の本質から見て、この理解は妥当であるといえる。

6　大判昭一〇・九・二（刑集一四巻九〇〇頁）

本判決は、村会議員が村道改修工事に関する予算案の提出および通過に尽力すべき旨の依頼を受け金員を収受したときは収賄罪が成立することをみとめている。本件の事案は、次のとおりである。新潟県佐渡郡吉井村村会議員のXは、同村会議員Bから施行予定の救農土木工事は町村道立野線改修工事として実施すべく同村会にその提出および通過に尽力されたい旨依頼を受け、Yを含む有力者らとの会合の席において、Yらに対して当該工事は立野線改修工事として施行すべく該村会にその議案の提出および通過に尽力することの報酬として金百円を提供されたい旨を申し向け、Yほか六名から金百円の交付を受け、その際、同人らに対し、県から交付されるべき該工事補助金金額を立野線改修工事に使用できるように尽力するのでさらに金五十円を交付されたい旨を申し向けて、その職務に関して賄賂を収受し、または要求した。

右の事実につき第一審および原審は、Xに対して賄賂収受罪および賄賂要求罪の成立を肯定した。これに対して弁護人は、上告趣意において次のように主張した。すなわち、「村会議員ノ職務権限トシテハ町村制第五十三条ノ二ニ規定セラレタリ依テ同条ニ規定スル同法第三十九条並第四十条ヲ検スルニ同法第四十条第二項ニハ『町村費ヲ以テ支弁スヘキ事業ニ関スル事但第七十七条ノ事務及法律勅令ニ規定アルモノハ此限ニアラス』ト規定セラレ但書ニヨリ職務権限ヲ排除セラレ居レリ故ニ本件ノ場合ノ如ク道路法第三十五条ニ基キ当該年度ニ於テ匡救町村土木事業費トシテ内務省農林省両省ヨリ予算提出セラレ帝国議会ノ協賛ヲ経テ県へ補助シ更ニ県会ノ議決ヲ経テ各町村へ割当補助ヲ為シ其ノ四分ノ一ハ町村ノ負担トナスヘキ立前ノ所謂救農土木事業費ニ基ク救農土木工事ナルモノニ付テハ町村会ノ権限ヨリ排除セラレ町村会議員ハ斯ル事業ニ付何等発案権議決権ヲ有スルモノニアラス加之該補助金ヲ特定ノ具体的ノ事業ニ付振向タルノ権限ヲ有スルノ限ニアラス」としたうえで、「斯ル土木事業ニ付テハ町村長ノミカ執行機関トシテ費用ノ出入ヲ為ス権限ヲ有スルモノナレトモ此ノ補助金ヲ町村予算ニ組入サルトキハ町村ノ事業トシテ使用スルコト能ハサルヲ以テ形式的ニ歳入予算トシテ予算面ニ計上スルニ過キスシテ之ニ就キ村会ハ何等実質的ノ議決権ヲ有スルモノニアラス而シテ町村会議員ハ町村ノ公務執行ニ付キテハ何等関知セサル所ナリトス故ニ町村会議員ハ本件ノ如キ具体的案件ニ付議案ヲ提出スル権限ナキモノナリ」として、「立野線工事ヲ実施スルヤ或ハ他ノ道路工事ヲ為スヤハ道路管理者タル村長ノ選定ト監督官庁ノ認可トノ二条件ノ完備ニ依リテ確定スルモノニテ村道中何レノ工事ヲナスヘキヤニ付キ職務ト権限ヲ有スル者ハ村長ト監督官庁ノ外ニ出ツルコトナク此間村会議員ノ職務又ハ権限ノ発動スル余地寸毫モ存スルコトナシ」と主張したのである。

　右の主張に対して、本判決は、次のように判示してこれを斥けたのである。すなわち、「仍テ按スルニ改修ヲ要スル町村道ノ路線ヲ決定スルハ町村長ノ職務ニシテ町村会ノ職務ニ属セサルコト道路法ノ規定上明白ナリト雖本件町村道ノ改修工事ニ付テハ其ノ費用ノ四分ノ一ハ町村之ヲ負担スヘキモノナルカ故ニ町村長カ右決定ヲ為シ之ヲ施行スルニ付テハ町村ノ歳入出予算ニ右費用ヲ計上シ之ニ付テ町村会ノ議決ヲ経ルコトヲ要スルハ町村制ノ規定上疑ヲ容レサル所ナリ而シテ町村ノ予算ニ付テハ町村長其ノ議案を発スヘキモノニシテ町村会議員ニ於テ其ノ発案権ヲ有スルモノニアラスト雖町村会ニ右予算案ノ提出セラルルニ当リ其ノ通過ノ為ニ議決権ヲ行使スルコトハ同議員ノ職務タルヤ寔ニ明白ナリト云フヘク且議員カ右議案ノ当否ヲ審案シテ議決ヲナスニ付テハ具体的ニ其ノ路線ヲ認識シ更ニ其ノ他ノ事情ヲ明ニスルコト亦当然ナリトス従テ判示救農土木工事補助費全部ヲ判示町村道立野線改修工事ニ使用シテ該工事ヲ実施スルコトヲ条件トシテ予算案ノ通過ニ尽力スルコトハ判示村会議員タル被告人ノ職務ニ関スルモノト認ムヘク而シテ此ノ目的ヲ以テ当該村長ヨリ予算案ヲ提出セシムルコトニ尽力スルハ被告人ノ職務其ノモノニ非ラサルモ其ノ職務ト密接ノ関係アル事項ナリト云ハサルヘカラス然レハ則被告人ニシテ判示議案カ合法的ニ判示村会ニ提出セラルルコトヲ斡旋シ其ノ提出アルヤ其ノ通過ニ尽力スルコトニ関シテ賄賂ヲ収受シ又ハ要求スルニ於テハ収賄ノ罪責ヲ免レサルコト明白ナリ原判決ハ其ノ行文簡粗ニシテ闡明ヲ欠クノ嫌ナキニ非スト雖全判決ヲ熟読スレハ其ノ趣旨畢竟叙上ノ説明ニ異ナル所ナキヲ認メ得ルカ故ニ原判決ニハ所論ノ如キ違法アリト為スヲ得ス」と判示されているのである。

本判決は、村会議員の職務権限を具体的な法令に基づいてその内容を明らかにしたうえで、工事の費用を計上する議案については、村会議員は、予算案が村会に提出されたばあいにはその通過のために議決権を行使する職務権限を有するとする。議決権を適切に行使するためには具体的な工事内容を知る必要があり、それを基に予算案の通過に尽力することは、議員の職務に関するものといえることになる。そして、村長から予算案を提出させることに尽力するのは、村会議員の「職務そのもの」ではないが、「その職務と密接の関係ある事項」であると明言されている。これに関連して金員の収受または要求がなされたばあいには、当然、収賄罪または賄賂要求罪が成立することになる。このことは、従来の判例の見地からは妥当な結論であるといえる。本判決が、職務執行行為ではなくて「職務」との密接関連性を明確に表現している点は、注目されるべきである。というのは、事実的な職務「執行行為」という観点から抽象的な「職務内容」という観点への移行がみとめられるからにほかならない。

7　大判昭一一・八・五（刑集一五巻一三〇九頁）

昭和一一年八月五日の大審院の判決は、①旧刑法二三四条の解釈および②市会議長の選出に関する市会議員の職務内容について判示している。すなわち、①については、市会議員が市長選挙に際し他の請託に応じて投票をしたが、その投票前に賄賂授受の予約がなく投票後に始めてそのことに対する報酬の授受があったにとどまるときには旧刑法第二三四条の犯罪を構成しないとする。②については、市会議員が市会議長になることを希望する者のために同僚議員を勧説斡旋して議長にさせることは、その職務に関する行為というべきであり、これについて利益を収受するばあいには刑法第一九七条第一項の犯罪を構成するとしている。

本件の事案は、多数人の市会議員が被告人となっていて複雑であるが、右の①および②の論点に関する事実は、次のとおりである。まずAは、東京市会議員である被告人Xに対しYを東京市長に推薦し、かつXらが職務として市長選挙をする際は、Bに投票するのはもちろん同志議員を勧説してYを市長に当選させるよう斡旋尽力されたい旨請託した。議員らから投票および斡旋尽力を得たので、Aは、Xから金融の依頼を受けると、右の便宜を受けたことの報酬としてその要求に応じ金員をXに交付した。Xは、収賄罪の成立を肯定された。

被告人Yは、東京市会議員としてその職に従事中、前記市会議長選挙に当たり市会議員XからYが職務として議長選挙をなす際は、Yはもちろん他の同僚議員をも勧説して自己を議長に選挙するよう斡旋尽力ありたい旨の請託を受けて、これを承諾し同人が右職務上の請託に対する報酬となす目的をもって交付した金員を収受した。

①についての弁護人の上告趣意は、原判決が「判示スル所ニヨレハ㈠市長選挙ハ投票ニヨリテ行ハレタルモノニシテ㈡右投票ノ謝礼トシテ判示金融ノ授受カ行ハレタルモノナリトス左レハ右両者間ニ因果ノ関係アリトセハ上告人Aノ所為ハ当ニ旧刑法第二百三十四条ニ該当スルモノナリトス然ルニ原判決ハ右ノ因果関係ノ有無ニ付何等審究判断スル所ナク刑法汚職罪ニ関スル罪ヲ以テ論シタルハ審理不尽理由不備ノ違法アリ且ハ擬律錯誤ノ違法アルモノニシテ此ノ点ニ於テ破毀ヲ免レサルモノト信ス」というものである。ところで、旧刑法二三四条は、「賄賂ヲ以テ投票ヲ為サシメ又ハ賄賂ヲ受ケテ投票ヲ為シタル者ハ二月以上二年以下ノ軽禁錮ニ処シ三円以上三十円以下ノ罰金ヲ付加」と規定していた。

右の上告趣意に対して、本判決は、「然レトモ旧刑法第二百三十四条所定ノ賄賂公選投票罪ハ賄賂ヲ以テ投票ヲ為サシメ又ハ賄賂ヲ受ケテ投票ヲ為スニ依リ成立スルモノニシテ其ノ賄賂ノ授受ハ投票ヲ為ス以前ニ実行セラレタル場合タルト将又投票後ニ授受スヘキコトヲ予約シ投票ヲ為シタル後ニ其ノ実行アリタル場合タルトヲ問ハサルモ少クモ投票以前ニ於テ賄賂ノ授受又ハ其ノ予約アリタルコトヲ要スルモノト解スルヲ相当トスヘク従テ単ニ投票ヲ為スヘキ旨ノ請託ヲウケテ之ヲ実行シタル後ニ至リ始メテ右投票ニ対スル謝礼トシテ利益ノ授受ヲ為スカ如キハ同法条ノ罪ヲ構成スルモノト云フヲ得ス」としたうえで、本件において、「述上ノ如ク投票以前ニ於テ前示賄賂ノ授受アリタルニ非サルハ勿論其ノ予約アリタルニモ非ス唯投票以前ニ於テ投票等ノ請託アリ投票後ニ始メテ之ニ対スル報酬ノ授受アリタルニ過キサルヲ以テ被告人ノ右所為ハ前述ノ理由ニ照ラシ旧刑法第二百三十四条ノ罪ヲ構成セサルモノト云ハサルヘカラス然ラハ原判決カ判示事実ヲ認定シテ判示法条ヲ適用シ旧刑法第二百三十四条ヲ適用セサリシハ洵ニ正当ニシテ所論ノ如キ審理不尽理由不備又ハ擬律錯誤ノ違法アルコトナシ論旨ハ理由ナシ」と判示したのである。旧刑法二三四条は、投票よりも前に賄賂の授受またはその予約があることを要求しているので、本判決の結論は妥当であるといえる。

つぎに、②について上告趣意は、原判決は「同僚市会議員ヲ勧説シテ或者ヲ議長ニ選挙スルヤウ斡旋尽力スルコトヲ以テ市会議員ノ職務ト解シ之ニ関スル請託ヲ職務上ノ請託ナリト為シタルモノナリ然レトモ市会議員ハ市会ニ於テ議長選挙ニ関シ自己ノ投票権ヲ行使スルノ職務権限ヲ有スルニ過キスシテ議長選挙ニ関スル投票ニツイテ同僚市会議員ヲ勧説スルカ如キハ市会議員ノ職務権限ニ属セス之ヲ以テ公務ト解スヘキニ非ス従テ此ノ種請託アリトスルモ之ヲ以テ職務上ノ請託ト解スヘキニ非ス斯ノ如キ依頼ヲ承諾シタレハトテ之ヲ以テ職務上ノ請託ノ承諾ト為スヲ得ス従テ之ニ関シ報酬ヲウケタレハトテ之ヲ以テ職務上ノ請託ニ対スル報酬ト為スヲ得ス此ノ見地ヨリスルトキハ原審判決ハ明ニ犯罪ヲ構成セサル事実ヲ以テ犯罪事実ト為シ被告人ニ罪責ヲ負ハシメタルモノニシテ失当ナリト思料ス」と主張した。

右の上告趣意に対して、本判決は、次のように判示したのである。すなわち、「然レトモ市会ハ其ノ議員中ヨリ議長ヲ選挙スヘキ職務権限ヲ有シ市会ヲ組織スル市会議員ハ市会ノ職務権限ニ属スル事項ヲ執行スヘキ任ニアル者ナルカ故ニ市会議員カ市会ニ於テ議長ヲ選挙スルカ如キハ其ノ職務ノ執行行為ナルコト論ヲ俟タスト雖議長タラムコトヲ希望スル者ノ為其ノ同僚議員間ヲ斡旋勧誘シ之ヲ議長ニ当選セシムルコトニ奔走尽力スルカ如キハ其ノ職務行為自体ニ非サルモ少トモ其ノ職務ニ密接ナル関係ヲ有スル行為ナリト云フヘク従テ之等行為ニ関シ利益ヲ授受スルニ於テハ刑法所定ノ贈賄罪又ハ収賄罪ヲ構成スルモノト解セサルヲ得ス蓋賄賂ノ対象トナルヘキ行為カ公務員ノ職務行為自体ニ属スル場合ハ勿論之ニ属セサルモ苟モ其ノ職務行為ト密接ナル関係ヲ有スルモノナルニ於テハ尚職務ニ関シ贈賄若ハ収賄ノ行為アリト為スニ妨ケナケレハナリ」としたうえで、本件において、「被告人等ノ判示所為ハ述上ノ理由ニ照ラシ刑法第百九十七条第一項前段所定ノ収賄罪ヲ構成スルコト疑ヲ容ルルノ余地ナシ左レハ原判決カ判示事実ヲ認メ同法条項ヲ適用処断シタルハ洵ニ正当ニシテ所論ノ如キ違法存セス論旨ハ理由ナシ」と判示しているのである。市会議員が市会において議長を選挙するのはその「職務執行行為」であるが、特定の者を当選させるために同僚議員を勧誘などして奔走尽力する行為はこれに包含されないけれども、その「職務行為と密接なる関係を有するもの」であるとされている。ここでは、密接性の対象について「職務」と「職務行為」が同義に扱われている点で、従来の判例と若干異なる。しかし、その結論は、従来の見地からは妥当とされるべきであるといえる。

8　大判昭一五・四・一三（刑集一九巻二一七頁）

本判決は、所得調査委員が納税者から自己に有利な決議方斡旋の依頼を受けその謝礼として金品を収受したばあいに収賄罪を構成することをみとめている。

本件の事案は、次のとおりである。すなわち、被告人Xは、松山税務署所轄松山市部所得調査委員として、毎年同税務署において管内の納税義務者の第三種所得税における所得金額として営業収益税臨時利得税における個人営業純益額資本利子税における乙種資本利子金額、臨時利得税における個人利得金額などに関して、松山税務署長から送付に係る調査書に基づきその金額の当否を調査し決議に参与する公務に従事していた。Xは、玩具商Yほか六名の個人商店から、それぞれの納税義務に属する同年度の純益金額および所得金額につき前記所得調査委員会においてAが所得調査委員としてその調査決議に参与に当たりYらに有利な決議を得られるように尽力されたい旨の請託を受け、右請託に対する謝礼の趣旨でYらからそれぞれ金品の供与を受け、それを収受した。Xについて収賄罪の成立が肯定された。

右の判決に対して弁護人は、上告趣意書において、次のように主張した。すなわち、「所得税調査委員ノ職務タルヤ税務署長ヨリ送付ニ係ル調査表ニ基キ其ノ金額ノ当否ニ付決議ニ参与スルニ止マリ調査委員ハ所得税調査委員会ノ構成分子ナリト雖モ各々自己ノ意思ハ之即チ一個人ノ意見ニシテ所得税調査委員トシテノ職務範囲ニ属セス即チ所得税調査委員ノ職務ハ税務署長ノ送付シタル調査書ニ始マリ其ノ調査書記載ノ金額ノ当否ニ付決議ニ加ハルト雖モ之カ当否ニ対スル意思表示ハ他ノ一般議員又ハ委員ト異ナリ調査会ニ於テ自己ノ判断ニ関スル意思ヲ述フル権限ヲ有セスシテ唯表決ノ数ニ加ハルコトヲ得ヘキノミナリ故ニ所得税調査委員会其ノモノノ意思表示ニ非スシテ所得税調査委員会タル別個独立ノ意思表示ヲ以テ為サルルモノナリ」としたうえで、「自己ニ有利ナル材料ヲ提供シ又ハ自己ニ有利ナル判断批判ノ知識ヲ持ツヘキコトヲ被告人ニ懇請シタルトキ之ニ対スル謝礼ノ意味ニ於テ贈リ来レル物品ヲ収受シタレハトテ之レ即チ職務外ノ収受ニシテ所得税調査委員タル職務ニ関シテ収受シタリト為スヘキニ非ス勿論本件事実ハ被告人カ所得税調査委員タル点ニ争ヒノ余地ナシ然レトモ刑法第百九十七条ハ単ニ被告人カ公務員タルノ故ヲ以テ公務ニ関シテ物件ヲ収受シタルノミヲ以テ足ラス其ノ職務ニ関シテ収受シタルコトヲ要ス然ルニ原審判決ハ之ヲ公務員ノ収賄罪トシ刑法第百九十七条ヲ適用シタルハ法律ヲ不当ニ適用シタルモノニ外ナラス」と主張したのである。

本判決は、右の上告趣意を受けて次のように判示している。すなわち、「仍テ案スルニ凡ソ刑法第百九十七条ニ於ケル収賄罪ハ公務員又ハ仲裁人カ其ノ職務行為ニ関シテ賄賂ヲ収受スルノ要アルコト勿論ナリト雖モ該収受ハ必スシモ職務行為自体ニ付行ハレタル場合ニ限ルト解スルノ要ナク苟モ職務行為ト密接ナル関渉ヲ有スル行為ニ関シ行ハレタル場合ニ於テハ是亦職務ニ関シテ収賄行為アリタルト云フニ何等妨ケアルコトナシ而シテ被告人カ本件所得調査委員タリシ当時ノ大正九年七月三十一日法律第十一号所得税法ノ規定殊ニ同法第四十九条等ニ依レハ所得調査委員ハ同委員会ニ出席シテ議事即チ税務署長ノ送付シタル調査書ヲ審査シ之カ可否ヲ決スヘキ権限ヲ有スルハ勿論其ノ査定方法ニ関シテハ出席員ノ多数決ニヨルヘク可否同数ノトキハ会長ノ決スルトコロニ依ルコト等ヲ定ムル外細目ニ亙ル規定ナキモ同委員会カ右調査事項ニ関シ自己ノ意見ヲ披瀝シ他委員ノ賛同ヲ求ムルカ如キコトハ該議決ニ密接ナル関渉行為タルコト疑ナシ飜テ原判示事実ニ徴スレハ被告人ハ松山税務署所轄松山市部所得調査委員ナリシヲ以テ原判示ノ如ク同委員トシテ同税務署ニ於テ開催ノ所得調査委員会ニ出席シ所定ノ期間中同税務所管内ノ松山市部納税義務者ノ第三種所得税ニ於ケル所得金額及営業収益税ニ於ケル個人営業純益金額並資本利子税ニ於ケル乙種資本利子金額臨時利得税ニ於ケル個人利得金額等ニ関シ同税務署長ヨリ送付ニ係ル調査書ニ基キ其ノ金額ノ当否ヲ査定シ決議ニ関与スルニ付正当ナル職務権限ヲ有セシコト前示税法ノ規定ノ外同法第二十六条第二十七条第二十八条大正十五年三月二十七日法律第十一号営業収益税法第十三条第十四条同年三月二十七日法律第十二号資本利子税法第八条第九条昭和十年三月三十日法律第二十号臨時利得税法第十七条第十八条等ニ照シ明瞭ナルトコロナリ然リ而シテ原判示事実ニ依レハ被告人ハ右所得税調査委員会ニ於テ調査委員会トシテ該調査決議ニ関与スルニ当リ原判示第一乃至第七ノ如クB外六名ヨリ各有利ナル決議方斡旋ニ付夫レ夫レ請託ヲ受ケ右請託ニ対スル各謝礼ノ趣旨ナルコトヲ諒承ノ上各原判示ノ如キ物件ヲ受領シタリト云フニ在ルヲ以テ該物件ノ収受ハ孰レモ被告人カ原判示所得調査委員タル自己ノ職務ニ関シ又ハ少クトモ該職務遂行ト密接ノ関係ヲ有スル行為ニ付之ヲ収受シタルモノト認ムルヲ正当トス然ラハ原判決カ被告人ノ現判示第一乃至第七ノ所為ニ対シ刑法第百九十七条第一項ノ収賄罪ノ成立ヲ認メ原判示法条ヲ適用シタルヲ目シ所論ノ如キ違法アリト云フヲ得ス論旨理由ナシ」と判示したのである。

本判決は、賄賂罪が成立するためには、「職務行為自体」だけでなくいやしくも「職務行為と密接なる関渉を有する行為」に関して利益の授受がなされれば足りることをみとめている。本件における所得調査委員の「職務行為」は、所得税法や営業収益税法などの規定により個人利得金額などにつき税務署長から送付される「調査書」に基づいてその「金額の当否を査定し決議に関与する」ことであるとしている。そして、「調査事項に関し自己の意見を披瀝し他委員の賛同を求める」ことは、「議決に密接なる関渉行為」に当たると解している。本件において所得調査委員が前記調査決議に関与するに当たって請託をした者に有利な決議方を斡旋する行為は、その「職務遂行」と「密接の関係を有する行為」であると断定されている。ここにおいては、職務行為である「議決」と密接する行為または「職務行為」と密接する行為という表現がなされている点が注目される。本判決は、職務行為と密接な関係を有する行為について賄賂罪の成立をみとめる従前の判例と同じ系列に属するものと評価できる。

9　大判昭一九・七・二八（刑集二三巻一四三頁）

本判決は、営業純益金額の決定に関する事務を処理する職務を有する税務属が業者に有利な営業純益金額決定をなし同僚上司に斡旋尽力することは、営業純益金額を決定するに至らせる本来の職務執行と密接関連を有する行為であるので、刑法第一九七条にいう「職務ニ関シ」に該当する行為であるというに妨げなしと判示している。

本件の事案は、次のとおりである。すなわち、被告人Xは、東京都板橋税務署に勤務し同署直税課第一係として所轄板橋区および豊島区内における個人に対する所得税、営業税臨時利得税などの税額算定の基礎となるべき所得金額営業純益金額、利得金額などの決定およびこれら決定金額に対し審査請求があったばあい、該金額を訂正すべきか否かなどに関し調査をし該金額を算出し原案を作成するなど、その決定または処分に至らせるのに必要な事務を処理するなどの職務を担当していた。Xは、糸綿蒲団商人Yほか四名の個人商人から異なる時期・場所において営業純益金額決定に付き収支の実情を斟酌し有利な取計いをしてほしい旨の請託を受け、その請託に副う取計いをしたことの謝礼として供与された金員を受納した。Xについて、収賄罪の成立がみとめられた。

弁護人は、上告趣意において、次のように主張した。すなわち、「収賄罪ハ公務員又ハ仲裁人カ其職務ニ関シ賄賂ヲ収受シ又ハ約束シ或ハ要求スルニ因リテ成立スル犯罪ニシテ其職務ハ法令ニ依ル職務ナラサルヘカラサルコトハ明カナリ本件ニ於テ判示セラレタル前記事実中『営業純益金額決定ニ付有利ナル取計アル様担当官ニ尽力斡旋アリタキ旨ノ請託』ハ被告人カ如此尽力斡旋ヲ為ス職務ヲ有スルコトヲ認メラレタルモノノ如シ然レトモ法令上此職務ノ存セサルコトハ多言ヲ須フルノ要無ク従テ右ノ如キ請託ニ対シ給付ヲ受クルモ収賄罪ヲ構成セサルナリ」としたうえで、「仮ニ百歩ヲ譲リ収賄罪ハ公務執行ノ公正ヲ害スル危険ヲ慮リ規定セラレタル犯罪ニシテ被告人ハ税務官吏トシテノ職務ヲ有シ乍ラ同僚税務官吏ニ如此斡旋尽力ヲ為スニ対シ対価又ハ報酬等ヲ収受スルコトハ必スヤ公務執行ノ公正ヲ害スルニ至ル危険アルカ故ニ被告人自身ノ職務ナラスト雖モ（職務ニ関スル）ナル語ハ最モ広義ニ解シ被告人ハ税務管掌ノ職務アル以上ハ直接ノ職務ニ非サレトモ収賄罪ヲ認メサルヘカラストノ論ヲ生シ得サルニハ非サレトモ此論法ニ依ルトキハ例ヘハ市町村吏員モ税務取扱ノ職務ヲ有スルカ故ニ是等ノ者カ税務署ノ税務担当官ニ本件ノ如キ斡旋尽力ヲ為ス請託ヲ受ケテ金員等ノ給付ヲ受ケタリトスレハ収賄罪ノ成立スルコトトナリ又収賄者ノ勤務スル官庁ト（有利ナル取扱ヲ為スヘキ斡旋尽力）ノ対照担当官ノ勤務スル官庁カ非常ニ遠隔ナル他ノ税務官庁ナル場合ニモ収賄罪ヲ認ムヘシトナスカ如キ結果ヲ想像シ得ヘシ本件ハ幸カ不幸カ贈賄者、収賄者タル『贈賄者ノ為メ有利ナル取計ヲ担当官ニ斡旋尽力ノ請託ヲ受ケタル者』ト担当官トカ同一官庁管内ナルカ故ニ公務執行ノ公正ヲ害スル危険充分ナルニ因リ罪ノ成立ヲ認ムヘシトナシ得ルカ如クナルモ理論ハ前例ト同一ニシテ立法論トシテハ是認シ得ルモ解釈論トシテハ採ル能ハサルナリ」と主張されているのである。ここでは、第一次的に「職務内容」は「法令に規定されているもの」に限られること、第二次的に「法益」論の見地から「職務ニ関シ」という語を最も広義に解し「直接の職務」でなくてもよいとすると、市町村吏員が税務担当官に斡旋尽力をなす請託を受けて金員などの給付を受けたばあいにも収賄罪の成立をみとめざるを得なくなって実質的に不当であることを主張するものであるといえる。

右の上告趣意を受けて本判決は、次のように判示している。すなわち、「原判決カ証拠ニ基キ確定シタル事実ニ依レハ被告人ハ税務属トシテ板橋税務署ニ勤務シ上司ノ指揮監督ノ下ニ個人ニ対スル所得税営業税臨時利得税等ノ税額算定ノ基礎トナルベキ所得金額営業純益金額利得金額等ノ決定ニ関スル事務ヲ処理スル職務ヲ有スルモノナレバ同シク右事務ニ参与スル同僚又ハ上司ヲ説キ業者ニ有利ナル営業純益金額ノ決定ヲ為スベク斡旋尽力スルコト自体ハ其ノ本来ノ職務ニ属セザルモ右ハ営業純益金額ヲ決定スルニ至ラシムルモ被告人ノ前示職務執行ト密接関連ヲ有スル行為ナルヲ以テ之ヲ刑法第百九十七条ニ所謂『職務ニ関シ』ニ該当スル行為ナリト謂フニ妨ナシ故ニ斯ル斡旋尽力ニ対スル謝礼トシテ業者ヨリ金員ヲ受納スルニ於テハ収賄罪ヲ構成スベキコト勿論ナレバ原判決ガ判示……各所為ヲ同罪ニ問擬シタルハ正当ナリトス又原判示……営業純益金額ノ決定ニ対スル審査請求ニ付種々指導ヲ与ヘタルコトノ謝礼トシテ供与セラルル情ヲ諒知ノ上……同人ヨリ現金百円ヲ受納シ以テ其職務ニ関シ賄賂ヲ収受シト在リテ之ノミニ依リテハ右指導ノ具体的内容ヲ詳ニセズ従ツテ右指導ナルモノカ果シテ被告人ノ職務ニ関スルモノナリヤ否之ヲ知ルニ由ナキガ如キモ右証拠説明トシテ引用シタル被告人ニ対スル……検事聴収書ノ各供述記載ト右判文トヲ対照スレバ右指導トハ被告人ニ於テ古着商……ニ対シ本省ヨリノ通牒ニ係ル審査請求ニ対スル臨時措置方針ノ内容ヲ打明ケテ之ヲ説明シ同人ノ営業純益額決定ニ付該決定額ヲ有利ニ変更ヲ求ムル為審査請求ヲナスベク慫慂シ且ツ右審査手続中ニ於ケル係官ノ審問ニ備ヘ予メ之ニ対スル応答ノ秘策ヲ授ケタルコト等ヲ意味スルモノナルコトヲ看取シ得ベク従ツテ原判決ハ此ノ趣旨ニ於テ前示ノ如ク審査請求ニ付種々指導ヲ与ヘト判示シタルモノト解スベキガ故ニ所論ノ如ク指導ノ内容必ズシモ不明ナリト謂フベカラズ而シテ審査請求ニ関スル事務亦被告人ノ所管ナルコトハ原判示ニ依リ明カナレバ右ノ如キ指導ハ被告人ノ職務ニ関スト謂フヲ得ヘク原判決ガ右所為ヲ収賄罪ニ問擬シタルハ正当ニシテ所論違法ナク論旨ハ理由ナシ」と判示しているのである［引用者注。濁点は原文のまま］。

本判決は、被告人の職務内容について、税額算定の基礎となる所得金額営業純益額利得金額などの決定に関する事務を処理する職務として把握し、「右事務に参与する同僚または上司を説き業者に有利な営業純益金額の決定をなすべく斡旋尽力すること自体」は、その「本来の職務」に属しないが、「職務執行と密接関連」を有するものであるので、「職務ニ関シ」に該当するとしている。ここにおいては、「職務執行」と密接な関連を有すると表現されている点が注目される。「職務」ではなくて狭く職務執行との関係が重視されていることになる。しかし、従来の判例の見地からは、これは妥当な結論であるといえるであろう。

なお、原判決は営業純益金額の決定に対する審査請求についての「指導の具体的内容」を詳らかにしていないとの弁護人の主張に対して、本判決は、原判決には、「臨時措置方針の内容」を打ち明けて説明していること、審査請求をなすように教え、係官の審問に備えその応答の秘策を授けていることなどが判示されているとして、指導内容が不明とはいえないとしている。

10　総括

「職務に関し」をめぐって「職務」そのものではなくて「職務行為に密接な関係」を有する行為に関するものであればよいとする判例は、大正時代から昭和初期において地方議員の行為についてみとめられてきた。すなわち、まず、大審院は、県会議員について、河川工事に県費を支弁すべきである旨の「意見書」を県会に提案してこれを可決成立させるように斡旋することの請託を受け、これに対する報酬を収受したばあいに収賄罪の成立を肯定したのであった。このばあい、意見書提出の件を発案する行為は、県会議員の「職務行為」そのものであるが、他の議員に賛成を勧誘賛同させる行為は、「職務行為」に包含されず、その「職務執行と密接の関係を有する場合」には「職務の執行に関する行為」であって収賄罪を構成するとしたのである。この事案においては、県会の議案についての県会議員がその賛同を得るために他の議員に働きかける行為は、広義における「議員活動」と解して議員の「職務」に包含させるという実質的解釈をおこなう可能性はなかったわけではないとおもう。にもかかわらず、大審院がその途を採らなかったのは、大審院の従前の判例としては、上司の命に基づいて職務性が根拠づけられるという立場を前提にする以上は、「立法」機関を構成する「議員」についても「行政」機関の命令または委嘱を基礎にして狭義の「立法行為」を内容とする職務を根拠づける必要があると考えたのではないかと推測されるのである。すなわち、議員の職務内容を厳格に解して「立法」行為そのものに限定し、それ以外の行為は職務外の行為として把握せざるを得ないとしたのではないかとおもわれるわけである。そのように解したばあい、議員の活動に関連してなされる不当な利益取得の当罰性を充足できないことに重大な疑問が生ずることになる。そこで、「職務」行為そのものに関する不当な利益取得の処罰に限定するのではなくて、「職務執行行為」に「密接な関係を有する行為」に関する不当な利得取得をも処罰するという方向に舵を切ったものとおもわれるのである。この思考法は、二段構えのものとなっている。すなわち、まず第一に、「職務」と「関係」のある行為についての利益の授受があること、第二に、その「関係」の程度は「密接なもの」であることが要求されるのである。第一の要件は、当該公務員の職務とおよそ関係がないばあいを排除するためのものである。これがあることによって賄賂性は単なる「身分犯罪」ではなくて「職務犯罪」であることが示されることになる。第二の要件は、賄賂罪の成立範囲をできるかぎり限定しようとするためのものであると解される。ただし、それによる限定機能が十分に果たされ得るかどうかについては、疑問が残る。なぜならば、その存否については実質的判断が必要となるので、限定ではなくて拡張の基礎となるものと考えられるからである。ともあれ、これらの要件を具備するかぎり、賄賂罪の成立が肯定され得るので、これが適用される公務員は県会議員に限られないことになる。

その後の大審院判例は、右の法理を村会議員、市会議員および町会議員に適用している。議員に対する請託の内容は、議会における議決を得るために賛成するように他議員に働きかけることである。その対象が議案によってそれぞれ異なるのは当然である。

当初、この法理は議員である公務員に対して適用されていたが、議員以外の行政「委員」に対しても適用されるに至った。すなわち、税務署の所得税調査委員について調査決議を自己に有利になるように請託するばあいにも、職務行為と密接な関係があるときには賄賂罪の成立が肯定されているのである。ここにおいて、この法理は、公務員一般に広く適用される拡大の方向を示したことになるといえる。

第二款　最高裁判所の判例

一　上司の指揮・命令に基づく「職務」性

最高裁の昭和三七年五月二九日判決は、「刑法一九七条にいう『其職務』とは、当該公務員の一般的な職務権限に属するものであれば足り、本件が現に具体的に担当している事務であることを要しないものと解するを相当とするから、熊本県事務吏員で同県A地方事務所農地課勤務の被告人Zは、農地課長の職務代理者を命ぜられたと否とにかかわりなく、たとえ、日常担当しない事務であっても、同課の分掌事務に属するものであるかぎり、前記農地および農業用施設等復旧工事に関する事務をも含めてその全般にわたり、上司の命を受けてこれを処理し得べき一般的権限を有していたものと解するのを相当とする」と判示している。本判決は、賄賂罪における「職務」の意義について最高裁として初めて一般的に判示したものとして有名な判例である。

本判決の事案は、被告人XおよびYが、熊本県A地方事務所農地課に勤務する被告人Zに対して、農地および農業施設災害復旧工事の検査に便宜な取計らいを受け、さらに工事請負に便宜な取計らいを受けた趣旨で現金を供与したというものである。第一審判決は賄賂罪の成立を肯定したが、控訴審判決は被告人Zについて一般的職務権限を有しないことを理由に賄賂罪の成立を否定したのであった。本判決は、前述の事実内容について「右農地課には、耕地係、農地係、開拓係の三つの係が設けられ、被告人Zは開拓関係の事務と職務一般を担当していたことが認められるけれども、これらは、ただ便宜に従い右農地課内部における事務分配の標準を定めたにとどまるものであって、これにより同被告人の前記法令上有する職務権限は何ら左右されるものではない。してみると、昭和二八年一〇月当時X地方事務所農地課勤務の事務吏員の地位にあった被告人Zが、農地および農業用施設等災害復旧工事につき事業主体のなす工事請負契約締結の方法、競争入札の実施、その際における予定価格の決定などに関与することは、刑法一九七条にいう公務員の『其職務』といわなければならない」と判示したのである。本判決においては、被告人が所属する農地「課」に耕地「係」、農地「係」および開拓「係」の三つの「係」が設置されていたのであり、これらは、便宜上、「農地課内部における事務分配の標準」を定めたものにすぎないので、これによって被告人の「法令上有する職務権限は何ら左右されるものではない」とされている点が注目される。これは、単なる内部的な「事務分配の標準」は職務権限そのものにまったく影響を及ぼさないとして、「職務」の内容を希薄化する方向性を提示したものと評価され得るものである。つまり、「職務」の内容を抽象化する方向を明示したと解されるのである。これは、職務の基礎をなす「具体的権限」を示す根拠を単なる「事務分配の標準」とすることによって、それを「権限」から機械的な「事務処理」の次元に転化するものであり、「職務」の範囲を拡大する工夫にほかならない。このような方向性を明示した点において、本判決は判例上、重要な意義を有するといえる。本判決が判例として有するもう一つの意義は、「一般的職務権限」を基礎づける根拠を「上司の命を受けて」事務を処理し得べきことに求めている点にある。これは、大審院の当初からの判例と同じ立場に立つことを明らかにするものである。

判例の全体的動向については、後で見ることにする。

二　「職務と密接な関係のある行為」に基づく処理

1　最判昭二五・二・二八（刑集四巻二号二六八頁）

職務と密接な関係を有する行為についての最高裁判所の最初の判例として最高裁昭和二五年二月二八日判決がある。本判決は、①刑法第七条の公務員の意義、②戦災復興院福井建設出張所雇と公務員、③職勢執行と密接な関係を有する行為に対する金品の収受と賄賂罪の成否、および④公務員による公文書偽造罪の成否について判示している。本問題に関する判示事項は③であり、①および②はその前提となる事項である。本件の事案は、次のとおりである。被告人Xは、福井市戦災復興院福井建築出張所に雇として勤務してBの作成する建築資材割当台帳に基づいて建築資材需要者割当証明書を発行する事務を担任していたが、Yと共謀のうえ、Aらに板硝子の割当がないにもかかわらず、行使の目的で需要者割当証明書用紙にXらの住所氏名その他必要事項を記載しこれに戦災復興院福井建築出張所長総理庁技官Bの公印を冒用押捺して、右出張所長作成名義の板硝子需要者割当証明書を偽造し、情を知らないAらに対し右偽造証明書を真正に作成したもののように装い提出行使し、硝子購入方を申入れ同人等をして右各証明書を真正なもののように誤信させて、同人等から売買名義の下に板硝子を受け取りこれを騙取した。また、Xは、硝子商であるCから、同人が板硝子割当証明書が多く自己の店舗に回るように仕向けられたいという趣旨の下に饗応を受けたのであった。

本判決は、まず、①について、「按ずるに刑法第七条にいわゆる公務員は官制、職制によつて其職務権限が定まつているものに限らずすべて法令によつて公務に従事する職員を指称するものであつて其の法令中には単に行政内部の組織作用を定めた訓令と雖も抽象的の通則を規定しているものであれば之を包含するものであることは大審院判例の示すところであつて、今之を改むべき理由を認めない」と判示し、従来の大審院判例を踏襲することを明らかにしている。

つぎに、②について本判決は、「昭和二三年三月一五日戦災復興院訓令第一号戦災復興院特別建設出張所処務規程第二条は所長は戦災復興院総裁の指揮監督を受け所務を掌理するとあり、同第三条には所長は雇員以下の任免を専行することができると規定している点に鑑みるときは、雇員たる身分を有し、建築資材割当台帳に基いて建築資材需要者割当証明書を発行することを担当していた被告人Xは、刑法第七条に所謂公務員であるといわなければならない。論旨は被告人は些末な機械的事務を担当していたもので何等智能的創意を要する事務を担当していないから其の担当事務の性質から見ても公務員といえないと主張する。しかし原審の認定した事実によれば被告人Aの担当事務は先きに説明した通り単純な機械的肉体的の労働ではなく、普通に所謂精神的労務に属する一般事務と見るべきであるから仕事の性質から見て公務員でないということは当を得ない」と判示している。つまり、被告人はその仕事の性質から見て公務員に当たると解しているのである。

③に関連して弁護人は、上告趣意において次のように主張した。すなわち、原審判決の「判示によれば被告人は建築資材である板硝子の需要者割当証明書を需要者に対して発行する事務を担当していたものである。してみれば原判決の理由第二で判示しているように、硝子商を営んでいるCから板硝子割当証明書が多く同人の店舗に廻るよう仕向けることは被告人の前記職務とは何等の関係ないことである。被告人は右割当証明書を直接需要者に対して交付するのであり、これによって被告人の証明書発行の事務は終了し、硝子商と交渉する機会はないのである。仮令被告人が原判決の判示するように板硝子の割当証明書が硝子商C方に多く廻るように仕向けた事実があったとしても、それは被告人の職務とは関係ないことであるから、そのためにCから判示のように饗応を受けたとしても、それは職務に関して賄賂を収受したことにはならない。此の点において原判決は擬律に錯誤があると思う。又被告人が割当証明書がZ商店に多く廻るように仕向けることが被告人の職務に関することについて何等説示するところがないのは理由不備の違法であると思う。仍て原判決は、これらの点において破毀せられねばならぬと信ずる」と主張したのであった。これに対して本判決は、次のように判示したのである。すなわち、「論旨は被告人が判示の如く板硝子割当証明書が多く判示Bの店にまわる様に仕向けたことは被告人が戦災復興院福井建築出張所雇として実

際担当していた職務とは何等関係なく従つて被告人が判示Bから判示のような饗応を受けたとしても其の職務に関し賄賂を収受したことにはならないと主張する。なるほど判示板硝子割当証明書を所持している者が或特定の店舗から板硝子を買受けるように仕向けることは厳密にいえば其の職務の範囲に属するものとはいい得ないであろう。しかし被告人が権限に属する職務執行に当り其の職務執行と密接な関係を有する行為を為すことにより相手方より金品を収受すれば賄賂罪の成立をさまたげるものではない、従つて論旨は理由がない」と判示しているのである。

ここにおいては、「厳密にいえば」被告人の職務の範囲に属しないが、被告人が「権限に属する職務執行に当り」その「職務執行と密接な関係を有する行為を為すことにより」相手方から金品を収受すれば、賄賂罪の成立を妨げるものではないとされている。このように解すべき根拠は示されておらず、賄賂罪の成立を妨げないという形で結論だけが示されているにとどまる。本判決は、最高裁として、職務と密接な関係を有する行為に関して賄賂罪の成立を最初にみとめたものとして重要な意義を有するものである。そして、「職務」そのものの範囲外であっても、「職務執行に当り其の職務執行」と「密接な関係を有する行為」という観点をみとめている点に、判例としての発展の基礎が内在している。

2　最決昭三一・七・一二（刑集一〇巻七号一〇五八頁）

本決定の事案は、A村役場の書記である被告人Xが、同村長の補助として外国人登録事務に関する事務を取り扱ってきた立場を利用して、嘱託を受けてYのために登録原票や証明書を偽造したことに対する謝礼としてYからの饗応を受けたというものである。加重収賄罪の成立をみとめた原判決に対して、弁護人は、一九七条の三においては、収賄者が固有の職務権限を有していなければならないと主張した。すなわち、弁護人は、「外国人登録事務は村長の専属事務であつて之を他の職員に委任することができないのであるから、村長又は村長代理者以外の者はA村村長の行うべき外国人登録事務（外国人登録原票及び登録証明書の作成）については何等の権限はなく、もとより被告人もその権限を有するものでないことは原判決に示すように極めて明かなことである。被告人はただ単に村長の補助者として村長の行うべきその専属事務を村長の手足として機械的にする者であるに過ぎないのである。ところで一方刑法第百九十七条の所謂単純収賄の関係において『職務に関する賄賂』とされるところの『職務』はその収賄者が固有の職務を有する者でなくても単に機械的補助の職務さへ有するならばその職務に関する賄賂である限りにおいては単純収賄の罪が成立することは異論はない」としたうえで、「所謂加重収賄の関係にあつて『その職務』と云うことは本来収賄者が固有に職務権限を有するときのみにこの犯罪が成立するものであり、固有の職務を有せざる限りそれが機械的補助職務のような場合ではこの犯罪の成立を考へることはできない。それ故原判決が本件加重収賄を判断するに当り、単純収賄の場合と同様、機械的補助事務に関し賄賂を収受すれば足ると解釈し被告人に対し加重収賄の罪を以て処断したことは誤つている。何故ならば右のように機械的補助者には何等の権限が与へられていないものであるところ加重収賄における職務上不正の行為をすると云うことは、被告人の有する職務権限を逸脱して為してはならない行為をすると云うことであるから本来固有に職務権限がない被告人において自ら職務権限を逸脱するとか逸脱しないとかの観念を容るる余地はないからである。無から有を生ずることはありえない道理である。この道理は加重収賄において作為の場合と併せ同列に並べ規定せられている不作為の場合、即ち賄賂を収受したことによつて職務上相当の行為をしなかつた場合と作為の場合とを比較考察すれば一層明かである。この不作為の場合は被告人が自ら行うべき一定の職務権限の存在を前提とするのでなければその職務の範囲において行うべき職責を行はなかつたか否かを考える余地はないであろう。従つて被告人の場合のように単に機械的補助事務にあつては、自己に与へられた一定の職務権限はないのであるから、それについて相当の行為をしたとか、しなかつたと云うことを考へることはできないのである。されば刑法第百九十七条の三の所謂加重収賄においてはどこまでも、一定の職務権限を有する者が賄賂を得たことでその権限を逸脱して不正を行ひ又は権限の範囲において為すべき相当の行為をしなかつた場合に成立すると解する外はない」と主張したのである。その主張の要点は、二つある。第一点は、単純収賄罪における職務は固有の職務権限を有する必要はなく、たんに機械的補助的な職務であれば足りるとされることである。第二点は、加重収賄罪における職務は固有の職務権限を有する必要があるとされることである。このような相違が生ずるのは、加重収賄罪のばあいは、その「固有の職務権限の逸脱」に本質があると解されているからである。とくに不作為のばあいには、一定の職務権限の存在を前提としてはじめて相当の行為をしなかったといえるかどうかが問題になると解されているのである。

これに対して本決定は、「公務員が法令上管掌するその職務のみならず、その職務に密接な関係を有するいわば準職務行為又は事実上所管する職務行為に関して賄賂を収受すれば刑法一九七条の罪は成立するのである。従つて公務員が右の罪を犯しかかる準職務行為につき不正の行為を為し、又は相当の行為を為さないときは、同条ノ三の罪が成立するものと解するのを相当とする。けだし、この場合においても、法令上所管する職務そのものに関して不正の行為の為された場合と同じく、加重収賄を認むべき事情は存在するからである」と判示している。

ここにおいて、職務に密接な関係を有する行為という観念が用いられているが、「いわば準職務行為又は事実上所管する職務行為」という観念を提示していることが、従来、注目されてきている。それは、この観念が限定機能を有していると解されてきたからかもしれない。たしかに、この観念は、限定機能を有するかの観を呈するが、しかし、そのような限定機能を有するのではなくて、むしろ拡張機能を有しているのである。本判決がこのような処理をしたのは、本件事案の特殊性に由来するものとおもわれる。被告人は、村長の補助として外国人登録事務に関する事務を取り扱っていたので、上司である村長の命令に基づく職務として構成することも可能であったはずである。ところが、本件においては適法な行為がなされているのではなくて、偽造という違法行為がなされているのである。これを職務行為として捉えることはできないので、「職務」に包含させるという解釈は不可能であったといえる。とはいえ、その行為は、まがりなりにも外国人登録事務に関係しているのである。そこで、本来の「職務」に準ずる行為ないし「事実上所管する職務行為」として把握することとしたものと解される。職務に密接する行為の範囲を限定するためではなくて、本件行為の特性に応じてその説明をするために判示されたものと見るのが妥当であろう。

さらに本判決は、単純収賄罪および加重収賄罪における「職務」に違いはないと判示している点で、重要な意義を有する。上告趣意は、加重収賄罪における「職務上不正の行為をする」というのは「職務権限を逸脱して為してはならない行為をする」ことを意味すると主張した。これに対して本判決は、本来の職務だけでなく、職務に密接な関係を有する準職務行為または事実上所管する職務行為に関して不正の行為をなし、または相当の行為をしないばあいには、収賄罪が成立すると判示したのである。しかし、その論理的な根拠は示されていない。このばあいには、固有の職務と同様に加重収賄罪の成立を「認むべき事情」が存在するとされているにとどまる。

3　最判昭三三・二・二二（刑集一二巻二号九四六頁）

本判決は、①繊維貿易公団神戸支所綿花課長の職務内容、および②輸入実務取扱業者の下請業者（荷役、倉庫、運送等の各業者）を監督指導することが、綿花課長の職務自体には属しないとしても、その職務と密接な関係を有し、同人の職業に関するものといえるかどうか、について判示している。

本件の事案は、次のとおりである。すなわち、被告人Xは、繊維貿易公団神戸支所綿花課長として神戸港における輸入綿花の引取、保管、輸送、引渡に関する同公団のなすべき業務を代行する貿易庁実務代行業者（貿易庁の定める資格に該当し入札によって同公団の為すべき右業務の委託を受ける輸入商社）およびその下請業者（荷役業者、倉庫業者、運送業者等）が、右業務を請負い実施するに当たり、右業者その他これに付帯する一切の業務を指揮監督する職務を有していた。そして被告人Yは、会社社長として神戸港における輸入綿花の荷捌雑作業（荷直し、検量、荷粉綿整理見本摘出等の作業）を実務代行業者から下請けし、同公団の指揮監督の下にその実施に当たっていた。Xは、YからXの右業務の実施につき職務上世話になった謝礼および将来もよろしく取り扱われたいという趣旨の下に供与された金員の交付を受け、これらを収受した。第一審および原審は、右の事実につき被告人Xに収賄罪の成立を肯定した。

本判決は、まず、Xに法令上の職務がみとめられるか否かについて、次のように判示している。すなわち、上告趣意の「論旨は、被告人Aは綿花の指定輸入実務取扱業者の業務を指揮監督するような法令上の職務を有するものではなく、原判決が同被告人にかかる職務ありとしたことは、法令の解釈を誤り事実を誤認したものであるというに帰し、刑訴四〇五条の上告理由に当らない。のみならず貿易公団法に依れば、繊維貿易公団（以下単に公団と略称する）の役職員はすべて政府職員とされ、上司の監督の下に同法一六条の定める公団の業務を行うべき一般的職務を有し、特に輸入品については、同法一七条に基いて定められた公団業務方法二二条、一六条によりその種類に応じて輸入実務取扱業者の指定並びにこれら取扱業者との輸入実務委託契約の締結に関する公団の業務を行うべき職務を有していたと共に、公団神戸支所職制並びに同分課規程等に依れば、綿花の輸入実務取扱業者と連絡し、必要な報告を徴し又は実務処理の状況につき調査する等輸入実務取扱業者を監督指揮することも綿花課長たる被告人Xの職務に属していたことは疑をいれないところである」と判示している。ここにおいては、繊維貿易公団の役職者は、「貿易公団法」により政府職員とされ上司の監督の下に同法所定の公団の業務をおこなう「一般的権限」を有するので、Xは、輸入品については同法に基づいて定められた「公団業方法」により輸入実務取扱業務者の指定・輸入実務委託に関する業務をおこなう職務を有していたのであり、さらに「公団神戸支所職制・同分課規程」などにより輸入実務取扱業者を監督指導する職務を有していたとされている。これは、Xが法令に基づいて業者の監督指導権限を有することを明示するものである。つまり、Xについては、法令上の職務権限がみとめられているので、その執行に関して金員の供与を受けると収賄罪が成立するのは当然といえることになる。

また、本判決は、輸入実務取扱業者との「私法上の契約」と職務性との関連について、上告趣意の「論旨は、なお、公団と輸入実務取扱業者との関係は私法上の契約関係に過ぎないとして、被告人Aの輸入実務取扱業者に対する職務関係を否認するけれども、同被告人が輸入実務取扱業者に対する公団の実務委託契約上の権利を行使することは、一面において私法上の権利行使であると同時に他面において同被告人の法令上の職権行為であると認められるのであるから、公団と輸入実務取扱業者との関係が私法上の契約だからといつて、その一事を以て同被告人の職権行為を否定することはできない」と判示している。これは、公団の実務委託契約上の権利の行使には、私法上の権利行使の性質および法令上の職権行使の性質を併有することを明示し、私法上の契約関係の存在がXの職務性を否定することにはならないことを明らかにするものである。この結論は妥当であるといえる。

さらに、原判決がみとめた指揮監督権の法的根拠について、本判決は、「尤も、原判決は所論のように、公団と輸入実務取扱業者との関係は『従的不可分の関係』であり『当事者対等の関係を前提とする単なる私法上の契約関係』ではないと判示している。そしてこの点から見ると、原判決は輸入実務取扱業者を以て公団の下級行政機関と解し、公団はこれらの者に対し行政法上の指揮監督権を有していたものとするようであり、その指揮監督権が私法上の契約にもとずく権限以上のものを意味するもののようであつて、かかる指揮監督権を認めることは法令上の根拠を欠くものであること所論のとおりであるが、しかし、被告人Aは公団神戸支所の綿花課長として前記のごとき法令上の職務を有していたものであり、本件収賄行為はその職務に関してなされたものであると認めることができるから、刑訴四一一条を適用すべきものとは認められない」と判示している。ここにおいては、原判決のような理解は法令上の根拠を欠いているので、妥当ではないけれども、なお前述のような権限がAにみとめられることが確認されているのである。

また、「職務と密接な関係」との関連について、本判決は、括弧内において「所論下請業者は、公団に対する輸入実務取扱業者の契約上の業務に関する履行補助者であるから、輸入実務委託契約上公団と下請業者との間に直接の法律関係を生ずるような特段の定がない場合でも、間接的には公団の輸入実務委託契約上の権利に属するものというべく、従つて、被告人Aが公団の職員として下請業者を監督指揮することは同被告人の職務自体には属しないとしても、その職務と密接な関係を有し同被告人の職務に関するものと解するのが相当である」と判示している。ここにおいて注目すべきことは、括弧内で示された判断ではあるが、一定の理由を示して「職務との密接な関係」を基礎に職務関連性をみとめている点である。すなわち、下請業者は輸入実務取扱業者の契約上の義務に関する「履行補助者」にすぎないので、公団との間に直接の法律関係が生じないけれども、「間接的には」公団の契約上の権利に服せざるを得ないので、Aが下請業者を監督指導することは、Aの「職務自体には属しない」が、Aの職務に密接な関係を有しその「職務に関するもの」とされているのである。つまり、「職務」内容それ自体の比較検討がなされており、「職務執行」行為観念の媒介はなされていないことになる。この点において、本判決は職務に密接な関係を有する行為に関する判例として重要な意義をもっているといえる。

4　最判昭三二・二・二六（刑集一一巻二号九二九頁）

本判決は、職務に密接な関係を有する準職務行為または事実上所管する職務行為について判示している。本件の事案は、次のとおりである。すなわち、被告人Xは、医薬品卸商A商店の常務取締役であるが、同店社員Yと共謀のうえ、京都市立中央病院薬剤科部長Bに対し医薬品購入に関し便宜の取計いを受けた謝礼および将来も同様の取計いを願いたいという趣旨のもとに、時価約五万五千円相当の株券を交付して、Yの職務に関して賄賂を供与した。第一審および原審は、右の事実についてXに贈賄罪の成立をみとめたのである。これに対して被告人側から上告がなされ、弁護人は、上告趣意において、法令上、Bには法令上の職務がみとめられないと主張した。すなわち、右病院事務分掌規則および同市廨長代決規程上、「薬剤の購入に関しては庶務課―病院長の庶務であつて、薬剤科長が自己の職務ではない他の機関の職務に意見を述べてもそれは自己の職務とはならないのであるのみならず、購入について職務権限は一つ病院長の専らするところであつて薬剤科長は単に意見を述べるに過ぎないのであつてその意見が病院なり庶務課を拘束するものではないのである。病院長なり庶務課は薬剤科長の意見を参酌することがあつてもそれは単なる参考に過ぎなくそれに左右されるものではない。斯くの如く公務員が自身の担当する職務についてではなく他の機関の権限に属する事項について意見を述べるもそのことが賄賂罪の対象となり得ないとされるは従来より貴裁判所の示されるところであるからこの点において原判決は破棄されるものと思う。（昭和一二年三月二六日の判例等）」と主張したのである。つまり、薬剤の購入に関する事務は、病院長の職務に属するのであって薬剤科長の職務には属しないので、薬剤科長が意見を述べることは「職務外の行為」である以上、この点に関して賄賂罪は成立し得ないというのである。

本判決は、右の上告趣意に対して、「論旨は判例違反を主張するけれども、所論引用の判例は事案を異にし本件に適切でない。そして、刑法一九七条にいう公務員の職務に関しというのは、公務員が法令上管掌するその職務のみならず、その職務に密接な関係を有するいわば準職務行為又は事実上所管する職務行為に関する場合も含むものであることは当裁判所の判例（昭和三〇年（あ）第四一〇七号同三一年七月一二日第一小法廷決定、集一〇巻七号一〇五八頁参照）とするところであるから、結局原判決は正当であつて所論のような違法はない」と判示したのである。本判決は、昭和三一年七月一二日最高裁決定を援用して原判決は正当であるとしている。ここで「職務に密接な関係を有するいわば準職務行為又は事実上所管する職務行為」という観念を用いていることが重要である。本判決が右の観念を用いた理由は、本件の事実関係が決定的な影響を及ぼしていると見ることができる。その点について、第一審判決は、次のように判示している。すなわち、「薬剤科長であるBの処にB始め各薬品商の店員が薬の注文をとりに行つてこれと接渉の結果Yが各科の要求をとりまとめて薬品名、数量、注文先を明示して要求伝票を庶務課に提出し庶務課は予算の範囲内で病院長の決済を経て注文をすることになつている、然も薬品が専門的な知識を要する関係からYの要求は殆んどそのまま受入れられていた点が窺われる、そうであるとすれば、Bには形式上の職務権限はなくとも実際上は注文先、品目、数量等を決めるについては主要な仕事をしていたことになるので、例え職務権限はなくとも職務に密接なる関係にあることは言う迄もないから以上によつて職務に関するものと認めるに充分である」とされているのである。薬剤の購入に当たっては、専門的知識を有する薬剤科部長の意見はかなりの重みをもっているので、事実上、それはほとんどそのまま受け入れられていたと認定されている。そして、それは「形式上の職務権限」はなくても「職務に密接なる関係にある」とされているのである。その意味において、職務に準ずる行為としての「準職務行為」に当たるとされていることになる。

5　最決昭三二・一二・一九（刑集一一巻一三号三三三〇頁）

本決定は、公務員の斡旋行為が当該公務員の担当職務の執行と密接な関係にあるばあいには、その行為は収賄罪にいわゆる「其職務ニ関スル」ものということができると判示している。その事案は、次のとおりである。すなわち、被告人Xは、建設技官として建設省総務局（後に管理局）資材課に勤務し燃料係主任として官公庁施行の土木建築事業に伴う登録土木機械用石油製品の需要量の査定および集計、右石油製品の同省の諸課等に対する配給割当案の作成同割当決定の通知等右石油製品の需要調査に関する事務等を担当していた。被告人Yは、運送業を営むA株式会社に車両課長として勤務し車両の保管、整備および燃料の調達購入等に関する事務を専掌していた。

被告人Yは、右任務の遂行上、主務官庁の査定を要するうえ、その配給量も必要量に比べきわめて僅少であるなど燃料調達の隘路に悩んでいたが、かねて知合いの相被告人Xに対し右事情を訴えてなんらかの便宜の取計いありたい旨依頼したところ、Xは、民間業者に直接発券する権限を有していなかったので、自己の権限における登録土木機械用石油製品の割当て先に該当ししかも土木建築請負の業者に限るにしても一応は民間業者に対する発券の権限を有し、したがって事後の処理に容易な同一庁内特別建設局営繕部第六課をしてその保有量の一部を割いて右会社に発券させる方法により、同課を通じて右依頼に応じようと企て、同課勤務の建設技官Yに対し将来の割当て査定に当たっては同課に特別割増の考慮を払うべき含みの下に右会社に対する発券方を依頼してYを動かして、前後一九回に亘り同課としても本来は発券することを許されない右会社に対し、石油製品の割当て証明書を逐次発行させる斡旋をした。Yは、Xから右取計いを受けたことに対する謝礼の趣旨の下にAに対し金員を供与した。Xは、Yからの右の金員を収受した。

第一審および原審は、Xについて収賄罪の成立を、Yについて贈賄罪の成立をそれぞれみとめた。本決定は、Aの弁護人の上告趣意における主張を要約したうえで、これに対して、次のように判示している。すなわち、「上告趣意第一点は、原判決は罪とならない事実について有罪の認定をした違法がある、と主張する。しかし、刑法一九七条にいう『其職務ニ関シ』とは、当該公務員の職務執行行為ばかりでなく、これと密接な関係のある行為に関する場合をも含むものと解するのが相当である（判例集一一巻三号一一三六頁以下、大審院昭和一九年（れ）四〇六号同年七月二八日判決大審院判例集二三巻一五号一四三頁以下参照）。そして、原判決が詳しく説明しているとおり、被告人の本件行為それ自体は、公務員の職務執行行為ということはできないとしても、担当職務の執行と密接な関係のある行為に該当することは、当裁判所においても是認することができる。だから、被告人は、その職務に関して収賄したものであり、原判示は正当である。職務の執行と密接な関係のない単純な斡旋収賄であることを前提として、罪を構成しない事案であると主張する論旨は、原審の事実認定にそわないものであつて採ることを得ない」と判示したのである。本決定は、「職務行為と密接な関係のある行為」の観念をみとめる従前の判例の立場に立つことを明言したうえで、被告人Aの行為はこの観念に該当すると判断したものである。

上告趣意書においては、建設省総務局資材課燃料係主任の職務権限について、「土木関係業者に対する具体的発券について職務権限を有しないことは極めて明らかである。唯、問題は右の様に土木関係業者に発券する権限を有しない被告人が、この権限を有する営繕第六課勤務のYに対し発券を斡旋することが果して被告人の職務に密接に関連する事項であり、従つて斡旋すること自体が被告人の職務に属するものと謂い得るかの点は消極に解せざるを得ない」としたうえで、「元来本件は被告人が土木建築業者に具体的に発券する職務権限がない為めに第六課勤務のBに斡旋してBは之に応じてA会社に割当をしたと云ふ案件である。然も発券は悉くBが之に当り、被告人が発券した事は全くない。勿論Bと雖も土木建築業者でない運送業者に対して割当配給する職務権限はないのであるけれ共少くとも民間業者に対する発券はYの所属する第六課以外には出来ないことは記録上疑を容れる余地のないところである。これ故に被告人はBの依頼に応じて発券の権限を有するYに斡旋したものであつて、職務分掌上、出来得ないが為めに斡旋したものである。本件は正に斡旋収賄であつて罪を構成しない事案であることは極めて明らかである」と主張されているのである。これは、Aの斡旋行為それ自体が職務行為でない以上、それに関して金員の供与を受けても収賄罪は成立しないとするものである。しかし、本決定は、その斡旋行為はXの職務執行行為に密接な関係を有する行為と解したのである。従前の判例の見地からは、この結論は妥当とされるべきものであるといえる。

6　最決昭三三・三・一三（刑集一二巻三号五三三頁）

本決定は、本来の職務と密接な関係のある行為に当たることをみとめた裁判例である。本件の事案は、次のとおりである。すなわち、被告人Xは、京都市立中央市民病院に同市技術吏員として勤務し同病院の薬剤科部長として薬品の調剤、製剤、検査、保管および整理ならびにこれに伴う薬品の購入請求、補充、各科との購入合議をなす等薬品購入に関する手続きに介在するなどの職務を担当していた。Xは、被告人Yから、右病院の薬品購入に関し、便宜の取計いを受けたことに対する謝礼ならびに将来も同様の取計いを願うという趣旨の下に供与または饗応するものであることの情を知りながら、株券などの交付を受けるなどした。

第一審および原審は、右の事実について収賄罪の成立をみとめた。これに対して上告がなされ、上告趣意において次のような主張がなされた。すなわち、まず、職務に関して、「被告人に於ては、薬科部長として、薬学的、技術的分野より必要なる薬品購入のための要求伝票を作成して庶務課に廻付するだけであつて、薬品の購入に関しては、権限ある庶務課が、その購入先の選定、購入量等につき病院の経理事情や、薬業界の一般的、特殊的事情（業者の信用等）をにらみ合して経理的若くは事後的分野より病院長の決済を受けて決定するものであるから、薬科部長たる被告人に干渉せしめなかつたのであり、故に『その職務に関し』の中に包含するとは到底認め難く、この解釈を拡張し、類推した原判決は判決に影響を及ぼすこと勿論であり、正義に反すること著しいを以て破棄せらるべき」とされている。そして、原判決がこのように解したのは「薬科部長であつた被告人に薬品購入の権限なきことを原判決は認めておきながらも、この権限なき者に対する金品の収受が刑法第一九七条に規定する『その職務に関し』に包含せられるとするは、準職務行為又は事実上所管する職務行為に関する場合をも含むと解した為である」と断じているのである。さらに、賄賂性に関して、「値引払戻金は値引払戻金であつて、納品済みの在庫品につき、値下りによる値引や特売品に対する値引ということであり、これは、一般業界に於ても、又本件関係業者に於いても行われていたもので、名実とともに値引払戻金であつて病院側がこれを受領していたもので、他に何等の趣旨をも含まない。従つて『値引の点は、その理由ありとして認めながらも賄賂の趣旨が不可分的にからみついている』という第一審判決を誤認と判断しながら、値引払戻金は、当然謝礼の趣旨の単なる口実にすぎないと認めたのは、正義に著しく反し、判決に影響するところ大と信じるものである」とされている。被告人に交付されたのは一般業界においておこなわれている「値引払戻金」であるから賄賂に当らないと主張されているのである。この点は、慣行ないし社交的儀礼としておこなわれている以上、賄賂の趣旨はみとめられないことを主張しているものと解され得る。

本決定は、弁護人の上告趣意は、単なる法令違反、事実誤認の主張を出ないものであって刑訴四〇五条の上告理由に当らないとしたうえで、括弧内で「なお、原判決が、京都市中央市民病院の薬剤科部長である被告人が同病院の薬品の購入につき要求伝票を作成する行為は、同病院事務規則による本来の職務行為ではないが、薬剤科に属する薬品の保管整理に関する本来の職務と密接な関係にある行為と解して差支えない旨及び被告人には値引払戻金を受領すべき職務権限がなく、被告人が交付を受けた各金員の趣旨は、被告人の職務に対する謝礼であつて、既納薬品に対する値引払戻金というのは単なる口実にすぎない旨を判示したのは、正当である」と判示している。本決定は、まず、職務行為に関して、薬剤科部長が病院の「薬品の購入につき請求伝票を作成する行為」は「病院事務規則による本来の職務行為」ではないとする。規則上、その権限は病院長に属するとされているので、その結論は当然である。しかし、それは「薬剤科に属する薬品の保管整理に関する職務と密接な関係にある行為」と解してよいとしたのである。「薬品」の「購入」に関する職務権限はないが、その「薬品」の「保管整理」の自己の本来の職務と密接に関連するとされたのである。この限度において、その行為が職務との密接関連性を有すると解するのは妥当であるといえる。本決定のこのような理解は、従来の判例の範疇に属するものである。

つぎに、「値引払戻金」の趣旨について、本決定は、それは「単なる口実」にすぎず被告人の「職務に対する謝礼」であると解している。本決定がこのように解する根拠は、被告人が値引払戻金を「受領すべき職務権限」を有していないことに求められている点に注意する必要があるとおもう。なぜならば、購入権限を有する者が、取引慣行上、値引払戻金を受領する権限を有するものである以上、無権限者にその名目で金員を交付したとしても、その趣旨のものとしては把握され得ないことを明らかにしたと解されるからにほかならない。

7　昭三四・五・二六（刑集一三巻五号八一七頁）

本判決は、①刑法第一九七条にいう公務員の「職務ニ関シ」の意義、および、②電報電話局施設課線路係長たる電気通信技官の職務権限と電話売買の斡旋行為について判示している。本件の事案は、次のとおりである。すなわち、被告人Xは、電気通信技官として、伊丹電報電話局施設課線路係長として、電話の新設工事、既設電話の移転工事、同線修理工事等の業務を、部下を督励して処理する職務を有し、そのため工事指令、人員配置、移転または新設申請に依る現地調査および作業現場巡回の権限を有していた。被告人Yは、電気通信技官として、前記電報電話局の前記線路係長として、Xの命に服して同係の一切の業務を遂行する職務を有していた。被告人Zは、電気通信技術員として、前記電報電話局の前記線路係員としてYと同様の職務権限を有していた。X、YおよびZは、単独でまたは複数で右の職務に関して被告人Uらから賄賂を収受したとして収賄罪の成立を肯定された。原判決は、Uについて贈賄罪の成立がみとめられることを次のように判示した。すなわち、「凡そ贈賄罪は公務員の職務に関し賄賂を供与することにより成立するものであるところここに所謂その職務に関しとは当該公務員の本来の職務行為だけでなくその職務行為と密接な関係にある行為ないしその職務行為と関連性のある行為をも包含するものと解すべきであるから当時電気通信技官として伊丹電報電話施設線路係長の職にあつて原判示のような職務権限を有していた原審相被告人Xが被告人の依頼にもとずき電話売買の斡旋をすることは本来の職務行為でないとしてもなおその職務行為と関連性のある行為と解するのを相当とすべく右斡旋行為に対する謝礼が賄賂となるべきは論を待たない」と判示したのである。原判決の特徴は、賄賂罪における「職務ニ関シ」の意義について、「当該公務員の本来の職務行為だけでなくその職務行為と密接な関係にある行為ないしその職務行為と関連性のある行為をも包含する」と解している点にある。それゆえにこそ、上告趣意においてこの点が判例違反であると主張されたのである。

本判決は、この点について次のように判示している。すなわち、「『原審相被告人Xが被告人の依頼にもとずき電話売買の斡旋をすることは本来の職務行為でないとしてもなお、その職務行為と関連性のある行為と解するのを相当とすべく右斡旋行為に対する謝礼が賄賂となるべきは論を待たない』と判示したことを判例違反と主張するものである。

ところで、賄賂罪における公務員の『職務ニ関シ』とは、当該公務員の職務執行行為ばかりでなく、これと密接な関係のある行為に関する場合をも含むものと解すべきであることは、論旨引用の判例のほか、当裁判所がしばしば判示したとおりである（昭和二五年（れ）一三七〇号同三一年三月二八日第一小法廷判決、集一一巻三号一一三六頁、昭和二四年（れ）八五六号同二五年二月二八日第三小法廷判決、集四巻二号二六八頁、昭和二八年（あ）四三六一号同三〇年七月二〇日第二小法廷決定、裁判集一〇七号八〇三頁）。されば、原判決が前記のように職務行為と関連性のある行為をも包含するものと解したことは、その解釈やや広きに過ぎ、裁判所の判例の趣旨にそわないきらいがあつて妥当でない。けれども、原審の肯認した第一審判決の認定した事実によれば、第一審相被告人Aの電気通信技官としての職務には、既設電話の移転工事等の処理、工事指令、現地調査等の権限をも含んでいたのであるから、第一審判決の判示したように電話移転工事の調査並びに工事の謝礼として判示金員を被告人が右Aに交付した所為が贈賄罪を構成することはいうまでもない。それゆえ、原審の判断の一部に妥当を欠く点があるとしても、それは判決に影響を及ぼさないことが明らかであるから、原判決破棄の理由とはならない」とされたのである。本決定は、従前の最高裁の判例と同様、当該公務員の職務執行ばかりでなく、これと密接な関係のある行為を含むとしたうえで、原判決がたんに職務行為と関連性のある行為をも包含すると解したのは最高裁の判例の趣旨にそわないきらいがあって妥当でないが、第一審が認定した事実によればXには電気通信技官としての「権限」がみとめられるので、それと密接な関係を有する行為として評価できると判断している。このように解することに相当な根拠があるので、本決定の結論は妥当であるといえる。そして、本判決は、従前の判例に重要な事例を加えるものと評価することができる。

三　個別判例研究

1　国会議員の職務権限の範囲と収賄罪の成否——大阪タクシー汚職事件——

最決昭六三・四・一一（刑集四二巻四号四一九頁）

【事実】

大阪府下のハイヤータクシー業者約一一四社をもって組織する大阪タクシー協会会長の被告人Xと同協会理事の被告人Yは、大阪タクシー協会幹部と共謀のうえ、昭和四〇年八月一〇日、衆議院議員で同院運輸委員会委員であり、自由民主党政務調査会交通部会に所属している被告人Zらに対し、衆議院第一議員会館内の被告人Zの事務室で、同年二月内閣から衆議院に提出され、当時衆議院大蔵委員会で審査中であったタクシー等の燃料に用いる液化石油ガス（L・P・Gガス）に新たに課税することを内容とする石油ガス税法案について、廃案、あるいは税率の軽減、課税実施期間の延期等タクシー業界に有利に修正されるよう、同法案の審議、議決に加わり、ならびにこれらにつき他の議員を説得勧誘するよう依頼し、尽力に対する謝礼の趣旨等のもとに、被告人Yにおいて、現金一〇〇万円を供与し、被告人Zは、右のような請託に対する謝礼の趣旨等のもとに供与されるものであることの情を知りながら、Yからこの供与を受けた。

第一審裁判所は、右の事実について、被告人Zに受託収賄罪の成立をみとめて懲役一年（執行猶予二年）、被告人Xと被告人Yに贈賄罪の成立をみとめて、それぞれ懲役八月（執行猶予一年）、懲役一年（執行猶予二年）の刑に処した。受託収賄罪および贈賄罪の成否が争われたが、この点について第一審裁判所は、次のように判断したのであった。すなわち、被告人側は、まず、①一〇〇万円供与は、大阪タクシー協会の理事会・総会の正式決定を得て、被告人Zの後援会に、例年どおり中元として贈ったもので、政治資金規正法の届出もした純粋の政治献金であると主張した。しかし、第一審裁判所は、大阪タクシー協会がZに贈った一〇〇万円を賄賂であると判示した。次に、被告人側は、②委員会中心主義をとる現行国会制度においては、大蔵委員会の所管に属する本件法案については、大蔵委員会でなく、運輸委員会の委員である被告人Zには、本件法案の審議等に関して職務権限がないので、金員の供与があったとしても贈収賄罪は成立しないと主張した。また、③政党は私的結社であるから、政党員の行動は私的活動にすぎず、被告人Zらが自民党の政務調査会交通部会や財政部会もしくはその連合部会などでおこなった意見陳述などは、党員としての党議形成行為であり、国会議員の職務行為とは直接関係はないし、私見表明的勧説行為も職務密接関連行為ではないと主張したのである。

第一審判決は、②について、「国会議員の権限は、自己の所属する議院の法案成否の意思決定に参加することができるので、議事一般についてこれに関与できることになり、この見地で一般職務権限があるというべきである」と判示している。③については、「委員外の議員が委員会に所属している議員に働きかけ、法律案に賛成し、或は反対し、もしくは修正するような勧説（勧誘説得）する行為は、それ自体としては、国会議員としての職務権限の行使であるとはいえないが、勧説の趣旨に則りその議員の職務権限の行使に影響を与え、これを方向づける行為であるということができるから、議員の職務に密接に関連した行為と解すべきである。さらに議員がその委員会に属していない同僚議員に勧説する行為は、政党政治の実際の下では、……所属党員である多数の国会議員の職権行使を同様に方向づけるによく効果的な準備行為でもあるので、収賄罪の趣旨を公務の不可買収性に対する国民の信頼の保護に求める点からみれば、叙上の場合と径庭はないのであつて、職務に密接に関連する行為と解するのが至当である。そうすると、本件の場合、被告人Zらが、自ら衆議院本会議に出席して審議表決をなす行為は職務行為であり、法案を廃案し、或は否決もしくは修正するよう大蔵委員を勧説する行為も、また同僚議員を勧説する行為も、いずれも、職務に密接に関連する行為であるということになる」と判示している。その論拠については、評釈のところで詳しく検討することにする。

第一審判決に対しては、検察官・被告人の双方から控訴がなされた。贈収賄罪の成否に関して、第一審とほぼ同様の論議がくり返されたが、控訴審判決は、詳しく解釈論を展開し、①まず政治献金との関連で、「資金の贈与が、政治家が公務員として有する職務権限の行使に関する行為と対価関係に立つと認められる場合、換言すれば、職務権限の行使に関して具体的な利益を期待する趣旨のものと認められる場合においては、上記の政治献金の本来の性格、贈収賄罪の立法趣旨ないし保護法益に照らし、その資金の賄賂性は肯定されることになると解すべきである」

と判示して、被告人側の主張を斥けた。次に、②国会議員の職務権限に関して、「議員は、所属議院の本会議における議案の審議に際し委員会の審査結果と異なる立場で、修正案を提出し、或は、表決に加わることもできるのであるから、国会における議事運営上委員会中心主義がとられているからといつて、直ちに、国会議員の所属議院の本会議における審議に関する上記諸権限を、贈収賄罪の成立要件としての職務権限から除外するのは相当でない、というべきである」として、第一審判決の立場を支持した。そして、③他の同僚議員に対する勧誘説得行為についても、「国会議員が、これらの権限事項に関し、他の同僚議員に働きかけ、一定の議員活動を求めるため勧誘説得をする行為は、国会議員の有する上記職務権限と密接に関連する行為として賄賂の対象となるものと解すべきである」として、第一審判決を是認している。その論拠については、評釈のところで検討することにしたい。

ところで、検察官は、第一審判決が、被告人Ｚから大阪タクシー協会に賄賂金一〇〇万円が返され、同協会名義の通知預金にされたと事実認定をし、刑法一九七条ノ五の適用はなく、刑法一九条ノ二による追徴も相当でないとして、被告人Ｚに追徴の言渡しをしなかったのは、追徴の前提となる事実を誤認した結果、刑法一九七条ノ五の適用を誤ったものであると主張した。第二審判決は、これを容れて原判決中、Ｚに関する部分を破棄し、Ｚに対して懲役一年（執行猶予二年）、一九七条ノ五による追徴を言い渡した。

第二審判決に対して、被告人Ｙらから上告がなされたが、最高裁は、上告趣意はすべて適法な上告理由に当たらないとしたうえで、なお書きで次のように判示して、上告を棄却した。

【決定要旨】

「なお、所論にかんがみ、職権により検討するに、一、二審判決の認定するところによれば、被告人は、タクシー等の燃料に用いる液化石油ガスに新たに課税することを内容とする石油ガス税法案が、既に内閣から衆議院に提出され、当時衆議院大蔵委員会で審査中であったところ、Xほか五名と共謀の上、衆議院議員として法律案の発議、審議、表決等をなす職務に従事していたZ、Tの両名に対し、単に被告人らの利益にかなう政治活動を一般的に期待するにとどまらず、右法案が廃案になるよう、あるいは、税率の軽減、課税実施時期の延期等により被告人らハイヤータクシー業者に有利に修正されるよう、同法案の審議、表決に当たつて自らその旨の意思を表明するとともに、衆議院大蔵委員会委員を含む他の議員に対して説得勧誘することを依頼して、本件各金員を供与したというのであるから、Z、Tがいずれも当時衆議院運輸委員会委員であつて同大蔵委員会委員ではなかつたとはいえ、右金員の供与は、衆議院議員たるZ、Tの職務に関してなされた賄賂の供与というべきであつて、これと同旨の原判断は正当である。」

【解説】

一　本件における主たる争点は、国会議員の職務権限の範囲と賄賂罪の成否、および、政治献金と賄賂罪の成否である。何れも賄賂罪における重要論点であるけれども、この点に関する判例は必ずしも多いとはいえない状況にある。しかも、本決定は、国会議員が自己の所属しない委員会における案件について、その委員会委員に対して勧誘説得をするという頻繁になされる行為が国会議員の職務権限に当たるか否か、少なくとも職務密接関連行為といえるか否か、に関わっている。この点に関して、従来、確立した判例はなく、本決定は、このように国会における委員会中心主義と政党政治における議員活動の捉え方に関わる事項を問題にしており、本決定の内容は、国会議員の今後の政治活動の在り方に重大な影響を及ぼすことになるであろう。しかし、ここでは賄賂罪における解釈論の問題に限定して本決定を検討して行くことにしたい。

二　いうまでもなく賄賂罪が成立するためには、公務員等によって「職務に関して」賄賂の授受がなされる必要があり、その「職務」とは、判例によれば、「公務員がその地位に伴い公務員として取り扱うべき一切の執務」をいう（最判昭和二八・一〇・二七刑集七巻一〇号一九七一頁）。賄賂罪の成否は「職務」の範囲いかんにかかっていることが多いが、それは、職務の公正とそれに対する社会の信頼を保護しようとする法の趣旨から問題とされるのであって、公務員の国民に対する権限の限界を明らかにするため、または、行政官庁相互間の権限の限界を確定するために問題とされるのではない（内藤謙『注釈刑法(4)』四〇三頁）。換言すれば、刑法にいう職務の概念は、公務員の権限に関する根拠法令によってある事項がその公務員の権限に属するか否かを解明することによって定まるわけではなく、根拠法令上の職務行為以外にも、公務員がその地位を利用しておこなう事実上の行為のうちのある種のものについては、刑法上は職務行為とみとめられるものもあるのである。したがって、職務行為をめぐる議論の核心は、厳密な意味においては根拠法令上の職務権限には属しないけれども、なお刑法上は職務行為とみとめ得る範囲いかんということにある（藤木英雄「国会議員の職務権限」法律のひろば二一巻三号六―七頁）。行政官庁の職員に関しては、判例上、いわゆる「一般的職務権限の理論」が確立されており、この理論によれば、当該公務員が現に担当している具体的な事務ばかりでなく、その公務員が所属する部署の担当事務であって、たまたま内部的事務分配の結果その公務員の担当とはならなかったけれども、一般的にはその事務を担当する可能性があった事務、あるいは、現に担当する事務ではないが、将来担当する可能性のある事務については、その公務員の職務とみとめられることになる（藤木英雄『刑法各論』〔大学双書〕四〇六頁、内藤謙『賄賂の概念』総合判例研究叢書一八頁以下、山中敬一「賄賂」判例刑法研究7一二二頁以下等参照）。このように職務権限の理論は、主として行政機関の職員に関して発展してきたものであり、立法機関に属する国会議員や地方議会議員については、そのまま妥当するかは別途、検討する必要がある（藤木・前掲論文七―八頁参照）。

国会議員の本来の権限は、議案の発議・質問・討論等による審議と表決およびそのほか議員の権限に属する事項に関与することである（藤木『刑法各論』四一五頁）。それゆえ、国会議員が、本会議においても、また、その所属する委員会においても、議案の審議表決に参加する職務権限を有することは明らかである。その趣旨を衆議院議員で法務委員会に所属する者の職務権限に関して、判例は、「衆議院議員として国会法及び衆議院規則に基き法律案、予算案等の審議にさいし、自由に質疑、討論し、また表決に参加する職務権限を有し、かつ法務委員として国会法及び衆議員規則に基き法務委員会に付託された事項等の議題につき自由に質疑し、意見を述べ、また表決に参加する職務権限を有する」と述べている（東京地判昭和三三・一〇・八判時一六五号八頁）。また、衆議院決算委員会委員としての職務権限に関しても、「衆議院決算委員会の委員として、憲法、国会法及び衆議院規則に基き、右委員会の所管事項に関する審査案件に当たつては質疑、意見の陳述、表決をなし、その所管に属する調査に当たつては、質疑、意見の陳述をなす職務権限を有する」と述べている（富山地判昭和三四・八・二五判タ一一四号八九頁）。衆議院決算委員会についても、「同委員会において被告人Xが右問題審議に際し自由に質疑し意見を述べ、討論が終結したときは表決に参加することは、同被告人の決算委員としての職務であること言をまたない」と判示しているのである（東京高判昭和三七・五・一一高刑集一五巻五号二七一頁）。

このような判例の傾向の中で、本決定は、衆議院議員として「法律案の発議、審議、表決等をなす職務」権限をみとめ、「法案の審議、表決に当たつて自らその旨の意思を表明する」ことをその内容として判示しているにとどまる。しかし、これは国会議員の職務権限について本件第一審判決および原判決と同様の理解をしているものと見るべきであろう。文言上、そのことが明示されなかったのは、贈収賄罪の成否という観点からは、本来の職務行為か職務密接関連行為かは区別の必要がないためであると解される（押切・前掲評釈一五二頁、河村・前掲評釈七〇頁参照）。ともあれ、本決定は、国会議員の職務権限の内容の中核部分を最高裁判例として確認したものとして、一定の意義を有するといえる。

三　国会における委員会中心主義の下においては、当該委員会に所属しない国会議員は、その委員会事項については職務権限を有しないのではないかという疑問が生ずる。本件において争われたのは、まさにこの点である。前にも述べたように、この点について明示的に判断した最高裁の判例は、従来、存在しなかった。いわゆる昭和電工事件における第二審の東京高裁判決が、衆議院の不当財産取引調査特別委員会に所属しない衆議院議員はその委員会の議事については職務権限を有しないと判示していたにとどまる。すなわち、不当財産取引調査特別委員会（不当財委）は「その構成並に性格の点に於て超党派的であり調査事項の点に於て概括的であり権限の点に於て衆議院自体の有する証人喚問書類提出要求の権限が与えられている特別な委員会」であり、「不当財産取引を調査し、その責任の所在を明らかにすることは、不当財委の専権に属し不当財委の調査に基く不当財委の結論は、それ自体で決定的となるのであつて、本会議に於てその結論について更に、如何なる趣旨の決議をしても、不当財委に対し既に不当財産取引の調査権を包括的に委譲しているためその決議は不当財委を拘束することがないのである。換言すれば、不当財委は他の特別委員会と異なり、本会議の準備機関としての性質を有するものではない」ので、「不当財委の調査に付せられた事件については、委員外の議員は何等議員としての権限を有しない」とされたのである（本件においては、不当財産取引調査特別委員会における昭和電工に対する復金融資の調査をめぐり、同委員会で穏便な措置をとるように働きかけてもらう趣旨で、衆議院議員Oに金二〇万円が贈られたという事実について、同委員会の委員であるOが、同委員会に所属する議員に働きかけることが、衆議院議員としてのOの職務といえるかが争われた。検察官の上告に対して、最高裁は、Oは贈られた金二〇万円が国会工作の依頼の趣旨であったということを全く認識していなかった、という理由で無罪をみとめ、職務権限については触れなかった）。この東京高裁判決は、「その委員会が出した結論については本会議もこれを左右できないという特種な性格の委員会についてのものであり、また、大蔵委員会といった通常委員会についてのものでない。また東京高裁が委員会の特性をとくに強調しつつ、委員以外の議員の職務権限を否定したのは、通常の委員会については、委員外の議員も職務権限があるということを前提にしていたともみる余地もないわけではない」と評された（板倉宏「国会議員の職務権限の範囲と収賄罪の成否」法律のひろば三二巻一二号〔同『現代社会と新しい刑法理論』二四九頁〕、同「政治献金と賄賂、国会議員の職務権限」法律のひろば三六巻四号四五頁）。

いわゆる昭和電工事件におけるNに対する第二審判決（東京高判昭和三三・一二・一七判時一六七号四頁）は、一方において「衆議院議員として国会における法律案その他国政に関する議案等の発議をし、本会議に提出される議案、予算案等につき演説、質疑、動議提出、討論、表決等をし、自己の所属する委員会（常任、特別）において質疑、動議提出、討論表決等をし、また自己の所属しない委員会に対しては意見があるとして出席を求め許可を得たうえ出席して意見を開陳し、その他国政に関する調査討論質疑等に関与する権限を有した外なお議場外においても同僚議員に対し議場において或る発言をなし、又はなさざること等議員としての議場における発言内容等に説得勧誘する等の権限を有」すると判示し、他方において「衆議院議員たる資格で、常任委員会の行う国政調査に参加し、又は意見を開陳し得る法律上の権限があつたと認めることはできない」と判示している。そこで、本判決は、「『自己が所属する院の議事一般について関与できる一般的職務権限』があるとしているとみてよいのか、なお検討の必要があり、自己の所属する院の議事であっても、議員としての職務権限が及ばないものもあることを認めているとみる余地もある」と解されている（板倉・前掲書二五〇頁）。

ところで、本評釈の対象となっている事件の第一審判決は、自己の所属しない委員会に属する議案の審議に関する国会議員の権限について、次のように判示して、これを肯定している。すなわち、「実質審査は委員会において行なわれるものとしても、その委員会の議事が議院の意思として形成されるためには、いずれ、本会議における議事を経なければならないと規定されており、すべての議員は、本会議の場においてこれに関与できる」のであり、「委員会は、審査又は調査中の案件に関して委員でない議員に対し必要と認めたとき又は委員でない議員の発言の申出があつたときは、その出席を求めて意見を聴くことができる。」との規定が設けられているので（衆議院規則四六条）、「委員会に所属しない議員としても、委員会に出席して意見を述べることによりその意見が委員会の審議や表決に反映されることの期待をもち、また反映される余地もある。このようにみると議員は、自己の所属しない委員会に属する議案の審議についても意思決定に参加できることになつており、この点で権限を有するとみるべきである」とされたのである。この趣旨は第二審判決によっても是認され、委員会中心主義との関係については、第二審判決は、さらに詳しく説示している。すなわち、第二審判決によれば、国会における委員会制度は、「議事運営を能率化し、専門知識を有する少数の委員による適正かつ効果的な審議を期待しうることなどの効用に着目し、議事運営における技術的な必要上設けられたものであつて、委員会中心主義とはいうものの、議案の審査の一切を委員会に委ねたわけではなく、本会議の議決により、委員会の審査を省略すること、委員会で審査中の案件につき中間報告を求めること、委員会の審査に期限を付け、本会議に付する措置をとるなど、議院が委員会の権限事項に干渉しうることとされており、法制上議院の意思は、あくまでも本会議において決せられ、委員会は、議院から付託された案件につき、いわばその予備的審査をするにすぎない」ものとして性格づけられる。法制度上、このように解するのが妥当であろう。そうすると、国会議員は、自己の所属しない委員会の審議事項についてもなお職務権限を右しているると解すべきことになる。

しかし、この点について、本決定は、明言することを避けているので、先例としての意義に乏しいといわざるを得ない。

四　それでは、国会議員が他の委員会に所属する議員に働きかけて審議事項に影響を及ぼす行為について、判例は、どのように考えているのであろうか。これは、判例上、確立されている職務密接関連行為といえるかどうかの問題である（職務と密接な関係のある行為の概念については、内藤・総判研七五頁以下、同・注釈刑法(4)四〇五頁以下、山中・判刑研7一三三頁以下、吉田佑紀「賄賂罪における職務行為」刑法の基本判例一九四-五頁等参照）。

国会議員が国会の議場外で同僚議員を説得勧誘する行為が、刑法上、国会議員の職務行為といえるかどうかについても、従来、最高裁の判例は存在せず、前出の昭電事件東京高裁判決は、「国会議員が、国会の議場外において同僚議員に対し、議場において或る発言をなし、またはなさざること等議員としての議場における発言内容等につき説得勧誘する行為もまた当該国会議員の職務に関する行為であるといえるであろう」と判示したが、この判示は、「傍論」にすぎず、「議場外の勧説行為も職務密接関連行為となることを具体的に明確に認めたものといえるか、なお、争われる余地もある」とされ（板倉・前掲書二五〇頁）、必ずしも先例として十分に意義を有するものではなかった。地方議会議員については、判例は、同僚議員に一定の議案に賛成するよう議会において勧誘説得する行為を職務密接関連行為と解してきている（大判大正二・一二・九刑録一九輯一三九三頁、大判昭和一一・八・五刑集一五巻一三〇九頁、大阪高判昭和四〇・六・二四高刑集一八巻四号四〇五頁等）。内藤教授によれば、「議場外において他の議員の賛成を求める行為も、権限の行使のための予備的手段として、事実上の職務行為とみることができよう。そこで、判例は、この行為を、『職務執行と密接な関係のある行為』とみとめたのであろう」とされる（内藤・総判研八二頁）。

国会議員の他の議員に対する勧誘説得行為について、本件の第一審判決は、政党政治の下においては、たしかに「党議形成のための準備行為」としての側面もあるが、しかし、「所属党員である多数の国会議員の職権行使」のための「準備行為」としての側面もあることを指摘する。現実の政党政治の実態に即して考えてみたばあい、むしろ後者の性格の方がより強いといえるであろう。政党が単なる私的結社であることをことさらに強調するのは、現に国会において審議中の事項との関連においては、形式論にすぎると解される（今、ここで問題にしているのは法案の成立との関連についてである。党首選挙と内閣総理大臣の選挙については、斎藤信治「いわゆる総裁公選と賄賂罪」中大九十周年記念論文集一二七頁以下参照）。その点において、第一審判決が、後者の側面を重視して職務密接関連性をみとめたのは、実質的に見て妥当であったといえる。「実態に即した合理的な判断である」と評される（板倉・前掲書二五三頁）所以である。第二審判決は、右の趣旨をさらに敷衍して、「国会における議事が合議体による多数決により決せられること、また、国会法が、その五六条第一項、五七条、五七条の二において、議員が議案を発議し、その修正の動議を議題とし、又は予算につき修正の動議を議題とする場合には、一定数以上の議員の賛成を必要とする旨の規定を設けていることなどにかんがみると、議員が議場外において、法律案等の議案につき相互に協議し又は勧誘説得し合うことは、議員の有する権限行使の当然の前提とされていると解されるうえ、議事における意思形成に自己の意向を十分に反映させるためには、同僚議員に対し勧誘説得をすることが必要かつ不可欠とみることができるから、これら議場外における勧誘説得行為は、議場における権限行使を補完する一種の準備行為とみることができ、その職務権限と密接に関連するものと解すべきである」と判示している。ここにおいては、勧誘説得行為は、国会議員の有する権限を行使するための「当然の前提」であり、議事における意思形成に自己の意向を十分に反映させるために「必要かつ不可欠」のものであると性格づけられている。国会の議場外、とくに党内における他の同僚議員への働きかけは、まさしく党員である「国会議員」の職務権限の行使に向けられているのであり、それはまた、自己の「国会議員」としての職務権限を行使するために「必要不可欠」の行為といえるのである。したがって、これを職務密接関連行為と解しても、けっして不当に処罰範囲を拡張することにはならない。

逆に、もし仮に、このような行為は、職務密接関連行為でないとすると、板倉教授が指摘されるように、議員活動の大部分は収賄罪の適用外ということになり、自己の所属しない委員会の事項については職務権限はなく、また、そのような事項について同僚議員を勧説しても職務密接関連行為でないとすると、いわゆる超大物議員（総理大臣経験者等）は、実際上は、当該委員会に所属する議員などよりもはるかに大きな影響力を行使できるのにもかかわらず、懲罰委員会といったたぐいの委員会に属しているのにすぎないので、ほとんど賄賂罪に問われることはないという不当な結果をもたらすことになろう（板倉・前掲書二五三頁、同・法律のひろば三六巻四号四七頁）。

最高裁の本決定は、「衆議院大蔵委員会委員を含む他の議員に対して説得勧誘することを依頼して、本件金員を供与したのであるから、Z、Tがいずれも当時衆議院運輸委員会委員であつて大蔵委員ではなかつたとはいえ、右金員の供与は、衆議院議員たるZ、Tの職務に関してなされた賄賂の供与というべきであ」ると判示するにとどまる。これは、他の委員会に所属する国会議員に対する説得勧誘が国会議員の職務権限の行使なのか、国会議員の職務密接関連行為なのか、については必ずしも明言していないといえる。これは、前述のとおり賄賂罪が成立するという結論に影響を及ぼさないので、判示の必要がないとされたのであろう。しかし、国会議員と地方議会議員とを比較したばあい、立法活動に関する限りにおいて、本質的違いはないと考えられる。そうすると、地方議会議員に関する判例の法理は国会議員についても妥当するので、本決定は、前出の判例と同様、他の同僚議員に対する説得勧誘行為を職務密接関連行為としてみとめていると解すべきである（結論同旨、押切・前掲一五二頁、河村・前掲七〇頁）。この点に関する最高裁の最初の判例として、本決定は実務上、きわめて重要な役割を演ずることになろう。

五　政治献金と賄賂罪との関係について本決定は、一般論を展開せずに、「単に被告人らの利益にかなう政治活動を一般的に期待するにとどまらず」、国会議員の職務に関して一定の行為を依頼して金員が供与されたばあいには賄賂の供与というべきであると判示している。判文の文言からも明らかなように、本決定は原判決の立論をそのまま是認していると解すべきであるとおもわれる。原判決は、政治献金と賄賂罪との関係について明解に説述しているので、少し長くなるが、引用しておこう。「政治献金とは、もともとは、政治家の政治的手腕やその人格識見に信頼を寄せる者が、自己の政治的理念や主張の実現をその人に託する意図で拠出するものであつて、このような献金者の利害に関係のない、いわば浄財的な資金の贈与が賄賂にあたらないことはもちろんであるが、政治献金がなんらかのかたちでの利益の見返りを期待してなされるという現状にかんがみると、献金者の利益を目的とする場合でも、献金者の利益にかなう政治活動を一般的に期待してなされたと認められる限り、その資金の贈与は、政治家が公務員として有する職務権限の行使に関する行為と対価関係に立たないものとして、賄賂性は否定されることになると思われる。しかしながら、上記の場合とは異なり、資金の贈与が、政治家が公務員として有する職務権限の行使に関する行為と対価関係に立つと認められる場合、換言すれば、職務権限の行使に関して具体的な利益を期待する趣旨のものと認められる場合においては、上記の政治献金の本来の性格、贈収賄罪の立法趣旨ないし保護法益に照らし、その資金の賄賂性は肯定されることになると解すべきである」と判示されている。これは、国会議員の職務に関して「対価関係」を有するかぎり、政治献金も賄賂性を有すると解するものであり、学説上も広く支持を受けている妥当な見解である（斎藤信治「大阪タクシー汚職事件」刑法判例百選Ⅱ各論〔第二版〕二〇五頁、押切・前掲一五四頁、河村・前掲七一頁。なお、藤木・前掲書四〇三頁参照）。

なお、右に述べた趣旨は、政治献金と賄賂罪の成否一般についていえることであり、受託収賄罪についてのみ妥当するというものではない。最高裁の本件決定において、国会議員の一定の職務に関して一定の行為を「依頼して、本件金員を供与したというのであるから……賄賂の供与というべきであ」るとの文言があるので、右のような「依頼」のあるばあいにのみ政治献金が賄賂となると解され得る余地を残しているように見えるが、しかし、本件は請託にかかる事案であったからこのような判示がなされたにすぎず、請託はないが対価性のみとめられるばあいに賄賂罪の成立を否定する趣旨ではないと解すべきである（押切・前掲一五四頁、河村・前掲七一―二頁）。

六　このように見てくると、本決定は、国会議員の職務権限と賄賂罪の成否、政治献金と賄賂罪の成否について妥当な判断を示し、先例としてこれから実務に重大な影響を及ぼす重要判例であるといえる。

2 「職務に関し」の意義（一）――大学設置審事件――

最決昭五九・五・三〇（刑集三八巻七号二六八二頁）

【事実】

国立医科歯科大学教授の被告人Xは、大学の設置の認可等に関する事項を調査審議する大学設置審議会の委員および同審議会内の設立歯科大学の専門課程における教員組織の適否を審査する歯学専門委員会の構成員をしていたところ、ある歯科大学設立準備委員会の実行委員をしていたYから、この歯科大学の設置認可申請の調査審議に関して便宜な取扱いを受けたい旨で、あるいはその取扱いを受けたことの謝礼として供与されるものであることの情を知りながら、現金合計一五〇万円等の供与を受けた。XおよびYは、収賄罪・贈賄罪でそれぞれ起訴された。

第一審は、贈収賄の成立をみとめ、被告人両名を有罪とした。これに対して被告人両名から控訴がなされたが原審も贈賄罪の成立を肯定して控訴を棄却した。

被告人側から上告がなされたが、最高裁の本決定は、次のように判示して上告を棄却している。

【決定要旨】

「Xは、文部大臣の任命により同大臣の諮問に応じて大学の設置の認可等に関する事項を調査審議する大学設置審議会の委員をし、同時に歯科大学の専門課程における教員の資格等を審査する同審議会内の歯学専門委員会の委員をしていたところ、歯科大学設置の認可申請をしていた関係者らに対し、各教員予定者の適否を右専門委員会における審査基準に従って予め判定してやり、あるいは同専門委員会の中間的審査結果をその正式通知前に知らせてやったというのであって、Xの右各行為は、右審議会の委員であり且つ右専門委員会の委員である者としての職務に密接な関係のある行為というべきであるから、これを収賄罪にいわゆる職務行為にあたるとした原判断は、正当である」。

【解説】

本件においては、「賄賂」の要件の一つである「職務」関連性の存否が問題となった。具体的には職務との「密接関連性」が争われたのである。

まず、賄賂は、職務に関する報酬であることを要する。「職務に関し」(一九七条一項)とは、「職務に関連して」という意味であり、職務行為自体に対するばあいのほか、「職務と密接な関係を有する行為」(準職務行為・事実上所管する職務行為)に対するばあいをも含む(大判大二・一二・九刑録一九輯一三九三頁、最判昭二五・二・二八刑集四巻二号二六八頁)。職務の範囲は、職務の公正とそれに対する社会一般の信頼を保護する見地に立って決められるべきであるから、公務員が法律上有する権限の範囲とは必ずしも一致しない。

「職務と密接な関係のある行為」とは、公務員の職務を根拠として、当該公務員が、事実上、所管し執務すべき行為をいう(最決昭三一・七・一二刑集一〇巻七号一〇五八頁)。判例は、早くから「職務自体なることを要せず、其職務に干渉するものなるを以て足る。即ち、賄賂の対価たる給付が公務員又は仲裁人の職務執行たる行為に属せざるも、其職務執行と密接の関係を有するに於ては、職務に関して収賄若くは贈賄の行為ありと謂ふを妨げず」として、これをみとめて来た(大判大二・一二・九刑録一九輯一三九三頁)。これは、最高裁判所によって踏襲されている(最判昭二五・二・二八刑集四巻二号二六八頁ほか多数)。

職務との密接関連性の基準に関して、学説は、公務としての性格を有するか(公務説)、本来の職務行為に対して影響力を有するか（影響力説）、公務員たる地位を利用して行為の相手方に対する影響力が行使されたか（地位利用説）を基準とする見解が主張されている。

本決定は、大学設置審議会およびその歯学専門委員会の委員が、教員予定者の適否をあらかじめ判定し、同委員会の中間的審査結果を正式通知前に知らせた行為は、同審議会および委員会の委員としての「職務と密接な関係のある行為」というべきであるから、職務行為に当たるとしている。本決定には、以下のような谷口正孝裁判官の補足意見が付されている。「『職務に密接な行為』というためには、本来の職務行為として法律上の効力は認められないとしても、職務行為と関連性があり社会通念上職務行為として認められ行われているものをいうのであって、そのような行為として認定するためには、当該公務員の職務権限と実質的な結びつきがあるかどうか、公務を左右する性格をもつ行為かどうか、公務の公正を疑わせるかどうかの視点が基準となる」。しかし、法廷意見は、密接関連性をみとめているのである。

3　「職務に関し」の意義(二)——ロッキード事件（丸紅ルート）——

最［大］判平七・二・二二（刑集四九巻二号一頁）

【事実】

昭和四七年八月、ロッキード社の日本における販売代理店である丸紅の社長Xら被告人が、同社製の航空機（L1011型機）の全日空への売り込みに際し、当時の内閣総理大臣Yに対して、(1)全日空にL1011型機の購入を勧奨する行政指導をするよう運輸大臣を指揮すること（Aルート）、(2)Y自ら直接全日空に同趣旨の働きかけをすること（Bルート）を依頼して、請託し、その成功報酬として現金5億円の供与を約束し、その後、全日空がL1011型機の購入を決定したことから、5億円の授受が行われた。Xらは、贈賄罪で起訴された。

第一審は、Aルートについて、運輸大臣の職務権限、閣議決定の存在を肯定したうえで、内閣総理大臣の指揮監督権限をみとめ、Bルートについて、内閣総理大臣の準職務行為として、Hらに贈賄罪の成立をみとめ、原審は控訴を棄却した。Xら被告人が上告したところ、本判決は次のように判示して上告を棄却している。

【判旨】

「賄賂罪は、公務員の職務の公正とこれに対する社会一般の信頼を保護法益とするものであるから、賄賂と対価関係に立つ行為は、法令上公務員の一般的職務権限に属する行為であれば足り、公務員が具体的事情の下においてその行為を適法に行うことができたかどうかは、問うところではない。けだし、公務員が右のような行為の対価として金品を収受することは、それ自体、職務の公正に対する社会一般の信頼を害するからである」。

「内閣総理大臣は、憲法上、行政権を行使する内閣の首長として（六六条）、国務大臣の任免権（六八条）、内閣を代表して行政各部を指揮監督する職務権限（七二条）を有するなど、内閣を統率し、行政各部を統轄調整する地位にあるものである。そして、内閣法は、閣議は内閣総理大臣が主宰するものと定め（四条）、内閣総理大臣は、閣議にかけて決定した方針に基づいて行政各部を指揮監督し（六条）、行政各部の処分又は命令を中止させることができるものとしている（八条）。このように、内閣総理大臣が行政各部に対し指揮監督権を行使するためには、閣議にかけて決定した方針が存在することを要するが、閣議にかけて決定した方針が存在しない場合においても、内閣総理大臣の右のような地位及び権限に照らすと、流動的で多様な行政需要に遅滞なく対応するため、内閣総理大臣は、少なくとも、内閣の明示の意思に反しない限り、行政各部に対し、随時、その所掌事務について一定の方向で処理するよう指導、助言等の指示を与える権限を有するものと解するのが相当である」。
「運輸大臣が全日空に対しL1011型機の選定購入を勧奨する行為は、運輸大臣の職務権限に属する行為であり、内閣総理大臣が運輸大臣に対し右勧奨行為をするよう働き掛ける行為は、内閣総理大臣の運輸大臣に対する指示という職権権限に属する行為ということができる」。

【解説】

本件においては、内閣総理大臣の職務権限が問題となった。判例によれば、職務は、当該公務員の一般的な職務権限に属するものであれば足り、本人が具体的に担当している事務であることを要しないとされる（最判昭三七・五・二九刑集一六巻五号五二八頁）。本判決も、「公務員が具体的事情の下においてその行為を適法に行うことができたかどうかは、問うところではない」と判示し、従来の判例と同じ立場に立つことを明言している。本判決の特徴は、その結論に至る理由を、「公務員が右のような行為の対価として金品を収受することは、それ自体、職務の公正に対する社会一般の信頼を害する」ことに求めている点にある。これは、信頼保護説を採ることを改めて明らかにするものである。

本判決は、内閣総理大臣の職務権限について、内閣総理大臣は、憲法上、内閣法上の地位および権限に照らし、閣議にかけて決定した方針が存在しないばあいでも、内閣の明示の意思に反しないかぎり、行政各部に対し指示を与える権限を有するから、内閣総理大臣が運輸大臣に対し、民間航空会社に特定機種の航空機の選定購入を勧奨するように働きかけることは、運輸大臣に対する指示として、賄賂罪の職務行為に当たる旨判示している。これは、組織法および作用法を根拠としてみとめられる任務および所掌事務を比較的緩やかに解し、その範囲内でおこなわれる行政指導は公務員の職務権限に基づく職務行為であるとしたものと理解されている。そして、この点は、賄賂罪の要件である「職務に関して」の意義の理解にとって重要な意義を有するとされている。このように、本判決が、職務権限を比較的広く把握し、従来の見地においては職務密接関連行為とされ得た行為を「職務行為」と解している点が重要であるとされる。

本判決後、国務大臣の職務権限に関する最高裁の判例が続出している。まず、内閣官房長官の職務権限について内閣官房長官は、行政各部の総合調整に関する事務をつかさどるから、官庁による青田買い防止問題に関する職務権限を有すると判示したものがある（最決平一一・一〇・二〇刑集五三巻七号六四一頁）。すなわち、内閣官房長官は、内閣法一三条三項により「内閣官房の事務を統轄」し、同法一二条二項により内閣官房が「閣議に係る重要事項に関する総合調整その他行政各部の施策に関するその統一保持上必要な総合調整……に関する事務を掌る」のであるから、国の行政機関が国家公務員の採用に関し民間企業における就職協定の趣旨に沿った適切な対応をするよう尽力願いたい旨の請託を内閣官房長官に対しておこなうことは、国家公務員の採用という国の行政機関全体にわたる事項について適切な措置を取ることを求めるものであり、その請託の内容は、内閣官房の所掌する事務に当たり、内閣官房長官の職務権限に属するとされるのである。

つぎに、北海道開発庁長官の職務権限について、北海道開発計画に含まれるスポーツ施設の建設予定場所などに関する情報の提供を札幌市などに求めること、および、同施設の建設事業主体として特定企業を札幌市などに紹介・斡旋するなどの行為も、北海道開発庁長官の職務権限に属し、また北海道東北開発公庫（平一一法七三による解散前のもの）に対して特定企業への融資を紹介・斡旋することも、同開発庁長官の職務権限に属するとされている（最決平一二・三・二二刑集五四巻三号一一九頁）。

さらに、旧文部省における各部局などの事務監督者の職務権限について、旧文部省における各部局などの事務を監督するなどの職務に従事していた行為者が、店頭登録後に確実に値上がりが見込まれ、一般人には入手が困難な株式を、店頭登録後に予想される価格よりも明らかに低い価額で供与する旨の申入れを受け入れ、自己の職務に関連することを認識しながら取得したばあい、何らかの行政措置を取るべき作為義務の有無によって職務関連性は左右されず、積極的な便宜供与行為をしなくても、本罪の成立を妨げないとされている(最決平一四・一〇・二二刑集五六巻八号六九〇頁)。

第四節　職務の範囲

第一款　法令上の根拠

職務の範囲は、法令によって定められるのが原則であるが、学説・判例上、必ずしも法令に「直接の規定」があることを要しないとされる。職務は、独立して決裁する権限を伴うばあいに限らず、上司の指揮監督のもとにその命令を受けておこなう「補助的職務」であってもかまわないとされている。職務は、法令上、当該公務員の「一般的な職務権限」に属するものであれば足り、現実に具体的に担当している事務であることは必要でないとされているが、しかし、これとても目的論解釈の結果である。その「必要性」については、さらに検討する必要があり、次款において検討する。

この点について、次のように指摘されている。すなわち、「職務の概念を定めるについては、まず、特定の事項がその性質上ある公務員の職務の範囲内にあるか否かが問題となるが、法律行政主義を始めとして法令に基づいて統治作用を行うべき近代国家においては、基本的には、ある事項が、法令上公務員の遂行すべき事務とされているか否かによって決せられる。しかしながら、公務をその目的に従って遂行するために公務員が行うべき事務は現実問題として多種多様であり、これをすべて網羅的に法令に規定することは極めて困難であるし、また、些細な事務も少なくないことから、実際上、その必要性も乏しい。そこで、具体的な事件において、職務の法令上の根拠を求める場合に、その直接かつ明文の規定を見出すことが困難な場合が少なくない結果となる」とされているのである。(8)これは、きわめて妥当な指摘である。「法律行政主義」は、先に見た「法治国家思想」の具体化にほかならない。自由を保障するために国家権力の恣意を制約するものが「法律主義」である。法律による権力行使の拘束こそが国民の自由を担保することになる。そのような機能を有するかぎり、ここにいう「法律」は形式的意義における法律に限定される必要はないと解される。いいかえると、法令で足りるのである。そこで、公務員がおこなうべき職務は法令によって決せられるべきことになるわけである。前記の法治国家思想の理念からすれば、職務の範囲もすべて法令によって規定されているべきことになるはずである。たしかに、理論的にはそのようにいうことができるであろう。しかし、公務員の職務行為は、現実には法律行為・準法律行為のほか純然たる事実的行為を含んでいるのである。実際上、それらのすべてを法令で規定することは不可能であるといわざるを得ない。それゆえ、職務の内容が法令に基づくことについては、さらに「実質的」な考慮を必要としなければならないことになる。

この点について、正当にもさらに次のような指摘がなされている。すなわち、「ある具体的な行為について法令上明文の根拠規定がないからといって、それが公務に該当しないとするのは、特に行政部に属する公務員については、職務の性格が特定の政策目的の実現のために必要な非定型的なものであることが多いので、公務員の汚職行為を処罰しようとする汚職の罪の趣旨に合致しない結果となることは、明らかである。このような場合、それが職務に属するかどうかは、それが公務の一環として行われたかという形式的な側面とともに、その行為が当該公務員の遂行すべき職務との関係で合理的に必要・相当と認められる措置といえるかどうかという実質的側面によって決する必要がある。したがって、個々具体的にある事項が職務に属するかどうかを判断するには、ある公務員の行うべき職務にかかわる法令全体の趣旨から判断する必要があることになる」とされているのである。(9) 判例も「賄賂罪にいう公務員の職務にあたるか否かを決するには、当該公務員の職務権限規定に定められている行為か否かを検討するだけでは足りず、法令全体の趣旨からみて当該公務員が公務員たる資格において行うことが規定されている行為か否かを検討しなければならない」と判示している（大阪高判昭五四・一一・一六刑月一一巻一一号一三二九頁）。職務の性格上、政策目的を達成するためになされる諸行為は、非定型的なものが多いので、それらを法令で詳細を規定することが不可能である。そこで、「合理的に必要・相当と認められる措置」といえるか否か、という「実質的基準」によって判断されるべきことになる。そして、それは「法令全体の趣旨」から判断されるべきであるとされる。これをまとめると、以下のようになる。

前に見たように、「法治国思想」の見地からは、職務内容について法令の明文規定が存在することが望ましいが、それが「不可能なばあい」には「目的論的解釈」が必要であることは明らかである。明文化が「不可能なばあい」とは、類型化・定型化ができない事態を意味するといえる。つまり、抽象的な法文で表現することができないほど多様性を包含する個別具体的な内容を包含する事情を意味するのである。「特定の政策目的」を実現するためには、具体的状況に対応した解決策を個々的に提示する必要があるのであり、それは「非定型的なもの」とならざるを得ないのである。そのような非定型的な行為を処罰するためには、いわゆる「法令全体の趣旨」に合致するという実質的な基準が必要とされることになる。これが刑法規定の「合目的的」解釈である。ここで要求される合「目的」性こそ、政策「目的」の「実現」可能性であり、その政策目的の遂行のための「必要性と相当性」にほかならない。ここにおける「必要性と相当性」が実質的判断の基礎づけとなるが、その基準は必ずしも明確ではない。賄賂罪の保護法益の観点から基準の明確化を図らなければならない。

第二款　一般的職務権限と具体的職務権限

一般的職務権限と具体的職務権限に関して、次のような指摘がある。すなわち、「職権濫用罪や賄賂罪においてある事項が特定の公務員の職務・職権に属するか否かは、当該事項がその公務員の一般的な権限・職務に属する事項であるかどうかによって判断される。汚職の罪における職務の判断基準としてある事項が一般的職務権限に属するか否かを用いることは、具体的事務分担上、当該公務員がその事項を担当していない場合をも職務に関する事項に含まれるとすることから始まっている（大判大九・一二・一〇録二六輯八八四頁『巡査、刑事巡査、警部補等ハ其職務上貸座敷業者又ハ芸娼妓等ノ営業又ハ稼業ニ関シテ刑事上又ハ行政上ノ取締若クハ警察権ノ行使ヲ為スヘキ一般的権限ヲ有スル者ナルヲ以テ其内部的事務ノ分掌ノ如キハ必スシモ一般的権限ヲ制限スルモノニ非ラス』）」とされるのである[10]。つまり、ある事項が特定の公務員の「職務・職権事項に属するか否か」は、当該事項がその公務員の「一般的な権限・職務に属する事項であるかどうか」によって判断されるが、賄賂罪のばあいは、「職務の判断基準」として「ある事項が一般的職務権限に属するか」を用いることは、「具体的事務分担上、当該公務員がその事項を担当していない場合」をも「職務に関する事項」に含まれるとすることにその淵源があるとされているのである。これは、職務に関する権限に関して「具体的」観点から「一般的」観点に転換する始原を明示するものとして、きわめて妥当な指摘であるとおもう。たしかに、判例は前記のような思考を提示している。しかし、問題はその根拠にある。そこでは、具体的な「事務分配」が問題とされ、「内部的事務ノ分掌」は「一般的権限ヲ制限スルモノニ非ス」と判断されているのである。しかしながら、それは、内部的な事務分配は「一般的職務権限」の存否に影響を及ぼさないことを述べるにとどまっているにすぎず、一般的職務権限に属していれば足りることの論拠を示しているわけではない。この点については、さらに考察する必要がある。

前述のとおり「職務」は、一般的職務権限に属することを要するが、「転職前の職務」に関して賄賂を収受したばあい、「職務に関し」に当たるか否か、が争われる。すなわち、公務員が、その「一般的職務権限を異にする他の職務」に転じた後に、「転職前の職務」に関して賄賂罪が成立するか否か、が問題とされてきているのである。この問題に関して最高裁の判例は、収受の当時に公務員である以上、収賄罪が成立すると判示している（最決昭五八・三・二五刑集三七巻二号一七〇頁）。

学説上、否定説も有力であるが、肯定説を採る判例を支持する立場が通説である。この点について、わたくしは、通説が妥当であると解している。なぜならば、否定説を採ると、公務員の身分を失った後に賄賂を収受すれば事後収賄罪になるのと比較し権衡を失するばかりでなく、転職のばあいを事後収賄罪に準じて取り扱うのは明らかに文理に反するからである。この問題については、第八章において検討するが、ここでは「職務」行為との関連という「視点」からの捉え直しについて述べておきたい。

この論点については、公務員の「転職」が強調され、それも「一般的職務権限」の範囲を超える職務への「転職」が必要以上に重視されている。しかし、その「実体」は、転職前の「過去の職務」との関連が問題なのである（この点については、第七章参照）。この点を看過した論議はまったく無意味であるとおもう。

第五節　職務と密接な関連性のある行為――準職務行為

賄賂罪が成立するために必要とされる職務密接関連行為の観点は、前に判例を見た際にその由来と適用例を明らかにした。ここでは理論的観点から検討を加えることにしたい。この点について、次のような指摘がある。すなわち、「従来賄賂罪において『職務密接関連行為』とされてきたものの多くは実際にある特定の法令上の職務行為を遂行する上で合理的に必要とされる事務が数多を占めるのであって、本来職務外の行為でありながら職務密接関連行為であるとされているものは極めてわずかにとどまる。すなわち、賄賂罪でこのような観念が必要とされるのは、むしろ、賄賂罪における『職務』の理論が従来ある部分で不当に狭過ぎた結果とも言えるのである」とされているのである。[11] ここにおいては、①「職務密接関連行為」の「内実」と②その観念の必要性の「理由」が明確に提示されている。①については、職務密接関連行為の多くは、「ある特定の法令上の職務を遂行する上で合理的に必要とされる事務」であり、「本来職務外の行為」でありながら「職務密接関連行為」とされているものはきわめて少ないとされているのである。そして②については、「職務」の解釈が「ある部分で不当に狭過ぎた」ことがこの観念を必要とした理由としてあげられているわけである。

このような観点から、従来の判例について「その事案の内容は、確かに公務員の職務行為の中核的な部分ではないけれど、中核的な部分を実施するために通常付随する行為に関するものであり、前記のような職務行為の範囲の理解に立てば、敢えて職務密接関連行為という観念を用いるまでもなく、職務性が認められるものであって、大審院は、職務の概念を公務員の行う中核的な公務に限定して理解し、これに通常付随する周辺的な行為を職務密接関連行為として捉えていたということができる」とされている。[12] すなわち、判例の事案においては、公務員の「職務行為の中核的な部分」ではないが、「中核的な部分を実施するために通常付随する行為」に関するものであり、本来、「職務性」がみとめられるものであると解されているのである。いいかえると、大審院は職務の範囲を「中核的な公務」に限定し、これに「通常付随する周辺的な行為」を職務密接関連行為として捉えたのであったと理解されているわけである。これらは職務密接関連行為の観念の「必要性」に関わる重要な指摘であり、その問題性についてはあとで検討することにしたい。

さらに別の角度から判例についての考察がある。これは、次のように指摘する。すなわち、判例は、「法文にいう『職務ニ関シ』とは、賄賂が職務行為そのものに対するばあいに限定されるものではなく、『職務と密接な関係のある行為』に対するばあいもふくんでいると解している。判例は、賄賂と関連する『職務』の範囲を原則として法令の規定によつて職務権限に属するとされる範囲と理解した……。しかし、その範囲をこえる行為に対して利益の授受等がなされたばあいにも、その行為が職務権限と実質的に結びついているときは、やはり職務そのものの公正とそれに対する社会一般の信頼を害することがある。したがつて、判例は、そのようなばあいについて、『職務と密接な関係のある行為』という概念を用いたのであろう。さらに、判例のこの態度は、わが刑法が『職務ニ関シ』という表現を用いていることによつて文理上も基礎づけられうると解することもできる。職務との対価的関係は、『賄賂』の概念にすでにふくまれているから、『職務ニ関シ』という表現は、対価的関係の対象が職務に関する行為であればよいことを示していると解するのである」とされているのである。[13] ここにおいては、①職務権限との実質的な結びつきが「職務そのものの公正とそれに対する社会一般の信頼」という法益侵害をもたらすこと、および②「職務に関し」という表現が文理上の基礎づけとなり得ることに職務密接関連行為の観念が求められている。①は、法益侵害の観点から職務密接関連行為を「実質的に」基礎づけるものであり、②は条文の「文言」により「形式的に」基礎づけるものである。

学説上、判例によって確立された「職務密接関連行為」の観念は、一般に是認されてきたが、美濃部達吉博士は、判例の理由づけに関しては反対された。すなわち、「此等の判決は、何れも其の結果においては、正当と信ぜられるが、併し其の理由として、それ等の行為が『職務ニ密接ノ関係アル行為』であるから、これに関して金銭其の他の利益の供与を受けるのは、職務に関する収賄たることを失はないとして居るのは、正当とは思考し難い」とされたのであった。そして、「刑法第一九七条には、公務員が『其職務ニ関シ賄賂ヲ収受シ』云々とあるのであつて、職務又は職務に密接の関係ある行為に関し賄賂を収受しとあるのでないから、職務それ自身に関する収賄ではなく、職務に密接の関係ある行為に関する収賄をも、同条に該当するものと為すことは、直接に同条の明文に抵触する嫌があるのみならず、職務に密接の関係ある行為といふことは、其の語自身に甚だ明瞭を欠いて居り、法律上に果して密接の関係ある行為であるや否やを判断するに付いて、正確な標準を定め難いことの非難を免れない」とされた[14]。ここにおいては、判例に反対する根拠として、①「職務それ自身に関する収賄」ではなく「職務に密接の関係ある行為に関する収賄」をも刑法一九七条に該当すると解するのは、「明文に抵触する嫌」があること、②その語自身が甚だ明瞭を欠き、それを判断するための「正確な標準を定め難いこと」が挙げられている。①は「職務に関し」の文言を厳格に解するものであり、②は判断基準の不明確性という実質的理由を示すものである。

美濃部博士は、事例をあげて論拠づけを敷衍された。すなわち、「例へば、現に或る公務を擔任している官吏が、其の職務上取扱つて居る事実に関して、或は放送局から依頼せられてラヂオの放送を為し、或は会社其の他から依頼せられて講演を為し、或は雑誌社から依頼せられて論文を雑誌に寄稿したとすれば、其の放送や講演や論文の内容が職務事項に関するものである限り、それは勿論職務に密接の関係ある行為でなければならぬ。併しそれが為めに其の放送や講演や論文に対し謝礼を受けたからと謂つて、これを以つて職務に関する収賄と見るべきものでないことは、何人も疑を容れないであらう」とされた[15]。たしかに、公務員がその職務上取り扱っている事項に関して、放送局からの依頼に基づくラジオ放送、会社などからの依頼に基づく講演および雑誌社からの依頼に基づく寄稿論文の「内容」が職務事項に関するものであるかぎり、それは職務密接関連行為であるといえる。そのばあい、これらに対する「謝礼」を受け取っても「職務に関する収賄」と見るべきでないことは当然視されている。しかし、これは当然視されるべき事態ではないとおもう。不可罰性は解釈論的に基礎づけられなければならない。この点については、あとで検討することにする。

美濃部博士は、さらに法益論の観点から次のように論述されている。すなわち、「公務員収賄罪に依つて保護せらるる法律利益は公務それ自身の威信に在るのであり、金銭其の他の不正の利益を受くることに因つて公務を左右することの弊を防ぐことが、其の目的とする所であることは、争ふべからざる所であるから、賄賂の対象となるものは必ず公務それ自身でなければならぬ。法律の自ら明言して居る通り、公務員が『其職務ニ関シ』賄賂を収受することが収賄罪を構成するのであつて、職務に密接の関係ある行為であつても、職務外の行為である以上は、賄賂罪の対象となり得べきものでない。随つて判例が『職務ニ密接ノ関係アル行為』を以つて賄賂罪の対象たり得るものとして居るのは、文字通りの意義に於いては、失当たるを免れないと信ずる。併しながら、凡て刑罰法の適用に関しては、専ら社会的の事実に著眼し、法律上の効力に重きを置くべきものではないから、公務員収賄罪の構成要件としての『職務ニ関シ』賄賂を収受することも、法律上に職務権限として認められて居る行為に関して収賄した場合たることを要するものと解すべきではなく、或る職務を担任して居る公務員が、其の職務に基づき事実上に公務を左右する為めに為す行為は、それが法律上に職務権限の行使たる効力を有するや否やを問はず、刑法の意義に於いては職務行為と見るべきものであり、賄賂罪の対象たり得べきものと解せねばならぬ」とされたのである(16)。

美濃部博士によれば、収賄罪の保護法益は「公務それ自身の威信」であり、賄賂の対象となるものは「公務それ自身」でなければならず、職務密接関連行為であっても「職務外の行為」である以上は、賄賂罪の対象となり得ないとされる。しかし、「刑罰法の適用」に関しては、もっぱら「社会的の事実」に着眼し「法律上の効力」に重きを置くべきでないから、収賄罪の構成要件は次のように解釈すべきであるとされたのである。すなわち、「職務ニ関シ」

賄賂を収受することは、「法律上に職務権限として認められて居る行為に関して収賄した場合たること」を要すると解すべきでなく、「職務に基づき事実上公務を左右する為に為す行為」は「刑法の意義に於いては職務行為」と解すべきであるとされるのである。これは、「社会的事実」を基礎にして刑罰法規の目的論解釈の必要性をみとめて「職務行為」の拡張を肯定するものである。すなわち、「社会的事実」を持ち込むことによって「規範的」観念の把握に変化をもたらす根拠が求められていることになるといえる。さらに「事実上」公務を左右するためになされる行為を「規範的」意味において「職務行為」そのものに包含させているのである。結局、美濃部博士の所説においても、実質解釈をみとめざるを得なかったことになる。

美濃部博士の見解に対しては、次のような指摘がなされている。すなわち、「判例のいう『職務と密接な関係のある行為』の概念が明確性を欠くことを指摘させる点において、また、それが少なくとも公務を左右する性格をもたなければならないことを示そうとする点において、注目に価する。が、『職務に基づき事実上に公務を左右する為めに為す行為』を『職務』そのものとみることは、斡旋収賄罪の規定（一九七の四）が設けられた現在においては、とくに困難であろう」とされるのである。[17]これは、博士の所説が①「職務密接関連行為」の観念の不明確性を指摘し、②職務に「公務を左右する性格」を要求していることを解釈論上、高く評価するものである。たしかに、その観念は実質的な判断によって得られるものを内容としている以上、判断基準が不明確とならざるを得ないものであるから、そのことの問題性を明示した点は、理論的に見てきわめて重要であるといえる。しかし、「形式的な判断基準」を設定すると、厳格解釈をしなければならなくなり、具体的に妥当な結論が得られないという不都合が生ずる。それゆえにこそ、美濃部博士も、職務行為そのものを実質的に判断せざるを得ないという隘路に入り込む結果となったのである。また、公務を左右する性格を有することが要求されることによって一定の「限定作用」がみとめられ得る点にも、理論上の意義を見出すことができるであろう。しかし、公務を左右する性格それ自体も、「事実上」のものであるとすることによって実質化され、「限定作用」を果たすことができなかったのである。さらに、公務を左右することを要求することが、逆にあっせん行為の職務性をみとめるためには障害となり、解釈論的に妥当性を欠くことになったわけである。

職務密接関連性行為の観念とは別に、最高裁判所の判例の中には「準職務行為又は事実上所管する職務行為」という観念をみとめるものが存在するに至った(最決昭三一・七・一二刑集一〇巻七号一〇五八頁、最判昭三二・二・二六刑集一一巻二号九二九頁など)。さらに「慣習上若しくは事実上所管する職務行為」という観念も見られる(最決昭三八・五・二一刑集一七巻四号三四頁)。この点に関して、「判例が『職務と密接な関係のある行為』という明確を欠く概念について、一定の基準をあたえようという意図をあきらかにしたのは、正しい方向を示すものといえよう」と評価されている。[18] たしかに、職務密接関連行為という不明確な観念に「一定の基準をあたえようという意図」を明らかにしたことは妥当であると評価され得るであろう。しかし、そのような意図が実現されたかについては、別個の検討を必要とする。

この点について、次のような指摘がある。すなわち、「これらの概念もまた必ずしも明確でなく、準職務行為とは法令上当然類推される職務行為をいい、事実上所管する職務行為とは法令上管掌する職務に関連する行為であるが故に事実上所管する行為というほどの意味であろうかとする見解(高橋幹男・判解刑(昭三二)一五二頁)が正しいように思われる。何故ならば、最高裁は、その後も、依然として職務密接関連行為の概念を用いており(最判昭三二・一二・一九刑集一一巻一三号三三〇〇頁、最決昭三三・一二・三裁判集〔刑事〕一三一号八二三頁、最判昭三五・三・四刑集一四巻三号二八八頁、最判昭三五・四・二八刑集一四巻六号七七八頁、最判昭四一・二・一七刑集二〇巻二号一三頁、最判昭五九・五・三〇刑集三八巻七号二六八二頁など)、これらの多数は、慣行的に行われている事務に関するものであるが、中にはそうとはいえない事案に関するものも含まれているからである(最判昭三二・一二・一九前掲など)」とされるのである。[19]

ここにおいては、①これらの観念も不明確であること、②最高裁はその後も職務密接関連行為の観念を維持していること、③職務密接関連行為の中には慣行的におこなわれている事務に関するものとはいえない事案が含まれていることが指摘されているのである。その指摘はきわめて妥当であるとおもう。

その結果、「これらの最高裁判例が準職務行為としているものは、むしろ、それ自体公務員の本来の職務権限に付随する職務行為であって、もともと、職務行為の一部をなすものをいうものであり、職務密接関連行為の概念を用いる必要がない分野であるともいえ、このような概念を用いることがかえって問題を複雑にする面も否定できない」とされるのである。(20) ここで有力な実務家によって「準職務行為」観念不要論が提示されたことの意義はきわめて大きいといえる。

現在では収賄罪が成立するためには「職務と密接な関係のある行為」であれば足りると解されるに至っている。それは、厳密には職務に属しないが、実質的には職務行為に当たると解されていることを意味するのである。「職務と密接な関係のある行為」とは、公務員の職務を根拠として、当該公務員が事実上、所管し執務すべき行為をいう。事実上、公務員の権限に属している行為について不正な利益が結びつくと、職務の公正とそれに対する社会の信頼が害されるので、このような行為も職務行為とみとめられるべきであるとされるのである。

(1)　田中二郎『新版行政法上巻』全訂第二版（昭49年・一九七四年）一八頁。
(2)　内藤謙『賄賂の概念・総合判例研究叢書刑法⒁』（昭35年・一九六〇年）一七頁。
(3)　内藤・前掲注（2）一七頁。
(4)　内藤・前掲注（2）一八頁。
(5)　内藤・前掲注（2）二〇頁。
(6)　古田佑紀・渡辺咲子・五十嵐さおり「§一九三～§一九八前注」大塚仁・河上和雄・佐藤文哉・古田佑紀『大コンメンタール第

一〇巻』第二版（平18年・二〇〇六年）一五頁。
(7) 古田・渡辺・五十嵐・前掲注（6）一五―六頁。
(8) 古田・渡辺・五十嵐・前掲注（6）二三頁。
(9) 古田・渡辺・五十嵐・前掲注（6）二三頁。
(10) 古田・渡辺・五十嵐・前掲注（6）二四頁。
(11) 古田・渡辺・五十嵐・前掲注（6）三四頁。
(12) 古田・渡辺・五十嵐・前掲注（6）四三頁。
(13) 内藤謙「第二五章　瀆職の罪前注〔賄賂罪〕」団藤重光編『注釈刑法(4)各則(2)』（昭40年・一九六五年）四〇五―六頁。
(14) 美濃部達吉『公務員賄賂罪の研究』（昭14年・一九三九年）四〇頁。
(15) 美濃部・前掲注（14）四一頁。
(16) 美濃部・前掲注（14）四一―二頁。
(17) 内藤・前掲注（13）四〇六―七頁。
(18) 内藤・前掲注（13）四〇六頁。
(19) 古田・渡辺・五十嵐・前掲注（6）四四頁。
(20) 古田・渡辺・五十嵐・前掲注（6）四四頁。

第七章　過去の職務行為と賄賂罪

序　節　問題の所在

過去の職務行為に関する賄賂罪の成否については、かねてより論議され、すでに決着済みの問題であると一般に考えられているように見える。たしかに、判例・学説において、これが直接、争点とされることは、現時点ではほとんどないから、そのような観を呈しているのである。しかし、転職後の公務員が過去の職務行為に関して利益を受ける行為が収賄罪を構成することをみとめた最高裁の裁判例(1)が出て以来、その判旨に関して見解が分かれ、過去の職務行為に関して賄賂罪が成立するか否か、の問題に遡って考察する必要が生ずるに至ったのである。すなわち、最高裁の裁判例は、公務員が抽象的職務権限を異にする職務行為をおこなう地位に移動した後、前の職に関して贈与を受けたばあいに、収賄罪の成立を肯定したのであり、この判旨に反対する立場も有力に主張されているのである。これは、根本的には過去の職務行為と贈賄罪の成否の問題にほかならず、賄賂罪の保護法益の観点から改めて検討されなければならない。そこで、本章でこの問題について再検討を試みることにしたい。

第一節　学説

過去の職務行為に関する利益の取得と収賄罪の成否について、美濃部達吉博士は、次のように述べられた[2]。すなわち、「公務員賄賂罪の成立するのは、将来に於ける職務行為に付き予め賄賂を提供し、自己に有利なる処置を為すべきことを依頼する場合であることを普通の例と為し、少くとも後日賄賂を供与すべきことに付き予め暗黙の諒解あることは、賄賂罪に関して概ね認定し得べき所である」としつつ、「併しそれは公務員賄賂罪の構成要件ではなく、公務員の側に於いては全然賄賂を予期せずして或る職務行為を為し、其の職務行為が既に完了した後に於いて、其の行為に依り利益を受けた者から、其の職務行為に対する謝礼の趣旨を以つて、公務員に金銭其の他の利益を提供し、公務員の側に於いても其の職務に対する謝礼であることの情を知つて、これを収受したとすれば、等しく公務員収賄罪を構成する。何となれば、法律は公務員の職務が金銭其の他の利益の給付に対する反対給付となる一切の場合に付き、これを犯罪として居るのであつて、仮令職務行為の既に行はれた後に於いて、これに対する金銭的対価の給付を受けたとしても、給付と反対給付との関係にあることは、事前の収賄と異なる所なく、等しく公務の威信と公正とを害するものであるからである」と主張されたのである。ここでは、賄賂罪は、「将来の職務行為」に関して「予め賄賂を提供する」か、少なくとも「後日賄賂を供与することにつき予め暗黙の諒解があること」を「通例」とするが、事前の供与または暗黙の諒解は公務員賄賂罪の「構成要件」ではないので、職務執行終了後であっても賄賂罪の成立することが肯定されている。その論拠は、給付と反対給付との関係があることは、「事前の収賄と異なる所なく、等しく公務の威信と公正とを害する」点に求められているのである。これは、「公務の威信と公正」

を賄賂罪の保護法益と解していることを意味する。しかしながら、これだけでは論拠づけとして不十分であるともわれる。たしかに、事後的であれ過去の職務に関して反対給付を公務員が受け取れば、公務員の廉潔性が害されるので、「公務の威信」が害され得ることになる。すなわち、公務員が職務に関して利益の供与を受けると、その利益に見合うだけの不正な公務執行がなされたのではないか、という疑念がもたれる事態が生じ得るのである。しかし、過去の職務に関して利益の供与を受けたことによって過去の職務行為自体の「公正」が害されることはないのである。なぜならば、すでになされた職務行為に対しては、事後的に影響を与えることはできないからにほかならない。そこで、消極説が有力に主張されたのであった。その代表的な主張者であった瀧川幸辰博士の所説は、大審院の判例の評釈において明解に展開されているので、第二節において見ることにしよう。

つぎに、限定的肯定説は、過去の職務に関して賄賂罪の成立を肯定し、転職後における過去の職務行為については賄賂罪の成立を否定する。「職務」との関連で「過去の職務行為と賄賂罪」および「転職前の職務行為と賄賂罪」の問題について、団藤重光博士は、次のように述べられた。(3) すなわち、「職務といえるためには、当の公務員の一般的な職務権限に属するものであれば足り、本人が現に具体的に担当している事務であることを要しない。したがって、一般的な職務権限に属する事項である以上は、たとえば、(イ)内部的な事務分配は無関係である。(ロ)将来になってはじめて行うことのできる事務であってもかまわない。(ハ)いまは担当していない過去の職務行為に関しても賄賂罪が成立しうる」が、「一般的な職務権限にも関しない行為に対しては賄賂罪の成立をみとめることはできない。この関係で問題となるのは、公務員が他の職務に転じたのち、転職前の職務に関して、賄賂罪の成立を考えることができるかどうかである。判例はもとこれを否定していたが、最高裁判所になってから肯定的に解するようになった。これはおそらく不当というべきであろう。このようなばあいには、後述の事後贈収賄罪の成立をみとめうるにすぎないと解する」とされたのである。さらに、「抽象的職務権限」を異にする他の職務に転じた後、転職前の職務に関して賄賂罪が成立するか否か、について、大塚仁博士は、次のように解されている。[4] すなわち、「公務員の抽象的職務権限に属しない行為については、賄賂罪を認めることはできない。この点に関して問題となるのは、公務員が、その職務権限を異にする他の職務に転じた後に、転職前の職務に関して賄賂罪が成立するかどうかである」が、「大審院の判例は、転職によって職務の変更があったとみられる場合には、賄賂収受罪の成立を否定し、転職によっても職務に異同を生じないと認められる場合には、賄賂収受罪の成立を肯定していたが、最高裁判所は、いやしくも収受当時に公務員であれば収賄罪が成立し、賄賂に関する職務を現に担当することは収賄罪の要件ではないとするにいたった。しかし、肯定説および最高裁判所の立場は、賄賂が職務に関するものでなければならないという刑法の趣旨をゆがめ、収賄罪の成立範囲を不当に拡張する嫌いがあるとおもう。否定説および大審院の判例の立場が正当である。すなわち、転職によって具体的職務権限に相違を生じても、抽象的職務権限に変更のない限り、賄賂罪の成立を認めるべきであるが、抽象的職務権限をも異にするにいたったときは、もはや、転勤前の職務に関しては、賄賂罪は成立しないものと解すべきである」とされているのである。

全面的肯定説は、公務員の過去の職務行為に関して賄賂罪の成立を肯定し、さらに転職後においても過去の職務行為に関して賄賂罪の成立を肯定する。[5] この見解が現在の判例・通説の立場であり、わたくしはこれを支持している。[6] その理由については、第三節において述べる。

第二節　判　例

過去の職務行為と賄賂罪の成否に関する大審院の判例がある。本判決は、贈賄罪に関する事案であるが、次のように判示している。すなわち、「苟クモ公務員ニ其ノ職務ニ関シ利益ヲ提供交付又ハ約束スルニ於テハ其カ職務執行前タルト其ノ執行中タルト将又其ノ後タルトヲ問ハス贈賄罪ヲ構成スルモノトス蓋シ職務執行後ニ於ケル謝礼ノ意味ヲ以テスル利益提供交付ノ如キハ一見事ニ害ナキニ似タリト雖之ニ因リテ職務カ公平ニ行ハレタルヤ否ヲ疑ハシムルノ結果ヲ生スルノミナラス此ノ如キヲ看過スヘキモノトセンカ終ニ苞苴ノ弊勝フヘカラサルモノアルニ至ルヘシ是レ現行刑法カ旧刑法ト異リ請託ヲ必要トセサルニ至リシ所以ニシテ又本院判例カ夙ニ事後ニ於ケル職務ニ関スル利益ノ授受ヲ賄賂罪ヲ以テ問フ所以ナリトス」と判示されているのである。(7) 本件の事案の概要は、次のとおりである。すなわち、被告人Xは、昭和八年七月一日長崎医科大学に医学博士の学位請求論文を提出し、当時同大学教授であったYが主査となって審査がおこなわれ、同年九月一八日の教授会において学位授与の決定を受け、同年一一月一〇日医学博士の学位を得た。その後、Xは、同年一〇月頃、Y宅に赴きYの妻のAの手を経て、論文審査につき通過するよう尽力されたことの謝礼の趣旨を込めて一五〇一円を贈呈した。原判決は、Xを贈賄罪として、Yを収賄罪としてそれぞれ罰した。瀧川幸辰博士は、「本件は『学位売買事件』という芳しからぬ名称のもとに喧伝せられた事件であつた。そのため問題の解決が歪められた観があることは甚だ遺憾である」と評された。(8) その当否については、後で検討する。

この判例について瀧川博士は、次のように批判された。(9) すなわち、「職務非売性の原則の破壊は行為前または行為中の職務行為について認められ、行為後に公務員の予期しない贈物をすることは職務非売性の原則を破るものではない。職務行為は既に職務非売性の原則に従ひ終了したのである。職務行為が義務に違反するものである限り、行為後の贈物は不正行為の認容であり公務員の不法を助長することになるが、これによって賄賂罪の本質たる職務非売性の原則の破壊を認めることは出来ない」とされたのである。ここにおいては、職務が法に違反してなされたばあいに、行為後になされた利益の供与は「不正行為の認容」であり「公務員の不法を助長する」ことになることが肯定されている。しかし、利益の供与が公務の不法を助長することはみとめられるが、それを贈賄罪として処罰するのは、「一般予防的効果」に重きを置くものであって、法律の適用として妥当でないとされたのである。すなわち、「本件判決は、被告人の行為が犯罪構成要件に該当するか否かの点よりも、一般予防的効果に重きをおいたように見える。私はこれが法律の適用として妥当であるかを疑う」と述べて、職務執行後の贈物の供与等は贈賄罪を構成しないと解されたのである。瀧川博士は、右のように解する根拠を賄賂罪の本質に遡って次のように説かれた。[10]まず沿革的に賄賂罪の本質は、「ローマ思想」と「ゲルマン思想」とで異なるとされる。ローマ思想によれば、賄賂罪は「将来の或職務行為」に関し賄賂を授受することによって成立するが、このようなばあいには、職務を有する者が「不偏不党性」を売渡すことの危険は著しいが、職務行為の不純性はたんに推測されるだけである。「職務上の義務違反」の代償としての金銭の授受は、賄賂の本質ではなく、義務違反を含まない職務行為についても賄賂罪は成立することになる。これに対してゲルマン思想によれば、賄賂の価値の中に職務行為の売渡しをみとめ、公務員は賄賂と交換的に「国家意志」を私人に売渡すこと、換言すれば、「私人の意志」を以て「国家意志」に変えることを約束する取引きは、「正義公平の機関」たる公務員の態度として当然罰せられねばならないとされるのである。瀧川博士によると、ローマ思想は「形式的なもの」以上に出てないが、ゲルマン思想は「実質」をつかんでいる点において賄賂罪の構成上重要であるとされるのである。ここにいう「ローマ思想」および「ゲルマン思想」は、立法主義における「ローマ法主義」および「ゲルマン法主義」に対応するものであり、第三節において検討することにする。

贈賄罪と収賄罪との関係について、瀧川博士は、次のように指摘された。[11] すなわち、賄賂罪は、「能動的の賄賂罪」(贈賄罪)と「受動的の賄賂罪」(収賄罪)から成るが、両者は原則として「対立的に成立」する。贈賄罪は私人が公務員に対してその「職務行為を売渡すこと」を促し「職務非売性の原則の破壊を誘発する犯罪」である。公務員の職務行為が義務に違反するか否か、は無関係であり、刑法一九八条は、この立場を貫き「正当な職務」に関する贈賄行為をも罰している。贈賄者が公務員を動かそうとした動機が公務員の「正当な職務行為」を求めるためであったということは、さらに考慮を要する事柄であるとされる。たしかに、供与された利益が職務行為の正当な遂行のための報酬であったとしても、公務員が職務行為の代価を受け取ることは、可罰的な義務違反と見てよいが、私人が公務員の正当な職務行為に対し支払うことは、利己的行動として道徳的に非難されるであろうが、これを可罰行為と見る必要はないとも考えられ得る。私人は、国家に対し直接の関係に立つものではなく、贈物が正当な職務行為に関するかぎり贈与者を罰すべきではないとする立法例は、この立場に立つものであり、学説の多くもこれを贈賄罪とすべきでないと解しているとされる。

右のような理解を前提にして、瀧川博士は、本件について、原判決は、被告人が提出した学位論文の審査に際し、当時教授であったXがその通過に尽力したので、謝礼の趣旨を以て金銭を贈呈したと判示しているが、Xが義務に違反して職務行為(論文審査)をおこなったとは考えられないとして、次のように詳述している。[12] すなわち、「学位授与の価値のない論文が審査委員の私利乃至私情によつて合格することはあり得ない。斯くの如き議論は学術論文の本質に関する知識の全く欠如して居ることから生ずる想像に過ぎない。学術論文は審査委員のみが内密に処理するものではなく、公私の発表機関を通じて発表せられ、学界の批判を受け得るように規定せられて居る。若しも審査に合格した或学位論文が多くの専門学者から見て何等価値のないものであるとすれば、審査委員たる学者は学界環視の裡に学者としての信用を失うことはもとより、その教授の属する教授会の信用はなくなつてしまう。審査委員が教授会において価値のない論文の通過に尽力することは自己並びに教授会の学者的名誉の抛棄を意味するに外ならない」と。そして「本件においてXが被告人の論文通過のために教授会において尽力したとすれば、それは自己の学的立場から学位に価値ありと確信したがためであつて、Xに義務違反の職務行為ありということは出来ない。このことは学位論文提出の事情からもこれを認め得る。指導教授は自己の指導下にある研究者が学位論文を提出するに至るまでの間、絶えずその業績に注意を払ひ、審査に合格することが確実になつた場合に始めてその提出を促すのが通常であつて、論文が教授会において否決せられはしないかというが如き懸念は先づあり得ないというてよい。Xは指導者として被告人の論文作成につき尽力したに相違ないが、一旦論文を提出するまでに漕ぎつけた以上は、もはや論文の運命につき尽力する余地もなければ、またその必要もない」とされる。「被告人がXに本件の謝礼を贈呈したのは論文が教授会を通過した後のことである。Xが職務行為を売渡したという懸念は全然ない」のであり、「社会生活の実際からいへば、被告人のXに対する贈与は学位授与を機会に年来の恩誼に対し感謝を表したと見ることがむしろ当然ではなかろうか。私は被告人の贈与を無造作に職務非売性の原則の破壊と見ることに疑問を抱く者である」とされたのである。たしかに、学位論文の審査の実態はまさに指摘されたとおりであるといえる。その意味において、審査終了後においてXが何らかの操作を加える余地はまったく存在しない。したがって、Xについて不正な職務行為は存在しないのである。しかし、このことから、ただちに「職務の公正」に対する疑念が生じないとはいえない。そのような疑念は、「職務の非売性」の原則の侵害となり得るのである。そうすると、否定説には、妥当でないものがあることになる。

このような否定説に対して、美濃部博士は、「公務員収賄罪の適用に関しては、大審院判例も、事前に賄賂の予約なく、職務の執行を終つた後始めて其の報酬を受けた場合でも、賄賂罪を構成することを承認して居る」としたうえで、この判決において、「此の理由として述べられて居る所が果して適切と謂ひ得るや否やは問題であるが、判旨結果に於いて正当であることは疑を容れぬ」とされた。[13] 美濃部博士の所説によれば、この判決は、次の論拠を提示したものであることになる。すなわち、①利益の供与により職務が公平におこなわれたかどうかを疑わせる結果となること、②これを看過すると苞苴の弊に至ること、および③現行刑法が旧刑法と異なり請託を要件としていないことが論拠として挙げられているのである。③は、直接的な論拠とはされていないので、ここでは①および②が重要である。これは、公務員の職務執行の「公平」に対する国民一般の信頼を保護すべきことを意味する。いいかえると、これは、賄賂罪の保護法益を、(a)職務執行の公正および(b)職務執行の公正に対する国民一般の信頼であると解していることを意味するのである。

判例と同じ立場に立つ泉二新熊博士は、次のように主張された。すなわち、「賄賂罪ハ公務執行ノ公正ヲ危害スル行為ヲ以テ実質トスルモノナトリ然ラハ賄賂トハ何ソ、曰ク不法ノ報酬ナリ」としたうえで、[14]「賄賂ノ収受等ハ職務ニ関スルコトヲ要ス」とされた。そして、「其職務行為ノ適法ナルト違法ナルトヲ区別セス、蓋適法ナル職務行為ニ対シテモ不法ノ利益ヲ受クルハ汚職タルヲ免レサルモノトス又其職務行為カ賄賂ノ約束ニ起因スルト将タ之ニ先ツトハ此犯罪ノ成立ニ影響ナシトスルヲ以テ通説トス（リスト一七九章参照）是レ旧刑法ノ解釈ト大ニ趣ヲ異ニスル点ナリ」と指摘し、「旧刑法ハ官吏カ人ノ嘱託ヲ受ケ賄賂ヲ収受シ云云ト規定シタルカ故ニ賄賂ノ予約ヲ要スルモノト解セラレ旧刑法時代ノ判例ハ『官吏カ人ノ請託ニ基キ職務ヲ執行シタル後謝礼トシテ金銭ヲ収受シタル事実アルモ其金銭ノ授受タル全ク事後ノ事ニ属シ事前ニ於テハ何等金銭ノ授受ニ関スル予約ナカリシ場合ニ在テハ収賄罪ヲ構成セス』ト説明シタリ（明治三十六年判決録一六〇九頁参照）ト雖モ現行法ノ解釈ニ付テハ然ラス」とされたのである。(15) これは、現行刑法においては、旧刑法に規定されていた「嘱託」を受けたという要件が削除されたので、職務行為の先後を問わないと解したものである。ところが、「収賄ハ現在ノ職務ニ関スルコトヲ要スルカ故ニ官吏解職後又ハ転職後（例ヘハ官吏カ議員ト為ル）ニ於テ前職務ニ関シ賄賂罪ヲ犯スヲ得ス」との結論に達している。(16) これは、過去の職務行為に対して賄賂罪が成立することをみとめる立場と矛盾するものではないであろうか。なぜならば、過去の職務行為について賄賂罪の成立をみとめるのであれば、公務員辞職後、または転職後であってもなお賄賂罪の成立を肯定するのが首尾一貫すると考えられるからである。もっとも、現行法が行為当時に「公務員」であることを要件としている以上、その点を理由とするのであれば、別論である。なぜならば、辞職後には「公務員」という身分を喪失しているので、賄賂罪は成立し得ないからである。しかし、転職してもなお公務員である以上、賄賂罪は成立し得る。ただし、具体的な職務権限を有する公務員についてのみ賄賂罪の成立をみとめると解するという立場を採らないかぎり、賄賂罪の成立をみとめることはできないことに注意する必要がある。なぜならば、転職後の公務員は具体的権限を喪失するからにほかならない。

第三節　保護法益論の観点からの検討

賄賂罪の成否を決するに当たっては、賄賂罪の保護法益の観点からの考察が必要である。賄賂罪の保護法益は、賄賂罪の本質を基礎とする「立法主義」と密接に関連する。犯罪の法律上の規定は、当該犯罪の本質を前提にして保護法益の内容が措定され、それを保護するために構成要件が実定法化されるのである。したがって、構成要件の内容を明らかにするためには、保護法益の根拠と内容を解明することが必要となる。立法主義に関して団藤博士は、次のように指摘された。[17] すなわち、「賄賂罪については二つの立法主義がある。一つはローマ法に由来するとされるもので、職務の正不正を問わずこれに対する報酬を罰する。けだし、職務の不可買収性（Unentgeltlichkeit, Unkäuflichkeit der Amtshandlung）を基本とする考え方である。他の一つはゲルマン法に由来するとされるもので、不正な職務に対する報酬を罰する。これは職務行為の純粋性（Reinheit der Amtshandlung）ないし職務の不可侵性（Unverletzlichkeit der Amtspflicht）の思想を出発点とするものである。わが刑法は、おおくの立法例とおなじく、概していえば、職務の正不正を問わず賄賂罪の成立をみとめ、その不正なばあいを加重的構成要件としている。その意味で、前者を基本としながら後者を加味しているものといってよいであろう。賄賂罪の処罰は職務行為の公正に対する社会一般の信頼を維持するためであるから、このような立場が是認されるべきである」とされているのである。ここにおいては、ローマ法に由来するローマ法主義とゲルマン法に由来するゲルマン法主義は対立する立法主義として特徴づけられており、通説によって支持されている。わたくしも右のように解すべきであると考えている。ゲルマン法主義を団藤博士は、「不正な職務に対する報酬」を罰するものとして特徴づけられたのであり、その反面としてローマ法主義の下においては、「職務に関する行為が正当であるかどうかは、原則として賄賂罪の成否には無関係である。賄賂が正当な行為に対するものであっても、職務の公正を疑わせることになる点に変わりはないからである。行為の不正は、ばあいによって加重的構成要件の要素とされ、また、特殊のばあいに犯罪成立要件とされるにすぎない。前述のとおり、わが刑法は、ローマ法主義を基本としながらゲルマン法主義を併用しているのである」と指摘されたのである。[18] このことは、さらに大塚仁博士によって「前者［ローマ法主義］が、職務行為が適正に行われるか否かを賄賂の罪の要素としないのに対して、後者「ゲルマン法主義」は、これを要件とする点に顕著な相違がある。わが刑法は、ローマ法に由来する立場を基礎としつつもゲルマン法に発する見地を併せ考慮している」と明確化されている。[19]

このように「職務の正不正」ないし「職務行為が適正に行われるか否か」を収賄罪の成立要件とするかどうか、は立法主義として異なる立場であり、対立的立場であるといえる。そうすると、ローマ法主義とゲルマン法主義をたんに「形式的」なものと「実質的」なものとして捉える瀧川博士の所説は妥当でないことになる。しかし、第一章において見たように、「贈与論」の見地からは両主義の前提には共通する基盤が存するのである。

立法主義と「賄賂の供与の時期」との関連について、団藤博士は、「不可買収性を基本とする見解によれば、賄賂の供与が職務行為に先行することを要するものと考えられ、これに反して反対説によれば単に賄賂と職務行為とのあいだに関係があれば足りると考えられているようであ」り、「これがローマ法主義とゲルマン法主義の対立に呼応するものとすれば、わが刑法は、この点では後者によっているわけである」と指摘された。[20] それは、賄賂の供与が職務行為に先行すべきか否か、が「ローマ法主義とゲルマン法主義の対立」に「呼応」するのであれば、という条件付きで提示されている問題点である。団藤博士があえて右のような条件を付されたのは、両立法主義との対立の間に呼応関係が存在することに疑問をもたれていたからではないかとおもわれる。不可買収性を基本としたばあい、賄賂の供与と職務行為の公正・不公正とは無関係であるから、賄賂罪の成立のために賄賂の供与が職務に先行することを必要としないと解すべきであるとおもう。むしろ職務の公正性を基本とする立場においてこそ、賄賂の供与が職務行為に先行することを必要とすることになるはずである。なぜならば、職務行為の執行前に賄賂が供与されることによってそれが動機となり職務執行がなされ、職務の公正が害される危険が生ずるからにほかならない。

このように見てくると、立法主義と賄賂の供与の先行性の要否の問題とは直接の呼応関係にはないと解するのが妥当であるとおもわれる。

賄賂罪は、公務員の「職務犯罪」である。団藤博士によれば、「公務員の職務犯罪は、公務員がその職務に関して犯すものである点に特殊性を有する」のであり、「少なくともわが現行刑法上は職務犯罪は公務員の身分――あるいはこれに準じる地位――を前提とするものであり、あきらかに身分犯の一種である。そうして、真正身分犯と不真正身分犯に対応して、真正職務犯罪と不真正職務犯罪（eigentliche u. uneigentliche Amtsdelikte）の区別がある。前者は公務員がその職務に関して犯したことによってはじめて違法性が基礎づけられるものであり、後者はそれによってもともと違法な行為が違法性を強められるものである」とされる。[21] このように賄賂罪は「身分犯」であると同時に「職務犯罪」であるが、右の分類によれば、収賄罪が真正職務犯罪であり、職権濫用罪が不真正職務犯罪であることになるであろう。「身分犯」としての収賄罪は、構成的身分である「公務員」の資格を有する者によってのみ犯され得る犯罪であるから、真正身分犯である。わたくしは、真正身分犯は「義務犯」であると解しているので、[22] 収賄罪が義務犯であることを論証する必要に迫られることになる。そこで、この点について検討することにしよう。

加重収賄罪は、ゲルマン法主義を併用することによって刑を加重する類型であるから、それが義務犯であることは明らかである。すなわち、ゲルマン法主義の下においては、適正な職務行為をおこなうべき義務を負っている公務員は、賄賂を収受してその義務に違反して不正な職務行為をおこなったがゆえに処罰されるのである。団藤博士が「職務」の不可買収性に対応するドイツ語として Amtshandlung を当て、「職務」の不可侵性に対応するドイツ語として Amtspflicht を当てられているのは、[23] きわめて示唆的であるとおもう。それは、職務の不可買収性を処罰根拠とするローマ法主義の下においては、たんに「公務員の職務行為」（Amtshandlung）が問題にされるのに対して、公務の不可侵性を処罰根拠とするゲルマン法主義の下においては、職務に関する「公務員の義務」(Amtspflicht) 違反が問題とされることを示唆していると解されるのである。このように、ゲルマン法主義に由来する加重収賄罪が義務犯であることは容易に論証できる。それでは、ローマ法主義の下における収賄罪については、どのようになるのであろうか。

この点について、収賄罪の本質に関する大塚博士の次の指摘が参考となる。すなわち、大塚博士は、賄賂罪の保護法益との関連において、「賄賂の罪は、基本的に、公務員らの職務についての不可買収義務の違反を本質とし、加重的・派生的類型においては、さらに、職務行為を公正に執行すべき義務の違反をも要素とするものといわなければならない」とされているのである。[24] ここにおいて、単純収賄罪は「不可買収義務」違反を本質とし、加重収賄罪は「職務行為を公正に執行すべき義務」違反を本質とすることが明らかにされている。これは、立法主義との観点からいえば、前者がローマ法主義の立場であり、後者がゲルマン法主義の立場である。前に検討したように、わが刑法における賄賂罪の規定は、ローマ法主義を基本とし、さらにゲルマン法主義を併用しているのであり、単純収賄罪も加重収賄罪もともに公務員の「義務違反」を内容とするものであるとする大塚博士の右の指摘はきわめて正当である。したがって、この指摘を援用することによって単純収賄罪が「義務犯」であることを論証できたといえることになるとおもう。

(1)　最決昭五八・三・二五刑集三七巻二号一七〇頁。
(2)　美濃部達吉『公務員賄賂罪の研究』(昭14年・一九三九年) 七九頁。
(3)　団藤重光『刑法綱要各論』第三版 (平2年・一九九〇年) 一二九頁。

（4）大塚仁『刑法概説（各論）』第三版増補版（平17年・二〇〇五年）六三一頁。
（5）平野龍一『刑法概説』（昭52年・一九七七年）二九六頁、前田雅英『刑法講義各論』第五版（平23年・二〇一一年）六六九頁、山口厚『刑法各論』第二版（平22年・二〇一〇年）六一九頁、林幹人『刑法各論』第二版（平19年・二〇〇七年）四五〇頁、高橋則夫『刑法各論』第二版（平26年・二〇一四年）六八二頁など。
（6）拙著『刑法各論講義』第二版（平22年・二〇一〇年）七四〇―一頁。
（7）大判昭一〇・五・二九刑集一四巻五八四一頁。
（8）瀧川幸辰「職務行為後の贈物と贈賄罪」『刑事法判決批評第三巻』（昭和12年・一九三七年）団藤重光他編『瀧川幸辰刑法著作集第三巻』（昭56年・一九八一年）三九〇頁［引用は後者による］。
（9）瀧川・前掲注（8）三八七―九頁。
（10）瀧川・前掲注（8）三八六頁。
（11）瀧川・前掲注（8）三八六―七頁。
（12）瀧川・前掲注（8）三八九―九〇頁。
（13）美濃部・前掲注（2）八〇―一頁。
（14）泉二新熊『日本刑法論下巻』三五版（大13年・一九二四年）四六九頁。
（15）泉二・前掲注（14）四七二―三頁。
（16）泉二・前掲注（14）四七四頁。
（17）団藤・前掲注（3）一二九頁。
（18）団藤・前掲注（3）一三四頁。ローマ法主義とゲルマン法主義の詳細については、北野通世「収賄罪の一考察（一）」『刑法雑誌』二七巻二号（昭61年・一九八六年）二七〇―八頁参照。なお、内藤謙『賄賂の概念』総合判例研究叢書（昭35年・一九六〇年）四―七頁、堀内捷三「賄賂罪における職務行為の意義」内藤謙・松尾浩也・田宮裕・芝原邦爾編『平野龍一先生古稀祝賀論文集上巻』（平2年・一九九〇年）四九七頁参照。
（19）大塚・前掲注（4）六二七頁。このような通説に対しては、次のような批判がある（北野通世「収賄罪の一考察（二・完）」『刑法雑誌』二八巻三号［昭63年・一九八八年］四二四―五頁）。すなわち、「単純収賄罪が収賄罪の基本的犯罪類型であり、枉法収賄罪はその加重類型であるとする理解は、もっぱら、刑法第一九七条第一項の規定を基礎に収賄罪について考察し、職務行為という要素を一方的に賄賂の収受等という要素に従属させるものであり、我国刑法における収賄罪の諸類型を統一的に理解し得るものではない」とされるのである。そして、次のように統一的に理解すべきであるとされる。すなわち、「収賄罪は、公務員等の利益の収受等を全て処罰しようとするものではない。また、収賄罪は、不正な職務執行そのものを処罰しようとするものでもない。公務員等が利益を収受した場合、当該利益が職務行為の不正な対価であると認められるとき、当該利益が賄賂と看做され、収賄罪が成立する。賄賂の収受等及び職務行為という要素は、両者の間に対価関係が形成されることにより、収賄罪の成立要件としての意味を付与されるのである。賄賂と職務行為との対価関係、即ち、賄賂の職務関連性こそが、収賄罪の中核を成す要素であり、収賄罪の不法を基礎づけるものである。従って、我国刑法第一九七条以下の収賄罪に関する諸規定の統一的な理解は、収賄罪の諸類型における賄賂と職務行為との対価関係を統一的に理解することによってこそ可能となる。単純収賄罪における賄賂と職務行為との対価関係は、職務行為の対価として賄賂を収受等する（供与等する）という、公務員等と賄賂の供与者との不法な約定の締結による、賄賂の職務関連性の形成として理解される。他方、枉法収賄罪における賄賂と職務行為との対価関係は、公務員等が賄賂の対価として職務上の義務に違反する行為の対価として賄賂を収受等したことによる、実体化された賄賂の職務義務違反関連性として理解される。単純収賄罪における賄賂の職務関連性の形成がその実体化を指向するものであり、しかも、その実体化が枉法収賄罪における職務義務違反関連性を指向するものであると理解することによって、両者を統一的に理解することが可能となる。その結果、収賄罪の保護法益は、職務行為の（狭義の）純粋性であり、侵害犯たる枉法収賄罪が収賄罪の基本的犯罪類型であり、単純収賄罪は、その前段階として、枉法収賄罪の抽象的危険犯であると理解されることになる」。たしかに、「賄賂の職務関連性」は賄賂罪の重要な要素である。しかし、このことを基礎にしてしか賄賂罪規定を「統一的に理解」することができないわけではない。別の角度からも統一的な理解は可能である。わたくしは、保護法益の観点から、単純収賄罪と加重収賄罪を「義務犯」として把握することによって両罪を統一的に理解することができると考えている。この点の論証については、後述する。

(20)　団藤・前掲注（3）一二九頁。
(21)　団藤・前掲注（3）一一七頁。
(22)　拙著『刑法総論講義』第三版（平25年・二〇一三年）六〇八―九頁。
(23)　団藤・前掲注（3）一二九頁。
(24)　大塚・前掲注（4）六二七頁。

第八章　公務員の転職と賄賂罪の成否

第一節　問題の所在

贈収賄罪（賄賂罪）は、公務員の職務に関してなされる利益の不正な授受を処罰するものである。贈賄罪と収賄罪とは最広義の共犯としての「必要的共犯」である。必要的共犯とは、構成要件上、当然に二人以上の者の意思の連絡に基づく行為を必要とする犯罪類型をいう。贈賄罪と収賄罪は、必要的共犯のうち、「対向犯」といわれるものである。すなわち、構成要件上、二人以上の行為者の相互に対向する行為（賄賂を「贈る」行為とそれを「収受する」行為）が必要とされる犯罪類型が対向犯とされる。[1] したがって、収賄罪について述べることは、対向関係にある贈賄罪についても当てはまるので、ここでは主として収賄罪を念頭において述べる。

収賄罪は、「公務の不可買収性」を維持し「公務の公正保持」を図るために規定されている。公務の不可買収性を収賄罪の処罰根拠とする立法主義はローマ法に由来し、賄賂の取得それ自体を処罰するものであって、公務員によって不正の職務行為がなされることを要件としない。これに対して、公務の公正保持を処罰根拠とする立法主義はゲルマン法に由来し、賄賂の取得だけでなく不正の職務行為がなされることをも要件とする。わが刑法は、単純収賄罪につきローマ法主義を、加重収賄罪につきゲルマン法主義を採っている。[2]

収賄罪は、公務員がその「職務」に関して不正な利益を取得することを禁止するものであるが、その「職務」の範囲については、当該公務員の「抽象的（一般的）職務権限」に属するものであれば足りるとする点で、学説・判例は一致している。つまり、公務員の具体的職務権限に属しない事項であっても、抽象的職務権限の範囲内にあるかぎり、それに関して利益の供与を受けることは、公務の不可買収性・公務の公正を害するものとされるわけである。それでは、公務員が転職によって抽象的職務権限を異にするに至ったばあい、前の職務に関して利益の供与を受けても収賄罪は成立しないことになるのであろうか。この問題を具体例に即して考えることにしよう。

検討の素材としての事例は、次のとおりである。すなわち、Xは、A県建築部建築振興課宅建業係長から同建築部建築総務課課長補佐に転じ、同時にA県住宅供給公社に出向し、地方住宅公社法二〇条によって公務員とみなされる同公社開発部参事兼開発課長としての職務に従事していた際、業者Yから、前の宅建業係長としての職務に対する謝礼として一〇〇万円を受け取った。

A県建築部建築振興課宅建業係長とA県住宅供給公社開発部参事兼開発課長とは、抽象的職務権限を明らかに異にしている。このばあい、Xについて収賄罪が、Yについて贈賄罪が成立するのかどうか、が問題となる。

Xは、一〇〇万円を受け取った時点では、すでに抽象的職務権限を失っているのであるから、宅建業係長としての職務に関する謝礼は、もはや「職務」に関して供与されたものとはいえず収賄罪は成立しない、と解することもできるであろう。ところが、退職によって公務員たる地位を失ったばあいには、従前の職務に関して「事後収賄罪（一九七条の三第三項）」が成立するのである。そうすると、現に公務員である者が過去の職務に関して利益の供与を受けても収賄罪は成立せず、不可罰となるのに対して、公務員でない者については事後収賄罪が成立し処罰がなされるということになる。これは処罰の不均衡である。この不都合を避けるためには、転職のばあいにも事後収賄罪の成立をみとめれば足りるとも考えられ得る。しかし、そのように解すると、「公務員であった者」について規定されている事後収賄罪を「現に公務員である者」に対しても適用することとなって、明文に反することになる。

第二節　学説・判例の状況

学説は、積極説[3]と消極説[4]に分かれ、積極説が通説となっている。それぞれの論拠については、後で見ることにする。

大審院の判例は、当初、転職により職務権限の同一性が失われてしまったばあいには贈収賄罪は成立しないと解していた[5]。ところが、最高裁の判例は、収賄罪に関して「いやしくも収受の当時において公務員である以上は収賄罪はそこに成立し、賄賂に関する職務を現に担任することは収賄罪の要件ではない」と判示し[6]、贈賄罪に関して「贈賄罪は公務員に対してその職務に関し賄賂を供与することによつて成立し、公務員が他の職務に転じた後、前の職務に関して賄賂を供与する場合であつても、いやしくも供与の当時において公務員である以上は贈賄罪はそこに成立し、公務員が賄賂に関する職務を現に担任することは贈賄罪の要件でないと解するを相当とする」と判示している[7]。これらは、積極説を採ることを明示した判例といえるが、その事案は、抽象的職務権限の同一性は失われていないとも解され得るものであるとされてきた。しかし、最近、転職により明らかに抽象的職務権限を異にするに至った事案において、最高裁は積極説の立場に立つことを明言している。すなわち、「贈賄罪は、公務員に対し、その職務に関し賄賂を供与することによつて成立するものであり、公務員が一般的職務権限を異にする他の職務に転じた後に前の職務に関して賄賂を供与した場合であつても、右供与の当時受供与者が公務員である以上、贈賄罪が成立するものと解すべきである[8]」と判示しているのである。

第三節　検　討

わたくしは、積極説が妥当であると解している。積極説は、次のように主張する。抽象的職務権限を同じくする過去の職務に関して賄賂を収受したばあいに収賄罪の成立がみとめられるのは、過去の担当職務が買収されたから、あるいは「将来に向かって」職務の公正が害されるからであって、その理は、一般的職務権限を異にする職場に転職した後の収賄についてもそのまま当てはまると解すべきである。つまり、転職により一般的、抽象的職務権限を異にする職務に従事するに至ったばあい、賄賂を収受する者が公務員である以上、過去にその者が現に担当していた職務に関して賄賂が供与されたかぎり、その「職務の公正」に対する国民一般の信頼は害されるものと見なければならない。このように解するのは、公務員という身分に着眼して収賄罪の成立をみとめるものであって、収賄罪を「職務刑法」的にではなくて「身分刑法」的に把握するものである、と批判されることになるかもしれない。しかし、けっしてそうではないのである。収賄罪の成立要件である「その職務に関し」とは、「現在担当している職務に関し」という意味にしか解し得ないわけではなく、「その」とは他人の職務行為ではなく他ならぬ「自己の職務」であれば足りると解することも可能であるとされる。このように解すれば、転職後に収賄罪の成立をみとめることも、収賄罪を「職務犯罪」として把握するものであって、けっして「身分刑法」への逆戻りを意味するものではないことになる。積極説は、過去の職務との関連性を要求することによって、すでになされた職務行為に対する国民一般の信頼の侵害を収賄罪の重要な要素の一つと解しているわけである。

現在担当している職務との間の一般的権限の同一性を要求すると、一般的職務権限の理論の補充として確立されてきた「職務密接関係行為」の理論の圧倒的大部分が否定されることとなって不当であるとされる。

また、いやしくも公務員の身分を現に有する者の行為とすでに公務員の身分を失った者の行為とでは、社会一般に与える印象が異なるが、公務員の身分を有するかぎりにおいては、抽象的権限の範囲の内外は、社会に与える印象という点ではさほどの違いはないので、収賄罪の成立を肯定しても、必ずしも不当ではないと積極説は主張する。これに対しては、社会一般に与える印象という国家的法益とは直接関係のないものを基準とするものであって妥当でないとの批判もあり得るであろう。しかし、公務に対する国民一般の信頼が損われると、公務は円滑におこなわれなくなるであろう。つねに不信感をもたれることになって、公務の適正は、宙に浮いてしまうことになりかねない。つまり、公務の不可買収性・公務の公正は、公務が買収されていないこと、公務が不公正になされてはいないことを国民一般に示すことによって保持されているといっても、けっして過言ではないのである。厳密に公務の不可買収性、公務の公正を要求するのであれば、賄賂と対価関係にある「職務」は具体的権限のある職務行為であることを要求するのが筋であろう。なぜならば、具体的権限の行使があってはじめて、当該職務行為が買収され、したがって、公務の公正が害されたことになるはずであるからである。抽象的職務権限の範囲内で収賄罪の成立をみとめるかぎり、そこにいう公務の不可買収性、公務の公正は、社会一般の受ける印象を重要な要素として考慮に入れていることになるといわなければならない。

転職後に過去の職務に関して利益の供与を受けても、抽象的職務権限を異にするかぎり収賄罪は成立しないとすると、退職後に事後収賄罪の成立がみとめられるのと比べ、著しく均衡を失することになる。退職後は、公務員たる地位を喪失しているので、過去の職務と比較されるべき職務権限は存在しない。それゆえ、抽象的職務権限の範囲内か否か、はまったく問題とならず、ストレートに事後収賄罪の成否が問題とされることになる。ところが、転職のばあいには、なまじ公務員たる身分を有し職務権限を有しているがゆえに、過去の職務との間に抽象的職務権限の同一性があるのかないのか、が問題となる。そして、その同一性が欠けているときには、収賄罪は成立しないことになる。しかし、過去の職務に関して賄賂の供与を受けたという点では、退職のばあいと転職のばあいとはまったく同じなのである。にもかかわらず、退職のばあいだけが処罰されるのは、まさしく処罰の不均衡にほかならない。

右の不均衡を避ける途が二つ考えられる。一つは、抽象的職務権限の範囲をゆるやかに解することによって収賄罪の成立範囲を拡大することである。しかし、これは、「職務犯罪」としての収賄罪の性格を曖昧にし、その成立範囲を不明確にするものであって、妥当ではない。もう一つは、転職のばあいにも事後収賄罪の成立をみとめることである。たしかに、転職のばあいにも事後収賄罪の成立を肯定できるのであれば、もはやそこには処罰の不均衡は存在しないことになる。しかし、転職のばあいに事後収賄罪の成立をみとめるのは、「公務員であった者」という明文規定を無視するものである。過去の職務との関係では「公務員たりし者」と解することも可能であると主張されるが、それは、文理上は無理であると見るべきである。公務員たりし者とは、かつて公務員であったが今は公務員ではない者としか解され得ず、職務権限に相違が生じたばあいまで包含するものではないのである。

以上により、わたくしは、積極説が妥当であると解する。[9] この見地からは、第一款の事例におけるXについては収賄罪（一九七条）が成立し、Yについては贈賄罪（一九八条）が成立することになる。

（1）　拙著『刑法総論講義』第三版（平25年・二〇一三年）五二〇頁参照。
（2）　団藤重光『刑法綱要各論』第三版（平2年・一九九〇年）一三五頁、大塚仁『刑法概説（各論）』第三版増補版（平17年・二〇〇五年）六三一頁など。

（3）平野龍一『刑法概説』（昭52年・一九七七年）二九六頁、平川宗信『刑法各論』（平成7年・一九九五年）五〇二頁、前田雅英『刑法講義各論』第五版（平23年・二〇一一年）六六九頁、林幹人『刑法各論』（平19年・二〇〇七年）四五〇頁、山口厚『刑法各論』第二版（平22年・二〇一〇年）六一九頁、高橋則夫『刑法各論』第二版（平26年・二〇一四年）六八二頁、松宮孝明『刑法各論講義』第三版（平24年・二〇一二年）四八二頁など。

（4）団藤・前掲注（2）一三五頁、大塚・前掲注（2）六三一頁、大谷實『刑法講義各論』新版第四版（平25年・二〇一三年）六四〇頁など。

（5）大判大四・七・一〇刑録二一輯一〇一一頁。

（6）最決昭二八・四・二五刑集七巻四号八八一頁。

（7）最判昭二八・五・一刑集七巻五号九一七頁。

（8）最決昭五八・三・二五刑集三七巻二号一七〇頁。

（9）拙著『刑法各論講義』第二版（平22年・二〇一〇年）七四〇頁。

第九章　行為客体としての賄賂

第一節　賄賂の意義

第一款　学　説

賄賂罪の行為客体は、賄賂である。「賄賂」とは、公務員の職務に関する不正の報酬としてのいっさいの利益をいう。旧刑法二八四条以下も、収賄罪の客体として「賄賂」の概念を用いていた。村田保は、二八四条について、「本条ハ裁判官検事警察官吏等ニ非サル一般ノ官吏ニシテ其職務ニ関シ人ヨリ不正ノ嘱託ヲ受ケ為メニ金額物件ノ賄賂ヲ収納シ又ハ之ヲ贈与スルコトヲ聴許シタル者ハ未タ不正ノ処分ヲ為サスト雖モ一体官吏ノ私ヲ行フハ賄賂ノ悪弊ヨリ甚シキハナシ故ニ一月以上一年以下ノ重禁錮四円以上四十円以下ノ罰金ニ処ス」と説明した。[1] 彼は、賄賂を「金額物件」と限定していたのである。

また、宮城浩蔵は、「賄賂罪を成すには賄賂を収受し又は聴許したることを要す。『賄賂』とは悪事を嘱託するが為めに贈る物件として財産上の利益と為り得るものを謂ふ。『収受』とは現に賄賂を受領するをいひ、『聴許』とは賄賂を受くることを承認約諾するを謂ふ。賄賂罪を成すには賄賂其物を現実に受領することを要せず、之を受領することを承認し約諾するも亦罪を成すなり。賄賂を収受し又は之を聴許するには必ずしも直接なることを要せず間接にても亦可なりとす。例するに官吏自ら之を聴受せずして其親戚の名義にて之を聴受するも亦本罪を成すを妨げず。且賄賂を聴受する方法の如何を問はず。人智進むに従ひ賄賂の方法も亦大に進み、種々の方法を案出し以て法網を免ることを計る。例へば官吏の所有物品を非常の高価にて買受して其外形を売買と無すもの、或は官吏家賃を払はずして家屋を借り、而して其外形を賃貸借と為すものの類実に枚挙に遑あらず。此等は唯賄賂を受くる方法の変様にして結局財産上の利益を得る者なれば賄賂罪を成すを妨げざるなり。

官吏其職務上に関して嘱託を受くるに因て饗応せられたるときは賄賂罪となるか。饗応は唯人をして口腹の快を得せしむるに過ぎずして、之を称して財産上の利益と為すことを得ず。故に賄賂罪を成さず。要するに此等の所為は官吏懲戒例に照さるるか、或は裁判官及び裁判官書記ならば忌憚の原因となり其事件に関与するの能力を失するに過ぎざるなり。

以上説明したる所を要約するに、賄賂罪とは官吏が其職務上に関し嘱託を受けて財産上の利益となる物件を収受し、又は聴許したる所為を謂ふ」と説明していた(2)。

彼は、賄賂を「財産上の利益となる物件」と解していたのである。したがって、饗応は、たんに「口腹の快」を得させるにとどまり、「財産上の利益」を得させるものではないから、賄賂には当たらないとされたのである。このように賄賂を「物件」に限定したのは、「収受」という用語の一般的語義に固執していたからであるとおもわれる。

現行刑法における「賄賂」の意義について、泉二新熊博士は、「賄賂罪ハ公務執行ノ公正ヲ危害スル行為ヲ以テ実質トスルモノナリ然ラハ賄賂トハ何ソ、曰ク不正ノ報酬ナリ、受賄者ノ財産上ノ地位ヲ改進セシムル条件ノ利益タルヲ必要トセス一時ノ饗応ニ供セラルル飲食品ノ類モ亦賄賂タルヲ妨ケストスルヲ以テ通説トス然レトモ労力又ハ淫行上ノ快楽ヲ含有スルヤ否ヤ疑問ナリ、一説ニ依レハ不法ノ報酬タル可キ一切ノ利益ハ賄賂タルヲ得ヘク必シモ交付又ハ収受セラレ且価額ノ見積ラレ得ル有体物ニ限ルモノニ非ス斯ノ如キ有体物ニ非スト雖モ之ヲ提供シ約束シ実行スルコトヲ得ルモノハ賄賂タルヲ妨ケサルカ故ニ労力又ハ淫行ノ約束ヲ為シタルカ如シハ賄賂ノ約束タルヲ得ヘシト為シ他ノ一説ニ依レハ賄賂罪ノ規定ハ新律綱領改定律例ノ官吏受財条例ヨリ移傳シタルモノニシテ又現行法ノ文意ニ徴スルモ要求又ハ約束セラルル賄賂ハ結局収受セラレ得ルモノタルコトヲ要スルモノト解ス可ク従テ又収受セラレタル場合ニ於テ価額ヲ見積リ得ルモノタルヲ要スルカ故ニ賄賂ハ財物ニ限ルモノナリトス」と主張された。(3) 彼は、「労力または淫行上の快楽」を賄賂に含めることに疑問を提起し、有体物に限定する説の論拠として①賄賂罪の規定が、新律綱領、改定律令の「官吏受財条例」に由来すること、②収受されたばあいに、「価額を見積り得る」ものであることを紹介しているのである。①は沿革的理由であり、②は没収・追徴の前提であると解される。

磯部四郎博士は、「金銭其他動産不動産等金銭上ノ利益ハ勿論直接ニ金銭上ノ価値ヲ有セサル事柄例ヘバ婦人トノ会合ノ如キモノト雖モ苟クモ広キ意義ニ於ケル利益ト為ルヘキモノハ総テ之ヲ其目的物ト為スコトヲ得ヘシ或ハ本条第三項ニ於テ賄賂ノ全部又ハ一部ヲ没収スルコト能ハサルトキハ其価額ヲ追徴ストアルヲ以テ本条ノ目的物ハ金銭上ノ価額ヲ有スルモノニ限ルヘキカ如シモ是レ可成犯人ヲシテ不正ノ利益ヲ得セシメサラント欲スル趣旨ニ過キサレハ之ヲ以テ反対説ノ論拠ト為スヲ得ス其他目的物ヲ制限スヘキ規定ノ見ルヘキモノナキ以上ハ立法ノ趣旨ニ基キ前述ノ如ク解釈スルヲ妥当ナリト信ス」と主張された。(4) 彼は、「広き意義における利益」はすべて賄賂となり得るとし、反対説に対して、①没収・追徴の目的はできるだけ犯人に「不正の利益」得させないことにすぎないので、金銭上の価額を有する物に限定することの論拠とはなり得ないこと、②目的物を限定する規定がないことを反論として提示したのである。

また、島田武夫博士は、「賄賂トハ公務員又ハ仲裁人カ其職務ニ関シテ受クル不正ノ利益ナリ故ニ賄賂ノ実質ハ利益ナリ利益ノ種類ニ付テハ制限ナシ人ノ欲望ヲ充シ得ヘキ一切ノ物質的並ニ精神的利益ヲ包含ス故ニ財物其他金銭ニ見積リ得ヘキモノノミニ限ラス債務ノ免除、延期ノ利益、占有ノ利益、担保ノ提供ノ如キハ勿論妾ノ周旋、交接ノ許容、飲食の饗応ノ如キモ亦賄賂ナリ。賄賂ノ目的物ヲ物質的利益ニ限定スルハ職務ノ公正ヲ期セントスル賄賂罪ノ本質ニ反ス」と主張された。(5) 彼は、目的物を「物質的利益」に限定するのは「職務の公正」を期そうとする賄賂罪の「本質」に反するとしたのである。ここにおいては賄賂罪の「法益」の観点からの論拠づけがなされている。

学説の対立状況とその検討に関して岡田庄作博士が、次のように明解に述べているので、見ておくことにしよう。すなわち、「目的物ハ賄賂ナリ。賄賂ノ意義ニ関シ三説アリ。第一説、賄賂ハ有形的利益ニ限ル。第二説、金銭ニ見積ル事ヲ得ルモ否ト有形的利益ナルト否トヲ問ハス苟モ人ノ需要ヲ充ス利益ナルヲ以テ足ルト言ヘリ。

其理由トシテ第一説ハ本罪ノ目的物ハ授受スルコトヲ得ルモノナラサルヘカラサルト同時ニ刑法第百九十七条ノ法意ニ依リ没収スル事ヲ得ルモノナラサルヘカラス。有形的利益ニアラサレハ授受又ハ没収ニ適セス。故ニ有形的利益ナラサルヘカラス。第二説ハ賄賂ハ之ヲ没収スルヲ原則トシテ没収スル能ハサルトキハ其価格ヲ追徴スルモノナルカ故ニ少クトモ経済的価値ヲ有シ其価値ヲ金銭ニ換価スルコトヲ得ルモノナラサルヘカラス。第三説ハ収賄罪ハ賄賂ノ収受ニ因リ国家ノ権力行使ニ危害又ハ危険ヲ与フル罪ニシテ其危害又ハ危険ヲ与フルハ利益ノ有形ナルト無形ナルト金銭ニ見積ル事ヲ得ルト否ラサルトニヨリテ何等ノ影響ヲ与フルモノニ非スト主張セリ。第三説ヲ可トス。

故ニ賄賂トハ公務員又ハ仲裁人カ其職務ニ関シ給付セラルル不正ノ利益ヲ言フト定義スルヲ可トス。金銭物件ノ如キ有形的ノモノ債務免除又ハ労力ノ如キ無形的ノモノ告訴ノ抛棄、地位ノ認与、結婚ノ約束ノ如キ金銭ニ見積ル事ヲ得サルモノモ亦之ニ包含ス。反対論ハ収受スルコトヲ得サルモノハ賄賂ノ目的物タルヲ得ストイフモ収受トハ交付ヲ受クル意味ニ非スシテ其利益ヲ享受スル意味ニ解スヘキカ故ニ当ラス。又没収スルコトヲ得サルモノ又ハ追徴スルコトヲ得サルモノハ賄賂ノ目的物タルヲ得ストイフモ刑法第百九十七条ノ規定ハ常ニ没収又ハ追徴ヲ為スヘシトノ趣旨ニ非スシテ其可能ナル場合ニ之ヲ為スヘシトノ趣旨ナルカ故ニ是亦余輩ノ議論ヲ覆スニ足ラス」とされたのである。(6)

岡田博士によれば、第一説は論拠として、賄賂罪の目的物は①「授受」できるものでなければならず、かつ、②「没収」できるものでなければならないことを挙げる。しかし、①および②について、次のように反論されている。まず、①は、「収受」できないものは賄賂となり得ないことを意味するが、「収受」とは「交付を受けること」ではなくて「その利益を享受すること」を意味すると解すべきであるとされる。これは、「収受」の日常用語例を超えて解釈し「利益の享受」として把握するものである。②は、没収・追徴の目的に基づく論拠づけに関わるものであり、第二説もこれを援用している。この点について岡田博士は、一九七条の規定は、「常に」没収または追徴をなすべきであるとするものではなくて、「可能」であるばあいには没収または追徴をなすべきであるとするものであるから、第三説を覆す論拠とはなり得ないとされた。つまり、没収・追徴は賄賂罪の「絶対的条件」ではないから、有体物、少なくとも価値を金銭に換価できるものであることを要しないことになるとされたのである。そして、賄賂罪の本質は、賄賂の収受に因り「国家の権力行使に危害または危険」を与える罪であるから、その危害または危険を与える利益は、有形・無形、金銭に見積ることの可否によって何ら影響を受けないとされている。これは、「法益」論の観点からの論拠づけであるといえる。学説上、このような考えが普及し、通説となったのである。

その後、宮本英脩博士は、「賄賂の目的物は通常利益と考ふることを得る有形無形の一切の物である。金員の贈与、職務者の為めの債務の弁済、職務者に対する債務の免除、地位の提供、酒宴遊興の饗応、又婦女が職務者に対し情交を承諾するが如きことも賄賂である」と通説の立場を簡単に述べられているにとどまる。(7) 現在、学説上、通説に異議を唱える立場は存在しない。

第二款　判　例

大審院の判例は、早くから賄賂の目的物は、有形であると無形であるとを問わず、いやしくも人の需要または欲望を満たすに足りる一切の利益を包含すると解していた（大判明四三・一二・一九刑録一六輯二二三九頁）。すなわち、大審院は、「賄賂ノ目的物ハ其有形ナルト無形ナルトヲ問ハス苟モ人ノ需用若シクハ其欲望ヲ充タスニ足ルヘキ一切ノ利益ヲ包含スヘキモノナルヲ以テ原判決第二事実ノ一並ニ二ニ金若千円ニ相当スル飲食物等ヲ饗応シ云々ト判示セル飲食物等ノ費用中所論ノ如ク芸妓揚代若クハ其ノ演芸代等ヲ包含セリトスルモ芸妓ノ演芸ハ饗応ノ一部ニシテ人ノ欲望ヲ充タスノ目的タルニ外ナラサレハ原判決ハ所論ノ如キ何等違法ノ点ナク論旨ハ理由ナシ」と判示したのであった。

さらに、異性間の情交も賄賂の目的物となると解していたのである（大判大四・七・九刑録二一輯九九〇頁）。すなわち、大審院は、「賄賂ノ目的物ハ苟モ人ノ需要若クハ欲望ヲ充スノ目的タルモノハ有形ナルト無形ナルトヲ分タス総テ之ヲ包含スルモノト解スヘキコトハ夙ニ当院ノ判示スル所ニシテ之ヲ翻スヘキ理由アルヲ認メス刑法第一九七条第二項ハ第一項ノ賄賂ノ目的物ノ範囲ヲ限定スルニアラス而シテ異性間ノ情交ノ如キモ亦普通人ノ欲望ヲ充スヘキ目的タルモノナルヲ以テ原判決カ被告ニ於テ広島警察署司法主任警部トシテ同署ニ於テ窃盗現行犯人Ａヲ取調フル際情交ヲ承諾スレハ釈放スヘク然ラサレハ監獄ニ送ルヘシト告ケ情交ヲ要求シ之ヲ承諾セシメテ同人ト通シタリトノ事実ヲ判定シ之ヲ刑法第一九七条第一項前段ニ問擬シタルハ正当ナリ」と判示したのである。

その後、大審院の判例は、消費貸借契約に因る金融の利益も賄賂に当たると判示した（大判大一四・四・九刑集四巻二一九頁）。本判決は、次のような上告趣意に対して判示したものである。すなわち、消費貸借「契約ノ完全ナルコトヲ認ムレハ該契約ヨリ生スル経済的利益ハ当然所産ニシテ何等不法性ノ責ムヘキアルナシ若シ判示云フカ如ク契約ノ結果タル経済的利益カ収賄罪ニ於テ収受シタル利益ニシテ不法ノモノナリトセハ消費貸借契約自体カ已ニ不法ノモノニシテ何等完全ノ成立ヲ有スルモノニアラサルカ故ニ随テ其レヨリ生スル経済的利益ノ不法ノモノナリト論スルヲ正当トスヘク判示ノ如ク消費貸借契約ノ完全ナル成立ヲ認メ只之ヨリ生スル経済的利益ノミカ不法ノモノナリト云フハ民法上ノ観念ヨリ云フモ一般条理ノ大則ヨリ論スルモ甚シキ矛盾ニシテ判示ハ此点ニ於テ理由ノ齟齬アルモノト思料ス」というのが上告趣意の内容である。これに対して、大審院は、「賄賂ノ物体ハ人ノ需用若ハ欲望ヲ充タスニ足ルヘキ一切ノ利益ヲ包含スルモノナレハ金銭ノ消費貸借契約ニ於テハ借主ハ其ノ金銭ヲ消費スル権利ヲ得ルモノニシテ即チ経済上金融ト利益ヲ受クルモノト謂フヘク此ノ利益ハ右契約ノ目的物タル金融自体ト別個ノ観察ニ於テ賄賂ノ目的タル可能性ヲ有スルコト復論ヲ俟タス故ニ苟モ職務ニ関シテ消費貸借契約ニ因リ金融ノ利益ヲ得ルニ於テハ該契約ノ完全ニ成立セサル場合ハ勿論其ノ成立シタル場合ト雖均シク賄賂罪ヲ構成スルモノトス然レハ原判決カ被告XハYニ対シ金千円ノ貸借ヲ為スニ当リ其ノ職務ニ関シ賄賂トシテ該金融を得ンコトヲ申入レYハ将来工事上便宜ノ処置ヲ図リ貰ハンコトヲ欲シ其ノ要求ニ応シ之ヲ約諾シタル上内六百円ヲ被告Xニ交付シ被告Yハ之ヲ受領シ以テ其ノ職務ニ関シ該金融ノ利益ヲ得尚同一約旨ニ基キ二百円ノ小切手一枚ヲ受取リ収賄シタル旨判示シ之ヲ刑法第百九十七条第一項ノ収賄罪ニ問擬シタルハ不法ニ非ス畢竟原判決ノ所論説示ハ本件金員ノ授受ハ適法ノ消費貸借ニシテ其ノ授受セラレタル金員ハ賄賂ニアラサルヲ以テ汚職罪ヲ構成セストノ被告及弁護人ノ主張ニ対スル判断トシテ消費貸借契約ノ成立ト賄賂罪ノ構成トノ別異ナルヲ明ニシ其ノ趣旨タルヤ前顕説明ト同一見解ニ出テタルモノニ外ナラスシテ其ノ理由ニ於テ齟齬抵触ノ廉アルコトナク論旨ハ理由ナシ」と判示したのである。

上告趣意の中核は、消費貸借契約が有効に成立したばあい、その契約から生ずる経済的利益は適法なものであって、賄賂罪の客体とはならないということである。つまり、消費貸借契約の有効性をみとめながら、それから生ずる経済的利益のみを「不法」とするのは不当であると主張したことになる。これは、契約の「適法性」と経済的利益の「適法性」とは表裏一体であることを主張するものである。この点に関して本判決は、金銭消費貸借契約に基づいて生ずる経済上の利益が、「契約の目的物たる金銭自体と別個の観察」において「賄賂の目的たる可能性」を有するので、職務に関して消費貸借契約の利益を得た以上は、契約が完全に成立しないばあいはもとより完全に成立したばあいも、賄賂罪を構成すると解したのである。これは、契約の成立・不成立ないし有効・無効とは関係なく、職務に関して金融上の利益の享受があれば、その利益は賄賂となることをみとめるものである。つまり、民事法上の効果と賄賂性は無関係であるとされたわけである。その意味において、刑法の独自性が肯定されていることになる。

判例における事例をいくつか見ておこう。判例によれば、賄賂となる利益は、必ずしも金銭・物品その他の財産的利益に限られない。したがって、金融の利益（大判大七・一一・二七刑録二四輯一四三八頁）、債務の弁済（大判大一四・五・七刑集四巻二六六頁）などはもとより、異性間の情交（大判大四・七・九刑録二一輯九九〇頁、最判昭三六・一・一三刑集一五巻一号一一三頁）、公私の職務その他有利な地位の供与（大判大四・六・一刑録二一輯七〇三頁）なども、賄賂となり得る。また、公務員が、保証人となっている自己の親族の金融債務の立替弁済をさせること（最決昭四一・四・一八刑集二〇巻四号二二八頁）や新規上場に先立ち株式を公開価格で取得できる利益は、賄賂罪の客体となる（最決昭六三・七・一八刑集四二巻六号八六一頁）。

第二節　土地の売買代金が時価相当額であるばあいの当該土地の売買による換金の利益と賄賂

第一款　問題の所在

賄賂罪に関する最近の重要判例として、売買代金が時価相当額であったとしても、土地の売買による換金の利益が賄賂に当たることをみとめた最高裁決定がある[8]。本決定は、土地の売買代金が時価相当額であったばあいにおける当該土地の売買による換金の利益の賄賂性について判示している点において、きわめて重要な意義を有する裁判例である。本件は、通常の取引行為と刑事法との関係という観点からも考慮されるべき論点を包含している事案である。本件においては、賄賂性の肯否という法律問題が争点となっている。第一審判決と原判決とでは、認定事実が異なっているので、それぞれ異なる法律構成がなされている。そこには実務的な処理における微妙な差異があるのであり、理論的観点から見てもじつに興味深い論点が包蔵されている。すなわち、理論的観点からは、授受の客体の賄賂性は、それが有する利益性の内容の検討および賄賂罪の保護法益と職務関連性の検討などが必要とされるのである。このように本決定は、実務上も理論上も重要な意義を有する判例であるので、本節において検討を加えることにしたい[9]。

第二款　本件の事実関係

本決定が引用している原判決の認定した本件収賄罪の犯罪事実の要旨は、次のとおりである。すなわち、「被告人佐藤栄佐久（以下「被告人栄佐久」という。）は、福島県知事として、同県の事務を管理し執行する地位にあり、同県が発注する建設工事に関して、一般競争入札参加資格要件の決定、競争入札の実施、請負契約の締結等の権限を有しており、被告人佐藤祐二（以下「被告人祐二」という。）は、被告人栄佐久の実弟であり、縫製品の製造、加工、販売等を業とする郡山三東スーツ株式会社の代表取締役として同社を経営していたものである。福島県は、同県東部の木戸川の総合開発の一環として行う木戸ダム本体建設工事（以下「木戸ダム工事」という。）について、一般入札を経て、平成一二年一〇月一六日、前田建設工業株式会社ほか二社の共同企業体に発注した。被告人両名は、共謀の上、前田建設が木戸ダム工事を受注したとき被告人栄佐久から有利便宜な取り計らいを受けたことに対する謝礼の趣旨で、前田建設副社長のAが下請業者である水谷建設株式会社取締役副社長のBに指示をした結果、水谷建設が買取りに応じるものであることを知りながら、被告人祐二が、Bに対し、水谷建設において郡山三東スーツの所有する福島県郡山市の一六筆の土地合計約一万一一〇一平方メートルを八億七三七二万円余で買い取るように求め、水谷建設が前記土地を同価額で買い取ることを承諾させた。その結果、平成一四年八月二八日、水谷建設から、その売買代金として、福島県郡山市の株式会社大東銀行本店の郡山三東スーツ名義の当座預金口座に八億七三七二万円余が振込送金された。このように、被告人祐二は、被告人栄佐久との前記共謀に基づき、前記土地売却による換金の利益の供与を受けて、同県知事の職務に関し、賄賂を収受した。」というものである。

第三款　第一審および原判決の判断

一　第一審判決

第一審判決は、「量刑事情」において、本件の事案を次のように要約している。すなわち、「本件収賄は、被告人両名が、共謀の上、福島県の発注した木戸ダム工事を前田建設が受注できたことの謝礼等の趣旨で、前田建設から建設工事を受注していた水谷建設が郡山三東スーツの所有する本件土地を買い取ることを知りながら、福島県知事であった被告人栄佐久の賄賂に関し、水谷建設に時価八億円相当の本件土地を八億七三七二万円余りで買い取らせ、被告人祐二が本件土地の換価の利益及び本件土地の時価相当額と売買代金の差額七三七二万円の利益の供与を受けたという事案である」とされている。本件収賄の対象とされた前記の「差額」については、本判決は、「事実」として、「本件土地の相当価格は高くとも八億円を超えるものではないところ、本件土地は八億七三七二万〇三一七円で売却されているから、八億円との差額七三七二万〇三一七円の利益が郡山三東スーツに供与されていたことになる」と判示しているのである。そして、「本件土地の売買によって、被告人祐二が連帯保証していた郡山三東スーツの債務が返済され、郡山三東スーツの従業員に対する退職金が支払われて、被告人祐二がその負担を免れたから、前記利益が被告人祐二に供与されたものである旨」の検察官の主張に対しては、「前記債務の返済、退職金の支払は、水谷建設が直接行ったものではなく、郡山三東スーツがいったん自己に帰属した利益を自らの判断で処分したにすぎないものであるから、被告人祐二が連帯保証する債務が返済され、退職金が支払われたという具体的な事象を根拠にして、被告人祐二に利益が供与されたということはできない。むしろ、被告人祐二は、代表取締役社長として郡山三東スーツを経営し、郡山三東スーツからの報酬によって生活していた上、郡山三東スーツが銀行等から融資を受けた債務は、通常は個人で連帯保証していたのである。このような事実関係の下では、郡山三東スーツの経済的負担は、それが解消されない限り、最終的には被告人祐二個人が負担する関係になるということができるのであって、郡山三東スーツの経済的な負担を解消するために利益が供与されたときは、被告人祐二はその利益を享受する立場にあったということができるから、郡山三東スーツに供与されたこのような利益は、とりもなおさず被告人祐二に供与されたものと認めることができる」と認定しているのである。

二　原判決

第二審判決たる原判決は、弁護人の主張を次の五点にまとめてそれぞれに対する判断を示している。すなわち、①本件土地買収の趣旨、②通常の経済取引と賄賂性の有無、③本件土地売却の顕著な困難性の要否、④本件土地売却による換金の利益の帰属主体および⑤被告人の利益享受の有無が争点であるとされているのである。本判決は、それらについてそれぞれ次のように判示している。

①　ダム工事受注の謝礼の趣旨とされる本件土地買取りまで二年も経過しているので、本件土地の売却が謝礼の趣旨の下になされたとみるには、「時期のずれ」があり過ぎて不自然であるとの弁護人の主張に対しては、本判決は、被告人祐二からの働きかけや催促を受けているだけでなく、前田建設の手続きの遅れもあるので、「時期のずれ」は、謝礼の趣旨でなされたとの「認定」を左右しないとする。

②　「本件土地売買は、不動産仲介業者のCが介在している点から明らかなごとく、通常の経済取引であって、賄賂性はない」との弁護人の主張に対して、本判決は次のように判示している。すなわち、「売買価格の決定過程をみると、それぞれ自己の利益を勘案した上での経済取引」であるので、「ダム工事受注の趣旨の下に行われ、被告人栄佐久と意思を相通じた被告人祐二が換金の利益の供与を受けている以上」、「Cの役割は、売買価格等の詰めを行う

ことにあった」にすぎないので、Ｃの介在は「賄賂性」に影響しないとしているのである。つまり、当該不動産の売買について不動産仲介業者が介在したとしても、それが実質的に売買の仲介をおこなったとみとめられないかぎり、通常の経済取引とはいえないと解されたことになるわけである。

③　最決昭六三・七・一八（刑集四二巻六号八六一頁〔いわゆる殖産住宅事件〕）の「趣旨」に照らし、「土地売却による換金の利益を賄賂とみるためには、土地売却が著しく困難であることが必要である」との弁護人の主張に対して、本判決は、当該裁判例は「新規上場前の株式」の賄賂性に関するものであって本件事案とは「性格」を異にすると解している。

④　「本件土地売却による換金の利益は、郡山三東スーツに直接的に帰属する以上、第三者収賄罪が成立することはともかく、単純収賄罪は成立しない」との弁護人の主張に対して、本判決は、第三者収賄罪の成立の可能性はあるとしても、被告人祐二が換金の利益の供与を受けている以上、単純収賄罪が成立すると判示している。

⑤　「仮に被告人祐二に本件土地売却による換金の利益が帰属したとしても、被告人栄佐久は何らの利益も享受しておらず、賄賂を収受したとはいえない」との弁護人の主張に対して、本判決は、「公務員と非公務員が共謀の上、賄賂を収受した場合には、その賄賂が非公務員に帰属する場合であったとしても、共謀による収賄罪が成立する」と判示しているのである。

第四款　最高裁決定

本決定は、検察官および弁護人の上告趣意はいずれも刑訴法四〇五条の上告理由に当たらないとしたうえで、「弁護人の所論に鑑み、本件収賄罪に関し、賄賂性について職権で判断する」として、次のように判示している。

すなわち、本決定は、「所論は、本件土地売買は、時価と売買代金額との間に差のない通常の不動産取引であるから、賄賂には当たらないと主張する。

しかしながら、原判決の認定によれば、被告人栄佐久は福島県知事であって、同県が発注する建設工事に関して上記の権限を有していたものであり、その実弟である被告人祐二が代表取締役を務める郡山三東スーツにおいて、本件土地を早期に売却し、売買代金を会社再建の費用等に充てる必要性があったにもかかわらず、思うようにこれを売却できずにいる状況の中で、被告人両名が共謀の上、同県が発注した木戸ダム工事受注の謝礼の趣旨の下に、水谷建設に本件土地を買い取ってもらい代金の支払を受けたというのであって、このような事実関係の下においては、本件土地の売買代金が時価相当額であったとしても、本件土地の売買による換金の利益は、被告人栄佐久の職務についての対価性を有するものとして賄賂に当たると解するのが相当である。これと同旨の原判断は正当である。」と判示して、当該土地の売買による換金の利益の賄賂性を肯定している。その論理構成には独自の立場が提示されており、理論的にも実務的にも注目すべき論点が包含されているのである。

第五款　検　討

本件においては、土地の売買による換金の利益が「賄賂」に当たるか、が問題となっている。賄賂とは、一般に「職務に関する不法の報酬、いいかえれば、職務行為の対価としての不法の利益」をいうとされている。そして、賄賂となり得るものは、金品その他の財物的利益に限らず、人の需要または欲望を満たす利益であれば、いかなるものであるとを問わないとするのが、通説・判例の立場である。判例によれば、賄賂となり得るのは、「有形ナルト無形ナルトヲ問ハス苟モ人ノ需要若クハ其欲望ヲ充タスニ足ヘキ一切ノ利益」であるとされる(10)。

そこで、賄賂といえるためには、まず何が「利益」に当たるか、が問題となる。本件においては、それとの関連で土地の売却代金の賄賂性の肯否が重要な争点となっている。ここでは「事実」との関係でその内容が争われるという特殊性が存在することに注意する必要がある。この点について、第一審判決は、「本件土地の相当価格は高くとも八億円を超えるものではないところ、本件土地は八億七三七二万〇三一七円で売却されているから、八億円との差額七三七二万〇三一七円の利益が郡山三東スーツに供与されていたことになる」と判示している。これは、地価の相当価格と売却価格との「差額」が本件の「利益」であると解するものである。このように解することにも相当の理由があるといえる。土地が地価の「相当額」よりも高く売却されたばあいには、その「差額」が利益であると解するについて何ら困難はない。なぜならば、その差額が「経済的な利益」であることについては、まったく争いはないと考えられるからにほかならない。現に、土地価格との差額を賄賂と解している下級審の判例がある。[11]

ところが、第二審判決たる原判決は、この点について次のように判断したのである。すなわち、「本件土地売買契約時の時価がおよそ八億円を上回ることはないものと直ちには断定し難い状況にあり、ひいては、本件土地売買代金と時価相当額との差額が幾らであるかも証拠上は不明であるといわざるを得ない」ので、「原判決には、本件土地の時価及び売買代金と時価相当額との差額並びに被告人両名がその差額の利益を賄賂として収受したとの点につき、判決に影響を及ぼすことが明らかな事実誤認があるといわざるを得ない」と解しているのである。その見地から第一審判決を破棄したうえで、本件における「利益」の捉直しをおこなっている。すなわち、ここにおいて、原判決は、「郡山三東スーツが、経営上是非とも必要としていた資金繰りの手段として、本件土地売却によって得た換金の利益」を賄賂として把握していることになる。

たしかに、前述の賄賂の定義からすると、「換金の利益」はただちにその範疇から排除されるわけではない。[12] つまり、不動産を売却することによって得られる「金銭」が「利益」であると解することは、必ずしも一般的に不可能ではないわけである。しかし、「不動産」それ自体を所有していることといつでも使用できる「金銭」を有していることとの間には、全体財産としての価値には差異はないが、経済的観点から見ると、その価値にかなりの相違があり得る。その何れがより高い価値を有すると評価するか、は視点によって異なるのである。たとえば、長期的な投資ないし投機の対象という視点からは、一般的に不動産の方が重要であるとされるであろう。これに対して、一定の目的に従った資金としての使用の随時性という視点からは、金銭の方により高い価値がみとめられることになるであろう。しかし、ここにおいては、等価的な「換金」が前提となっていることに留意する必要がある。たんに換金が等価的であるという点だけでは、「換金の利益」性は積極的に基礎づけられたとはいえないであろう。その基礎づけのためには別の要件が要求されなければならない。

この点について、原判決は、「経営上是非とも必要としていた資金繰りの手段」としての「換金の利益」を要件として提示したのである。これは、きわめて重要な意義を有する見解であり、一定の必要性が存在するばあいには、換金それ自体が利益となることを積極的に基礎づけ得ることを明示するものである。本件においては、現実に「資金繰り」のために金銭を「必要」としていたという事情が被告人祐二に存在していたのであるから、不動産を所有していること自体よりもそれを売却することによって得られる金銭、すなわち「換金」が「利益」となったといえることになる。このばあい、換金が時価相当額であったとしても、それは被告人にとってこの時点における「必要」性を充足し得るのである。すなわち、被告人祐二は、行為当時、経営責任者として会社再生のための資金の獲得を必要としていたのであり、会社所有の土地それ自体よりも運転資金としての現金がどうしても必要だったのである。このばあい、時価との差額の取得よりも時価相当額による換金がきわめて高い価値を有していたといえるわけである。

つぎに、土地売却による「換金の利益」が賄賂となり得るとしても、その利益の取得が「日常の経済取引」によってなされたばあいに、賄賂罪が成立し得るか、が問題となる。[13] これは、一般化すれば、「日常の経済取引と犯罪の成否」という問題となる。この問題は、とくに刑法総論において幇助犯の成否に関連して議論されている。[14] この点に関して、東京高裁の判例は、印刷業者がピンクチラシを印刷した事案において、売春周旋罪の幇助犯の成立を肯定している。[15] しかし、本書では刑法総論の問題としてではなくて、賄賂罪における客体の賄賂性との関連の問題として検討しているので、この点について考察を進めて行くことにしよう。弁護人の主張においては、「通常の経済取引」であることの根拠として不動産仲介業者の介在を挙げており、この点について原判決は、「売買価格決定過程」に着目して、売買当事者はそれぞれ自己の利益を勘案したうえで経済取引をしたのであって、不動産仲介業者の介在は、売買価格等の詰をおこなうためになされたにすぎないので、賄賂性に影響を及ぼさないと解している。これは、被告人の日常の経済取引としての性質を否定するものである。すなわち、本件不動産の売却は必要に迫られてなされた「特殊な取引」であると解されているのである。いいかえると、一般的になされる不動産取引における差額の利益を追求する取引とは異なるとされているのである。不動産業者が主動的に当該不動産の売買に関与したのであれば、日常取引として解する余地はあり得るが、補助的立場で関与したばあいには、日常取引とはいえないことになる。

土地売却の著しい困難性を要求するために弁護人が援用した最決昭六三・七・一八（いわゆる殖産住宅事件）においては、価格が公開時に確実に公開価格を上回ると見込まれる新規上場会社の公開株式の割当取得が収賄罪を構成するか否か、が争点となった。この点について、当該決定は、次のように判示している。すなわち、「原判決の認定によれば、本件は、殖産住宅相互株式会社、日本電気硝子株式会社その他株式会社の株式が東京証券取引所等において新規に上場されるに先立ち、あらかじめその株式が公開された際、贈賄側の者が公開に係る株式を公開価格で提供する旨の申し出をし、収賄側の者がこれを了承してその代金を払い込むなどしたという事案であるが、右株式は、間近に予定されている上場時にはその価格が確実に公開価格を上回ると見込まれるものであり、これを公開価格で取得することは、これらの株式会社ないし当該上場事務に関与する証券会社と特別の関係にない一般人にとっては、極めて困難であったというのである。以上の事実関係のもとにおいては、右株式を公開価格で取得できる利益は、それ自体が贈収賄罪の客体になるものというべきであるから、これと同趣旨に出た原判断は、正当である。」と判示したのである(16)。

本件株式は、間近に予定されている上場時にはその価格が確実に公開価格を上回ると見込まれ、これを公開価格で取得することは「一般人にとっては、極めて困難であった」ものであり、当該決定は、右の事実関係のもとにおいては、その「株式を公開価格で取得できる利益は、それ自体が贈収賄の客体になる」と判断している。これは、適正かつ妥当な公開価格を払い込んで公開株式を取得しているにすぎないので、財産上の不法の利益を得たことにならず賄賂罪が成立する余地はないとの弁護人の主張に対してなされた判断である。本件においては、公開価格は適正かつ妥当であるとしても、一般にその価格は実勢より低くなっているのが取引の現実であるとされるので、上場時には確実に公開価格を上回ることが見込まれていたことになる。しかも、当該決定が認定しているように、本件においては、当該株式を公開価格で取得することは、発行会社またはその上場事務に関与する証券会社と特別の関係を有する者に限られていて、そのような特別の関係を有しない一般人にとってはきわめて困難であったのである。このようなばあいには、当該株式を公開価格で取得すること自体が、排他的な利益の取得であったものとみとめられるので、通常の株式取引とは著しく異なっていることに注意しなければならない。たしかに、公開価格による当該株式の取得は、形式的には通常の株取引のように見えるが、しかし、それは実質的には特別な株式取引にほかならないのである。したがって、公務員が職務に関してその利益を取得すれば収賄罪が成立することになるのは、当然であるといえる。すなわち、このばあい、公務員が一般人よりも優先的にその利益を取得できるのであるから、その利益取得も不当であることになる。これは、賄賂罪の保護法益の観点からも基礎づけられ得る。(17)すなわち、公務員がその職務に関して一般人よりも優先的に扱われるばあいには、そのことによって、公務員の職務執行の公正さに対する国民一般の信頼が侵害されることになる。いいかえると、権限を有する公務員が利益取得に当たって一般国民と平等に取り扱われることによってこそ、一般国民の公平感を損わずに公務執行の公正に対する一般国民の信頼が保護されるのである。

しかし、本件において、賄賂の客体となる利益の「内容」に関して各審級判決に見解の相違がある点には、興味深いものがある。すなわち、第一審判決は、公開株式の「上場開始値と公開価格との差額に相当する利益」であると解し、控訴審判決は、「株券の交付日ないし株式受渡期日にその株主となるべき地位」と解した。これに対して本決定は、「株式を公開価格で取得できる利益」それ自体がこれに当たると解しているのである。本決定の見地においては、公開株式の割当て、引受け、代金支払いがなされれば、賄賂罪が成立し、上場後に株価が上がったか否かは、本罪の成否に関係ないことになる。(18)つまり、行為時において事後に確実に価格の値上がりが予測されていれば足りるのであり、それを獲得できる地位である株式の取得が利益とされているのである。

このように、間近に予定されている上場時にはその価格が「確実に公開価格を上回ると見込まれている」株式を一般人よりも優先的に公開価格で取得できることは、非常に大きな利益であるといえる。ここにおいては、①予定されている「上場時に」当該株式の価格が「確実に公開価格を上回ると見込まれて」いた事実と②当該会社ないし当該上場事務に関与する証券会社と「特別の関係にない一般人」にとっては公開価格で当該株式を取得することは「極めて困難であった」事実が重要な意義を有していることに注意する必要がある。①は、当該株式自体が事後的に多大な利益をもたらすものとして価値を有していたことを意味することになる。したがって、そのような株式の公開価格による取得が経済的に大きな利益であることは疑いない。それを一般的な株取引によって公開価格で取得するかぎり、刑法上、まったく問題は生じないはずである。しかし、その利益を一般人よりも優先的に取得できるとすると、それは通常の取引の枠を超えた不当な利益の取得であるといわざるを得ない。このような排他的な利益の授受が、公務員の職務に関連してなされたばあいには、それは、贈収賄に当たることになる。そこで、最高裁の昭和六三年七月一八日決定は、前述の事実関係のもとにおいては、当該株式を公開価格で取得できる利益それ自体が贈収賄罪の客体となると判示したのであり、その見解は妥当であると解される。問題は、昭和六三年決定の射程範囲をどのように解するか、にある。本決定は、事例判例と把握されているが、ここにおいては、上場が予定されていて上場時に公開価格を上回ることが確実視されている「株式」を「公開価格で」取得するという局面に関連するものである。そのような特殊な株式については、それを排他的に取得することが賄賂性を有する利益の授受に当たると判断されていることになる。その意味において、①の事実が前提となってはじめて、②の事実が重要な意味をもつに至るのである。つまり、①のような利益性のある事案について妥当することをみとめている点に、判例としての意義が存するのである。いいかえると、②の事実のみを基礎にして本決定の射程が及ぶことを主張することはみとめられないことになる。

ところで、本節で検討している平成二四年一〇月一五日の原判決は、昭和六三年決定は「新規上場前の株式」の賄賂性に関するもので本件事案とは「性格」を異にすると判示している。その理由については詳しく述べていないが、おそらく前述の趣旨を明らかにしたものと解される。

右に見たように、本件土地売却の利益が賄賂の客体となり得るとしても、その利益が被告人以外の者に帰属するばあいには、単純収賄罪は成立せず、第三者収賄罪が成立する可能性があるにとどまることになる。つまり、利益が被告人に帰属しないばあいには、被告人に賄賂が供与されたとはいえず、被告人が賄賂を収受したとは評価され得ないはずである。そこで、弁護人は、当該利益は被告人以外の第三者である郡山スーツに直接的に帰属したと主張したのであった。これは、事実の「認定」と事実に対する「評価」を包含している事項である。この点について原判決は、「被告人祐二は、株主あるいは代表取締役として郡山三東スーツと深い関係を有し、その経営上必要な資金調達義務を負い、郡山三東スーツの借入債務につき連帯保証をしていることにかんがみると、郡山三東スーツの資金繰り状況如何は、被告人祐二にとっても、資金調達義務や連帯保証責任にも連動して影響を与える密接な利害関係を有する事柄ということができる。そうすると、郡山三東スーツが、経営上是非とも必要としていた資金繰りの手段として、本件土地売却によって得た換金の利益は、被告人祐二においても同時にこれを享受する関係にあり、同様の利益を得たことになると解するのが相当である」と判示している。ここにおいては、被告人祐二が郡山三東スーツに対して株主あるいは代表取締役として深い関係を有している事実を根拠にして、両者は実質的に「一体」であるとみなされているのである。そうすると、当該利益はたんに第三者たる郡山三東スーツのみに帰属するのではなくて、被告人祐二にも帰属したものと評価され得ることになる。その意味において本件土地売却による利益は、郡山三東スーツと同時に被告人祐二に供与されていると解されたのである。

このように当該利益が非公務員たる共犯者に帰属したばあい、公務員である被告人について収賄罪は成立しないといえるか、が問題となる。この点について原判決は、公務員と非公務員が共謀のうえ賄賂を収受した以上、「共謀による収賄罪」が成立すると解している。(19) これは本件ではまったく争点とはなっていないが、理論的には共謀共同正犯論に基づいて「一部実行の全部責任」の法理をみとめるものである。さらにこの問題の前提には、「身分犯と共犯」に関する刑法六五条一項の適用の問題が存在する。すなわち、真正身分犯である収賄罪について、身分を有しない非公務員も六五条一項によって共同正犯者となり得るのである。わたくしは、収賄罪は真正身分を基礎づける義務に違反する義務犯であると解している。その義務に違反して不当な利益を取得する罪が収賄罪なのである。したがって、本来、その義務者が賄賂を取得している必要があることになる。ところが、本件では直接、利益を取得したのは、当該義務を負っていない実弟の被告人祐二なのである。そこで、六五条一項の適用を通して（共謀）共同正犯関係をみとめて被告人栄佐久にも義務違反による利益取得がみとめられることになる。第一審判決は、「法令の適用」において六五条一項について触れている。六五条一項の適用の結果、本件利益が賄賂性を取得し、それが非身分者たる共同正犯者に供与されたことになるわけである。そうすると、賄賂を直接、取得していない共謀共同正犯者たる公務員は、「一部実行の全部責任」の原則によって収賄罪の罪責を負わなければならないのである。原判決も、六五条一項の適用を明示しており、このような理解をしているものと解される。

上告趣意においても、収賄罪の成否に関しては弁護人の主張の内容は原審におけるものとほぼ同旨である。それを受けて本決定は、とくに「賄賂性」についてあえて職権で判断をしているので、その意味において特別の意義を有するのであり、さらに判例としての射程範囲が問題となる。これらの点について検討することにしよう。

まず、判例違反に当たるとして援用された最高裁の昭和六三年決定は、本件と事案を異にする判例であるとしている。これは、まったく理由を付していないが、原判決と同様に昭和六三年決定は特別な株式取引に関するものであって本件のような土地売買取引については及ばないと解したものとおもわれる。その意味において、本決定は、昭和六三年決定の射程範囲に関して初めて最高裁の立場を明らかにしたものと評価され得る。

つぎに、本件土地の売買価格が「時価相当額」であったばあい、それは通常の不動産取引として賄賂性が否定されるかどうか、について、本決定は、注目すべき判断を示している。すなわち、本件のような事実関係の下においては、「本件土地の売買代金が時価相当額であったとしても」、「本件土地の売買による換金の利益」が「職務についての対価性を有するものとして賄賂に当たる」ことを明解に判示しているのである。ここにおける事実関係の中核となるのは、①被告人である県知事が同県発注の建設工事に関して、競争入札等の権限を有していたこと、②県知事の実弟である被告人が代表取締役を務める会社において、その所有する本件土地を早期に売却して売買代金を会社再建の費用等に充てる必要性があったこと、③前記のような必要性があったにもかかわらず、思うように売却できない状況にあったこと、④被告人両名が共謀のうえ、同県が発注したダム工事受注の謝礼の趣旨の下に、受注した会社に本件土地を買い取ってもらい代金の支払いを受けたこと、である。これらの要素は、本件土地の売買による換金利益の賄賂性についてきわめて密接な関係を有しているので、それぞれの内容を検討する必要がある。

第一に、①の事実は、真正身分犯の主体として「公務員」たる県知事が「職務権限」を有していたこと、および、その権限に基づいて職務行為をおこなったことを意味する。これは、収受した利益が賄賂性を有することを基礎づけるものである。すなわち、本件においては、被告人栄佐久は、県知事として同県発注の建設工事に関して一般競争入札の入札参加資格要件の決定、競争入札の実施、請負契約等の権限を有していたので、その権限に基づいて特定の者に有利な取り計らいをなし得る地位にあったものといえるのである。さらに、①の事実は、過去の職務行為に関する賄賂罪の成否に密接に関連する事実である。これは、賄賂罪の保護法益の観点から改めて検討されなければならない問題である。過去の職務行為に関する利益の取得と収賄罪の成否について、美濃部達吉博士は、次のように述べられた[20]。すなわち、「公務員賄賂罪の成立するのは、将来に於ける職務行為に付き予め賄賂を提供し、自己に有利なる処置を為すべきことを依頼する場合であることを普通の例と為し、少くとも後日賄賂を供与すべきことに付き予め暗黙の諒解あることは、賄賂罪に関して概ね認定し得べき所である」としつつ、「併しそれは公務員賄賂罪の構成要件ではなく、公務員の側に於いては全然賄賂を予期せずして或る職務行為を為し、其の職務行為が既に完了した後に於いて、其の行為に依り利益を受けた者から、其の職務行為に対する謝礼の趣旨を以つて、公務員に金銭其の他の利益を提供し、公務員の側に於いても其の職務に対する謝礼であることの情を知つて、これを収受したとすれば、等しく公務員収賄罪を構成する。何となれば、法律は公務員の職務が金銭其の他の利益の給付に対する反対給付となる一切の場合に付き、これを犯罪として居るのであつて、仮令職務行為の既に行はれた後に於いて、これに対する金銭的対価の給付を受けたとしても、給付と反対給付との関係にあることは、事前の収賄と異なる所なく、等しく公務の威信と公正とを害するものであるからである」と主張されたのである。ここでは、賄賂罪は、将来の職務行為に関して予め賄賂を提供するか、少なくとも後日賄賂を供与することにつき予め暗黙の諒解があることを通例とするが、事前の供与または暗黙の諒解は公務員賄賂罪の「構成要件」ではないので、職務執行終了後であっても賄賂罪の成立することが肯定されている。その論拠は、給付と反対給付との関係があることは、「事前の収賄と異なる所なく、等しく公務の威信と公正とを害する」点に求められているのである。これは、「公務の威信と公正」を賄賂罪の保護法益と解していることを意味する。しかしながら、これだけでは論拠として不十分であるとおもわれる。たしかに、事後的であれ過去の職務に関して反対給付を公務員が受け取れば、公務員の廉潔性を害するので「公務の威信」が害され得るであろう。しかし、そのことによって過去の職務行為自体の「公正」が害されることはないのである。なぜならば、すでになされた職務行為に対しては何も影響を与えることはできないからにほかならない。過去の職務行為と賄賂罪の成否については、第七章において検討した。

この点に関する大審院の判例がある。それは、贈賄罪に関する事案であるが、次のように判示している。すなわち、「苟クモ公務員ニ其ノ職務ニ関シ利益ヲ提供交付又ハ約束スルニ於テハ其カ職務執行前タルト其ノ執行中タルト将又其ノ後タルトヲ問ハス贈賄罪ヲ構成スルモノトス蓋シ職務執行後ニ於ケル謝礼ノ意味ヲ以テスル利益提供交付ノ如キハ一見事ニ害ナキニ似タリト雖之ニ因リテ職務カ公平ニ行ハレタルヤ否ヲ疑ハシムルノ結果ヲ生スルノミナラス此ノ如キヲ看過スヘキモノトセンカ終ニ苞苴ノ弊勝フヘカラサルモノアルニ至ルヘシ是レ現行刑法カ旧刑法ト異リ請託ヲ必要トセサルニ至リシ所以ニシテ又本院判例カ夙ニ事後ニ於ケル職務ニ関スル利益ノ授受ヲ賄賂罪ヲ以テ問フ所以ナリトス」と判示されている（大判昭一〇・五・二九刑集一四巻五八四一頁）。

ところが、この判例について瀧川幸辰博士は、次のように批判された[21]。すなわち、「職務非売性の原則の破壊は行為前または行為中の職務行為について認められ、行為後に公務員の予期しない贈物をすることは職務非売性の原則を破るものではない。職務行為は既に職務非売性の原則に従ひ終了したのである。職務行為が義務に違反するものである限り、行為後の贈物は不正行為の認容であり公務員の不法を助長することになるが、これによって賄賂罪の本質たる職務非売性の原則の破壊を認めることは出来ない」とし、「本件判決は、被告人の行為が犯罪構成要件に該当するか否かの点よりも、一般予防的効果に重きをおいたように見える。私はこれが法律の適用として妥当であるかを疑う」と述べて、職務執行後の贈物の供与等は贈賄罪を構成しないとされたのである。

これに対して、美濃部博士は、「公務員収賄罪の適用に関しては、大審院判例も、事前に賄賂の予約なく、職務の執行を終つた後始めて其の報酬を受けた場合でも、賄賂罪を構成することを承認して居る」としたうえで、この判決において、「此の理由として述べられて居る所が果して適切と謂ひ得るや否やは問題であるが、判旨結果に於いて正当であることは疑を容れぬ」とされている。[22] 美濃部博士の所説によれば、前述のとおりの論拠でこの判旨と同様の結論を導いていたのであるから、この叙述は当然ということになる。しかし、この判決は、正当にも次の論拠を提示したのである。すなわち、(a)利益の供与により職務が公平におこなわれたかどうかを疑わせる結果となること、(b)これを看過すると苞苴の弊に至ることおよび(c)現行刑法が旧刑法と異なり請託を要件としていないことが挙げられている。(c)は、直接的な論拠とはされていないので、(a)および(b)が重要である。これは、公務員の職務執行の「公平」に対する国民一般の信頼を保護すべきことを意味する。さらにいえば、これは、賄賂罪の保護法益を、(a)職務執行の公正および(b)職務執行の公正に対する一般の信頼であると解していることを意味するのである。

第二に、②の事実は、他の共同正犯者が代表取締役を務めている会社において、会社再建の費用に充てるために同社所有の土地を売却する「必要性」があったことを意味する。[23] すなわち、被告人祐二は、会社経営の責任者として会社再建の費用に充てるための資金を必要としていたのであり、同社所有の土地それ自体よりもその売却代金の方が彼にとってより高い価値があったのである。いいかえると、時間をかけて当該不動産をより高い価格で売却して得られるはずの将来の利益よりも、行為の時点で取得できる売買代金の方が利益としてより重要であることになる。さらに、共同正犯者が真正身分犯の身分を有する県知事の「実弟」であることは、両人の共犯関係の密接度に影響する。つまり、このことは、④における受益主体を確定するに当たって重要な意義を有することになる。

第三に、③の事実は、売却の必要性を充足することの「困難性」を意味する。本件土地の売却が必要であったにもかかわらず、それを実現することが困難であるばあいには、それを買い取ってもらうこと自体がきわめて有益である。その困難性の程度が高ければ高いほど、その有益性の程度も高いことになる。[24]

第四に、④の事実は、(a)被告人両名において収賄の共謀があったこと、(b)同県が発注したダム受注の謝礼の趣旨が込められていたこと、(c)受注建設会社に本件土地を買い取ってもらって被告人両名が代金の支払いを受けたことを意味する。(a)は、被告人両名が収賄罪の共謀共同正犯の関係にあったことを基礎づけるものである。(b)は、職務関連性によって賄賂性を基礎づけるものである。すなわち、受注会社としては受注の際に受けた便宜に対する謝礼の趣旨の下にあえて本件土地を購入したことになるのであり、それによって土地売買代金の供与が被告人らにとって賄賂性を取得することになるわけである。これは、いいかえると、利益の収受と公務員の職務との関連性を基礎づけるのである。(c)は、被告人祐二が直接、本件土地売買代金を受け取っているが、同人が被告人栄佐久の「実弟」であることにより、両人の間にはきわめて密接な人的関係があり、代金の受取りが被告人両人にとって実質的に共通の利益であることを意味することになる。つまり、外形上、利益は被告人祐二にのみ帰属しているように見えるが、実質的には兄弟関係にある被告人栄佐久にも帰属していると解することが可能となるのである。共謀共同正犯においては、実行行為をおこなった者（実行正犯）にだけ利益が帰属したばあいには、共謀者は幇助犯的地位にあるとされて、その罪責は軽いものとして扱われる。しかし、収賄罪のばあい、共謀者が公務員であるときは、実行正犯が取得した利益が共謀者にも帰属する以上、たんに幇助犯的なものとして軽く取り扱われるべきではない。むしろ収賄罪のいわば本来的主体として重く処罰されるべきである。前述のとおり、義務犯としての収賄罪は、本来、その義務を有する公務員が不当な利益を取得する行為を処罰するものであるが、共謀共同正犯となることによって収賄罪の本来的主体としての実質的責任を負うことになるわけである。

本決定は、事例判例であり、その射程が重要な問題となる。これには、前述の検討において示された本決定の論理的な内容が決定的な影響を及ぼす。本決定の内容は、次のように要約することが可能である。すなわち、一定の職務権限を有する県知事が非公務員と共謀のうえ、過去の職務に関する謝礼の趣旨の下に、他の共犯者が会社再生のための資金繰りに困っていた際に、同社所有の土地を時価相当額で第三者に買い取ってもらいその代金を受領したばあいには、その代金は賄賂性を有する、というものである。ここにおいて、最高裁の判例としての意義がみとめられるのは、時価相当額で不動産を売却しその代金を受領することが、一定のばあいには賄賂の収受に当たると判断されたことである。(25)

一般論として時価相当額による不動産売買によって取得された代金それ自体が賄賂罪における「利益」に当たることを最高裁がみとめたことは、重要な判断であるといえる。不動産の価値の高騰を見込んで投資する目的による購入を除いて、日常の不動産取引においては、時価またはそれより低価格で購入した不動産を時価より高い価格で売却しその差額を取得する点に、「利益」の取得がみとめられる。売却する側は、できるかぎり時価よりも高い価格で売却してその差額を「利益」として取得するわけである。そうであるにもかかわらず、本決定は、不動産を売却する者が、当該不動産を時価相当額で売却してその代金を取得することが「利益」の取得に当たるとしたのであり、この点に関する最高裁としての最初の判断を示したものである。しかし、これは条件付きのものである。その条件は、当該不動産を売却する「必要性」と「困難性」の存在である。すなわち、「控訴審での判示とほぼ同旨であるが、最高裁は、……『換金の利益』に関し、被告人側において、(ア)早期土地売却の必要性があったこと（必要性）、および(イ)それが難航していたという状況の存在（困難性）を指摘して、『換金の利益』が賄賂にあたるとの判断を示している。このことは、逆にいえば、(ア)や(イ)の事情が認められないような事案においては、『換金の利益』による賄賂が直ちに肯定されるべきではないという判断も含んでいよう。その点に第二の意義がある」とされるのである。(26)会社が不動産を所有していることは、会社の資産としてきわめて重要な意義を有する。一般的にはその資産の売却は、会社財産の流動化を招きプラスの評価は得られないことの方が多いといえるであろう。しかし、売却の「必要性」が存在するばあいには、それを充足するものとしての「利益性」が生ずるときに、不動の資産としての不動産所有の「固定性」よりも資金繰りの手段としての金銭の「流動性」が大きな価値を有するに至るのである。その時点における売却の「困難性」は、独立の意義を有するのではなくて、売却の「必要性」を強化する機能を果たすものであると解される。なぜならば、容易に売却できるのであれば、適宜、それを売却すれば足りるのであり、あえて特定の者に買取りを依頼するまでもないからである。逆からいえば、売却が困難であればあるほど、早く買い手を見つけ出す必要の程度が高くなってくるのであり、特定の者に買い取ってもらうことの意義は大きくなるのである。

本決定の射程は、単純収賄罪以外の刑法上の各種賄賂罪にも及び得るものであり、さらに刑法以外の賄賂罪（会社法九六七条等）や、利益提供により、一定の行為・意思決定へと介入することを規制する処罰規定（公選二二一条等の各種買収罪等）にも意義があり得ようとされている。[27] そのように解するのは妥当である。なぜならば、本決定が授受の客体の賄賂性について判示しているので、その点に関して普遍性を有するため、本決定の射程がきわめて広いからである。

第六款　結　論

本節において最近の最高裁の裁判例を素材に賄賂罪の保護法益論の観点から若干の問題点を検討したが、これについては、今後さらに理論的および実務的観点から詳細に考察される必要があると考えられる。その際、賄賂罪の保護法益の観点が重要な影響を及ぼすはずであるから、その観点からより深く検討すべきであるとおもう。本決定のような事案は、今後も生じ得ると考えられるので、本決定はリーディング・ケースとしてきわめて重要な役割を果たすことになるであろう。その意味において、実務的処理に関して、本決定の射程の問題をより緻密に検討する必要があるとおもわれる。

第三節　個別判例研究

最二小決昭六三・七・一八刑集四二巻六号八六一頁〔殖産住宅等贈収賄事件上告審決定〕

【事実】

(旧)大蔵省証券局証券監査官として、有価証券届出書、報告書の審査等の職務を担当していたXは、殖産住宅相互株式会社および日本電気硝子株式会社が株式を東京証券取引所に上場させるため、新規に株式を発行して一般募集をするに当たり、大蔵省に対し有価証券届出書を提出した際、両社関係者からその新株一万株と二万二〇〇〇株の公開価格による割当てを受け、その代金の振込みをした。その際、Xは、右新株の割合が前記届出書の審査に対する謝礼の趣旨でなされた株式の提供であり、その株が上場後確実に値上がりによる利益が取得され得ることを認識していた。

【決定要旨】

「原判決の認定によれば、本件は、殖産住宅相互株式会社、日本電気硝子株式会社その他株式会社の株式が東京証券取引所等において新規に上場されるに先立ち、あらかじめその株式が公開された際、贈賄側の者が公開に係る株式を公開価格で提供する旨の申し出をし、収賄側の者がこれを了承してその代金を払い込むなどしたという事案であるが、右株式は、間近に予定されている上場時にはその価格が確実に公開価格を上回ると見込まれるものであり、これを公開価格で取得することは、これらの株式会社ないし当該上場事務に関与する証券会社と特別の関係にない一般人にとっては、極めて困難であったというのである。以上の事実関係のもとにおいては、右株式を公開価格で取得できる利益は、それ自体が贈収賄罪の客体になるものというべきであるから、これと同趣旨に出た原判断は、正当である」。

【解説】

本件株式は、間近に予定されている上場時にはその価格が確実に公開価格を上回ると見込まれ、これを公開価格で取得することは一般人にとってはきわめて困難であったものであり、本決定は、右の事実関係のもとにおいては、その「株式を公開価格で取得できる利益は、それ自体が贈収賄の客体になる」と判示しており、この点に関する重要判例となっている。

弁護人は、適性かつ妥当な公開価格を払い込んで公開株式を取得しているにすぎないので、財産上の不法の利益を得たことにならず賄賂罪が成立する余地はないと主張した。たしかに、公開価格は適性かつ妥当であるといえるが、しかし、その価格は実勢より低くなっているのが取引の現実であるといわれている。それゆえ、上場時には確実に公開価格を上回ることが見込まれるのである。しかも、本決定が認定しているように、当該株式を公開価格で取得することは、発行会社またはその上場事務に関与する証券会社と特別の関係のない一般人にとってはきわめて困難であるのである。つまり、排他的な利益の取得がみとめられる点において、通常の株式取引と著しく異なることになる。そこで、公務員が職務に関してその利益を取得すれば収賄罪が成立するのである。

しかし、本件において、賄賂の客体となる利益の「内容」の理解をめぐって見解の相違があり、第一審判決は公開株式の「上場始値と公開価格との差額に相当する利益」と解し、控訴審判決は「株券の交付日ないし株式受渡期日にその株主となるべき地位」と解した。これに対して本決定は「株式を公開価格で取得できるその利益」それ自体がこれに当たると解している。この見地においては、公開株式の割当て、引受け、代金支払いがなされれば、賄賂罪が成立し、上場後に株価が上がったか否かは関係ないことになる。従来、判例は賄賂概念を拡張する傾向にあり、本決定はその枠内にあるものとして通説によって支持されるであろう。

本件の要件のもとで賄賂性を肯定しても不当に処罰範囲が広がる訳ではないので、本決定は妥当である。

（1）村田保『刑法註釈』巻五（明13年・一八八〇年）六四―五頁。
（2）宮城浩蔵『刑法正義下巻』（明26年・一八九三年）〔翻刻版〔『明治大学創立百周年記念学術叢書第四巻』〕（昭59年・一九八四年）〕六一五―六頁〔引用は翻刻版による〕。
（3）泉二新熊『日本刑法論下巻』増訂三五版（大13年・一九二四年）四六九―七〇頁。
（4）磯部四郎『改正刑法正解』（明40年・一九〇七年）三九六頁。
（5）島田武夫『日本刑法新論各論』（大14年・一九二五年）四二八頁。
（6）岡田庄作『刑法原論各論』第一二版（大11年・一九二二年）一六四―六頁。
（7）宮本英脩『刑法大綱』（昭10年・一九三五年）五二〇頁。
（8）最決平二四・一〇・一五刑集六六巻一〇号九九〇頁。引用に当たっては、算用数字を漢数字に改めた。
（9）判例の研究の在り方に関して、わたくしはかつて「実務の知」と「学問の知」には相違があり、その「棲み分け」と相互交流の必要性について述べたことがある（拙著『法学・刑法学を学ぶ』（平10年・一九九八年）四八―五二頁。すなわち、「実務の知」はギリシア語の「賢慮」を意味するプロネーシス（Pronesis）に由来し、「学問の知」は体系的・学問的な「知識」意味するエピステーメ（Episteme）に由来するが、両者には相互刺激による活性化が必要であり、賢慮が提示された裁判例からそれを学ぶと同時に、それを理論化の重要な契機とすべきであるとおもう。これまでそのような観点から判例研究をしてきたのであり、本書においても賄賂罪の理論化に向けて考察したいと考えている。

(10)　大判明四三・一二・一九刑録一六輯二二三九頁。以下、判例・学説の引用に当たっては、旧漢字・変体文字はすべて新漢字に改めた。賄賂概念に関する判例については、古田佑紀・渡辺咲子・五十嵐さおり「3賄賂の概念」大塚仁・河上和雄・佐藤文哉・古田佑紀編『大コンメンタール刑法第二版第一〇巻』(平18年・二〇〇六年)六二頁以下参照。

(11)　福岡高判平五・六・二二高刑集四六巻三号二三五頁。

(12)　嶋矢貴之「時価相当額での土地売買による換金の利益と賄賂」『平成二四年度重要判例解説』(平25年・二〇一三年)一六三頁。

(13)　嶋矢・前掲注(12)一六三頁、成瀬幸典「売買代金が時価相当額であったとしても、土地の売買による換金の利益が賄賂に当たるとされた事例」『法学教室判例セレクト二〇一三[Ⅰ]』(平26年・二〇一四年)三八頁。

(14)　松宮孝明『刑法総論講義』第四版(平21年・二〇〇九年)二九〇―二頁。

(15)　東京高判平二・一二・一〇判タ七五二号二四六頁。本判決は、「売春防止法六条一項違反の罪について刑法六二条一項の適用を排除する特別の規定があるとは解されない。また、証拠を検討すると、原判決の認定は被告人Xの本件所為が売春の周旋を直接幇助するものであるとしている点を含め是認できるのであって、右認定と異なる事実を主張して法令適用の誤りをいう所論は前提を欠く。更に、幇助犯としての要件をすべて満たしている以上、印刷が一般的に正当業務行為であるからといって、売春の周旋に関して特別の利益を得ていないなど、所論指摘のような理由でその責任を問い得ないとは考えられない」と判示している。本件においては、印刷が一般的に「正当業務行為」であることを理由に幇助犯の成立は否定されないとされている。

(16)　刑集四二巻六号八六一頁。

(17)　賄賂罪の保護法益については、拙稿「賄賂罪の保護法益についての覚書き」井上正仁・酒巻匡編『三井誠先生古稀祝賀論文集』(平24年・二〇一二年)四四九頁以下(本書第四章)参照。賄賂の罪の保護法益は、職務の公正およびそれに対する社会の信頼であると解する判例・通説の立場が妥当である。すなわち、公務員の裁量を伴う職務行為については、国家の立法・司法・行政作用の適正な運用にとって職務の公正は不可欠であるから、本罪の「第一次的な保護法益」は、職務行為の公正である。公務の不可買収性は、公務の公正を示す一側面にほかならない。つまり、公務が公正になされるかぎり、公務員が買収される事態は生じないのである。いいかえると、公務が買収され得ないことは、公務が公正になされることを確証するものとなるわけである。次に、職務行為がいかに公正におこなわれたとしても、職務に関連して公務員が不当な利益を受け取っていれば、「公務に対する国民の信頼」が失われ、ひいては公務の適正な運用が害され、またはその危険が生ずることになる。いいかえると、職務が公正になされることに対して国民が不信感を抱くと、職務の遂行が円滑になされなくなり、公務の適正な運用・公務の公正が阻害されることになると考えられる。したがって、職務の公正に対する社会の信頼は「第二次的な保護法益」である。

(18) 拙著『刑法基本判例解説』(平24年・二〇一二年) 三〇五頁。

(19) 本件は、公務員以外の第三者が主として利得しているので、第三者供賄罪（一九七条の二）を構成するようにも見えるが、同罪は、請託が要件とされており、本件のように利益授受の時点で職務行為が終了しているばあいには、「請託」の存在をみとめ難いが、しかし、公務員との共（同正）犯を構成することで単純収賄罪の適用による処罰が可能と考えられている。一方、非公務員においてもっぱら要求・収受され、公務員の認識が欠ける金銭（一億円）については、第一審から同罪の成立が否定されている、嶋矢・前掲注（13）六四頁。

(20) 美濃部達吉『公務員賄賂罪の研究』(昭14年・一九三九年) 七九頁。

(21) 瀧川幸辰「職務行為後の贈物と贈賄罪」『刑事法判決批評第三巻』(昭和12年・一九三七年) 団藤重光他編『瀧川幸辰刑法著作集第三巻』(昭56年・一九八一年) 三八七—九頁［引用は後者による］。瀧川博士は、刑法一九八条が行為前または行為中と行為後とを区別せず一律に賄賂罪の成立をみとめたことは立法論として議論の余地があり、社交上の儀礼としての贈物と賄賂との区別の基準について、次のように述べられていた。すなわち、「刑法一九八条は上述の区別を明言しないが、歴史的並びに理論的に正しい斯かる区別は、刑法一九八条の解釈につき有力な標準を提供する。社交上の儀礼としての贈物と賄賂とをいかに区別すべきかという問題の解決はこの区別によって助けられる。行為前または行為中に公務員に贈物をすることは穏当を欠く。公務員が虚心坦懐にこれを受領するとは考へられない。斯かる贈物には常に公正を害する何ものか、即ち職務非売性の原則の破壊が含まれて居り、これを単なる社交上の儀礼と見ることは出来ない。これに反し既に職務行為が公正に行はれた後の贈物は全くその趣を異にする。即ちその多くは謝礼の意味を出でない。少くとも贈与者に職務非売性の原則を破壊する意志ありということは出来ない。刑法一九八条を解釈するにあたり上述の事情に留意する必要がある」とされたのであった、瀧川・前掲三八八頁。社交上の儀礼としての贈物との区別は、賄賂罪の保護法益との関係から区別されるべきであり、その指摘は妥当であるとおもう。

さらに瀧川博士は、収賄罪との関連で、次のように述べられた。すなわち、「公務員が行為後に贈物を受けることは賄賂罪の本質からいふて収賄罪の範疇に入るものではない。斯ような場合には社会は、公務員の職務行為の適正を疑ふであらう。少なくとも公務員の態度は公務員たるの品位を失墜させる虞あるものである。併し職務非売性の原則は破られて居ない。従つてこれを収賄罪と見ることは正当でないと思ふ。公務員の斯ような行為を罰する必要はあるであらうが、それを収賄罪とせねばならない理由はない。私は賄賂罪の意義、範囲を確定することが刑法適用の正確を保つ上において必要であると考へ、この限りにおいて斯ような行為を収賄罪とは別の犯罪として規定することを、立法上望ましい事柄であると主張する」とされたのである、瀧川幸辰「賄賂罪の若干問題」『公法雑誌』二巻一号（昭11年・一九三六年）団藤重光他編『瀧川幸辰著作集第四巻』（昭56年・一九八一年）五一六頁［引用は後者による］。瀧川博士の所説においても、行為後の贈物の受領により社会が公務員の職務行為の適正を疑うであろうこと、少なくとも公務員の態度が公務員たる品位を失墜させる虞のあることは、みとめられている。それを処罰することは、解釈上は不可能であるが、立法上はあり得るとされているので、当罰性が肯定されていた点は重要である。

(22)　美濃部・前掲注（20）八〇―一頁。

(23)　本決定は、前述のとおり、時価相当額による土地売買代金の賄賂性の要件として、売却の「必要性」および「困難性」をみとめるものである、嶋谷・前掲注（12）一六三頁。これに対して「高度の必要性」および「高度の困難性」を要求する見解もある。成瀬・前掲注（13）三八頁。

(24)　本件土地の売却の困難性は、価格がきわめて高額であり、買い手となり得る者が限定されていることに求められる、成瀬・前掲注（13）三八頁。

(25)　嶋矢・前掲注（12）一六三頁。

(26)　嶋矢・前掲注（12）一六三頁。

(27)　嶋矢・前掲注（12）一六四頁。

第一〇章　賄賂罪における没収・追徴

序　節　問題の所在

賄賂罪における没収・追徴について、刑法一九七条の五は、「犯人または情を知った第三者が収受した賄賂は、没収する。その全部または一部を没収することができないときは、その価額を追徴する」と規定している。この規定は、収賄者に、賄賂罪による不正の利益を保持させないことを目的とし、必要的没収・必要的追徴を定めており、総則における任意的没収・任意的追徴（一九条・一九条の二）に対する「特別規定」であるとされている。そこで、「一般規定」である総則における没収・追徴について見ておく必要が生ずる。それを見たうえで、本規定と総則規定の関係を理論的観点からさらに検討しなければならないことになる。

ところで、本規定には法改正による若干の変遷があるので、まずこの点について見ておくことにしよう。旧刑法二八八条は、「前数条ニ記載シタル賄賂已ニ収受シタル者ハ之ヲ没収シ費消シタル者ハ其価ヲ追徴ス」と規定していた。これは、必要的没収・追徴を規定するものである。その後の明治三四年の瀆職法二条も、同様の必要的没収・追徴を規定していた。そして、明治四〇年の現行刑法一九七条一項は、単純収賄罪と加重収賄罪を規定し、二項は、「前項ノ場合ニ於テ収受シタル賄賂ハ之ヲ没収ス若シ其全部又ハ一部ヲ没収スルコト能ハサルトキハ其価値ヲ追徴ス」と規定し、やはり必要的没収・追徴規定を継承したのである。昭和一六年の改正において第三者収賄罪や加重収賄罪の条文が新設され、必要的没収・追徴規定は、一九七条の四に置かれ、その対象が「犯人又ハ情ヲ知リタル第三者」に拡大された。さらに昭和三〇年の一部改正において、あっせん収賄罪の新設に対応して、本条は一九七条の五に繰り下げられたのである。(1)

第一節　総則における没収・追徴

第一款　没　収

一　意義

没収とは、犯罪に関連する一定の物について、その所有権を剥奪して国庫に帰属させる処分をいう。没収は付加刑であり(九条)、有罪判決において主刑が言い渡されるばあいに、それに付加してのみ科されるので、現行法上、没収は刑罰であるが、たとえば、一九条二項に定める「第三者」没収は、刑罰とはいいがたく保安処分としての性格が濃いといえる。したがって、没収は、刑罰的性格と保安処分的性格を併せもっているのである。この点に関して、藤木英雄博士は、次のように指摘された。すなわち、「没収は、犯罪に関係ある特定の物の所有権を所有者から剥奪して、国庫に帰属させる処分である。現行法制上は附加刑とされ、主刑を言い渡すときにのみ言い渡すことができる(九条・一九条)。たとえば、責任無能力者が犯罪の手段に使用した物は没収できない。しかし、没収には犯罪によりけがされた物の除去あるいは利得の剥奪という刑罰的性質ばかりでなく、当該物件、利益から再び犯罪が発生するのを防止しようという保安処分的性質も含まれている。とくに、犯罪組成物件、犯罪使用物件、犯罪行為の結果生じた物などの没収は、それが再度犯罪に用いられる危険があることが主たる理由とされるので、保安処分的色彩が強い」とされたのである。没収は付加刑であるから、「責任無能力者」については犯罪の成立要件である「責任」の不存在により犯罪が成立せず、主刑を言い渡すことができない以上、「責任無能力者」が犯罪行為の手段として利用した物を没収できないことは、当然である。ここで没収の「刑罰的性質」として適示されているのは、「犯罪によりけがされた物の除去」または「利得の剥奪」である。そして、「保安処分的性質」として「当該物件、利益から再び犯罪が発生するのを阻止しよう」とすることが指摘されているのである。

別の角度から山口厚教授は、次のように指摘されている。すなわち、「学説においては、一定の場合（一九条二項但書）には犯人以外の者に属する物件が没収されることもあり（第三者没収）、没収は刑罰として（だけで）は説明しえず、保安処分的性格を有するとする議論があるが（それを背景に、改正刑法草案は『没収』という独立の章（第一〇章）を起こし、『保安処分的没収』（七四条）と『刑的没収』（七五条）をその要件を別にしている）、いずれにせよ現行法では、没収は、犯罪が成立して刑が言い渡される場合に、認定された当該犯罪行為にリンクした物についてのみ言い渡すことが可能とされているのである」とされる。(2) これは、現行法上、「犯罪が成立して刑が言い渡される」ばあいに、「認定された当該犯罪行為にリンクした物」についてのみ没収を言い渡すことが可能であることを強調するものであるといえる。

さらに、別の角度から没収および追徴の法的性質を合理的に説明しようとする立場もある。山本輝之教授は、次のように主張される。すなわち、まず、「没収は現行法上形式的には刑罰として取り扱われている（刑法九条のほか、刑の時効に関する三二条、併合罪に関する四六条、四九条、五一条、科刑上一罪に関する五四条、刑事訴訟法三三三条、三四六条、刑事補償法一条二項、四条六項など参照）。しかし、学説においては、むしろ、その実質的な性質は、保安処分であるとする見解が有力である。これは、もし没収が形式的にも、実質的にも刑罰であるならば、犯罪者の違法・有責な行為に対し、当該犯人にのみ科せられる制裁でなければならないはずであるが、刑法一九条二項本文の『犯人』には、訴追されない共犯者も含まれるというのが一般的な理解である。また、一九条二項但書は、犯人以外の第三者に対しても没収が認められるとしている、ということを論拠とする」と通説の立場を説明される。つまり、没収が形式的にも実質的にも「刑罰」であるとすれば、没収は、「犯罪者」の違法・有責的な行為について「当該犯人」にのみ科せられる「制裁」でなければならないにもかかわらず、通説は、一九条二項本文にいう「犯人」に訴追されない共犯者も含まれるとし、一九条二項ただし書きにおいては「犯人」以外の「第三者」に対する没収がみとめられていることを根拠にしていると把握されているのである。このように、没収を刑罰的性質だけによって一元的に説明することはできないとされるわけである。

これに対して、「没収の保安処分的性格を一貫するならば、その論理的帰結としては、社会的に危険のある物件の『無差別没収』を認めるべきことになるが、一九条二項但書はそれを否定しているのである」とされる。つまり、「社会的に危険のある物件」の「無差別没収」を現行法がみとめていない以上、没収を保安処分的性格のみで一元的に説明することはできないことになると把握されているわけである。そこで、「平野博士は、没収は情を知ってその物を取得したという有責行為を前提とする刑罰ないし制裁であり、一九条二項の但書は、『情を知って取得する』行為を、没収だけを制裁とする特別の犯罪構成要件として規定したものである、とされている。しかし、このように没収の法的性質を刑罰にとどまるとするならば、一九条二項本文の『犯人』に、審判を受けず、その責任が確定されていない共犯者も含まれると解することはできないことになるが、もし一九条二項本文の『犯人』にこのような共犯者が含まれないとすると、たとえば、Aが自己所有のピストルをBに貸与し、Cの殺害を教唆したというように当該物件が犯罪前から共犯者の所有に属していた場合には、没収が不可能になってしまうという不都合が生じることになる」とされる。このような不都合を避けて、「一九条二項本文の『犯人』には共犯者も含むとし、かつ現行法における没収の法的性質を合理的に説明するならば、没収は、それが情を知ってその物を取得したという有責行為を前提とする刑罰と解するにせよ、あるいは、そのような意思的行為を要件とする限定された保安処分と解するにせよ、当該犯罪行為になんらかの形態で加担した者に対する制裁と考えるべきである」と主張されているのである。この見解によれば、「一九条二項本文は、当該犯罪行為自体に加担した者に対する制裁を規定し、同項但書は、当該犯罪の事後従犯的な物に対する制裁を規定したものであり、一九条二項の追徴はそのような没収が不能である場合に、それに代えて科される制裁であると解すべきであろう」とされる。[3] たしかに、このように解することにも相当の理由があるといえる。しかし、この見解は、没収の法的性格を「制裁」として把握することに固執するものであり、そこに「刑罰」的性格が固着していることになる。また、一九条二項ただし書きは「当該犯罪の事後従犯的な物」に対する制裁として解する点において、解釈論的に無理があるようにおもわれる。

没収に関して、裁判官の裁量によっておこなう任意的没収が一般的規定として刑法総則（一九条）に置かれているが、刑法各則（一九七条の五）および特別法（たとえば、関税法一一八条、酒税法五四条四項、覚せい剤取締法一条の八など）においては、必要的没収の規定が置かれている。

二　没収の対象物

没収の対象となるのは、次の四種の物である（一九条一項）。同一物に対して、数個の没収理由が併存するばあいは、そのいずれかの理由で没収すれば足りる（大判明四三・五・六刑録一六輯八〇〇頁）。

1　**犯罪行為を組成した物（同条同項一号）〔組成物件〕**　組成物件とは、構成要件を充足するために法律上不可欠の物をいう。ここにいう「犯罪行為」とは、犯罪構成要件に該当する行為を意味する。基本的構成要件に該当する実行行為ばかりでなく、修正された構成要件に該当する教唆行為、幇助行為、可罰的な未遂行為や予備行為もこれに含まれる。

「組成した物」とは、犯罪行為にとって不可欠な要素をなす物をいう（大判明四四・二・一六刑録一七輯八三頁）。たとえば、賄賂供与罪における目的物（大判大七・一一・二〇二四輯一四一五頁、最判昭二四・一一・六刑集三巻一二号一八八頁）、偽造文書行使罪における偽造文書（大判明四三・一一・二二刑録一六輯二一一〇頁）、賭博罪における賭金（大判大三・四・二一刑録二〇輯五九六頁、大判大一二・五・一刑集二巻三八九頁）などがこれに当たる。犯罪組成物件は、社会的危険性を有するため、それらの物に対する保安的見地から没収されるので、そこに没収の保安処分的性格がみとめられる。

2　**犯罪行為の用に供し、または供しようとした物**（同条同項二号）〔**供用物件**〕　供用物件とは、犯罪行為にとって不可欠な要素ではないが、その行為の用に供した物、または供しようとして準備した物をいう。準備したが、実際には使わなかった物もこれに含まれる。供用物件も主として犯罪予防を目的とするものであるから、保安処分的性格を有する。たとえば、殺人に用いた凶器、文書偽造の用に供した偽造の印章（大判昭七・七・二〇刑集一一巻一一一三頁）、住居侵入窃盗の犯人が住居侵入の手段として用いた鉄棒（最判昭二五・九・一四刑集四巻九号一六四六頁）などについて、本号による没収がみとめられる。

3　**犯罪行為によって生じた物**〔**生成物件**〕、**犯罪行為によって得た物**〔**取得物件**〕、**または犯罪行為の報酬として得た物**〔**報酬物件**〕（同条同項三号）　「犯罪行為によって生じた物」とは、犯罪行為によって作り出された物をいう。たとえば、通貨偽造罪における偽造通貨（大判明四二・四・一九刑録一五輯四五八頁）、文書偽造罪における偽造文書（大判明四二・六・一一刑録一五輯七六三頁）、有価証券偽造罪における偽造有価証券（大判明四四・一〇・一九刑録一七輯一七二六頁）などがこれに当たる。

「犯罪行為によって得た物」とは、犯罪時にすでに存在していた物であって、犯罪行為によって取得した物をいう。たとえば、賭博に勝って得た物（大判大一三・六・二五刑集三巻五四二頁）、恐喝行為によって得た証書（大判昭三五・四・二八刑集九巻三四七頁）、有償の譲受けによって得た盗品その他財産に対する罪に当たる行為によって領得された物（最判昭二三・一一・一八刑集二巻一二号一五九七頁）がこれに当たる。

「犯罪行為の報酬として得た物」とは、犯罪行為の報酬として支払われた金銭などをいう。たとえば、殺人行為を遂行したことによって得た報酬金、堕胎手術に対する謝礼金などがこれに当たる。これらの物を没収するのは、犯罪に基づく不当な利益を犯人の手元に残させないためである。

4　**右の3に記載した物の対価として得た物（同条同項四号）〔対価物件〕**　対価物件とは、生成物件、取得物件または報酬物件の対価として得た物をいう。たとえば、盗品などの売得金（最判昭二三・一一・一八刑集二巻一二号一五九七頁、最判昭二四・一・二五刑集三巻一号五三頁など）がこれに当たる。本号の没収の趣旨も3のばあいと同じである。

三　没収の要件

1　対象物が現存すること　没収の対象となり得る物は、原則として右に掲げた物自体でなければならない。したがって、その物が滅失したばあいやその物との同一性が失われたばあいには、没収することはできない。

金銭は、両替してもその同一性を失わないから没収することが可能であり（大判大七・三・二七刑録二四輯一二八頁）、賄賂として収受した反物で単衣を作ったばあいには、その物としての同一性を失わないから没収が可能であるが（大判大六・三・二刑録二三輯一三九頁）、その反物を着物の表としたばあいには、加工によって新しい衣類が生じ同一性が失われるので、没収はできないとされる（大判大六・六・二八刑録二三輯七三七頁）。

主物を没収するばあい、従物も没収できる。たとえば、刀を没収するときは、その鞘も没収できるし（大判明四四・四・一八刑録一七輯六二一頁）、匕首を没収するときは、その鞘および袋も没収できる（大判昭二・八・二三刑集六巻二九二頁）。

文書の一部分が偽造であるばあい、その真正部分と偽造部分とが分割可能であり、真正部分が有効であるときは、偽造部分のみを没収し（大判大三・一一・一九刑録二〇輯二一六九頁）、分割不可能で真正部分も独立して効力を有しないときは、全部を没収することができる（大判大五・一一・一九刑録二二輯八頁）。

2　対象物が原則として犯人以外の者に属していないこと　(1)　犯人以外の者に属しない物　没収が可能であるためには、対象物が犯人以外の者に属しないことが要求される。ただし、犯人以外の者に属する物であっても、犯罪の後に犯人以外の者が情を知って取得したものであるときは、これを没収することができる（一九条二項）。「属する」とは、所有権、用益物権、担保物権が存在することをいう。債権が存在するだけでは没収の妨げとはならない（最判昭四〇・六・二九刑集一九巻四号四九〇頁）。没収の目的物が、犯人以外の者に属するかどうかを定めるには、没収の判決を言い渡す当時の権利関係が標準となり、犯罪当時の権利関係によるのではない（大判明四三・七・八刑録一六輯一四二四頁）。したがって、訴訟の係属中に、犯罪の用に供した物の所有者である犯人が死亡し、その物が相続されたばあいは、没収することはできない（大判昭七・三・一四刑集一一巻一七四頁）。

(2)　第三者没収　被告人以外の者の所有物の没収（第三者没収）については、憲法二九条・三一条との関係から制限がある。最大判昭三七・一一・二八（刑集一六巻一一号一五七七頁）および最大判昭三七・一一・二八（刑集一六巻一一号一五九三頁）は、被告人以外の第三者の所有物の没収を規定した関税法一一八条一項に関し、第三者の所有物を没収するばあいには、その没収について、所有者に告知、弁解、防禦の機会を与えることが必要であるが、その点についての具体的手続法規定は、同法にも、また、刑事訴訟法その他の法令にも設けられていない以上、前記各項による第三者の所有物の没収は、憲法三一条、二九条に違反する旨を判示した。この判決をうけて、被告人以外の者の所有物を没収するには、その所有者を被告事件の手続きに参加させ、権利を擁護する機会を与えるべきであることを規定する「刑事事件における第三者所有物の没収手続に関する応急措置法」（昭和三八年法律一三八号）が制定された。犯人と共同被告人になっていない共犯者の所有物を没収するには、この法律の定める手続きをふむことが必要である。

3　拘留・科料のみに当たる罪でないこと　拘留または科料のみに当たる罪については、特別の規定がなければ、没収を科することができない。ただし、犯罪行為を組成した物の没収については、この限りでない（二〇条）。「拘留または科料のみに当たる罪」とは、法定刑として拘留または科料のみが規定されている罪をいう。たとえば、侮辱罪（二三一条）がこれに当たる。軽微な罪についてまでも、没収を一般的に科するのは、不必要であり、苛酷にすぎることがあり得るので、このような制限が設けられている。ここにおいて、没収・追徴と「均衡原則」が問題となるのである。この点について、林美月子教授は、次のように指摘されている。すなわち、「没収、追徴を限定する原理として、まず考えられるのが均衡の原則であろう。すでに犯罪と刑罰の均衡については、わが国の最高裁も傍論ながら『刑罰規定が罪刑の均衡その他種々の観点からして著しく不合理なものであって、とうてい許容し難いものであるときは、違憲の判断を受けなければならない』としている。没収・追徴についても均衡原則は適用され得る。刑法二〇条が『拘留又は科料のみに当たる罪については、特別の規定がなければ、没収を科することができない』と規定し、軽微な罪については原則として没収を認めないとしているのは犯罪と没収の均衡を考慮したものといえよう。また、昭和四五年の関税法の改正によって、密輸に使用した船舶、航空機が追徴の対象から除かれたのも、これらが非常に高額であることから犯罪との均衡がとれないと判断されたためと思われる。このように、一般的には没収・追徴にも均衡原則が適用され得ると言える」とされているのである。(4)このように、一般的に没収・追徴について「均衡原則」が適用されるのは、「犯罪との均衡」という観点からであるとされていることになる。

実質的な均衡原則の問題を二〇条とは別に「裁量的没収・追徴」の基準の観点から、藤木博士は、次のように指摘された。すなわち、没収をおこなうかどうかは裁判所の裁量によるのであり、「没収も刑の一種であるから、刑の量定の基準が妥当し、没収により犯人が受ける財産的不利益の程度もまた、没収するかどうかの重要な参考資料となる。犯罪事実の重さと、没収される物件の価額との間にあまりにも均衡を失する場合には、量刑不当という問題が生ずるであろう。もっとも、没収により被告人の受ける財産的損失がきわめて大きい、という場合には、その点を考慮して、主刑を軽く定めることもあるから、没収が犯罪事実と均衡を失するかどうかは、没収自体ではなく、主刑と合せた量刑全体の問題として考慮すべきである。この点から考えると、たとえば、スピード違反の罪の組成物件であるオートバイを没収することも、それだけでは量刑のバランスを失するとはいえないであろう」とされたのである。(5)藤木博士によれば、没収は刑の一種であるから、「刑の量定の基準」が妥当し、犯人が受ける「財産的不利益の程度」は重要な参考資料であるため、それが余りにも不均衡であるばあいには「量刑不当」になるとされている。ここにおいては、没収と「犯罪事実」との均衡が問題とされ、「主刑と合せた量刑全体の問題」として把握されていることが注目されるべきである。それは、あくまでも量「刑」問題にほかならない。

これに対して、「没収・追徴と何が均衡すべきなのか」という問題意識から、林教授は、次のように主張されている。すなわち、「没収・追徴は付加刑という刑罰であるので犯罪との均衡を問題にすればよいのであろうか。ここで没収・追徴の性格が問われることになる。刑法一九条は犯罪組成物件、犯罪供用物件、犯罪生成物件、犯罪取得物件、犯罪報酬物件及び後三者の対価物件を対象とする。このうち、前三者の没収はそれらの物件が再び犯罪と関連をもつことを防ぐためになされる」ので、保安処分的色彩が強い。これに対して「犯罪取得物件、犯罪報酬物件、それらの対価物件、犯罪生成物件の対価物件の没収は犯罪による利益を剥奪し、犯人に不正な利益を保持させないことを目的とするといえ、刑罰的色彩が強い。したがって、没収が不能なときに刑法一九条の二の追徴がなされるのである」と特徴づけられている。そして、その見地から、「犯罪組成物件、犯罪供用物件、犯罪生成物件については、没収対象物の価値とその対象物が再び犯罪と関連をもつ危険性の均衡を問題にすべきことになるように思われる。また、犯罪取得物件、犯罪報酬物件、それらの対価物件、犯罪生成物件の対価物件については、没収対象物の価値と犯罪との均衡を問題とすべきことになろう」という結論に到達されている。(6)つまり、「保安処分的色彩」の強い没収に関しては「没収対象物の価値とその対象物が再び関連をもつ危険性の均衡」を、「刑罰的色彩」の強い没収に関しては「没収対象物の価値と犯罪との均衡」を、それぞれ問題にすべきであるとされるわけである。

没収・追徴の均衡原則に関する判例について、林教授は、次のように指摘されている。すなわち、「わが国の判例で没収の均衡性を問題としたものはきわめて少なく、また、それは犯罪組成物件・犯罪供用物件についてのものである。そして、刑法典上の没収・追徴は裁量的であるし、また、たとえば死刑・無期懲役・一〇年以下の懲役一〇万円以下の罰金というような量を法定しているわけではなく、対象を犯罪組成物件といった抽象的なかたちで規定するにすぎない。したがって、没収の均衡といっても憲法上の問題というよりも、量刑の相当性が争われるにすぎない。そのようなかたちで判例上争われたものには無免許運転による自動車の没収がとくに多い」とされる。つまり、没収の均衡は、判例においては「憲法問題」ではなくてあくまでも「量刑の相当性」の問題として扱われていると解されているわけである。そして、結論として、「判例は必要性・価格といった自動車の価格と再犯の危険性を考慮して没収の相当性について判断している。ただ、対象物の価値も高いが再犯のおそれも高いというような場合にどのよう判断されるかは明らかではない」とされている。(7)

没収の均衡原則が憲法上の問題として扱われている国としてアメリカ合衆国がある。この問題について、佐伯仁志教授が次のように指摘されている。すなわち、まず刑事没収に関して、「アメリカでは、残虐で異常な刑罰を禁じた連邦憲法修正八条が具体的事件における刑罰の均衡を要求していると解されており、刑事没収が修正八条に違反しないかが裁判でしばしば問題となってきた。特にエンタプライズ没収は、ＲＩＣＯ法がホワイトカラー犯罪に適用され、問題となっている団体が犯罪組織ではなく通常の会社である場合には、犯罪の重さに比べて没収額が著しく大きくなりがちである。控訴裁判所レベルの判例では、犯罪利益を没収する限りでは当然に罪刑の均衡が認められるとされているが、エンタプライズ没収については修正八条違反の可能性が認められている。もっとも、従来は、非常に高額の財産の没収であっても実際に違憲とされることはほとんどなかった。しかし、一九九三年の連邦最高裁判決が、民事・刑事の没収について、修正八条の『過度の罰金』の禁止条項が適用される、と判示したので、今後このような状況に変化が起こるかが注目される」と指摘されているのである。[8]

ところで、アメリカ法における没収制度には興味深い歴史的発展がある。この点について佐伯教授は、次のように指摘されている。すなわち、「没収制度は、旧約聖書やギリシア法、ローマ法にもみられるとされているが、アメリカの没収制度の起源は、他の法制度と同様、イングランドのコモン・ローである。中世以来のコモン・ローでは、重罪で有罪となった者の財産は、すべて国に没収されることになっていた（forfeiture of estate）。また、人の死の原因となった物を国が没収する制度（deodand）が存在していた。前者が刑事没収の前身であるといわれ、後者が民事没収の前身であるといわれている」とされる。まずアメリカ合衆国においては、イングランドのコモン・ローが多く継受されてきているが、民事没収制度が継受されたけれども刑事没収制度は継受されなかったことが注目される。「刑事没収制度に関しては、アメリカ合衆国は、建国に際して、これを継受しなかった。合衆国憲法三条三節二項は、反逆罪について forfeiture of estate を禁止し、第一議会は、法律でこれを一般的に禁止した」。そして「第一議会によって刑事没収が否定されて以来、アメリカ合衆国には、刑事没収制度は存在しなかったが、これを連邦レベルで初めて規定したのが、一九七〇年に制定されたＲＩＣＯ法（Racketeer Influenced and Corrupt Organization Act）の没収規定（18 U.S.C. § 1961 et.seq.）と同年の薬物規制法に制定されたＣＣＥ（Contimyin Criminal enterqrise）の没収（21 U.S.C. § 853）である。前者はマフィアを中心とする犯罪組織に対して、後者は薬物犯罪組織に対して、その経済的基盤を奪うことを目的に制定された。制定当初には、これらの刑事没収規定の合憲性が問題とされたこともあったが、裁判所は、コモン・ローにおいて存在した被告人の全財産を没収する制度（forfeiture of estate）ではないので、憲法の禁止に反しない、と判断した」とされている。(9)

つぎに、民事没収制度には次のような発展があると指摘されている。すなわち、「Deodand は、ラテン語の Deodandum（a thing to be given to God）から来たとされ、人の死の原因となった物は穢れているので国王に没収されなければならない、という考えに基づいているといわれる。deodand の制度自体は、アメリカに継受されなかったが、deodand に起源を持つ民事没収の考え方は、アメリカにも影響を与えた。現在でも、民事没収訴訟において物自身が被告であるとされているのは、その表われである」とされる。(10) 民事没収制度の起源が「人の死の原因となった物は穢れているので国王に没収されなければならない」とする考え方に由来するというのは、わが国にはない法思考として比較法的観点から見て非常に興味深い。さらに、「民事没収制度のもう一つの沿革は、関税法等を執行するためのサンクションとして制定法によって認められてきた、船の没収制度である。イギリスで制定され、建国時のアメリカ合衆国に継受された。現在でも民事没収の手続が海事法の手続に依っているのは、このような沿革によるとされている。また、船をはじめとする乗り物の没収は、現在の民事没収の中でも重要な位置を占めている」とされているのである。(11) 民事没収制度のもう一つの由来が、関税法等を執行するためのサンクションとしての「船の没収」であり、船をはじめとする「乗り物の没収」が、現在でも重要性を有していることも、わが国の没収制度の考察にとって参考となる。わが国における船舶・航空機の没収に関して、藤木博士は次のように指摘された。すなわち、「特別規定による没収（および追徴）は、本条［一九条。引用者注］による没収（および追徴）にくらべ、その法的性格において、特殊性が認められる。たとえば関税法一一八条、出入国管理令七八条による犯行にかかる船舶・航空機の没収のごときは、没収される物件の価額が莫大であり、犯人のこうむる財産的損害は極めて大きい。かかる処分を必要的に科することは、罪刑均衡、予防的・保安的必要性のいずれの観点からいつても、相当と認められる限度を超えた威嚇的制裁としての性格が濃厚である」とされたのである。[12] ここにおいて、アメリカ法の「サンクション」としての乗物の民事没収と「威嚇的制裁」としてのわが国の乗物の刑事没収との共通の基盤がみとめられることになる。

つぎに、民事没収に関しては、「これを『刑罰』として刑事没収と同様に修正八条を適用する可能性が問題とされたが、控訴裁判所は、第二巡回区控訴裁判所を除いて、『刑罰』と認めることが一般に消極的であった。しかし、連邦最高裁は、一九九三年の判決で、修正八条が禁止する『過度の罰金』の禁止条項が、民事没収にも適用がある、と判示した。修正八条の『罰金』は、伝統的に刑事罰に限られてこなかった、というのである」としたうえで、「連邦最高裁判決は、『過度』の民事没収が憲法に反することを認めたが、『過度』かどうかをどのように判断するかについては、なんらの基準を示していない。この点について、スキャリア判事の補足意見は、『過度』かどうかの判断においては、没収財産の価額が問題なのではなく、財産と犯罪との結びつきの強さが問題である、としている。一方、均衡原則を最高裁判決前から要求していた第二巡回区控訴裁判所は、修正八条による刑罰の均衡原則に関する連邦最高裁判例に依拠して、犯罪と没収額との均衡を問題にしている。スキャリア判事の基準では、没収対象財産と犯罪との間に関連性が認められる限り、犯罪と没収額の均衡は問題とならないのに対して、第二巡回区控訴裁判所の基準では、逆に、犯罪と没収額が均衡していれば、没収対象財産と犯罪との関連性はあまり問題とならないことになる」と指摘されている。[13]

現代社会において、犯罪の多くが経済的利益の獲得を主たる動機にして犯されるので、その防圧の手段として没収が注目されている。この点に関するアメリカの状況について佐伯教授は、「薬物犯罪、組織犯罪、ホワイトカラー犯罪など、現代社会において問題となっている犯罪の多くが、経済的利益の獲得を主たる目的として犯されるものであり、その取り締まりのためには、没収制度を活用して犯罪の経済的インセンティブを除去することが必要である、という認識は、アメリカにおいて一般化している」と指摘されている。一方、民事没収が過酷化している点について、「RICO法のエンタプライズ没収や薬物犯罪における民事没収の過酷さに対しては、ここ数年特に批判が強くなってきている。没収制度に歯止めをかける最近の一連の連邦最高裁判決は、『広範な民事没収法を政府がアグレッシブに使用していることに対する不信』を表しているのであろう」と指摘されている。(14)

四　没収の効果

1　所有権の帰属　没収によって、その物の所有権は国庫に帰属する。所有権の帰属の時期をめぐって、学説は、判決確定の時とする説と没収を執行した時とする説に分かれている。前説によった判例もあるが（東京高判昭三二・四・二六判時一一五号一九頁）、刑事訴訟法四九一条が相続財産についての執行をみとめている趣旨からすれば、裁判が確定しても、なお没収物が相続財産に入り得ることが前提とされているので、現行法上は、後説が妥当であるとするのが通説である。刑法三四条二項の規定も、このような趣旨を含むものと解されている。

2　没収の裁判の対人的効力　没収を言い渡した裁判の対人的効力については、被告人だけに及び第三者には及ばないとする説と第三者に対しても効力が及ぶとする説が対立している。第三者没収に関する前掲の最大判昭三七・一一・二八および「応急措置法」において、没収の裁判の効力が第三者にも及ぶとされているので、没収の裁判でその物の権利者とされた以外の者にも及ぶと解する後説が妥当であると解される。

第二款　追　徴

一　追徴の意義

1　意義と性格　追徴とは、没収が不可能なばあいに、それに代わるべき一定の金額を国庫に納付すべきことを命ずる処分をいう。これは、刑罰ではないが、一種の換刑処分として付加刑としての没収に準ずるものである。この点について山口厚教授は、次のように指摘されている。すなわち、「没収は、現行法上は、刑法九条が規定するように『刑』（ただし付加刑とされている）であるが、追徴は独立した『刑』とは扱われていない。それは、労役場留置（刑法一八条）が罰金の換刑処分とされているように、没収の換刑処分として扱われているということができるであろう。ただし、没収不能の判断及び価額算定の双方を裁判所が行い、判決段階で没収に代えて追徴が言い渡されるという点が労役場留置の場合と異なっているのである。換刑処分である追徴は、従って、没収の要件が充足されていないがら没収が不能な場合に言い渡されるものであり、この意味で没収に対する『従属性』が認められることになる」とされている。(15) この指摘は、換刑処分としての「労役場留置」との比較がなされている点とその相違が明確化されている点において重要な意義を有するといえる。また、没収に対する「従属性」の観念が提示されている点も注目されるべきである。なぜならば、この観念の導入により没収からの「独立性」という対抗観念が検討される必要性が生じ、追徴に関する新たな展開が期待され得るからである。

没収と追徴との関係について、収賄罪に関連して堀内捷三教授がドイツ法との比較検討をされている。一般論としての考察の性質も包含されているので、ここで見ておくことにする。堀口教授は、次のように指摘されている。すなわち、「収賄罪における没収と追徴の関係をどのように理解するかについては二つの類型に大別することができる。一つは、没収と追徴を制度上独立した処分と解するものであり、今一つは、没収を原則的な処分とし、追徴をその換刑的、補充的処分と捉えるものである」として、法制度上の二つの制度の存在を指摘される。そして、ドイツ法について「前者の理解に立つのがドイツの刑法典である。ドイツ刑法典は収賄罪に関する没収・追徴についてとくに規定していない。このことは、言うまでもなく刑法は賄賂の没収・追徴を否定していることを意味しない。この場合には、総則の没収、追徴規定が適用されるのである。これは、旧刑法と大きく異なる点であ」り、「ドイツにおいて没収制度の不備は長らく指摘されており、現行刑法の制定に際して、もっとも大きな変更を受けたものの一つであるといってよい。旧刑法典は、総則において没収（Einziehung）（四〇条）、使用不能処分（Unbrachbarmachung）（四一条）、対物的な独立処分の言渡に関する客観的手続（objektives Verfahren）（四二条）について規定するに止まった。しかも、没収の対象は生成物件（producta sceleris）と供用物件（instrumenta sceleris）に限定されており、組成物件（corpus delicti）や報酬物件についての没収は認められていなかった」とされている[16]。

さらに、「追徴（Verfall）について総則はとくに規定せず、わずかに贈収賄罪との関連で規定されていたにすぎなかった。すなわち、旧刑法典三三五条は、贈収賄罪の場合において賄賂として収受した物またはその物の価額を追徴する旨を規定していた。しかし、総則の没収と本条の追徴との関連が必ずしも整理されないままに用いられるなどの概念的混乱も見受けられた」とされている[17]。そして、「このように、ドイツ刑法典は、没収と追徴を不法な利益剥奪のための、各々完結した刑法的処分として再編したのである。その結果、旧刑法の収賄罪追徴規定は総則に吸収され、削除されることになった。したがって、現行法の下でも収賄罪の賄賂に対しては依然として、違法な行為に関して得られた利益として追徴のみが言い渡されるに止まる」とされているのである[18]。

右のようなドイツにおける没収・追徴制度との対比でわが国の没収・追徴制度を、堀内教授は次のように特徴づけられている。すなわち、「後者の類型に属するのがわが国の没収・追徴制度である。ドイツと同様に、わが国においても収賄罪の追徴規定が総則におけるその制度に影響を及ぼした。現行刑法典は当初、一九七条二項において賄賂の没収・追徴に関して、今日の一九七条ノ五とほぼ同様の規定をおいていた。その後、昭和一六年の刑法一部改正において贈収賄罪規定の改正、整備が図られたのに伴い、現在のような表現になったのである。また、一九条一項も当初、組成物件（一号）、供与物件（二号）、生成物件、獲得物件（三号）の没収について規定していたにすぎなかった。また、同条二項には但書は規定されていなかった。さらに、追徴に関する規定も存しなかった。その後、昭和一六年、『犯罪ニ依ッテ得タ不法ノ利益ヲ犯人ノ手ニ残サナイト云フ趣旨』から、一九条の一部改正が行われた。その結果、同条三号に報酬物件が新たに没収の対象として付け加えられたのみならず、生成物件、獲得物件、報酬物件の対価物件（四号）についても没収が可能となった。また、同条二項に但書も追加された。そして、収賄罪の追徴規定と同趣旨の規定が、一九条ノ二として新設された。これによって、生成物件、獲得物件、報酬物件およびこれらの対価物件についてのみその全部ないし一部が没収不可能であった場合に追徴が認められるに至った」とされているのである[19]。

すでに見たようにドイツ法との比較においてわが国の没収・追徴の特徴が明らかとなった。このような比較法的研究をするに当たっては「訳語」にはきわめて重要な意義があることを意識する必要がある。なぜならば、原語と訳語にはそれぞれの母国語に内在するニュアンスの相違があり、それが誤解を招きかねないからにはほかならない。一般に、Einziehung を「没収」、Verfall を「追徴」とする訳語が用いられることが多い。この点について京藤哲久教授は、次のように指摘されている。すなわち、「この対応のさせ方は、我が国の没収・追徴の観念をそのまま Einziehung, Verfall の観念に持ち込んで理解する際の大きな障害になっているようである。Einziehung 及び Verfall は、我が国の没収、追徴の制度とはかなり異なる発想に基づいた制度である。すなわち、Einziehung は、犯罪行為と直接にかかわっているものについて、Verfall は、犯罪に対する報酬のような犯罪行為と間接にかかわっているものについて、権利者が有していた権利を喪失させ、その権利を国家に帰属させることを観念したものである。両者は、権利を喪失させる対象の差による区別であって、没収できないときに『追』徴するという考え方による区別ではない。言葉の上でも Verfall に『追』徴という意味は含まれておらず、また内容的にも我が国の追徴制度に対応していないから、ここでは、Einziehung を『没収』と訳し、Verfall は、追徴をイメージさせないため敢えて『失権』と訳した（厳密には、Einziehung にも、権利喪失という観念が含まれているから、問題がないわけではない）」とされているのである[20]。これは適切な指摘であり、比較法的考察に当たって留意されるべきであるとおもう。

犯罪行為によって生じた物、犯罪行為によって得た物、犯罪行為の報酬として得た物、またはこれらの物の対価として得た物の全部または一部を没収することができないときは、その価額を追徴することができる（一九条の二）。これは、犯人に不当な利益を保持させない趣旨で設けられたものである。

「没収することができない」とは、判決の当時、事実上、または法律上、没収し得なくなっていることをいう。たとえば、犯人が費消し、紛失し、毀損し、混同または加工によって物の同一性を喪失させたとか、善意の第三者に譲渡したばあい（最大判昭三三・六・二刑集一二巻九号一九三五頁）などがこれに当たる。

2　追徴の額　追徴の額は、金銭のばあいは、その額を指し、物に対するばあいは、その物についての客観的に適正な価格による（最決昭三三・四・一七刑集一二巻六号一〇五八頁参照）。

3　任意的追徴　刑法総則の規定する追徴は、裁判所の任意的裁量によるものであり（一九条の二）、任意的追徴と称される。これに対して、たとえば、刑法一九七条の五におけるように、例外的に、必ず追徴すべきものとされているものは、必要的追徴と称される。特別刑罰法規にはその例が多い（公選二二四条、二三二条、国公一一〇条二項など）。

二　追徴価値の算定時期

追徴の価値の算定時期については、犯行時とする見解、没収不能となった事由の生じた時とする見解および追徴の裁判時とする見解が対立している。没収との権衡をはかりつつ、犯人に不正な利益を与えない目的からすれば、追徴の裁判時とする見解が妥当であると解される。

第二節　賄賂罪における没収・追徴

第一款　没収・追徴の対象

一九七条の五による没収・追徴の対象は、犯人または情を知った第三者の収受した賄賂である。ここにいう「犯人」は、正犯はもとより共犯者を含むとされる。共犯者は、共同被告人ばかりでなく起訴されなくても事実認定において犯人とみとめられた者もこれに含まれるとされている。「情を知った第三者」とは、賄賂であることを知っている犯人以外の者を意味する法人も、その代表者が情を知っているばあいは、これに含まれる（最判昭二九・八・二〇刑集八巻八号一二五六頁）。「収受した賄賂」は、賄賂収受罪が成立したばあいの賄賂に限られず、賄賂要求罪または賄賂約束罪が成立するばあい、たとえば、公務員としての身分を失った後に、要求または約束に基づいて収受された賄賂も、本条による没収・追徴の対象になると解されている。

判例・通説によれば、「賄賂」とは、「有形ナルト無形ナルトヲ問ハス苟モ人ノ需要若クハ其欲望を充タスニ足ルヘキ一切ノ利益ヲ包含ス」とされ、金銭・物品はもとより芸妓の演芸、酒食の饗応、金銭の利益、公私の職務その他有利な地位、異性間の情交なども含むとされている。このように解すべき理由について山口教授は、次のように指摘されている。すなわち、「賄賂は、公務員の心理を介した職務行為への影響力を本質的要素とするものであり、それによってこそ賄賂罪の諸規定が保護する法益（職務の公正さ、さらに多くの理解によれば、それに対する社会の信頼）の侵害が生ずるものと考えられるからである。判例のいうように、利益は、このような職務行為への影響力をもたらす行為の促進的動機を提供しうるものであり、その意味で、賄賂は『利益性』を本質とするものといいうるのである。物品等の有体物が供与された場合にそれが賄賂となるのは、その有体物の持つ『利益性』に他ならない。これ自体は自明のことであるが、その認識がこれから検討する賄賂の没収・追徴の理解に関係してくることになる」と指摘されているのである[21]。賄賂の本質を「利益性」として把握することによって賄賂の没収と追徴の関係が新たな相貌を見せることになる。また、「贈与論」の観点からの考察も新展開をもたらすであろう。

賄賂が有体物に限定されていないことから、追徴の対象の理解について変化が生ずる。この点について堀内教授は、次のように指摘されている。すなわち、「追徴は没収が事実上、法律上不可能な場合にかぎるとするならば、賄賂として無形的、財産的利益が供与されている場合には没収は性質上不可能であり、およそ追徴も許されないことになる。しかし、このことは『不正の利益を犯人に残さない』という追徴制度の趣旨と合致しない。そこで、判例・学説は性質上没収が不可能な場合も当然に追徴の対象になると解する」とされるのである。そして、「性質上であれ、事実上であれ。没収がそもそも不可能な場合には、いずれにしても『没収スルコト能ハサル』ことになり、判例・通説の理解でも条文上の要件を充たすといいえる。しかも、追徴は没収を前提としているといえるのであり、追徴は没収の補充類型であるという両者の関係は一九七条ノ五の場合にも維持される」が、しかし、これは形式論であり、

「性質上没収が不可能な場合には、実質的には没収の要件が充たされていないにもかかわらず命じられることになり、まさに追徴は独立した処分といえる。しかも、賄賂として有体物が供与される場合よりも、金銭や株券、あるいは饗応接待といった無形的利益が供与されがちであるという実態を踏まえるならば、収賄罪においては多くの場合追徴のみが問題となるといってよい。この意味で、両者の関係は実質的にすでに破綻している」とされている[22]。つまり、実質的には追徴は没収から「独立した処分」であり、「実態」としては収賄罪において追徴のみが問題となるケースが多いとされるわけである。

そこで、没収と追徴の関係を「相対」化し、「利益剥奪のための執行方法の問題に還元する」見解も可能であるが、しかし、一九七条の五は賄賂の「全部又は一部を没収することができないときは」と規定しているので、「執行方法における追徴の独自性を認めることはこの条文と抵触するといわなければならない。現行法の下では、没収が可能であれば没収すべきであり、追徴を行うべきではない。没収が可能であるにもかかわらず追徴を命じることはまさに『法令適用の誤り』といえる。この意味では、この見解は必ずしも妥当でない」とされているのである[23]。これは、追徴を単なる執行方法として把握することが解釈論上みとめられないことを意味する。

そうすると、追徴の補充性は否定され得ないことになる。堀内教授によれば、追徴の補充性は三つの側面を有するとされる。すなわち、「第一は、追徴は没収要件の観念的充足を前提とするということである（追徴要件の補充性）。第二は、追徴すべき価額は没収の客体の価格に従属するということである（追徴額の補充性）。第三に、追徴は没収すべき対象の価格の上限まで及び、それを超えてはならないということである（追徴範囲の補充性）」とされる。そして、「従来、追徴の補充性としては主に第一の側面のみが強調されてきた。そして、追徴は没収の要件を前提とするならば、追徴すべき価額は没収すべき物の価額、その範囲によるとして、第二、第三の点は当然のことと解されてきた。

たしかに、追徴は没収を前提とすることに疑問の余地はない。性質上没収が不可能な場合であれ、事実上没収が不可能な場合であれ、没収が不可能として追徴が問題となる点では変わりない。しかし、このことと追徴すべき価額やその範囲がなにによって決定されるかということとは別の問題である」と指摘されている。さらに、追徴額の補充性と追徴範囲の補充性との関係について、「追徴額の補充性とは追徴額の算定にとって縦の関係を意味するならば、追徴範囲の補充性はその横の関係であるといってよい。没収は賄賂全部に及ぶべきであると解するならば、追徴の範囲についても追徴の補充性は認められなければならない。収賄者が収受した賄賂より果実が生じた場合、たとえば賄賂として受け取った現金を銀行に預金したような場合には、元金のみを追徴すべきであり、預金利子は追徴すべきでないということになる。しかし、このように解することは収賄に伴う不法な利益を収受者の手元に残すことになり、追徴の目的と合致しない。そこで、この現金を再投資したような場合とは異なり、賄賂より直接利益が生じているときは、これをも追徴すべきであると解するならば、没収の範囲と追徴の範囲は必ずしも一致せず、その独自性が認められることになる」とされているのである[24]。

堀内教授が追徴の「補充性」を三つの側面に分析されたことは、重要な意義を有する。なぜならば、この分析によって追徴の特性がより明確になると解されるからである。ここにいう「補充性」は、必要最小限性を意味する通常の用語法とは異なり、追徴が没収に従属することを意味するので、山口教授が主張される「従属性」と同義と解してよいとおもわれる。そこで、以下においては従属性という語を用いることにする。「没収要件の観念的充足」を要求する第一の側面は、追徴の「理念」を示すものである。「追徴価額」と「没収の客体の価格」の同一性を要求する第二の側面は、没収と追徴の対象の「価値的同一性」を意味する。追徴の範囲は没収対象の「価格の上限と一致」することを要求する第三の側面は、対象の「価値の同一性」の枠付けを意味する。このように解すると、第一の側面が追徴の「理念」の提示であり、第二の側面が追徴の理念の「積極的具体化」であり、第三の側面が追徴の理念の「消極的具体化」であるといえることになる。そうすると、第二の側面と第三の側面は、表裏の関係にあると解することができる。このように表裏の関係にあるとすれば、両者は内容的に「一致」することになるので、第三の側面の独自性はみとめられ得ないことになるであろう。その独自性を肯定するためには、別の根拠が必要とされると解される。

そこで、追徴の「独自性」よりもさらに歩を進めて追徴の「独立性」を主張されている山口教授の所説が注目される。山口教授によれば、刑法一九七条の五の「収受した賄賂」の没収・追徴規定は、「利益」を剥奪することを定めたものであり、「賄賂が(利益が化体した)有体物である場合には、その有体物自体を没収することとされ、その一部または全部の没収が不能である場合にはその価額を追徴することとされている。また、賄賂が非有体物である利益の場合には、いわば原始的に没収不能として、その価額が追徴されるのである」とされる。そうすると、賄賂が非有体物である利益のばあいには「いわば原始的に没収不能」とされて追徴がなされることになる。そして、「没収の要件が充足されない場合にも追徴が認められているのである。このような追徴の『独立性』は、賄賂は没収可能な有体物に限らない以上、有体物でない利益の剥奪も当然規定の前提とするところであるとして肯定されていると考えられるが、賄賂の本質はその利益性にあり、この利益を剥奪する制度として賄賂の没収・追徴を捉える観点からは正に合理的な解釈であるとすることができよう。即ち、賄賂の没収・追徴規定は賄賂を収受者から剥奪するためのもので、利益である賄賂が有体物である場合には、没収により剥奪されるが、非有体物である場合には(没収は有体物についてのみ認められていると考えられているので)その価額の追徴により(一般財産から)剥奪される、と解するのである。これにより追徴の『独立性』を解釈論的に基礎づけることができるといえよう。このような解釈の下においては、収受された賄賂それ自体の剥奪の局面について見る限り、没収と追徴の差は剥奪の対象が特定した有体物か否かという点にあるにすぎない、と理解されることになる」とされるのである。(25) ここにおいては、「追徴の独立性」の見地からは没収と追徴の差は「剥奪の対象」が特定された「有体物」か否かにあるにすぎないことになる。

山口教授の見解には二つの特徴がある。第一は、民事法的思考法に基づいて巧緻な解釈論的根拠づけがなされていることである。すなわち、賄賂の「全部又は一部を没収できないとき」といういわば「条件」を「原始的に没収不能」と解することによって「無効」化し、そのことから没収からの「独立性」が導き出されているのである。つまり、不能条件は無効であるから、「無条件」となるわけである。これは、じつに精妙な論理構成であるといえる。しかし、ここに「擬制」が持ち込まれているのであり、異論の余地がみとめられることになるであろう。

第二は、賄賂罪の本質的要素を「公務員の心理を介した職務行為への影響力」と解し、その影響力をもたらすものこそが「利益」にほかならないとされていることである。すなわち、賄賂の本質は「利益性」であり、没収・追徴はその「利益」を収賄者から剥奪する制度として把握されているのである。ここにおいては、賄賂罪の「本質」の問題と「法益」の内容の問題とは分断されていることに注意する必要があるとおもわれる。つまり、賄賂罪は、「利益」の供与を介して「法益」の侵害がなされる犯罪として把握されているのである。したがって、この主張は、法益に関する見解の何れの立場とも並立し得ることになる。このような主張は、心理学的観点から見てきわめて妥当であり、まさしく「利益性」こそが賄賂行為の「動因」であるといえるわけである。さらに「利益の剥奪」が一般的予防効果をもち得ることも明らかであるとおもわれる。しかし、この点を強調すると、没収・追徴の「付加刑」としての性質を重視することとなって、刑罰の目的論に還元されてしまうおそれがある。そうなると、刑罰の目的論に関する見解の対立がここに投影されて、新たな理解の対立が生じ、没収・追徴の理念の問題が等閑視されるおそれがある。さらに、その延長線上において、追徴が「没収の代替刑」としての性質を有する点が前面に出て来て、没収への「従属性」が強調されることとなり、せっかくの「独立性」が否定されかねないことになるであろう。

第二款　数人が収賄したばあいの取扱い

数人が共同して収賄したばあいに、没収・追徴は、どのように取り扱われるべきかについて、かつて判例は、分配金額の多少にかかわらず、平等分割した額を共犯者の各人に負担させるべきであるとした（大判明四二・一〇・五刑録一五輯一二〇三頁）。しかし、その後、各自の分配額に従って負担させるべきであるとするに至った（大判昭九・七・一六刑集一三巻九七二頁）。すなわち、「多額ノ分配ヲ受ケタル者ヲシテ不正ノ利益ヲ保持セシメ小額ノ分配ヲ受ケタル者ヲシテ過度ノ負担ヲ為サシムルカ如キ不公平ナル結果ヲ生スルカ故ニ追徴ハ共犯者各自ノ分配額ニ従テ之ヲ行フヲ適当ナリトス」とされたのである。これは、共同で収受した賄賂に対する追徴を、「分割債務的な」ものとして捉えたものであると解されている（判時一八八一号コメント、丸山雅夫「共同正犯者が共同して収受した賄賂についての追徴の方法」『平成一六年度重要判例解説』一五九頁など）。その後の実務は、昭和九年判決の趣旨に従っており（東京高判昭二七・七・三高刑判決特報三四号一〇〇頁、東京高判昭六二・二・一〇判時一二四三号一四三頁）。この考え方は、共犯者がそれぞれ享受した利益に応じて分割して追徴するというものであり、共同で収受した賄賂を分割せずに共同費消したばあいには、平等に利益にあずかったと考えられるので、平等に分割した額を追徴することになる。通説は、共犯者間の公平を期するという観点から後の判例の立場が妥当であると解している。分配額が不明なばあいには、各自平等に分割したものとして没収・追徴すべきであると解されている。

最高裁の判例として、①収賄の共同正犯者が共同して収受した賄賂についての追徴の方法、および②収賄の共同正犯者が共同して収受した賄賂についてその総額を均分した金額を各自から追徴することができるとしたものがある（最決平一六・一一・八刑集五八巻八号九〇五頁）。本件の事実関係は、次のとおりである。被告人Xは、茨城県北茨城市長として、同市職員を指揮監督し、同市内におけるゴルフ場開発事業計画に関し、事業者から提出される茨城県知事宛ての事前協議申出書を受け付け、これに意見を付して同県知事に進達するなど同市の事務全般を掌理する職務に従事していた者であり、被告人Yは、Xが北茨城市長選挙に立候補した際にその選挙運動を支援するなどしていた者である。XおよびYは、共謀のうえ、①平成二年一二月二五日、茨城県高萩市所在のY方において、同県北茨城市内でのゴルフ場建設等を計画していたAゴルフ倶楽部株式会社代表取締役Bおよび同Cから、暴力団甲野会乙山一家丙川会会長のDらを介して、同会社が北茨城市に提出する茨城県知事宛てのAゴルフ倶楽部開発事業にかかる事前協議申出書の受付および同申出書に添付する調整意見書の作成ならびに同申出書の茨城県知事への進達等について、便宜有利な取計らいを受けたい趣旨のもとに供与されるものであることを知りながら、現金五〇〇〇万円の供与を受け、②平成三年二月一二日、同県日立市所在のE方において、前記BおよびCから、前記Dらを介して、前と同趣旨のもとに供与されるものであることを知りながら、現金一億円の供与を受けて、Xの前記職務に関して賄賂を収受した。

本決定は、多岐にわたる上告趣意はいずれも適法な上告理由に当たらないとしたうえで、収賄の共同正犯者が共同して収受した賄賂の追徴の方法について、職権で判断を示し、被告人両名に対し各七五〇〇万円の追徴を命じた一審判決および原判決の判断を是認し、各上告を棄却した。本決定は、次のように判示している。すなわち、「なお、所論にかんがみ、被告人両名に対する各追徴の点について職権で判断する。

1　原判決及びその是認する第一審判決の認定によれば、本件の事実関係は、当時茨城県北茨城市長であった被告人Xと、その支援者で非公務員である被告人Yとが共謀の上、被告人Yにおいて、被告人Xの職務に関連してゴルフ場開発業者から現金合計一億五〇〇〇万円の賄賂を収受したが、被告人両名間におけるその分配、保有及び費消の状況は不明であるというものである。

2　刑法（平成七年法律第九一号による改正前のもの。）一九七条ノ五の規定による没収・追徴は、必要的に行うべきものであるが、本件のように収賄の共同正犯者が共同して収受した賄賂については、これが現存する場合には、共犯者各自に対しそれぞれ全部の没収を言い渡すことができるから、没収が不能な場合の追徴も、それが没収の換刑処分であることに徴すれば、共犯者ら各自に対し、それぞれ収受した賄賂の価額全部の追徴を命じることができると解するのが相当であり、賄賂を共同収受した者の中に公務員の身分を有しない者が含まれる場合であっても、異なる扱いをする理由はない。

もっとも、収受された賄賂を犯人等から必要的に没収、追徴する趣旨は、収賄犯人等に不正な利益の保有を許さず、これをはく奪して国庫に帰属させるという点にあると解される。また、賄賂を収受した共犯者ら各自からそれぞれその価額の全部を追徴することができるとしても、追徴が没収に代わる処分である以上、その全員に対し重複してその全部につき執行することが許されるわけではなく、共犯者中の一人又は数人について全部の執行が了すれば、他の者に対しては執行し得ないものであることはもちろんである（最高裁昭和二九年（あ）第三六八三号同三〇年一二月八日第一小法廷決定・刑集九巻一三号二六〇八頁、最高裁昭和三〇年（あ）第三四四五号同三三年四月一五日第三小法廷決定・刑集一二巻五号九一六頁参照）。

これらの点に徴すると、収賄犯人等に不正な利益の保有を許さないという要請が満たされる限りにおいては、必要的追徴であるからといって、賄賂を共同収受した共犯者全員に対し、それぞれその価額全部の追徴を常に命じなければならないものではないということができるのであり（最高裁昭和二六年（あ）第三一〇〇号同三三年三月五日大法廷判決・刑集一二巻三号三八四頁参照）、裁判所は、共犯者らに追徴を命じるに当たって、賄賂による不正な利益の共犯者間における帰属、分配が明らかである場合にその分配等の額に応じて各人に追徴を命じるなど、相当と認められる場合には、裁量により、各人にそれぞれ一部の額の追徴を命じ、あるいは一部の者にのみ追徴を科することも許されるものと解するのが相当である。

3　これを本件について見ると、原判決は、前記の事実関係の下において、共同収受した賄賂について、共犯者間におけるその分配、保有及び費消の状況が不明である場合には、賄賂の総額を均分した金額を各自から追徴すべきものと解されるとして、被告人両名に対し、上記収受した賄賂の総額を二等分した金額である七五〇〇万円を各人からそれぞれ追徴する旨言い渡した第一審判決を是認したものであるところ、収受した賄賂の総額を均分した金額を各被告人から追徴するものとしたことには相応の合理性があると認められ、また、各追徴の金額を合算すれば収受された賄賂の総額を満たすから、必要的追徴の趣旨を損なうものでもない。したがって、第一審判決のした各追徴及びこれを是認した原判断は、相当なものとして是認することができる」と判示したのである。

本件においては、没収・追徴の本質および共同正犯との関係に遡って検討する必要があるので、まずその点から見ることにしよう。大審院の判例は、没収・追徴の本質について、次のように理解していた。すなわち、「法ノ精神ハ一旦授受セラレタル賄賂ノ目的物又ハ其ノ価格ハ常ニ之ヲ国庫ニ帰属セシメ収賄者又ハ贈賄者ヲシテ犯罪ニ関スル利益ヲ保持シ又ハ回復セシメタルヲ目的トスルコト明白ナルカ故ニ斯ル賄賂ニ付テハ此ノ特別ノ規定ヲ適用シ其ノ目的物ニシテ収賄者ノ手ニ在ルトキハ収賄者ヨリ之ヲ没収シ若シ贈賄者ニ返還セラレタルトキハ贈賄者ヨリ之ヲ没収スヘク没収ヲ科セラレルヘキ者ヨリ之ヲ没収スルコト能ハサルトキハ其ノ者ヨリ其ノ価額ヲ追徴スルヲ要スルコト当然ナリトス」と判示していたのである（大〔連〕判大一一・四・二二刑集一巻二九六頁）。本決定も、「収受された賄賂を犯人等から必要的に没収、追徴する趣旨は、収賄犯人等に不正な利益の保有を許さず、これをはく奪して国庫に帰属させるという点にあると解される」と判示して、従来の立場を踏襲している。ここにおいては「不正な利益の保有」を許さず、これを剥奪して「国庫に帰属させる」ことに中核的な意義がみとめられている。この点については、異論の余地はないといえるであろう。問題は、①どういうばあいに「不正な利益の保有」が存在し、法の目的に適合しないか、という点にある。いいかえると、不正な利益の存在をどのように判定するのか、が問題となるのである。さらに、不正の利益を「剥奪して国庫に帰属させる」ばあい、②収受額の総計額を国庫に帰属させさえすれば、不正な利益を剥奪したことになるといえるのか、が問われなければならない。

①②の問題が、従来、自覚的に議論されてこなかったのは、それがある意味で当然視されてきたためといえるであろう。しかし、これは、本決定の実質的背景を理論的観点から検討するに当たっては、避けて通ることができない問題であるとおもわれる。いずれも「共同正犯」の本質に関わる。むしろ、これは共同正犯論から見た没収・追徴の在り方の問題にほかならないのである。

没収は付加刑であるが、賄賂罪における没収の目的は、前述のとおり、犯人に不正な利益を保持させないことである。これは、「行為後」の問題である点において、刑罰ではあるが保安処分的性格を有するものである。すなわち、刑罰が本来、「行為時」の状況を前提とする「回顧的」なものであるのに対して、保安処分は「行為後」の状況を問題とする「展望的」なものである。犯人が「共同正犯」者であるばあいには、そのすべてに付加刑も科せられることになる。その限度で、共同正犯の正犯性を基礎づける「一部実行の全部責任の原則」が妥当するわけである。これは、「罪責」問題に属する。ここにおいて共同正犯論の「妥当」(Geltung) の問題が前面に出て来るのである。この観点から見ると、「一部実行の全部責任の原則」は、付加「刑」としての没収が全員に科せられ得ることを理論的に基礎づけるにとどまり、没収が「保安処分」的性格を有することを理論的に基礎づけることはできない。それは、賄賂罪の保護法益によって根拠づけられる。すなわち、職務行為の不可買収性・公正およびそれに対する国民の信頼が賄賂罪の保護法益であると解すると(拙著『刑法各論概要』第三版三五八頁)、それを害する賄賂罪によって得られた不正な利益を共同正犯者各人に保持させるのは、国民の眼から見るかぎり、不公正と感じられるであろう。また、自由刑による贖罪がなされたとしても、なお利益を享受している事態が存在すると、実質的には痛痒を感じない犯人にとっては刑罰は実効性を有しないことになる。これは、特別予防および一般予防の観点から望ましくない事態であり、これを回避するために、保安処分的性格を有する没収が必要的にすべての共同正犯者に科せられるのである。この理は、没収の換刑処分である追徴についても当てはまる。

没収が前述の性格を有する以上、没収・追徴は、不正な利益を保持している者に対してのみ、科せられるべきことになる。つまり、一律に共同正犯者全員に対して収受した賄賂の総額分について没収を科するのではなくて、共同正犯者の各人が現に保持している価額分についてのみ科せられるべきなのである。その利益は、分割可能であるかぎり、分割して各人に配分されなければならない。しかし、分配の有無・分配額が不明なばあいには、この論理を貫くことができない。そこで、そのようなばあいには、判例・実務は、各共同正犯者に均分して没収・追徴を科してきた。この点について、分配の有無や分配額が不明のばあいに均分追徴することの実質的根拠が明らかでないこと（永野義一「贈収賄罪の理論と捜査」一八六頁）や共犯者間の内部的関係（分配の有無と分配額の確定）にまで立ち入った判断が必要とされることになり、それが「不毛な争点」を生じかねないこと（判時コメント四九頁、丸山・前掲一六〇頁）が指摘されている。このような不都合を解消するために、本決定は、収賄罪における必要的没収・追徴の趣旨を、収賄犯人等に不正な利益の保有を許さないという点に求め、共同で収受した賄賂が現存するばあいには、共犯者各自にそれぞれ全部の没収を言い渡し得る以上、没収の換刑処分としての追徴についても、共犯者各自にそれぞれ収受した価額全部の追徴を命じ得るとした。このような理解は、共同で収受した賄賂に対する没収・追徴を「不真正連帯債務的なもの」として捉えるものであるとされる（判時コメント四八頁、丸山・前掲一六〇頁など）。

ここで、分配の有無・分配額が不明なばあいに均分追徴をすることの実質的根拠を考えておく必要がある。共同正犯を個人主義の原理から把握するかぎり、罪責の存在およびその法的効果も個人主義原理に則って基礎づけられるべきである（その詳細については、拙著『刑法総論講義』第三版五五六頁以下参照）。そうすると、共同正犯のばあい、「一部実行の全部責任の原則」は、共同正犯者に対する法的効果としての付加刑である没収・追徴にも妥当し、共同正犯者全員に対して「連帯債務的に」科せられることになる。しかし、具体的に各人に科せられ執行される額は、現実に存在する利益に相当する額でなければならないことになる。それが不明なばあいには、均分した額の追徴を命じ、それが過剰であるとの不服を有する共同正犯者に自らが受けた利益の存在を立証する責任を負担させるべきである。つまり、立証責任の転換をみとめ、それが立証されないかぎり、均分的追徴をみとめるべきである。このように解することによって、均分追徴の合理性を根拠づけることが可能となるであろう。このように解すると、共同正犯者間の内部問題（分配の有無・分配額）を「不毛な争点」と見る必要はなくなる。むしろ、その内部関係が、保安処分的性格を有する没収・追徴の理論的基礎づけにとってきわめて重要な意義を有することになる。

　このような観点から本決定の内容を見ると、次のように解することに合理性がみとめられる。すなわち、「本決定が、賄賂相当額の追徴につき、共犯者の全員に全額を言い渡すことができるという理を認めた趣旨を敷えんすれば、①基本的には不正な利益は、これを享受した者からはく奪すべきである、②その配分が不分明な場合には各自に均分額の追徴を命じて、その不正な利益全額のはく奪による贈収賄事件の抑止の要請は近年つとに強まっており、共犯者らが全額を収受したことが明らかである以上、その分配が不分明な場合には、これを明らかにしない各自に全額の追従を命じ、あとは共犯者間の求償の問題として処理させるのもやむを得ない場合もある、④その賄賂の享受額のみでなく、共犯者間の従来からの関係上、ある共犯者が他の共犯者により多額を取得させることが、結局は、前者の共犯者の利益につながるというようなこともあり得、そうであれば各自に全額の追徴を命じるのが合理的な場合もある、と考えられる」（久木元伸「収賄の共同正犯者が共同して賄賂について、その総額を均分した全額を各自から追徴することができるとした事例」研修六八二号二〇～一頁）のである。

共同正犯者に対する追徴を不真正連帯債務的なものとして把握する立場は、すでに関税法違反の罪における必要的追徴に関する判例の中で提示されていた（大判昭一〇・四・八刑集一四巻三九一頁、最判昭三二・一・三一刑集一一巻一号四〇五頁、最［大］判昭三九・七・一刑集一八巻六号二九〇頁、大判昭一〇・一・二九刑集一四巻二九頁）。これらの判例においては、不正の利益を犯人に残してはならないことや関税法違反の罪における没収・追徴の懲罰的性格が強調されたが、没収の換刑処分である追徴が不真正連帯債務的に作用する根拠は明らかでなく、対象物を特定して言い渡される没収との間に不整合（不公平）があると指摘されていた（伊達秋雄「没収」刑法講座⑴二二〇頁以下）。これに対して本決定は、不正な利益の剥奪の必要性および没収の換刑処分という追徴の性格を基礎にして、没収の言渡し自体が不真正連帯債務的に作用するので、換刑処分としての追徴の言渡しも不真正連帯債務的に作用することをみとめる。

さらに、本決定は、必要的追徴であるからといって共同正犯者全員に対して必ずしもつねに価額全部の追徴を命じなければならないわけではないとする。すなわち、「収賄犯人等に不正な利益の保有を許さないという要請が満たされる限りにおいては、必要的追徴であるからといって、賄賂を共同収受した共犯者全員に対し、それぞれの価額全部の追徴を常に命じなければならないものではないということができるのであり（最高裁昭和二六年（あ）第三一〇〇号同三三年三月五日大法廷判決・刑集一二巻三号三八四頁参照）、裁判所は、共犯者らに追徴を命じるに当たって、賄賂による不正な利益の共犯者間における帰属、分配が明らかである場合にその分配等の額に応じて各人に追徴を命じるなど、相当と認められる場合には、裁量により、各人にそれぞれ一部の額の追徴を命じ、あるいは一部の者にのみ追徴を科することも許されるものと解するのが相当である」と判示しているのである。これは、本決定が援用する最高裁昭和三三年三月五日大法廷判決（刑集一二巻三号三八四頁）において、関税法違反によって共同取得した不正な利益の追徴方法について、「必ずしも、右共犯者全員のそれぞれに対し、各独立して物の原価全額の追徴を命じなければならぬものと解すべきではなく、その所有者たる被告人のみに対して追徴を命ずることも、許すと解する」として提示された考え方である。本決定は、収受された賄賂について必要的没収・追徴をする趣旨が収賄犯人等に不正な利益の保有を許さないという点にあること、また、追徴が没収の換刑処分として一回的なものであることに鑑み、その枠組みの中で、裁判所が適切な「裁量権」の行使により、事案に即した追徴額を定める余地をみとめたものと解されている（久木元・前掲一九～二〇頁、判時コメント四八頁、丸山・前掲一六〇頁など）。

本決定は、その裁量権行使が許される具体例として、①「賄賂による不正な利益の共犯者間における帰属、分配が明らかである場合にその分配等の額に応じて各人に追徴を命じる」ケースと事例判断として②被告人両名が共同収受した賄賂について、両者間におけるその分配、保有および費消の状況が不明であり、収受した賄賂の総額を二等分した金額を各人からそれぞれ追徴した一、二審判決の判断を相応の合理性があり、必要的追徴の趣旨を損なうものでもないとして是認している。このように本決定は、一、二審判決の結論を維持しながら、実務上・学説上従来みとめられてきた解釈をあえて変更した。本決定が採用した新解釈自体は、大審院の昭和九年判決とはまったく異なるので、実質的に判例変更をしたものと解され得るが、本決定は、大審院判例が示した分配額に応じた追徴も結論的に許容しているから、明示的な判断変更はおこなわなかったものとされている（判時コメント四九頁）。

本決定の射程につき、本決定は、収賄犯人等に不正な利益の保有を許さないという要請が満たされ、かつ、相当とみとめられるばあいとして、賄賂の価額を共同正犯者から追徴するに当たり裁量を行使できるばあいが、①②のばあい以外にもあり得ることを否定してはいないとされる。すなわち、たとえば、本件のような公務員と非公務員との共謀による収賄の事案において、賄賂がもっぱら公務員であることに着目して、その者に対してのみ全額の追徴を科し、非公務員の共犯者に対しては追徴を科さないことも、裁量権行使として考えられ得るとされるのである（判時コメント四九頁）。そして本決定がみとめた裁量権の行使が許される範囲については、なお議論があり得る（より具体的な検討対象については、久木元・前掲二一頁参照）。これは、今後の検討課題である。

第三款　賄賂を返還したばあいの取扱い

収賄者が賄賂を贈賄者に返還したばあいの取扱いについて、当初、判例は収賄者から追徴すべきであるとしていた（大判明四五・五・六刑録一八輯五七〇頁）。ところが、その後、贈賄者から没収すべきであるとするに至った（大連判大一一・四・二二刑集一巻二九六頁）。連合部判決は、次のように判示している。すなわち、「賄賂ハ其ノ一般ノ性質上贈賄者ノ方面ヨリ観察スレハ犯罪行為ヲ組成スル物ニ当リ収賄者ノ方面ヨリ観察スレハ犯罪行為ニ因リテ得タル物ニ当ルコト疑ヲ容レサル所ニシテ苟モ賄賂ノ授受アリタル場合ニハ贈賄者ト収賄者トハ共犯関係ヲ有スルモノナルカ故ニ賄賂ノ目的物カ贈賄者及収賄者以外ノ者ニ属セサル限リハ刑法第十九条ニ依リ贈賄者又ハ収賄者ノ孰レカ現ニ之ヲ占有スル者ヨリ之ヲ没収スルヲ得ヘキモノナリト雖同法第百九十七条第二項ニ於テハ賄賂ニ就キ没収ハ必ス之ヲ附加スルコトヲ要シ若シ没収スルコト能ハサルトキハ其ノ価額ヲ追徴スヘキコトヲ規定シ没収若ハ追徴ニ関シ裁判官ノ自由裁量ニ委セサル点ニ於テ特例ヲ設ケタルカ故ニ右第十九条ノ規定ハ此ノ範囲ニ於テ之ヲ賄賂ニ適用スヘキモノニ非ス而シテ法ノ精神ハ一旦授受セラレタル賄賂ノ目的物又ハ其ノ価額ハ常ニ之ヲ国庫ニ帰属セシメ収賄者又ハ贈賄者ヲシテ犯罪ニ関スル利益ヲ保持シ又ハ回復セシメサルヲ目的トスルコト明白ナルカ故ニ斯ル賄賂ニ付テハ此ノ特別ノ規定ヲ適用シ其ノ目的物ニシテ収賄者ノ手ニ在ルトキハ収賄者ヨリ之ヲ没収シ若シ贈賄者ニ返還セラルトキハ贈賄者ヨリ之ヲ没収スヘク没収ヲ科セラルヘキ者ヨリ之ヲ没収スルコト能ハサルトキハ其ノ者ヨリ其ノ価額ヲ追徴スルヲ要スルコト当然ナリトス若夫収賄者カ其ノ一旦収受シタル賄賂ヲ贈賄者ニ返還シタルニ拘ラス猶不法ノ受益者トシテ之ニ追徴ヲ命シ贈賄者ヲ不問ニ付スルカ如キハ収賄者ニ対シテ苛酷ニ失スルノミナラス贈賄者ヲシテ不法ノ利益ヲ回復享受セシムルモノニシテ法ノ精神ニ背馳スルモノト謂ハサルヘカラス但シ右第百九十七条第二項ノ規定ハ公務員又ハ仲裁人カ現ニ賄賂ヲ収受シタル場合ニ関スルモノナルカ故ニ収賄者ニ対シテノミ適用セラルヘキモノニシテ贈賄者ニ対シテ適用セラルヘキモノニ非サルノ観ナキニ非スト雖此ノ規定ハ同第一項ノ場合ニ於ケル要求又ハ約束ノ目的物ト既ニ収受シタル賄賂トヲ区別シ此ノ授受セラレタル利益ハ絶対的ニ之ヲ国庫ニ帰属セシムルコトヲ主旨トスルノミナラス其ノ物カ贈賄者ノ手ニ返還セラルルモ猶収受シタル賄賂タル性質ヲ変スルモノニ非サルカ故ニ此ノ場合ニハ叙上説明ノ如ク右規定ヲ贈賄者ニ適用スルヲ以テ寧ロ法ノ精神ニ合致スルモノト為スノ適切ナルニ若カサルナリ故ニ原判決ニ於テ被告カ一旦収受シタル賄賂ヲ贈賄者ニ返還シタル事実ヲ認メタルニ拘ラス被告ニ対シ追徴ノ言渡ヲ為シタルハ失当ニシテ論旨ハ理由アリ原判決ハ此ノ点ニ於テ擬律錯誤ノ違法アルモノトシテ之ヲ破毀スヘキモノトス但シ本判旨ハ当院ニ従来ノ判例（大正三年(れ)第二一八九号判決参照）ニ抵触スルヲ以テ裁判所構成法第四十九条ノ規定ニ従ヒ刑事総部連合ノ上審判セリ」とされているのである。本判決は、①いったん授受された賄賂の目的物またはその価格はつねに国庫に帰属させて犯罪に関する利益を保持または回復させないことが法の精神であること、②返還したばあいに収賄者から追徴するのは苛酷に失し、賄賂者に不法の利益を回復享受させるものであって法の精神に反すること、③返還しても収受した賄賂としての性質を失わないことをみとめている点に特徴がある。①が論旨の大前提となっているが、この点に疑問がある。前述のとおり、没収・追徴の目的は、収賄者から不法な利益を剥奪することであるから、賄賂を返還した以上、そこには不法な利益は存在しないのであり、賄賂罪規定による没収・追徴はあり得ないことになる。

連合部判決の立場について、大塚仁博士は、「本条の趣旨を、贈賄者にも利益を保持させまいとするものと解するのであって、とくに収賄者に不正な利益を残さないことを目的としている意図を正確に捉えていない憾みがある。贈賄者には、本条の必要的没収をみとめるべきでなく、一九条の任意的没収が科せられるべきであろう」

と指摘されている。[26] この点について、斎藤信治教授は、次のように敷衍されている。すなわち、「収賄者が賄賂を贈賄者に返還した場合、贈賄者から没収すべきことについては、今日余り争いはないが、判例はその場合も刑法一九七条の五による必要的没収としている。しかし、同条は、『収受した賄賂』のみを対象としている点からみて、収賄による利益の剝奪を主眼にしていると解すべく、返還によりその利益が消失した場合は同条の適用はないと考えるべきであろう（通説）。ただ、収受に至らなかった場合と異なり、贈賄者が見返りを得ている（得る）かも知れないとの疑いを生じ易く、贈賄を繰り返す恐れも多少強いし、国庫に帰属すべき利益を犯罪者が犯罪者に譲るというのは好ましいことではないから（再返還もあり得なくはない）、一般に没収するのが妥当といえよう」とされているのである。[27]

通説・判例は、収賄者が、収受した賄賂を費消した後、同額の金員を贈賄者に返還しても、それは、賄賂そのものの返還ではないから、収賄者からすでに享受した利益を追徴して差支えないと解している（大判昭五・二・四刑集九巻三七頁、最判昭二四・一二・一五刑集三巻一二号二〇二三頁）。この点について大審院の判例は、次のように判示している。すなわち、「仮ニ所論ノ如ク被告人Xカ収受シタル金五十円ヲ一旦費消シタル後其ノ金額ヲ贈賄者ニ返還シタリトスルモ既ニ同被告人ニ於テ一旦之ヲ費消シタル以上其ノ受ケタル利益ハ既ニ没収シ能ハルモノナルヲ以テ縦シ後日其ノ受ケタル利益ノ価額五十円ヲ贈賄者ニ返還シタリトスルモ該利益ニ対スル価額ヲ追徴スルニ何等ノ妨トナルコトナシ（論旨ニ引用セル当院判例ハ賄賂トシテ収受セラレタル物其ノモノカ贈賄者ニ返還セラルタルトキハ贈賄者ヨリ之ヲ没収シ又贈賄者カ既ニ之ヲ費消シ没収スルコト能ハサルトキハ贈賄者ヨリ其ノ価額ヲ追徴スル旨ノ判旨ニシテ本件所論ノ如キ場合ニ適切ナラス）而モ原判決カ被告人Xニ対シ金五十円ノ追徴ヲ命シタルハ同被告人ノ収受シタル所論五十円ハ贈賄者ニ返還セラレス同被告人ニヨリ費消セラレ没収スルコト能ハサルニ至リタル事実ヲ認メタルニ因ルコト判文上明瞭ニシテ記録ニ徴スルモ其ノ認定ニ誤アルコトヲ疑フニ足ルヘキ顕著ナル事由ノ存スルコトナシ然レハ原審ノ為シタル右追徴処分ハ正当ニシテ論旨ハ其ノ理由ナシ」とされているのである。また、最高裁の判例は、「原判決は、所論昭和二三年一一月二八日頃収受した本件賄賂は既に被告人において費消した旨判示しており、そして、同年一二月中被告人がこれを飲食費等に費消した事実は記録上明白である。従つて被告人はその賄賂を費消すると共にその利益を享受し終わり最早これを没収することができなくなつたものといわなければならない。されば、被告人がその後約一箇年を経た同二三年一二月二〇日頃同額の金円を贈賄者に返還したとしても、その返還は賄賂そのものの返還ではないから、収賄罪において既に享受した利益を国庫から追徴される責を免れることは許されないものといわねばならぬ」と判示している。いずれの判旨も妥当であるとおもわれる。

第四款　一九七条の五の規定と総則規定との関係

前述のとおり、一九七条の五による没収・追徴が必要的である点において、本条が一九条の二の特則をなすことは明らかである。没収・追徴が必要的とされているのは、収賄者に不法の利益を保有させないためであると解されている。このように本条は、一九条および一九条の二の規定の特別規定であるが、賄賂についてもこれらの規定が補充的に適用されることを排除するものではないとされている。そこで、判例・通説は、提供されただけで収受されなかった賄賂は、一九七条の五の規定によって没収できないが（大判昭六・一一・二刑集一〇巻五二三頁）、「犯罪組成物件」として一九条による任意的没収ができると解している（大判大七・一一・二〇刑録二四輯一四一五頁、最判昭二四・一二・六刑集三巻一二号一八八四頁）。判例・通説の立場は妥当である。大審院の昭和六年判決は、「刑法第百九十七条第二項ハ同条第一項ノ犯罪成立スル場合ニ於テ公務員又ハ仲裁人ノ収受シタル賄賂ヲ没収シ其ノ之ヲ没収スルコト能ハサルトキハ其ノ価額ヲ追徴スヘキコトヲ規定スルニ止マリ公務員又ハ仲裁人カ賄賂ノ提供ヲ受ケタルモ之ヲ収受セサル場合ニ於テハ本項ノ規定ヲ適用スヘキモノニアラサルカ故ニ其ノ賄賂ヲ没収シ又ハ其ノ之ヲ没収シ能ハサルコトヲ理由トシテ其ノ価額ノ追徴ヲ為スコトヲ得サルモノト解セサルヘカラス果シテ然ラハ原判決ニ於テ被告人カＡニ対シ賄賂トシテ金五十円ヲ提供シタルモ同人ヨリ返戻サレ其ノ金円ハ被告人ニ於テ費消シタル事実ヲ認メナカラ右賄賂ニ付同法第百九十七条第二項ヲ適用シ其ノ価額金五十円ノ追徴ヲ言渡シタルハ法律ノ適用ヲ誤リタル不法アルモノニシテ該不法ハ判決ニ影響ヲ及ホスコト勿論ナルカ故ニ原判決ハ破毀ヲ免レサルモノトス」と判示している。

そして、最高裁の昭和二四年判決は、「刑法第一九七条ノ四［現一九七条の五］は『収受シタル賄賂ハ没収ス』というのであるが、本件における問題の二万円は相手方によつて収受を拒否されたのであつて、すなわち、『収受シタル賄賂』ではないのであるから、同条によつて没収し得べきものではないのである。(中略) 原審が刑法第一九七条ノ四を適用して『押収の現金二万円を没収する』と判決したのは違法であつて、論旨は理由があり、この点において原判決は破毀を免がれない。しかし刑法第一九七条ノ四は同法第一九条を排斥するものでなく、問題の現金二万円は賄賂の『犯罪行為ヲ組成シタル物』として刑法第一九条により没収せられ得べきものであるからその処置を執るのを適当と認める」と判示している。

第五款　個別判例研究

賄賂収受者である被告人が、その情を知る上司と賄賂を分配した疑いが強く、その分配額が不明なばあいにおける被告人からの追徴額

東京高判昭六二・二・一〇判例時報一二四三号一四三頁

【事実】

被告人XおよびYは、いずれもI県吏員であって、Xは、同県某土木事務所建築指導課長兼建築主事として同土木事務所の管轄区域である同県T市などにおける建築物に係る建築基準法第六条第一項の規定による確認に関する事務等を担当し、Yは、同土木事務所建築指導課係長として右建築基準法の規定による建築確認審査および確認通知等の事務を担当していたが、共謀のうえ、昭和五四年一二月一九日、同県所在の飲食店「U本店」において、K株式会社代表取締役の意を体したAおよびBの両名から、K株式会社が、その一〇〇パーセント出資する子会社のK企画株式会社名義で同県T市所在の建物内で経営するキャバレーについて、従前レストランの用に供されていた同建物内の部分の用途を変更してキャバレー部分に拡張するための建築基準法第六条第一項に規定する確認申請に関し、早期に確認する等の便宜な取計いを得たい旨の依頼を受け、その謝礼として供与されるものであることを知りながら、現金一〇〇万円の供与を受け、もって前記職務に関し賄賂を収受した。

原審は、右のように事実を認定し、被告人Xを懲役一年六月に、被告人Yを懲役一年にそれぞれ処し（いずれも執行猶予三年間）、Xから金八〇万円、Yから金二〇万円をそれぞれ追徴している。追徴については法令の適用において、「被告人らが判示犯行により収受した賄賂は没収することができないので、同法一九七条の五後段により被告人Xについては金八〇万円、被告人Yについては金二〇万円を当該被告人からそれぞれ追徴することと」すると判示されている。

被告人側から、理由齟齬、事実誤認、訴訟手続きの法令違反を理由にして控訴がなされたが、何れも斥けられた。事実誤認としては、①原判決が認定する被告人Yの建築基準法の規定による建築確認審査および確認通知等の「建築事務」は、法律上、同被告人の上司である建築主事の被告人Xの専決事項とされていたものであるから、被告人

Yが、土木事務所内で事実上建築事務につき担当技師などから相談を受けたことはあったとしても、原判決のように建築事務を担当していた者とはいい得ない、②被告人らが「U本店」においてAおよびBから受け取った現金入りと思われる封筒は、被告人らに賄賂収受の意思がなく、上司である所長Zを通じて提供者に返還しており、被告人らは現金を収受していない、ということが主張された。しかし、控訴審は、①については、本件当時、被告人Yが、土木事務所において事務分掌上も、また、実際にも、建築確認審査および確認通知事務を担当していたことは証拠上明らかであり、しかも、瀆職罪の成立に必要な職務は、上司の職務行為を補助する場合をも含むのであるから、同被告人が原判示の職務を担当していたと認めるのになんら妨げはないとし、②については、原判決が挙示する証拠を総合すれば、原判決が被告人らの現金一〇〇万円の賄賂収受を認定したことは正当であるとして、事実誤認を否定した。

しかし、控訴審は、原審が、XおよびYはそれぞれ八〇万円、二〇万円を分配取得したとして、Xから八〇万円、Yから二〇万円を追徴した点について、職権で次のように判断して、原判決中、Xに関する部分を破棄し、改めてXを懲役一年六月（執行猶予三年間）に処し、Xから金四〇万円を追徴している。

【判旨】

「原判決は、本件で収受した賄賂金員の被告人Xの分配額は金八〇万円であり、これを没収することができないので同金額を同被告人から追徴する旨判示、言い渡している。そこで、事実誤認の所論に鑑み、職権でこの点につき検討、判断を加えると、被告人らが原判示『U本店』において本件一〇〇万円を収受するに至った事情として、贈賄者側は一〇〇万円というかなり多額の現金を事前に準備して本件宴席に臨んでいること、右金員の一部を被告人らの上司が取得することは贈賄者側の意思になんら反するものではなかったと思われること、被告人らは、当初出席を予定していた上司の所長が他に出張するため、当日急拠同人の指示により同所長に代わって予め同人が出席を約していた『U本店』に出向していたものと思われること、などは本件証拠上否定し去ることは困難であって、もし、このような経緯で原判示の賄賂が収受されたのであれば、被告人らがこれを宴席に出席することを指示した所長に秘したままにしてしまうことはいかにも不自然の感を免れず、これに被告人Yが後日被告人Xから二〇万円を受け取った旨自供していることをも考え合わせると、原審における証人Zの本件関与を一切否定する供述や原判決の理由説明の一での説示にもかかわらず、本件における被告人らの弁解のうち、受領の翌日被告人らが本件の現金入りの封筒をZ所長の許に持参したと述べるところは、その意図が事後の返還依頼なのか、収受金員の配分などを取り決めてもらうためかなど、いかなるものであったかは別として、十分あり得たことと思われ、したがって、本件現金入り封筒は、少なくとも一旦は所長の手に渡ったのではないか、との疑問が強く存在する一方、同所長からこれが贈賄者側に返還された証左のまったくない本件においては、被告人Xにつき収受金員の分配取得額を被告人Yの自供する取得額二〇万円を控除した残額と認めることは相当ではない。そして、右のような事情のもとで、賄賂の収受者が、収受後、その情を知る者と収受金員を分配した場合には、収受者から没収すべき賄賂は、その分配後手中に残した金員であり、これが没収できないときはその額のみを追徴すべきものと解すべきであるから、右のように、情を知る上司との分配があった疑いが否定できない反面、証拠上その額が不明である本件においては、収受金員は被告人Xと上司との間で等分したものと推定し、その限度で取得金額を被告人Xから追徴すべきものと解するのが相当であり、被告人Yからの追徴金額二〇万円を差し引いた残額の二分の一を被告人Xから追徴すべきところ、原判決が収受金員中被告人Xから同Yに渡されたとする金二〇万円を除きその残額すべてを被告人Xにおいて分配額として取得したものと認定し、同金額を同被告人から追徴する旨判示しているところは、前述した本件金員収受後、被告人らと所長との間にその授受があったとの疑問の存在を看過し、その結果、追徴すべき価額につき判断を誤ったものといわざるを得ず、この法令適用の誤りは被告人Xに対する判決に影響を及ぼすこと明らかであるから、原判決中、被告人Xに関する部分はこの点において破棄を免れない」。

【解説】

一　本件においては、県土木事務所課長である被告人Xと同係長の被告人Yが、キャバレー業者の招待に応じ、飲食店において現金一〇〇万円を収賄した点について争いはないが、その賄賂金の分配について、原審と控訴審の事実認定が異なっている。そして、その違いが、追徴金の差となって現れており、これが重要な意味をもっているのである。原審は、Xが八〇万円、Yが二〇万円をそれぞれ分配取得したと認定して、Xから八〇万円、Yから二〇万円を追徴した。ところが、本判決は、右の点について職権で判断し、Xが収受した金員を情を知っている上司のZと分配した疑いが否定できないとする。すなわち、本判決は、XとYはZの指示に従って宴席に臨んだとし、本件の現金入りの封筒は少なくとも一旦はZの手に渡ったのではないかとの疑問が強く存在するが、証拠上、分配額が不明であるので、XとZ間で等分したものと推定し、Yの分配取得額を差し引いた残額八〇万円の二分の一に相当する額をXから追徴するのが相当であるとしたのである。

このように本判決は、数人が共同して収受した賄賂の分配額が不明であるばあいにおける追徴方法について判示したものであり、その点に関する重要判例となっている。以下、従来の判例との関係を明らかにしつつ、その問題点を検討することにしたい。

二　追徴方法の問題は、究極的には追徴の法的性格との関連で考察されなければならない。刑法上、追徴は、総則に規定されているが、さらに賄賂罪については特別規定として一九七条ノ五があるので、その法的性格を明らかにしておく必要があるわけである。刑法一九条ノ二は「前条第一項第三号及ヒ第四号ニ記載シタル物ノ全部又ハ一部ヲ没収スルコト能ハサルトキハ其ノ価額ヲ追徴スルコトヲ得」と規定し、刑法一九七条ノ五は「犯人又ハ情ヲ知リタル第三者ノ収受シタル賄賂ハ之ヲ没収ス其全部又ハ一部ヲ没収スルコト能ハサルトキハ其価額ヲ追徴ス」と規定している。追徴に関する規定は公職選挙法（二二四条）、関税法（一一八条二項）、郵便法（七六条二項）等の特別法にもある。規定上も明らかなように、追徴は没収にかかわる「換刑処分」であると解されている。

刑法一九条ノ二の追徴は、犯罪によって得た物、犯罪行為の報酬として得た物またはこれらの物の対価として得た物を没収することができない場合にその価額を追徴するものであり、これらの物の没収は本来犯罪による不正の利益を犯人の手に残すまいとする政策的理由に基づくものであるから、その趣旨を貫くために、これらの物の没収が不能の場合には、追徴によって犯人からその物の価額を剥奪しようとするのである。したがって、それは「刑罰的性格」を帯びるものということができると解されている（伊達秋雄「没収」刑法講座㈢一九頁、伊達秋雄＝松本一郎「没収・追徴」総合判例研究叢書五五頁、岩井宜子「没収・追徴」判例刑法研究㈢九六頁など。ただし、団藤博士は、「没収は、形式的にはあきらかに刑の一種とされているが、実質的には刑罰とはあい容れない点があることを注意しなければならない」と指摘しておられる、団藤重光『刑法綱要総論』改訂版四七一頁。なお、没収・追徴の法的性格については、植松正「没収」刑事法講座第三巻六一五-八頁、平野龍一「没収」平場安治＝平野龍一編『刑法改正の研究1概論・総則』二九七頁以下、川崎一夫「没収・追徴制度の課題」福田平＝大塚仁編『刑法総論Ⅱ』〔大学双書〕七三-五頁参照）。

刑法一九七条ノ五は、昭和一六年の刑法一部改正により新設された規定であり（昭和三三年法律第一〇七号により斡旋収賄罪が新設されるまでは、一九七条ノ四）、右改正前の刑法一九七条二項は、「前項ノ場合ニ於テ収受シタル賄賂ハ之ヲ没収ス若シ其全部又ハ一部ヲ没収スルコト能ハサルトキハ其価額ヲ追徴ス」と規定していた。本条は、刑法典中没収・追徴に関する唯一の特別規定であり、その立法趣旨は、収賄者から不正の利益を剥奪せんとするにあったが、しかし、後にも見るように判例が返還された賄賂は本条によって贈賄者から没収すると解するに及び、本条はさらに贈賄者をして犯罪に係る利益を回復せしめないようにする趣旨をも含むものと理解されるようになったのである（伊達＝松本「没収・追徴」一一二頁）。

ところで、追徴の法的性格との関連においてとくに問題となるのは、追徴を科せられるべき者の範囲如何である。刑法一九条ノ二に関して、判例は、共犯者が数名あるばあいには、その各人に対してそれぞれ全額の追徴を言い渡すことができると解している（大判昭和三・二・三刑集七巻六七頁）。賄賂罪の追徴に関しては、後に詳しく見るように変遷があるが、判例は、数人が共同して収賄したばあい、各自の分配額に従って追徴されるべきであるとする（大判昭和九・七・一六刑集一三巻九七二頁）。「ここでは、追徴は犯人に不正の利益を帰せしめまいとするのが本旨であるから、現に利益を受けた者から追徴すべきであるということが貫徹されている。公職選挙法の場合も同様であって、数人が共同して金銭供与を受けたときは、各自の分配額により、分配額不明のときは平等の割合により追徴されるものと解している（大判昭和一〇・一・二九刑集一四巻二九頁）」ことになる（伊達「没収」二二〇頁）。ところが、関税法による追徴については、大審院の判例は、共犯者の全部に対して等しく全額の追徴を言い渡し、その共同連帯責任において納付せしむるべきものであるが、共犯者中の一人がその全部または一部を納付したときは、その部分について他の者に対し重ねてこれを追徴することはできないとしている（大判昭和三・二・三刑集七巻八三頁、大判昭和一〇・四・八刑集一四巻三九一頁）。最高裁の判例も、「関税法一一八条における没収、追徴の趣旨は、単に犯人の手に不正の利益を留めずこれを剥奪せんとするに過ぎないものではなく、むしろ国家が関税法規に違反して輸入した貨物又はこれに代わるべき価格が犯人の手に存在することを禁止し、もつて密輸入の取締を厳に励行せんとするに出たもの」として大審院の判例を踏襲している（最判昭和三三・三・一三刑集一二巻三号五二八頁）。しかし、これらの判例に対しては、「犯罪の取締という効果を追求するに急になるの余り、追徴が没収にかわる換刑処分であることを忘れた」ものであるとの批判がある。すなわち、物の所有権が共犯者の一人に属しているばあいには、その所有者だけが没収により不利益を被るにすぎず、所有者以外の共犯者は、没収の言渡しにより実質上少しも財産上の損害を受けないが、しかし、没収不能によって全共犯者に対して追徴が言渡されるばあいには、所有者以外の共犯者も、財産上の不利益を受けることになる。「これは没収にかわる処分としては超過したものといわねばならない。追徴には追徴としての本質的制約があるはずである。この制約を無視して犯罪取締の効果をねらうことは追徴制度の濫用であるというほかはない。犯罪の取締目的は主刑の量刑において考慮すれば足りる」とされるのである（伊達「没収」一二一頁。なお、岩井「没収・追徴」一二九七–八頁、川崎「没収・追徴制度の課題」一七五頁参照）。追徴は、あくまでも没収に代わる換刑処分であるから、犯罪の取締目的や懲罰的効果を強調すべきではあるまい。

三　数人が共同して収賄したばあいの没収・追徴について、判例に変遷がある。大審院の判例は、当初、共犯者各自の現実の分配額の如何にかかわらず、収賄額を平等に分割して追徴すべきであると解した。まず、大審院は、「數人カ共同シテ一團ト為リ賄賂ヲ収受シタル場合ニ於テハ共犯人其全額ニ付キ責任ヲ負フヘク各自カ分配ヲ受ケタル部分ノミニ付キ責任ヲ負フモノニ非ス而シテ又費用シタル賄賂ヲ追徴スル場合ニ於テハ分配金額ノ多少ニ拘ハラス共犯人ノ各自ヲシテ平等分割シタル數額ヲ負擔セシメルヘキコト本院ノ屡判示スル所ナリ」とした（大判明治四二・一〇・五刑録一五輯一二〇三頁）。次いで、大審院は、「數人共同シテ賄賂ヲ収受シタル事件ニ於テ費消シタル賄賂ヲ追徴スル場合ニハ共犯人各自ノ分配額如何ニ拘ラス平等ニ分割シテ之ヲ負擔スヘキモノナルコトハ本院判例ノ夙ニ示ス所ナリ左レハ被告Xカ収受費消シタル本件ノ賄賂額中Yト共同シテ収受シタル部分即チ金五十圓ニ付キテハ之ヲ平分シテ其半額二十五圓ヲ被告ヨリ追徴スヘキモノナルニ原判決茲ニ出テス其全額五十圓ノ追徴ヲ命シタルハ擬律錯誤ノ不法タルコトヲ免レサルモノ」と判示して右の立場を踏襲した（大判明治四四・六・一三刑録一七輯一一四一頁）。さらに、「數人共同シテ賄賂ヲ収受シタル事件ニ於テ費消シタル賄賂ヲ追徴スル場合ニハ共犯人各自ノ分配額如何ニ拘ハラス常ニ平等ニ分割シテ負擔セシムルヘキコトハ本院判例ノ示ス所ナ」りとして、従来の立場を堅持した（大判明治四五・六・一八刑録一八輯八八四頁）。

ところで、判例は、収賄者が一旦収受した賄賂を贈賄者に返還したばあい、収賄者から没収・追徴すべきであると解してきた（大判明治四五・五・六刑録一八輯五七〇頁、大判大正三・一〇・一五刑録二〇輯一八六一頁）。しかし、このような解釈は、犯人から不正の利益を剥奪しようとする立法趣旨に鑑みると、あまりにも形式的で、かつ収賄者に苛酷に過ぎるという非難を免れなかったのであった（伊達＝松本「没収・追徴」八九頁）。そこで大審院もその見解を改め、このようなばあいは、返還を受けた贈賄者から没収・追徴すべきであると判示するに至り、最高裁もこれを踏襲している（大判〔連〕大正一一・四・二二刑集一巻二九六頁。同旨、大判昭和一九・九・二九刑集二三巻一九九頁、最決昭和二九・七・五刑集八巻七号一〇三五頁。この刑事連合判決は、「区々たる法典の字句に拘泥せずして、刑法第一九七条第二項の合理的精神を能く闡明し得たものとして高く評価された、花桐英之助「収賄罪と追徴」法律学研究二七巻五号〔昭和五年〕八〇頁）。

判例は、右のような方向転換をうけて、数人が共同して収賄したばあいの没収・追徴についても、見解を変更して共犯者各自の分配額に従うべきであると解するようになった。すなわち、「共同収賄ノ事件ニ付テハ分配ノ有無並ニ分配額ヲ判示シテ追徴額ノ基本ヲ明ニスルヲ以テ適当ナリトス然レトモ共同収受ニ係ル目的物ハ特ニ反対事実ノ徴スヘキモノアラサル限リ共犯者ノ共有ニ属シ各自ノ分配額ハ平等ナリト認ムヘキコト社会通念上当然ノ判断ニ属スルカ故ニ賄賂カ平等ニ分配セラレタル場合ニ於テ特ニ之ヲ明示スルコトナキモ分配額不明ナリト為スヲ得ス加之分配ノ有無並ニ分配額ノ多寡ハ罪ト為ルヘキ事実ニ属セサルカ故ニ判文上之ヲ明示セサルモ違法ナリト為スニ足ラス」と判示したのである（大判昭和九・七・一六刑集一三巻九七二頁）。この判決は、①共犯者各自の分配額に従って追徴するのが適当であること、②「特に反対事実の徴すべきものあらざる限り」各自の分配額は平等とみとめるべきであることを明らかにしたところに判例としての意義があるといえる。すなわち、本来、現実の分配額に従って追徴がなされるべきであり、反証のないかぎり、各自の分配額は均等であるという立場が採られたわけである。判例上、①は従来の立場を基本的に変更した点においてきわめて重要な意義を有し、②は個別的事案の処理において具体的基準を示すものとして重要な機能を果たすことになる。この判例は、学説上、広く支持されていると見てよいであろう（団藤重光『刑法綱要各論』〔改訂版〕一五二頁、大塚仁『刑法概説（各論）』〔改訂版〕六二五頁、香川達夫『刑法講義〔各論〕』一三〇頁、内田文昭『刑法各論』〔第二版〕六九一頁など。なお、瀧川幸辰「共同収賄と追徴との関係」『刑事法判決批評第一巻』〔『瀧川幸辰刑法著作集』第三巻〕一七八-九頁参照。引用頁数は後者による）。②に関して瀧川博士は、「数人が共同して賄賂を収受し而も分配額につき特別の標準を欠く場合に、各自の分配額を平等――共有に属すると否とはとにかく――と見ることが『社会通念』であるというのは正しい。斬くの如く解する以外の解決方法はないからである」とされた（瀧川「共同収賄と追徴との関係」一七九頁。なお、伊達＝松本「没収・追徴」九六頁参照）。

大審院の判例は、戦後の下級審判例に踏襲されている。すなわち、「数人が共謀して収受した賄賂の没収又は追徴については、各自が現に享受した利益に従つてこれを行うことが相当であることは論旨の指摘するとおりであるが、このことは各自が現に享受した利益が分明しているときにはじめてなし得ることであるから、それが分明しない場合には、平等に分割してこれを各自に負担させることとするほかはない」とする判例（東京高判昭和二七・七・三特三四巻一〇〇頁）は、このことを示しているといえる。

四　東京高裁の昭和六二年二月一〇日判決の判例上の位置づけであるが、本判決は、結論的には大審院の昭和九年七月一六日判決および東京高裁の昭和二七年七月三日判決とまったく同じであるけれども、その論拠づけにはかなり違いがあると見るべきであろう。本判決は、「情を知る上司との分配があった疑いが否定できない反面、証拠上その額が不明である本件においては、収受金員は被告人Xと上司との間で等分したものと推定し、その限度で取得金額を被告人から追徴すべき」であるとしている点において、右両判決と異なるのである。すなわち、大審院の判決が、共同収受にかかる目的物は反対の事実がないかぎり、共犯者の「共有」に属するから各自の分配額は平等と解するのが、「社会通念上当然ノ判断」であるとしているのに対して、本判決は、右の点には触れずに「等分したものと推定」するに止めているのである。これは、民法上の共有に基づく帰属関係による説明よりも、現実の分配に近い事実関係として「推定」を持ち出したものと解することができるのであって、現実の不法な利益の剥奪を目的とする追徴の本質に合致したアプローチとして高く評価されるべきであろう。また、東京高裁の昭和二七年七月三日判決は、分配額が不明のばあいには平等分割以外に方法がないという結論を述べているだけで、その理由を示していないことになる。しかし、このような相違は、アプローチの点にかかわるだけであって、結論的には差をもたらさないと考えられる。したがって、本判決は、判例上、従来の立場を理論的により明確にしたものとして位置づけられることになろう。

(1) 河上和雄・小川新二「§一九七の五〔没収及び追徴〕」大塚仁・河上和雄・佐藤文哉・古田佑紀編『大コンメンタール第一〇巻』第二版（平18年・二〇〇六年）一九五—六頁参照。
(2) 山口厚「第二章　わが国における没収・追徴制度の現状」町野朔・林幹人編『現代社会における没収・追徴』（平8年・一九九六年）二二—三頁。
(3) 山本輝之「第一章　刑法における没収・追徴」町野・林編前掲書注（1）四—五頁。
(4) 林美月子「第四章　没収・追徴と均衡原則—麻薬特例法を中心として—」町野・林編前掲書注（1）四五—六頁。
(5) 藤木英雄『刑法講義総論』（昭50年・一九七五年）三三〇—一頁。
(6) 林・前掲注（4）四六頁。
(7) 林・前掲注（4）四六—七頁。
(8) 佐伯仁志「第一七章　アメリカ合衆国の没収制度」町野・林編前掲書注（1）三〇二頁。
(9) 佐伯・前掲注（8）二八七—八頁。
(10) 佐伯・前掲注（8）二八七—八頁。
(11) 佐伯・前掲注（8）二八八頁。
(12) 藤木英雄「§一九〔没収〕」団藤重光編『注釈刑法(1)総則(1)』（昭39年・一九六四年）一二八頁。
(13) 佐伯・前掲注（8）三〇三頁。
(14) 佐伯・前掲注（8）三〇六頁。
(15) 山口厚「賄賂の没収・追徴」松尾浩也・芝原邦爾編『内藤謙先生古稀祝賀　刑事法学の現代的状況』（平6年・一九九四年）二

二一七頁。

(16) 堀内捷三「収賄罪と追徴」松尾・芝原編前掲書注 (15) 二二四―五頁。

(17) 堀内・前掲注 (16) 二二五頁。

(18) 堀内・前掲注 (16) 二二七頁。

(19) 堀内・前掲注 (16) 二二七頁。

(20) 京藤哲久「第一四章　スイスの没収制度」町野・林編前掲書注 (2) 二五三―四頁。

(21) 山口・前掲注 (15) 二〇四―五頁。

(22) 堀内・前掲注 (16) 二二八―九頁。

(23) 堀内・前掲注 (16) 二九九頁。

(24) 堀内・前掲注 (16) 二三〇―一頁。

(25) 山口・前掲注 (15) 二〇五―六頁。

(26) 大塚仁『刑法概説（各論）』第三版増補版（平17年・二〇〇五頁）六四六―七頁。

(27) 斎藤信治「賄賂罪の問題点―含、没収・追徴」阿部純二・板倉宏・内田文昭・香川達夫・川端博・曽根威彦編『刑法基本講座第六巻各論の諸問題』（平5年・一九九三年）三九〇頁。

事項・外国人名索引

あ　行

与える義務……5, 6
あっせん収賄罪……78
——の構成要件的行為……79
アメリカの没収制度の起源……311
委員会中心主義……216, 218
イスラーム社会……22
——と賄賂罪……21
——における賄賂罪……3
イスラーム神秘主義……22
イスラームにおける法学者……23
イスラーム法（シャリーア）……25
一部実行の全部責任……286
——の原則……329, 331
一般的社交的儀礼としての贈答……75
一般的職務権限……41, 46, 47, 69, 71, 170, 191, 217, 226, 232
——の考え方……141
——の理論……214
受けとる義務……5, 6
運輸大臣……227
影響力説……225
大阪タクシー汚職事件……209
お返しをする義務……6
汚職の罪……36, 37, 67
——としての賄賂罪……67
汚職犯罪としての賄賂罪……36

か　行

過去の職務……263
過去の職務行為……242, 243, 245, 289
——と賄賂罪……242, 244, 246
株式を公開価格で取得できる利益……283, 295
換金の利益……277, 279, 280, 281, 287, 292
換刑処分……315, 343, 345
換刑処分としての労役場留置……315
官吏の瀆職行為……89
議員である公務員……189
議員の職務権限……163
危険犯……104
ギフト……9, 10
義務……7
義務犯……50, 254, 255, 291
旧刑法における賄賂罪……86
恐喝による収賄……77
狭義の職権濫用罪……48
行政事務の職務権限……155
共同正犯者に対する追徴……332
共同正犯論から見た没収・追徴……329
共同で収受した賄賂に対する没収・追徴……330
共謀共同正犯論……286
均衡原則……308, 310
具体的職務権限……232
経済犯罪……27, 96
刑事没収……313
刑の量定の基準……309
刑罰的性格……343
刑罰の目的論……324
刑法における賄賂罪の規定……111

ゲルマン思想……………………………… 247
ゲルマン法主義
……………19, 20, 21, 68, 85, 86, 94, 95, 248, 252, 253, 254, 258
県知事……………………………………… 291
権力社会……………………………………28
権力犯罪……………………………………29
行為客体としての賄賂………………… 265
公開価格…………………… 294, 295, 296
広義の職権濫用罪…………………………48
公職者弾劾制度……………………………16
構造主義………………………………………1
公的手数料……………………………………2
公務員の職務犯罪…………………………37
公務員の転職と賄賂罪………………… 258
——の成否…………………………………73
公務の公正…………………………………72
公務の不可買収性
…………… 72, 86, 91, 92, 103, 107
恒例化された贈与……………………………2
コーラン……………………………………22
国務大臣の職務権限…………………… 228
互酬性……………………………… 15, 21
——原理……………………………………19
——の原理…………………………………20
古代ギリシャ社会と賄賂罪………………13
古代ギリシャにおける賄賂罪………………1
古代ギリシャの民主政………………………3
国会議員
…………163, 214, 216, 218, 219, 220, 221
国会議員の権限…………………… 211, 215
国会議員の職務権限……… 212, 215, 222
国会議員の職務権限の範囲……… 209, 213
ゴドリエ…………………………… 5, 7, 8
コモン・ロー…………………………… 311
固有の職務権限の逸脱………………… 196

さ 行

罪数決定の標準・基準……………………55
罪数論………………………………………51
裁判官への贈与……………………………25
時価相当額
……275, 278, 279, 280, 287, 292
時価相当額による不動産売買………… 292
市議会議員…………………………………70
指揮監督権の法的根拠………………… 199
事実上所管する職務行為……… 202, 239
事実上の義務…………………………………7
事前収賄罪および事後収賄罪の可罰化
……………………………………………… 116
自然法思想……………………………… 138
事務監督者の職務権限………………… 228
事務分配………………………………… 232
——の標準……………………………… 191
社会形態的現象………………………………4
社交的儀礼…………………… 75, 76, 206
——としての贈物…………………………75
自由主義思想…………………………… 138
習俗…………………………………………22
収賄……………………………………………1
収賄罪…………………………………… 116
——と贈賄罪の関係………………………62
——の共犯者………………………………64
——の保護法益………………………… 237
呪術性…………………………………………8
準職務行為…… 70, 196, 202, 233, 239
純粋性…………………………………… 104
純粋性説……… 31, 97, 102, 103, 105
条件付犯罪説…………………………… 117
上司の許可……………………………… 149
上司の指揮……………………………… 190
上司の指揮・命令に基づく職務性…… 141
上司の特命……………………………… 161

上司の命……………148, 149, 156, 191
上司の命令
……144, 151, 161, 162, 164, 190
昭和電工事件……………………………217
殖産住宅事件……………………………281
殖産住宅等贈収賄事件上告審決定……294
職務……………69, 195, 197, 198, 214
転職前の――…………………233, 245
職務関係行為と対価関係…………………74
職務刑法…………………………………261
職務権限
……………47, 156, 191, 199, 202,
204, 207, 214, 216, 225, 235,
238, 245, 260, 263, 287, 291
――の範囲……………………………140
職務行為
…………………………30, 31, 68, 70,
98, 102, 287, 288
――と密接な関係のある行為………204
――と密接なる関渉を有する行為…184
――に密接な関係……………………188
――の公正…………44, 85, 103, 106
――の公正に対する信頼………………92
――の不可買収性………………………85
職務執行…………………………………200
職務執行行為………………………175, 181
職務執行行為に密接な関係を有する行為
……………………………………………189
職務執行と密接な関係のある行為
………………………………164, 194, 219
職務執行と密接な関係のある事項……171
職務との関連性……………………………44
職務との密接関連性………………………178
職務と密接な関係…………………………200
職務と密接な関係のある行為
………70, 191, 206, 224, 235, 240
職務と密接な関連性のある行為………233
職務内容……………………………………44
職務に密接な関係を有する行為
……………………………………196, 200
職務に密接な行為…………………………225
職務に密接の関係ある行為……………237
職務の意義…………………………135, 190
職務の概念…………………………………229
職務の公正…………………20, 21, 30, 98
――に対する危険……………………104
――に対する社会の信頼………………44
――の侵害………………………20, 21
――の保護………………………………91
職務の語義…………………………………136
職務の根拠…………………………………137
職務の範囲…………………………153, 229
職務の不可侵性………………………85, 252
職務の不可買収性…………………………252
職務犯………………………………………39
職務犯罪
…………………………36, 38, 67, 71,
73, 137, 189, 254, 263
――としての収賄罪……………………143
職務密接関連行為
………………30, 31, 32, 213, 219,
220, 233, 234, 235, 236, 238, 240
職務密接関連性……………………………31
職務密接関連性行為………………………239
職権濫用行為………………………………41
職権濫用罪
…………36, 37, 39, 40, 46, 48, 67
職権濫用罪の保護法益……………………40
侵害犯……………………………21, 106
新規上場会社の公開株式の割当取得…281
新規上場前の株式…………………………277
真正職務犯罪……………………38, 254
真正身分犯
…………38, 40, 50, 254, 287, 290

信頼保護説……31, 92, 102, 105, 106
数人が共同して収賄したばあいの没収・
　追徴……345, 346
数人が収賄したばあいの取扱い……325
政治献金……221, 222
　——と賄賂罪……213, 221, 222
政治犯罪……27, 28
制度……4
清廉義務説……95
全体的給付の制度……6
全体的な社会的現象……4
船舶・航空機の没収……312
総則における没収・追徴……301
贈答文化……21
贈与
　……1, 4, 6, 8, 10, 11,
　12, 13, 14, 21, 22, 27
　——交換……7
　——互酬……18
　——と賄賂の問題……14
　——のメカニズム……5
　——論
　……1, 3, 5, 11, 12, 13, 21, 320
贈賄行為の当罰性……129
贈賄罪……79, 127, 144, 203
　——と収賄罪の関係……62
　——における共犯……63
　——の構成要件的行為……79
組成物件……304
村会議員の職務権限……178
存在と贈与の関係……11
存在論……11, 12

た　行

対外的贈収賄……16
大学設置審議会の委員……223
対価物件……306, 309
対向犯……258
第三者供賄罪……78
第三者への供賄……78
第三者没収……301, 307
対内的贈収賄……16, 18
　——事件……17
地位利用説……225
地方議会議員……163, 188, 214, 221
抽象的危険犯……20, 104
抽象的職務権限
　……245, 259, 261, 262, 263
追徴……315
　——の意義……315
　——の従属性……322
　——の独自性……321
　——の独立性……323
　——の法的性格……343, 344
　——の補充性……321, 322
追徴額の算定基準……81
追徴価値の算定時期……319
追徴方法の問題……343
通常の経済取引……277
転職による職務権限の変更と賄賂罪の
　成否……71
ドイツにおける没収・追徴制度……316
特別関係……52
特別公務員暴行陵虐罪……42, 48
土地の売買……287
土地の売買代金
　……273, 278, 279, 287, 291
土地売却の利益……285

な　行

内閣官房長官の職務権限……228
内閣総理大臣……69, 225, 226, 227
　——の職務権限……227
日常の経済取引……281

任意的追徴……300, 318
任意的没収……300, 304, 337
乗り物の没収……312

は　行

ハイデッガー……11, 12
犯罪供用物件……309
犯罪取得物件……309
犯罪生成物件……309
犯罪組成物件……309, 337
犯罪の競合……54
犯罪報酬物件……309
判例における職務行為……139
必要的共犯……63, 65, 68, 96, 258
必要的追徴……300, 319, 332
必要的没収……300, 304
必要的没収・追徴……333
197条の5による没収・追徴……337
197条の5の規定と総則規定との関係……337
ピンクチラシの印刷……281
フィンリー……15
付加刑……331
不可買収性……20, 21
不可買収性説……90, 102
不真正職務犯罪……38, 254
不真正身分犯……38, 42, 49, 254
文化人類学……1
文化犯罪……27, 29
分配額……348
併用説……93
ペリクレス……14
返報する義務……5
保安処分……301
　——的性格……329
法益侵害犯罪……29
法条競合……52, 60
法治国家……139
法治国思想……137, 138, 139, 230, 231
法廷買収罪……18, 23
法律行政主義……139, 230
法令上の職務……201
ポスト・モダン……1
北海道開発庁長官の職務権限……228
没収……301
没収・追徴……80
　——と均衡原則……308, 310
　——の対象……80, 319
　——の法的性質……30, 302
　——の本質……328
　——の目的……335
　——の関係……321
　——の換刑処分……332
　——の刑罰的性格……301
　——の刑罰的性質……302
　——の効果……314
　——の対象物……304
　——の代替刑……325
　——の保安処分的性格……301, 303
　——の保安処分的性質……302
　——の法的性格……304
　——の法的性質……304
没収の要件……306
ポトラッチの制度……6
ホメロス……15
ポランニ……15
ポリス民主政……14

ま　行

マネーロンダリング……2
マリオン……6
マリノフスキー……13
身分……37, 38, 50, 137
　——の濫用……37

身分刑法……71, 261
身分犯……38, 50, 137, 144, 254
身分犯罪……137, 189
身分犯と共犯……286
民事没収……313
民事没収訴訟……312
民主政と賄賂との関係……13
民俗学……1
無償の贈与……6
ムスリム共同体……25, 26
ムハンマド……22, 24, 25
モース
……1, 3, 4, 5, 6, 8, 9, 11, 13, 15, 21

や 行

役職手当……2
役得……1
——と賄賂……1
許されない贈与……24
許される贈与……24

ら 行

リースマン……28
立法機関……214
——の構成員である議員……155
——を構成する議員……188
陵虐行為……48
礼銭……2
レシプロシティ……15
ローマ思想……247
ローマ法主義
……19, 20, 21, 68, 85, 86, 94, 95, 248, 252, 253, 255, 258
ロッキード事件（丸紅ルート）……225

わ 行

賄賂
……2, 3, 13, 14, 16, 19, 20, 22, 23, 28, 70, 74, 149, 224, 265, 266, 278, 319, 320, 323
——概念……69, 296
——と職務関連性……135
——の意義……265
——の危険性……19
——の罪……39, 85
——の罪の保護法益……44
——の分配額……342
賄賂金の分配……342
賄賂罪
……14, 23, 36, 43, 67, 68, 87, 96, 135, 190, 208, 214, 226, 245, 265, 266, 273, 281, 288, 295
賄賂罪規定の改正の沿革……112
賄賂罪処罰の体系……112
賄賂罪と職権濫用罪の共通性……37
賄賂罪と職権濫用罪の相違点……40
賄賂罪における没収・追徴……300, 319
賄賂罪における没収の目的……329
——の基本的行為……76
——の近代史……26
——の犯罪類型の概要……67
——の法律規定の変遷……111
——の保護法益
……10, 29, 30, 43, 67, 85, 90, 106, 107, 135, 151, 244, 251, 293, 329
——の保護法益に関する学説……90
——の本質……1, 3, 8, 11, 86, 247
賄賂社会……2
賄賂を共同収受した共犯者……327, 332
賄賂を返還したばあいの取扱い……334

著者紹介

川端　博（かわばた・ひろし）

昭和19年生。昭和42年明治大学法学部卒業，司法修習修了，東京大学大学院法学政治学研究科修士課程修了

明治大学名誉教授・法学博士。法制審議会（総会）委員，放送大学客員教授，旧司法試験考査委員（昭和63年度～平成9年度刑法担当），日本学術会議員（第18期・第19期），新司法試験考査委員（平成18年度～同22年度刑法担当）等歴任。

主要著書

『正当化事情の錯誤』，『違法性の理論』，『錯誤論の諸相』，『財産犯論の点景』，『正当防衛権の再生』，『定点観測・刑法の判例』，『共犯論序説』，『事実の錯誤の理論』，『共犯の理論』，『風俗犯論』，『責任の理論』，『人格犯の理論』，『事例思考の実際』，『刑法特別講義・講演録』，『法学・刑法学を学ぶ』，『司法試験』，『集中講義刑法総論』，『集中講義刑法各論』，『刑法総論講義』，『刑法各論講義』，『刑事訴訟法講義』，『刑法』，『刑法各論概要』，『疑問からはじまる刑法Ⅰ（総論）・Ⅱ（各論）』，『刑法講話Ⅰ総論・Ⅱ各論』（以上，成文堂），『刑法総論25講』（青林書院），『通説刑法各論』（三省堂），『文書偽造罪の理論』（立花書房），『事例式演習教室刑法』（勁草書房），『刑法判例演習教室』（一粒社），カウフマン＝ドルンザイファー著『刑法の基本問題』（翻訳・成文堂），『論点講義刑法総論』（弘文堂），『刑法入門』（共著・有斐閣），『リーガルセミナー刑法1総論・2各論』（共著・有斐閣），『レクチャー刑法総論・各論』，『刑法基本講座（全6巻）』（共編著）（以上，法学書院），『刑事訴訟法』（共著・創成社），『刑法総論』・『刑法各論』・『刑事訴訟法』（編著・八千代出版），リューピング『ドイツ刑法史綱要』（共訳・成文堂）等

賄賂罪の理論

刑事法研究　第17巻

平成28年12月20日　初　版　第1刷発行

著　者　川　端　　博

発行者　阿　部　成　一

〒162-0041　東京都新宿区早稲田鶴巻町514番地

発行所　株式会社　成　文　堂

電話 03(3203)9201(代)　Fax (3203)9206

http://www.seibundoh.co.jp

製版・印刷　三報社印刷　　製本　佐抜製本

ISBN978-4-7923-5193-9　C3032　検印省略

定価（本体7000円＋税）